美国军事战略研究

—— A STUDY OF AMERICAN MILITARY STRATEGY ——

蔡华堂◎著

时 事 出 版 社
北 京

目　录

绪　论

进入新世纪以来，一些新兴市场国家迅速崛起，世界多极化进程加快，国际战略格局发生重大变化。美国全球性超级大国的地位虽然相对弱化，但并没有从根本上动摇。到目前为止，美国依然是世界上首屈一指的军事强国，也是唯一具备在全球范围内遂行战争行动能力的国家，因而常以“世界警察”自居，打着所谓“维护国际规则”的幌子，挥舞制裁大棒，推行遏制政策，甚至不惜使用武力，在各地不断搅局，引发国家/地区冲突和战争，成为国际形势动荡的根源。正是由于如此，美国军事战略及动向不仅决定着国际的安全与稳定，而且影响着诸多地区和国家发展的前景。所以，系统研究美国军事战略，对于把握未来世界安全的走向，认清我国崛起进程中所面临的战略态势，进而采取有针对性的重大举措以维护国家利益，无疑是至关重要的。同时，我国在建设世界一流军队的伟业中，如何借鉴美国的成功经验，避免其失败教训，也是大有裨益的。本书从历史与现实、理论与实践着手，围绕美国军事战略的清晰特征展开研究。

一、完备的战略体系

美国的战略体系是逐步建立并趋于完备的。从独立战争到第二次世界大战期间，美国着重探索军事战略的制定与运用；第二次世界大战后，它虽然提出了国家安全战略的概念，但并没有赋予清晰的内涵，往往与军事战略混用；1986 年，总统才根据国会的立法，制定国家安全战略，使其与军事战略有了清晰的区分；2005 年，国防部根据战略实践所暴露出来的问题，又开始向总统和国会提交国防战略报告。这样，在国家层面上，美国的战略体系变得完备起来，居于顶层的是国家安全战略（national security strategy），中间层的是国防战略（national defense strategy），最底端的是军事战略（national military strategy）。此外，各军种和战区还根据上述战略文件，制定本领域的发展战略或作战战略。每个层次的战略都有其特有的使命与任务。国家安全战略界定国家利益范畴和政策目标，为国防战略和军事战略的制定提供遵循；国防战略则明确防务力量建设的方向，为安全战略的实现提供支撑，为军事战略的制定提供指导；军事战略则根据国家安全战略和国防战略确定的原则，制定军事力量配置和运用的方法，确定应对危机和战争的手段。

国家安全战略有时也称国家战略或大战略。美国在官方文件中多用国家安全战略，学者则常用大战略或国家战略（grand strategy or national strategy）。曾任美国国防大学战略研究所所长的约翰·柯林斯就著有《大战略》（1973 年）一书；现任美国布兰戴斯大学赦脱国际关系学教授罗伯特·阿特也于 2002 年出版了《美国大战略》专著。美国国家战略脱胎于英国利德尔·哈特 1929 年提出的大战略。哈特认为，大战略就是协调与指导国家的全部力量以达到战争目的及国家政治所确定的目标。1935 年，英国军方正式把“大战略”纳入野战条例。1940 年，美国艾尔伯特·魏德迈将军引入了这一概念，并做了一定程度的延伸。在他看来，大战略是在和平与战争期间，为达到国家目标而发展和使用政治、经济、心理及武装部队的艺术与科学。同时，他还强调，大战略在联盟战略层次上更加适用。第二次世界大战后，美国就出现了与大战略相对应的国家安全战略，但直到 1972 年，美军作战纲要才赋予其明确定义，即“在平时和战时维护、建设、发展、使用和显示国家政治、经济、心理和军事手段，最大限度地维护和推进国家的战略利益和战略目标，这样一种科学和艺术称为国家安全战略。”1986 年，根据“戈德华特－尼科尔斯”法案，总统开始向国会提交国家安全战略报告。30 年后，美国国防部 2002 年版的《军事与相关术语词典》又对国家安全战略的概念做了新的界定，即“平时或战时为达成国家目标而发展和使用国家的外交、经济和信息力量以及武装力量的艺术和科学。”那么，如何发展和使用武装力量，就成了国防战略和军事战略所要解决的问题。

1986 年的国防改组法中，只要求总统每年提交国家安全战略报告，参谋长联席会议主席提交军事战略报告，但并未涉及国防战略。其实，国防战略一直是存在的，其主要内容反映在国防部的四年防务评估报告和每个财年国防报告中。直到 2005 年，唐纳德·拉姆斯菲尔德担任国防部长期间，才发表了第一份国防战略报告。根据这一报告，“国防战略概述保卫国家和国家利益的多层主动防御的方法，努力塑造尊重国家主权的条件和有利于自由、民主和经济机会的国际安全秩序。这种战略促进美国同世界上致力于这些目标的其他国家的密切合作，应对既有的和新兴的威胁。”① 根据这一定义，其关键词是“主动防御”“努力塑造”和“密切合作”“应对威胁”，前面三项都是手段，最后一项则是目的。这些手段都不是达成目的的直接方法，而是为达成目的创造条件。因此，应对威胁具体方法就成了军事战略的任务。

美国认为，所谓军事战略，就是“平时和战时分配和应用军事力量，达到国家目标的艺术与科学。”也可以这么说，军事战略就是通过使用武力或威胁使用武力达成国家目标的艺术和科学。“使用或威胁使用武力”是军事战略的核心内容，它要解决的问题就是消除威胁。这里所说的“威胁”有两层次含义：一是外来侵略或国家重大利益受到直接的损害；二是在推行政策时遇到了和平手段不可克服的外在障碍或国际地位受到了严重挑战等。要弄清美国军事战略，除了要懂得国家安全战略、国防战略外，还需要既把握其军事力量建设与运

① The U. S. Department of Defense, The National Defense Strategy of the United States of American, March 2005, p. i.

用的实践，又要解析美国政府或军方相关部门的文件，如国情咨文、总统指令、政策声明、国防报告、四年防务评估报告、地区战略报告、军政首脑讲话等。同时，还要捕捉国会的相关立法（特别是每年一度的国防授权法）、听证、研究报告所释放的信息，甚至不能忽视各军种、职能司令部和战区司令部的作战纲要、发展规划等。

由此可见，美国国家安全战略所涵盖的内容比较宽泛，明确国家利益目标；国防战略则聚焦于未来战争的设计和武装力量的建设；军事战略专注于资源配置与武力使用。无论哪一层次的战略，美国都非常重视要素间的平衡，即目标、手段、方略（objectives，means，approaches）缺一不可。战略目标必须与手段相适应，定得过高或过低都有损于国家利益；手段的运用必须与谋略结合，才能以小的代价获取大的收益；谋略的运用必须与手段匹配，没有手段支撑的谋略就是空想。国家安全战略谋求不战而胜，国防战略谋求先胜而后求战，军事战略则谋求战而胜之。

二、明确的问题导向

美国在制定战略时，有着明确的问题导向。2002 年前是“基于威胁”，之后的一个时期是“基于能力”，到了奥巴马后期，则又回到传统的轨道上，以“基于威胁”为主。具体来说，美国军事战略的制定与运用致力于解决四个方面的问题，即与谁战、如何战、靠什么战、战后怎么办。

首先，分析战略环境，明确与谁战。战略环境判断要解决的问题，主要就是认清战争与和平的走向，即世界上或本国所在地区有没有发生战争的可能，如果发生战争，谁是敌人，谁会成为潜在敌人，谁是盟友，谁会成为未来盟友，从而决定军事力量的建设途径和运用方式。在美国国家层面的战略文件中，第一部分的内容都是关于战略环境的判断的。从对战略环境的分析中，发现国家所面临的主要威胁，从对威胁的判断中，找出现实和未来作战对手。

其次，确定战略手段，确定如何战。战略的实施，必须凭借相应的手段。从200余年来美国军事战略手段运用的情况看，大致可以归纳为三种，即实战、威慑、预防。美国战略手段的运用，最初是以实战为主的，在核武器出现以后，威慑开始登上历史的舞台，而随着威胁多元化的出现，特别是实战与威慑的代价不断增高，预防又成了战略手段的要素之一。在现今的美国军事战略中，手段运用基本上是预防或阻止（prevent）、威慑（deter）和实战（fight）。军队保持战备状态，首先预防（阻止）威胁，如果不能奏效，就实施威慑，如果仍然失败，就投入战争，并赢得胜利（win）。

再次，规划资源配置，确定靠什么战。在解决了与谁战、如何战的问题之后，接下来就是决定靠什么才能战。为了做到有效地预防、成功地威慑、可靠地战胜，美国不断地为建设什么样的军事力量进行规划，如构建何种指挥体系、保持怎样的兵力结构、发展哪些管用的武器、研发什么样的作战概念、采用哪些适用的训练措施、需要什么样的后勤保障等。

第四，着眼秩序安排，确立战后怎么办。早在第一次世界大战后，美国就考虑了这一问题，并在实践中加以运用。第二次世界大战后，它更加重视这一问题，因为发动一场战争远比结束一场战争容易得多。从近年来美国军事战略指导的实践看，它已将战后安排问题纳入战前的筹划之中。美国充分地认识到，即使赢得了战争，如果战后安排不当，不仅会导致前功尽弃，而且会制造长期的敌人。所以，从战略指导上入手，美国不仅着眼于打赢战争，而且还重视战后重建，改变了传统上军人从事战争，文官主导战后安排的作法，从而将军队的使命延伸到战争的整个过程，即从塑造环境、能力构建、作战运用到战后重建。

三、动态的资源配置

所谓力量配置，就是根据国家安全的需求和未来战争的特点，进行战略资源分配，使军种、战区、职能司令部能够履行使命，并形成一种有利的态势，以预防冲突、威慑对手和打赢战争。从独立战争到南北战争，美国着重发展陆军。无论是独立战争和第二次美英战争，还是美墨战争和南北战争，抑或是驱逐印第安人的行动，主要都依靠陆军，海军的作用极其有限。因此，陆军行政管理、作战指挥、后勤保障机构齐全，几乎包揽了战争计划制定、作战行动实施和后勤物资供应事务。美军建立的第一所军校——西点军校，就是培养陆军军官。海军则起着辅助性的作用，主要承担海上防御、封锁和配合陆军作战。在很长的时期里，海军甚至没有参谋长，其参谋人员分散在海军部的各个业务局中，难以进行统一和高效的决策。南北战争后，美国经济发展迅速，战略目光进一步投向海外。在艾尔弗雷德·马汉"海权论"的影响下，美国提出建设世界上"第一海军强国"的目标，才将更多的资源用于海军。美国先后建立大西洋和太平洋两大舰队，成立海军战争学院和军事学院，设立海军作战部长（1915 年，相当于参谋长）岗位。到了 20 世纪 20 年代，美国如愿以偿，终于建成了与英国并驾齐驱的世界第一海军。在第二次世界大战中，海军为美国赢得战争（特别是在太平洋战场）发挥了关键性的作用。

随着飞机的出现，美国陆军和海军竞相建立航空部队。第二次世界大战中，空中力量在兵力投送、战场作战、情报侦察和物资运输等方面做出了杰出的贡献。战后，美国又组建了独立的空军。在战后美国所从事的数场有限战争中，基本上都是空军先行。除了执行侦察、预警、轰炸任务外，还对海上和地面部队作战进行支援和掩护。

随着战争形态的变化，美国在军队建设的资源配置上，越来越向海军、空军倾斜。从资源占用的角度看，海军是名副其实的第一军种，空军居于第二，陆军则排在第三。冷战后，美国所遂行的几场有限战争和特种作战行动中，海军和空军都发挥了主要作用。在科索沃战争中，美国根本没有使用地面部队，仅依靠海、空力量就打垮了对手。

由于把整个世界作为筹划和进行战争的基点，美国根据国际安全形势的变化和国家利益重心的转移，调整战区设置，从第二次世界大战后的两大战区，变成现今的六大战区，即欧洲司令部、印太司令部、南方司令部、中央司令部、北方司令部和非洲司令部。在力量的配置上，曾以大西洋地区为重点，后又采取大西洋和太平洋地区并重。2012 年开始，美国将太平洋作为重心，决定将海外 60% 的海、空军部署到太平洋地区。在目前的六个战区中，美国投入印太司令部的资源最多。

为了更好地履行全球作战使命，美国还建立了四个职能司令部，即战略司令部、运输司令部、特种作战司令部、网络战司令部，将来还要建立航天作战司令部。这就把各军种和战区难以发展的力量统一起来，由国防部直接控制，为军种和战区提供支援或进行特殊领域的作战。

四、长效的军力保持

虽然在过去的 10 余年里，美国深陷阿富汗战争和伊拉克战争的泥潭，至今仍然没有完全脱身，又经历 2008 年金融危机后国防预算的削减，但不可否认的是，美军的战备水平和作战能力依然处于世界领先地位，军费投入巨大、武器系统先进、指挥体制高效、情报预警完备、人员训练有素，能迅速地投入战争。

世界上许多国家的历史经验证明，一个国家的军队往往在建国之初最为强大，一旦进入和平时期，就开始走下坡路，最后出现“武将不言战”，战斗力下降，甚至彻底丧失的现象。国家政权的崩溃，常常始于军队斗志的失去。虽然建国已达 240 余年，美军不仅没有出现太多的“和平积弊”，反而变得越来越强。之所以如此，就是由于美国已形成了一套具有自身特色的使军力长久不衰的方法，即坚持“文官治军”的原则，使军队专司打仗，杜绝其“绑架”政府决策的路径；使军队常有“用武之地”，为军人成为整个社会最为尊崇的职业提供根基。从独立战争到美西战争，美军主要是在本土从事保家卫国之责，之后则不断在海外履行使命，不断投入到世界各地的战场上。

军队是国家政权稳固的基石，更是国家安全的砥柱。无论在何种条件下，只要部队听从指挥，具有战斗意识和能力，国家的命运和前途就有保证。美国高度重视军官职业素养的培植。西点军校就把“责任、荣誉、国家”作为校训，要求学员在任何情况下都不推托责任，把荣誉看作比生命更为重要，不折不扣地维护国家的尊严。从西点军校毕业的学生，曾在军官队伍中占主流地位，他们把这种精神带至全军，并传承下来。不仅如此，政府和社会中形成的对军人尊崇的风尚，又进一步增强了军人的荣誉感和自豪感，使他们把捍卫国家当作自身使命，乐于效力。美国的这些做法使军队不仅能打仗，而且愿意打仗。

五、深远的运筹谋划

中国有句俗话，叫做“与其临渴掘井，不如未雨绸缪”。美国总是充满危机感，忧患意识强烈。无论是在相关战略文件里，还是在军政首脑讲话中，反复强调的就是国家面临的挑战以及如何应对。在美国弱小的时候是这样，在其强大的时候，也依然不变。为维护和扩展国家利益，美国特别重视战略规划，从大战略上讲，遏制战略、地缘战略、和平演变战略、离岸制衡战略等都富有远见，在军事力量建设和运用上，也是如此。

19 世纪下半叶，美国制定了宏大的海军建设计划，到 20 世纪 20 年代中期建成了世界一流的海军，此后一直重视海军的建设。到了 80 年代，美国又确定了新的海军发展规划，使海军拥有 600 艘战舰，具备控制世界上 16 个重要海峡的能力。不难想象，如果美国不这样做，没有一支强大的海军，它就绝不会成为一个世界性的超级大国，至多也就是一个地区性的、国际影响力有限的大国或强国。1957 年 10 月，在苏联发射人造卫星之后，美国总统艾森豪威尔便于1958年8月8日签署总统令，成立航天局，实施载人太空飞行“水星计划”；60年代肯尼迪在竞选期间，提出“新边疆”战略，实施“阿波罗计划”；到了80年代，里根政府又制定了“高边疆”战略，推进“星球大战”计划。其后的美国政府又实施了“导弹防御”计划和建立“全球快速打击系统”等。2011年1月，奥巴马政府正式颁布了《国家安全太空战略》。这些计划和战略的实行，使美国在军用卫星、反卫星武器、空间站、航天飞机、反弹道导弹武器开发方面处于世界先进地位，为其执全球军事牛耳发挥了至关重要的作用。

在制定和运用战略规划方面，美国既有完善的官方机构，如国家安全委员会、国防部、国土安全部、参谋长联席会议等，又有许多强大的民间智库，如兰德公司、国际政治与战略研究所、对外关系协会、国际战略研究中心、胡佛研究所以及各大学从事国际问题和战略研究的学术团体等。各军种参谋部、战区司令部都有战略规划部门（J－5），负责制定战略规划；民间智库则致力于广泛的战略问题研究，为政府和军方出谋划策。特别要强调的是，国防部净评估办公室和战略预算评估中心对美国战略评估和作战能力建设规划具有十分重大的影响。因此，美国对战略环境的判断、未来战争的预见、战争形态的认知、作战形式的构想等，往往都具有较强的前瞻性。

战略是对战争全局的筹划与指导。在美国的战略概念中，战略就是国家使用或威胁使用武力以达到政策目标的科学与艺术。所谓科学，就是指战略指导有规律可循；所谓艺术，就是指战略运用灵活多变。为了能够战胜对手，美国在制定和实施战略时，特别注重通过战略布局谋势，挖掘战略潜力谋优，制造战略矛盾谋策，增大对手战略消耗谋利。在过去200多年的历史中，美军之所以在世界各地所发起或参与的军事行动中，大都取得了其预想的结局，根本原因就在于战略规划比较超前，手段运用相对得当。

六、拓展的领域内涵

美国军事战略的内涵随着时代条件的变化而发展，不断地进行充实与完善。从历史的角度和实践的运用来看，美国军事战略的内涵是不断拓展的，从专司“打”延伸到“建”“防”“慑”“控”“稳”等诸多相关方面。

首先，军事战略由聚焦打仗扩展到力量建设。在独立战争及其后的一段时间里，美国的军事战略处于萌生阶段，主要的内容就是动员各方面的力量，着力打赢战争。南北战争后不久，海权论的思想开始出现，使美国军事战略的内容扩展到力量建设上，把建设一支强大海军作为军事力量建设的重心。第一次世界大战后，随着飞行器的出现，美国军事战略又引入制空权理论。在战争实践强力推动下，美国军事战略的内涵急剧扩展，核战争理论、威慑理论、有限战争理论、逐步升级理论、低强度冲突理论、太空战理论、空地一体战理论、联合作战理论、空海一体战理论以及联盟战略、抵消战略、竞争战略、灵活反应、预防性防务等理论和思想都成了军事战略的重要内容。

其次，战略思想从单纯的军事领域延伸到大战略范畴。第二次世界大战后，美国对战争和战略问题的思考已超出了狭窄的军事范围，扩展到与战争相关的方方面面。20 世纪 70 年代，美国国防大学战略研究所所长约翰·柯林斯出版了《大战略》一书，标志美国大战略思想的成熟。正如美国军事问题专家莫里斯·马特洛夫所指出的：今天，几乎每一个军事问题都伴随着政治和经济问题，制订战略不能再像第二次世界大战前那样只是制定军事计划，必须综合考虑政治、经济、科技和精神因素。

再次，战争指导从“军种中心”转向“战区中心”。传统上，美军的战争指导主要是以军种为中心，作战指挥体制也以军种为基础，将作战样式区分为陆战、海战和空战。第二次世界大战后，美国对战争和作战的认识发生了变化，以武器的使用为依据把战争分为常规战争和核战争两大类，以作战强度为基准将战争区分为低强度冲突、中强度冲突和高强度冲突。无论是大规模地区冲突、小规模应急军事行动、还是特种作战或反恐作战，都由战区或职能司令部组织实施，军种已变成“建”和“管”的机构。

第四，武力运用从绝对极端到相对控制。朝鲜战争以前，美国军事理论界一直奉行克劳塞维兹理论，即战争是政治通过暴力手段的继续，为夺取战争胜利以达成政治目的，暴力的使用是没有限度的。但当核武器出现后，美国军事战略就把核威慑作为主基调，提出了有限战争的概念。20 世纪 90 年代之后，美国军事战略又引入预防的概念，以军事和非军事手段、战争与非战争行动相结合，着眼于战略态势的塑造和战争进程的控制。

第五，战备任务从本土扩展到全球。战争准备是军事战略的重要内容，随着国力的增长和利益触角的延伸，美国的战备任务也发生了重大变化，即从着眼于本土作战转向海外区域作战，进而发展到在世界任何地点作战，并准备打各种类型的战争。第二次世界大战前，美军主要用于本土和邻近海域的防御。第二次世界大战后，部署在世界各地的美军基本上把战争拒于国门数千公里之外。但“9·11”事件之后，美军又开始把有限的力量用于本土防御。

第六，战争力量从依靠自身转变为领导联盟。独立战争结束后到二战前，美国始终遵守华盛顿孤立主义政策的忠告，坚决避免加入任何军事联盟，因为那样会陷入许多与其无关的纠纷之中，不仅增加了负担，而且失去了战略选择的灵活性。第一次世界大战，美国参战不是因为有正式的联盟义务，而是出于自身利益的考虑。第二次世界大战，出于打赢战争的需要，美国开始与英国共同协商制定全球性的联盟作战战略。战后，为了实现称霸全球的战略目标，美国彻底改变了传统做法，开始奉行军事联盟政策，制定和推行联盟战略，并把联盟战略作为国家军事战略的重要支柱之一。

七、突出的技术软肋

美军十分注重技术的开发与运用。当今世界上先进的军事技术，如指挥自动化、精确制导、隐形技术、电磁技术、网络技术、信息技术、太空技术、反导系统等大都发源于美国；水雷、潜艇、战机、航空母舰、核武器、空天飞机、电磁武器、激光武器等也是美国最先制造。这些先进技术的运用，为美军打赢战争发挥了至关重要的作用。为了防止在战争中败北，世界上许多国家特别是大国都在技术上追赶，甚至超越美军。同样地，为了保持技术领先，美国三次提出和推行“抵消战略”。诚然，先进技术成为美军致胜的重要因素，但又由于对技术的高度依赖，美军又存在着难以克服的软肋。

首先，指挥链路存在诸多易于被攻击的节点。20 世纪 50 年代开始，美军就着手研制指挥控制 C^2（command and control）系统，以提高指挥效率。到了 60 年代，美军又把“通信”加进去，变成了 C^3；1977 年，国防部又把“情报”（intelligence）整合进去，就变成了 C^3I；接着又把计算机系统引入，C^3I 又成了 C^4I。1997 年，监视与侦察（supervision & reconnaissance）也被融入 C^4I，遂又变成了 C^4ISR；在“网络中心战”概念出现以后，Kill 也成为指挥信息系统的重要组成部分，从而变为 C^4ISRK。这样，美军的指挥信息系统就以信息为中心，囊括了信息获取、信息传输、信息处理、信息显示、决策监控和执行六个子系统。这样一个系统，存在许多关节，也就意味着存在着许多易被攻击的薄弱点。

其次，高技术装备运用的支持系统易遭打击。在冷战后的几场局部战争中，美军主要是依赖高技术装备取胜。从近年来美国所发表的国防战略和军事战略报告看，开发和应用高新技术依然是美军提高武器装备水平的重要途径。针对中俄军事力量的迅速增强，奥巴马时期的国防部长查克·哈格尔提出了“第三次抵消战略”的倡议，要求美国投入更多的资源，寻求新的技术突破。特朗普上台后，美国国防部虽然绝少提及“抵消战略”，但在2018年的国防战略报告中，却提出了“能力现代化”的概念，其含义与抵消战略如出一辙。无论出现什么样的新技术，美军武器装备作用的发挥都离不开复杂的支持系统即侦察系统、基地支点和战场网络。这些支持系统都严重依赖太空资产，而在其他国家反卫星技术已经具备的条件下，美国太空设施的防护变得几乎不可能。显然，一旦太空设施遭到破坏，美军就可能变成“聋子”和“瞎子”，根本难以作战。

再次，高技术武器装备在非对称战争中难有用武之地。高技术武器装备固然可以增加战场的“单向透明”度，但在非对称作战的环境下，其作用将大打折扣。在越南战争中，美军的装备远远领先于越军，但最后还是打了败仗，其根本原因是非对称作战。美军擅长打正规战，越军则主要打游击战。在军事干预索马里行动中，美军也是颜面扫地。在科索沃战争中，以美国为首的北约部队使用了各式先进武器和装备，虽然最后取得了军事上的胜利，但由于南联盟采取了各种掩护和伪装措施，其军事人员和装备所受到的损失十分有限。

可见，先进的武器装备既是美军打赢战争的优势，也是其弱项所在。在技术门槛日益降低的今天，美国不可能垄断世界的高技术，必将面临更严峻的挑战。曾任美国陆军军事学院院长的罗伯特·斯格尔思就指出，美国已经不是第一次受到高技术、不流血的胜利的诱惑。50年代初，想以战略核武器代替常规战争，“对核武器过分自信产生了危害，今天对微电子的过分自信也同样危险。不断有人提议用先进技术替代常规军事能力，反映了美国人对科学以简单的办法解决复杂的人类问题的能力情有独钟。”① “在技术革命十分迅速的时代，成功的改革具有一系列特点，其中最不重要的莫过于技术。”“……那些以单纯技术眼光看待未来战争的人坚持认为，历史不足为据，新技术将使美军在一个无阻力的环境中自由行动，而我们的敌人却不能适应这

① ［美］罗伯特·斯格尔思：《未来战争：美国陆军军事学院最新理论》，国防大学出版社，2000年版，第31页。

个环境。然而三千年的历史证明，迷雾、阻力、盖然性和不确定性总是构成战争的基本特性。”①

八、脱节的目的手段

美军虽然十分强大，但仍然不能满足难填的美国政治欲壑。长期以来，美国以“救世主”为标榜，企图控制整个世界，动辄以“人权高于主权”“维护国家核心利益”为借口，肆意践踏国际法准则，干预他国内政，挑起地区冲突，发动侵略战争，即使碰得头破血流，也不改变穷兵黩武的作法。

在数千年人类历史的长河中，许多帝国成为历史遗迹，其根本的原因就在于无限度地扩张。这种扩张既包括有形的领土和势力范围拓展，也包括无形的宗教与文化价值的推广。民族是国家的基础，而世界是由不同的地域和民族组成的，每一个地域或民族有着独特的生活方式和文化理念。一个国家的扩张，往往就是对他国或地域的排挤和剥夺，必然遭到或强或弱的反抗。随着扩张的加剧，国家的政治生态开始变化，民族种族的矛盾、利益集团的矛盾、与其他国家争夺空间的矛盾就会日积月累，为自己的覆亡埋下种子。远古时代的古罗马帝国、波斯帝国、阿拉伯帝国、神圣罗马帝国因为无限度地扩张先后灰飞烟灭；近现代的奥斯曼帝国、奥匈帝国、德意志第三帝国、大日本帝国也因此而崩溃消亡；法兰西帝国被严重削弱，大英帝国拱手让出霸权地位，苏联“红色帝国”也走向了解体。

第二次世界大战后，美国并没有汲取历史上各大帝国因扩张而失败的教训，仍然将其所谓的“民主价值”向世界推广。不仅如此，它还奉行从两端入手，着力控制欧亚大陆的地缘战略，防止出现一个挑战其国际地位的大国或国家集团。为达此目的，美国不仅在欧亚大陆

① ［美］罗伯特·斯格尔思：《未来战争：美国陆军军事学院最新理论》，第3页。

的边缘地带打过多场战争，而且还渗透到腹地的阿富汗大动干戈。事实将再一次证明，无论美国军事力量多么强大，都不可能控制整个世界，如果不加收敛，也难以避免“大国政治的悲剧”① 再次上演。

最后还要着重强调的是，军事战略是美国国家战略体系的一个有机组成部分，它要解决的问题是运用“战”的方法实现国家政策的目标，服务和服从于国家安全战略和国防战略。在美国人看来，战略是实现国家政策目标的艺术和科学。作为科学，它就离不开理论的指导，作为艺术，它又需要实践的雕琢。因此，美国在武力使用上既“慎重”，又鲁莽；既“严谨”，又粗放；既“节制”，又狂妄；既考虑代价，又不吝“付出”。作为一个“民主”国家，美国对外界事务的反应比较迟缓，但一旦行动起来，又具有强大的能量，这是它使用武力手段打败德国、战胜日本，运用非武力方法击垮苏联的原因所在。当然，世界在变化，美国也在变化。它是否还能保持历史的“光环”，关键就在于精英人才能否登上政治、军事舞台。所以，研究美国军事战略，既要重视文献，又要注重实践，还要掌握其军政精英的培养和产出机制。

① ［美］约翰·米尔斯海默：《大国政治的悲剧》，上海人民出版社，2008年1月版。

第一章

美国军事战略形成历程

战略是战争全局的筹划与指导，没有战争也就没有战略。换言之，战争的实践是战略得以产生的根源和发展的动力，古今中外皆是如此。美国军事战略萌芽于独立战争时期，成熟于第二次世界大战期间。在这100多年的时间里，美国在血与火的历炼中逐步走向强大，迈入世界舞台的中心。自独立战争始，经1812—1814年的第二次美英战争、1846—1848年的美墨战争，1861—1865年的南北内战、1898年的美西战争，到两次世界大战，美国对军事力量的建设与运用的认识日益加深，逐步形成了一套具有自身特色的战略思想。在美国人看来，军事战略就是国家使用武力或以使用武力相威胁达成政策目标的科学与艺术。说其是科学，是因为它有规律可遵循，说其是艺术，是由于它有独创可发挥。

第一节　军事战略观念萌生

美国是在英国殖民地的基础上建立起来的。1492年，西班牙航海家哥伦布发现新大陆之后，欧洲老牌帝国主义国家开始向新大陆进行殖民，大批民众竞相奔往美洲。1620年，41名英国人乘坐“五月花”号船到达北美大陆，开始殖民活动。后来，欧洲移民接踵而至。法国、西班牙、瑞典、荷兰等国都在北美建立了殖民地。经过多年的争夺与较量，英国、法国和西班牙成了在北美殖民的主要国家。英国建立了13个殖民地（加拿大除外），法国与西班牙在佛罗里达和路易斯安那建立了殖民地。于是，从 17 世纪中期开始，在北美殖民的国家为争夺殖民地展开了激烈的角逐。1763 年，英国先后把其他几个国家击败，几乎垄断了北美。之后，由于殖民地与宗主国的矛盾加剧，北美殖民地提出了独立的诉求，但却遭到英国的强烈反对。于是，美国独立战争爆发了。为了打赢战争，美国的建国者们开始筹划军事力量的建设及运用的方法，军事战略的萌芽应运而生。

一、独立战争爆发

自 1620 年首批英国移民到达北美，至 1776 年北美殖民地正式宣布独立的 150 多年间，北美也形成了独特的价值观。移民的第二、三代对英国的情感已经疏远，加之长期游离于母国之外，政治环境相对宽松，又由于资源丰富，生活安逸，对自由的追求达到至高无上的程度。对此，英国政府却熟视无睹，仍然将其作为攫取经济利益的地方，并采取各种措施，加强对民众权利的限制。于是，北美殖民地与母国的矛盾开始尖锐起来。当英国政府拒绝北美殖民地要求和解的请愿，并派遣部队镇压时，北美民众就以武力抗争，从而拉开了独立战争的序幕。

英国与北美殖民地的矛盾始于增税。1756—1763 年，英国与法国等为了争夺殖民地进行了“七年战争”。由于战争消耗巨大，财政出现了困难，英国便从 1764 年至 1773 年通过了一系列法案，增加对北美殖民地的征税。北美殖民地民众对此强烈反对，采取了抵抗行动，英国派遣军队进行镇压。北美各殖民地出于维护共同利益的需要，于 1774 年成立大陆会议，作为与英国进行对抗与谈判的机构。然而，英国政府无视大陆会议的决议，并将其视为叛乱行为，国王乔治三世就宣称：“必须用武力来决定他们是臣服于这个国家，还是独立。”[①]

① 参见［美］阿伦·米特等：《美国军事史（1607—2012）》，解放军出版社，2014 年 7 月版，第 45 页。

1775 年 4 月 19 日，一队英国士兵从康科德出发前往列克星敦，搜剿那里的民兵组织，与民兵发生交火。列克星敦的交战打响了美国独立战争的第一枪。

北美大陆会议虽然成立了，但并非出于谋求独立的目的，而是为了推动英国在税收、自由等涉及北美殖民地利益的问题上作出妥协。然而，由于英国试图以武力消灭殖民地武装，大陆会议的立场才发生改变，转而主张北美独立。1776 年 7 月 4 日，大陆会议发表了由托马斯·杰斐逊起草的独立宣言，这一天被视为美国的独立日。之后，大陆会议着手建立正规军队，确立军政体制，筹划赢得战争的方法。

二、正规军队建立

美国独立战争初期的武装力量是民兵，这种制度来源于英国。由于特殊的地理位置和历史因素，英国曾长期处于无常备军的状态，民兵制度成为国家武装力量的主要形态，其特点是全民性。英属北美各殖民地当局为在法国和西班牙等强国威胁下求生存，同时也为了向西部印第安人地区扩张，便按英国的模式实行全民皆兵，允许或默认民众有携带和使用武器的权利。1620 年，普利茅斯殖民地政府任命职业军人斯坦迪士上尉组织和领导当地民兵，这是英国移民建立的第一支武装力量。弗吉尼亚殖民地在 1652 年建立了完善的民兵组织，根据该地法律，除黑人外的一切居民，包括契约奴在内，都可拥有武器弹药。① 北美殖民地的民众秉承其母国的传统，认为正规军是对自由的威胁，根本不愿意依靠税收来维持军队的存在，而对于自由度甚大的民兵制度则极为青睐。

由于组织松散，后勤保障均由本地提供，连续作战期限较短，民兵通常只是在本地作战，难以进行历时长久和跨区域的作战行动。在

① 李世雅：“北美殖民地的契约奴移民”，中国美国史研究会编：《美国史论文集（1981—1983）》，三联书店，1984 年版，第 406 页。

与英军的战斗中，各个殖民地不可能画地为牢，否则就有被各个击破的危险。不仅如此，由于缺乏正规的训练，民兵虽然可以实施突袭或伏击，但不能给予英军以致命的打击。“假使美国人有一支正规军，他们就不会有那么多的危险。”① 在这种情况下，大陆会议认识到，若要赢得战争，就需要一支正规化的军队。1775 年 6 月 15 日，大陆会议决定组建大陆军，将来自弗吉尼亚、马里兰和宾夕法尼亚等殖民地参加围困波士顿英军之战的民兵作为首批部队，任命乔治·华盛顿为总司令。在随后的作战中，大陆海军和陆战队相继成军，炮兵、骑兵和工兵等兵种也先后建立。1781 年 2 月 7 日，大陆会议通过决议，成立陆军部。陆军部长直接向大陆会议报告工作，并担负大陆会议和大陆军之间的联络，负责大陆军的供给、薪饷、人事、情报和征兵工作。

为了防止军队利用武力干预平民的自由，在建军之初，大陆会议就设法将大陆军置于自己的控制之下，规定了指导华盛顿总司令和政府之间关系的准则，即军人永远承认文官政府的领导权；不得公开批评政府；采取军事行动之前须先向政府汇报并征得向意。开国元勋之一的约翰· 亚当斯更是强调，政府要密切注意军队的动向，不要使它忘乎所以。在他倡议之下，大陆会议保留了对将级军官的任免权。②大陆会议决定战争的目标，控制军队的规模与结构，提供军队所需要的资金和物资，制定纪律条例，掌管对外事务，甚至还直接进行战略筹划等。作为大陆军总司令，华盛顿对于这种体制的弊端十分清楚，但出于对共和国的忠诚，始终坚定地服从文官政府的领导，并督导部下遵守这一准则，即使遇到难以承受的挫折，他也表现出了极大的控制力。从 1780 年到 1782 年，由于拖欠薪饷及延期服役等原因，部队发生了三次规模较大的哗乱，华盛顿都亲往说服，很快将其平息下

---

① ［美］拉塞尔·F. 韦格利：《美国军事战略与政策史》，解放军出版社，1986 年版，第 28 页。

② T. Hary Williams, The Americans at War: The Devoprnent of the American Military Stystem, Louisiana State Unirersity Press, 1980, pp. 8 – 9.

去。他强调“绝不容许武装的士兵要求国家按自己的旨意行事”。[①]

在华盛顿看来，大陆军要成为纪律严明、组织有序的“令人景仰的部队”，只有品行端正、正直勇敢的人才能胜任军官的职务。如果没有这样一支奉行不危及平民至上原则的正规军，美国的独立战争将“注定失败”，因为在战争中“仅依靠民兵，无疑就是拄着一根折了的拐杖”。[②] 他致力于以“自由和解放”来塑造大陆军的“精神支柱”，使其忠诚事业，不畏艰苦，顽强作战。法军将领冯·克劳森男爵曾经写道：“无比敬佩美国军队！这支军队有各个年龄层次的士兵，甚至还有15岁的孩子，有白人、有黑人，衣不蔽体，不发薪饷，食不裹腹。就是这样一支军队却行军出色，并坚定地接受战火的考验，这简直是令人难以置信。”[③]

由此可见，在独立战争期间，美国不仅建立了正规的军队，确立了军政之间关系规范，塑造了军队的品格，更培育了军人的职责意识。

三、作战行动筹划

华盛顿率领的大陆军与英军在北美各殖民地进行了殊死的作战。在起始阶段，大陆军几无战略可言。“起初，可以肯定，当革命在列克星敦和康科德发展为战争时，华盛顿或其他任何人指导美国的军事行动都无战略可言，而是听任事件本身的势头支配。”[④] 华盛顿所采取的行动大多以防御为主，基本上属于消耗战，因其目的并不是要通过

---

① 翟晓敏：《试论美国革命胜利的军事因素》，《南开学报》，1988年第2期，第68页。

② ［美］阿伦·米特等：《美国军事史（1607—2012）》，解放军出版社，2014年7月版，第50页。

③ 转引自［美］阿伦·米特等：《美国军事史（1607—2012）》，解放军出版社，2014年7月版，第51页。

④ ［美］拉塞尔·F. 韦格利：《美国军事战略与政策史》，解放军出版社，1986年版，第14页。

武力打败英国，而是希望以军事行动促使英国让步，同意北美殖民地独立。然而，英国并没有表现出任何妥协的迹象，反而试图彻底消灭北美殖民地的武装，这时，情况就发生了变化。随着战争的发展，大陆军逐渐有了明确的战略指导。

般克山之战后，英军调兵遣将，准备全力消灭大陆军。由于两军实力相差悬殊，大陆军经历了一次又一次的失败，陷入了被动挨打之中。为了改变这种局面，在民兵武装包围波士顿期间，大陆会议主张，经华盛顿同意，大陆军决定进军加拿大，以便使整个北美地区英国的殖民地联结起来。这样，就可以壮大反英力量，多处牵制英军。于是，华盛顿兵分两路，向加拿大挺进。理查德·蒙哥马利率部直指蒙特利尔；本尼迪克特·阿诺德率主力部队直指魁北克。然而，由于加拿大人并没有起而响应，加上物资匮乏，大陆军的行动以失败告终。在其后相当长的时间内，大陆军依然不断遭受挫折，频繁打败仗。在战争实践中，美军开始吸取教训，着眼从更大的范围和更长的时限思考问题，着手训练，改变战法，寻求盟友。

第一，加强军事训练，提升战斗能力。大陆军是在民兵的基础上建立起来的，其显著的缺陷就是没有经过正规的训练。为了改变这一状况，美军开始从国外邀请教官。美国派驻巴黎的外交特使赛拉斯·迪安从 1776 年起，不断介绍德国、法国和波兰的军官去美军中任职，其中影响最大的是普鲁士军官冯·斯图本男爵。斯图本于 1777 年赴美，被大陆会议任命为陆军总监，负责训练工作。① 当时，费城已被英军攻占，华盛顿正率领大陆军残部在附近的福吉谷过冬。全军饥寒交迫，士气低落，5012 名官兵中有 4000 人因病弱失去了战斗力。② 1778 年初，斯图本采用普鲁士军队操典（删除了不适于大陆军的部分内容），开始对大陆军实施训练。他尊重士兵，关心士兵的健康和

① 吴世民编译：《两百年美国军事系年要录》，南京大学历史系英美对外关系研究室，1979 年版，第 25 页。

② Frank Fabian, The Battle of Monmouth, the Military Press, Berlin, Democratic Republic of Gesmony, 1980, p. 64.

福利，提出“军官的第一项任务是以尽可能的仁慈和体贴来获得士兵的爱戴”。按照美国学者的评价，“华盛顿创造了美军的灵魂，斯图本塑造了美军的躯体。”①

斯图本训练计划的主要内容是队列训练、步枪齐射和刺刀使用，改变了美军只有行军纵队而没有战斗队形的传统。美军不善于和敌人正面交锋的弱点也从根本上得以弥补。在训练期间，斯图本编写了美军第一部操典。经过训练，美军战斗力显著提高。第二年夏季，费城英军撤往纽约，华盛顿率领美军在新泽西州的默恩茅斯截击英军，第一次以严整的战斗队形与一万名英军会战，迫使英军退出战斗。从此，大陆军所向披靡，几乎没有在战斗中出现溃退的现象。大陆会议高度赞扬了斯图本的成就，1782 年在致他的信中写道：“军队与合众国都十分了解你的成就。你担负了组建美军这一巨人才能胜任的工作，接受这一任务不过 5 年时间，我军的状况已大为改观。令我们尤为惭愧的是，我们对你的唯一报酬，就是希望你发挥更大更好的作用。”②

第二，改变作战方法，扭转被动局面。从独立战争爆发至萨拉托加大捷之前，美军所采取的战法基本上是以消耗战和阵地战为主。般克山之战、围困波士顿、纽约保卫战以及查尔斯顿港守卫战，都属于这种类型。由于缺乏训练，更无大规模作战的经验，美军都遭到了失败。随着战争深入美国腹地，加之从挫折中吸取教训，美军开始改变战法，实施游击战略，逐渐摆脱被动局面。1777 年 10 月的萨拉托加之役是最好的例子。在这次战役中，虽然双方都集结了重兵，但美军始终以持续不断的小规模游击战困扰英军。柏高英之所以投降，完全

① 参见翟晓敏：《试论美国革命胜利的军事因素》，《南开学报》，1988 年第 2 期，第 67 页。

② 参见翟晓敏：《试论美国革命胜利的军事因素》，《南开学报》，1988 年第 2 期，第 175 页。

是因为英军已被游击战拖垮。[1] 其后，当南方游击战面临巨大挑战时，大陆会议于 1780 年决定派遣纳撒内尔·格林前往指挥游击战。格林是一个不循规蹈矩的战略家，以其出色的指挥才能，使英军将领康华利疲于奔命，不断地遭受损失，不得不于 1781 年 10 月 19 日在约克敦率领 8000 名士兵投降。

第三，实行结盟策略，借助外部力量。由于与英国实力相差极大，仅靠北美殖民地的力量，难以赢得战争的胜利，大陆会议就考虑寻求外力的支持。大陆会议认为，法国是其最易争取的国家。法国曾是欧洲的第一大国，但自 18 世纪以来与英国的争霸中，屡屡遭到失败，与英国结怨甚深。西班牙同样成为大陆会议着力争取的目标，因为它在与英国争夺殖民地的过程中，也一直处于劣势，西属直布罗陀和佛罗里达的丧失，使其产生更加强烈的复仇渴望。另外，大陆会议还设法争取荷兰的支持。尽管荷兰与英国订有同盟协定，但由于在与英国争夺海上霸权中常常失手，也积满了对英国的怨恨。大陆会议抛开传统的对等外交原则，向那些发展关系对大陆会议有好处的国家，单方面派出使节。“北美的尊严不在于外交仪式或礼节，而只在于理性、正义、自由和人权。”[2]通过向上述国家派出使节，不断地进行游说和沟通，北美与它们或建立盟友关系，或获取军火、财政的支持。1778 年春，北美与法国结盟，1782 年与荷兰签署通商条约，获得 500 万盾贷款。通过结盟，法国向北美派出海军协同大陆军作战，西班牙加入法国对英作战，荷兰也与英国开战，强有力地支持了美国的独立战争。这样，英国就陷入多线作战之中，既要在北美地区与大陆军作战，又要在海上与法、西、荷作战，终因力所不逮，被迫同美、法、西进行谈判，签订和约，承认美国的独立。美国利用联盟的力量，终于迫使英国停止战争，获得了真正的独立。

---

① Robert Goldston, The Araerican War of Natienal Liberation, New York 1976. p. 139.

② 陈乐民主编：《西方外交思想史》，中国社会科学出版社，1995 年版，第 94 页。

第四，注重价值引领，革新战争形态。在独立战争的进程中，大陆军遭受了巨大的挫折，最终能够获得胜利，其最为重要的原因之一就是官兵们对于自由价值理念的信仰与追求。一位作为雇佣兵参与北美作战的德国军官感慨地写道：“世界上哪些士兵能做到像这些士兵一样，在物资极度溃乏、几乎衣不蔽体的条件下仍四处作战？要是取消了应有的待遇，即使欧洲那些纪律最为严明的士兵，也肯定会纷纷开小差，他们的将军很快就会成光杆司令。由此，人们看到一种巨大的热情所能给予的力量，这种热情就是这些穷困的人称作‘自由’的东西。”① 正是这种价值观念的引领，美国的独立战争彻底改变了长期以来欧洲那种只有职业军人之间才能展开较量的有限战争形态，平民和士兵为实现国家独立这一无限目标而直接投身于战争之中。也就是说，美国通过全面战争的形式，以“打到底”的方法，捍卫其价值理念。1783 年春，华盛顿总结道：“它可能奠定了我们最初的地位和我们制度的根本，即每个享受自由政府保护的公民，不仅要为捍卫自由政府贡献一份财产，甚至还要亲自参军捍卫政府。”换言之，为了保卫祖国，可以“举全国之力”。②

在独立战争中，美国建立了正规军，确立了文官治军的原则，灵活运用阵地战与游击战，发挥常备军与民兵结合的优势，不断地削弱敌军，同时利用国际矛盾，实施结盟策略，孤立对手，壮大自己的力量，最终赢得了战争，获得了独立，并从英国手里取得 13 个州以外的大量土地，实现了利益最大化。这标志着美国军事战略的观念已经形成，但对于国家武装力量的建设及军队地位作用的认识还处于初始阶段。

① ［美］阿伦·米特等：《美国军事史（1607—2012）》，解放军出版社，2014 年 7 月版，第 51 页。

② 同上，第 72 页。

第二节　军事战略思维初现

在独立战争中，华盛顿率领的大陆军及民兵力量对于如何赢得战争，并没有一项明确的战略规划，尽管有些作战行动和战争筹划显示出一定的战略观念。战争结束后，由于受传统民兵制度的影响和对常备军作用的担忧，美国对于建立一支什么样的军队以及如何运用军队争论不休，因而根本无法从战略的层面筹划军队的建设与运用。后因 1812 年美英战争、1861 年的内战以及贸易通道安全保障的需要，美国才逐步有了军事战略的思维，着眼于从国家全局出发，以建设和运用武装力量。

一、重建军事力量

独立战争结束后，美国各派政治力量对于保留和建设一支什么样的军队产生了重大分歧。有人认为，美国应发展一支强大的军事力量，以维护国家的安定，提高国家的国际地位；有人主张，正规军队的存在将威胁民众的自由，甚至挑战政府的权威，应彻底解散。因此，由大陆会议转化而来的联邦议会在是否要保留军队以及建立一支什么样的军队的问题上，陷入了纠结之中。

由于联邦议会没有践行战争期间对军人许下的承诺，军人为维护自己的权益，开始对议会进行施压，甚至发生了哗变。这些事件的发生，使得邦联议会在制定军事政策上面临极大的困难。1783 年 4 月，联邦议会任命以汉密尔顿为主席的一个委员会，就“和平时期建军”问题进行调研。汉密尔顿是独立战争时期华盛顿的助手，他就这一问题征询华盛顿的意见。华盛顿在提出要建立一支海军并在海岸设防的同时，又强调了四个要求：第一，国家需要一支正规军守卫西部，“震慑印第安人”，防止敌人从西班牙属地佛罗里达或英属加拿大进行攻击；由于国家贫穷，远离欧洲，且民众长期以来对正规军抱有偏见，只能建立一支小规模的正规军。第二，由于正规军规模太小，因此国家必须建立一支像样的、训练有素的民兵队伍。民兵队伍应国家化，由中央政府提供统一的武器装备，进行组织构设和日常训练；各州还要建立一支“大陆民兵队伍”，以战时民兵为榜样，由国家严格控制。第三，兵工厂和制造厂都要大力支持军队。第四，要建立一所军事院校，以加强对军事科学的研究。① 汉密尔顿委员会最后提交的报告与华盛顿的意见基本一致，但是由于反对者在联邦议会中占了多数，因而1784年6月2日大陆军被解散，只有80名士兵和几名军官保留了下来。决策者认为，自1775年以来，各殖民地只有民兵，但还是最后战胜了英国，根本没有必要建立一支正规化的军事力量。

联邦虽然解散了军队，但也充分认识到国家在军事上面临的严峻挑战。于是，在解散大陆军的第二天就通过决议，建立美国第1团。这是美国历史上第一支和平时期的国家军队。但这支军队既不是正规军，也不是民兵，而是由各州善意提供人员，联邦议会发放薪水，制定纪律，组织行动。1785年，第1团的士兵服役期满后，联邦议会重新招募新兵，服役期限为3年，并将其变成了正规军，同时切断了正规军与民兵之间的联系。随着印第安人威胁的加剧和1786年谢司叛乱事件的发生，联邦议会发现，美军的规模根本无法应对挑战，因而在扩大军队编制的同时，开始考虑如何在既能维护国家安全又能保障民众自由的基础上，建立一支适宜的武装力量，使政府具有较高的权威。这样，1787年，美国制宪会议召开。根据这一年制定的宪法，美国试图在中央政府既有抵御国内外敌人的足够力量，同时又不把政府变成镇压民众的工具之间保持某种平衡。总统是国家武装力量的最高统帅，国会则拥有宣战权和缔约权；各州可以拥有民兵，中央政府在和平时期可以保留一支正规军。

1788年6月，随着批准宪法的州达到法定的数量，美国宪法正式生效。1789年，华盛顿当选为第一任总统。华盛顿上台后，立即重建

① ［美］阿伦·米特等：《美国军事史（1607—2012）》，第72页。

美国的军队。1789 年 8 月，联邦议会批准重新成立陆军部，任命诺斯克为首任陆军部长；1794 年，国会通过了《海军法》，虽然没有就建立一支常备海军形成共识，但已认识到海军的重要性：它是国家实力的象征，能保证美国获得欧洲的尊重。[①] 1798 年 4 月，美国正式建立海军部，本杰明·斯托德成了第一任部长。与此同时，海军陆战队也在此前得到了恢复。这样，根据当时各大国的军事力量构成，美国在军兵种建设上基本齐备，既有陆、海军，也有陆战队。

1800 年，杰斐逊当选为第三任总统。一方面，他认为，和平时期建立一支庞大的军队不合时宜，因为那会增加国家的财政开支，民兵才是第一线防御力量。同时，军队不应介入国家的外交事务，干预政府经济政策。另一方面，他又觉得，军事力量是国防的支柱，在弱肉强食的国际社会中，军队的软弱必然招致外来侵略。尽管处于这样一种矛盾心态，他还是积极推动国会于 1802 年 3 月 16 日通过了《和平时期军队建设法》，整编军队，缩小规模；采纳此前华盛顿的建议，批准成立西点军校，培养具有高素质的军官队伍；建立独立于炮兵的新兵种——工程兵，并规定该兵种应建立一所自己的学院。

由此可见，由于秉承英国的传统和着眼美国的现实，美国在武装力量的建设上既注重民兵的作用，又重视军队的建设。为了提高军官的素质，使他们既能用兵打仗，又能承担科学家和工程师的责任；既能致力于国内发展，又能胜任于拓土开疆，美国建立了世界历史上第一所具有现代意义的军事院校。

二、健全军力结构

虽然在华盛顿就任总统之后，美国重建了军事力量，其继任者也大体上沿袭了他的做法，但由于各种因素的掣肘，正规军的规模一直较小。到了麦迪逊时期，军官队伍老化，无能之辈充斥，指挥关系混

① 阿伦·米特等：《美国军事史（1607—2012）》，第 83 页。

乱。在1812年至1814年第二次美英战争中，美国陆军遭受重大挫折。尽管由于欧洲国际局势的变化和南方战场美军的顽强作战，美国没有输掉战争，但战略失误和指挥不当促使战后的美国重新审视军事政策。1815年初，麦迪逊总统在国会发表讲话时指出，经验表明，进行一定程度的战备，自战争伊始就是避免灾难的必不可少的条件，同时为维护持久和平提供了最好的保证”。[①] 为此，美国政府着力建设一支强大的海军，拥有一支强大的陆军，还要训练精干的民兵，既能保护美国的海上交通线、漫长的海岸线，又能抵御外来侵略。

第一，制定海军建设规划。在第二次美英战争中，海军发挥了重要的作用，因而美国更加重视海军的发展。1816年，美国第一次制定了一项和平时期的海军长期建设规划。国会批准在未来的8年中，每年拨款100万美元用于建造9艘配备74门火炮的战列舰，12艘配备44门火炮的快速舰，3艘海岸防卫蒸汽舰。后来，由于经济衰退，直到1833年，国会批准的造舰计划才基本完成。随着新建造的船只不断服役，美国海军日益扩大。到了1843年，海军已拥有地中海、太平洋、南大西洋、东印度、非洲和本土6个分舰队。与此同时，美国国会还调整了海军的机构设置，以便更好地行使管理各个舰队的职责。

第二，调整陆军指挥体制。1815年3月，国会批准了一项法案，决定将陆军的规模扩大到1.2万人。这是美国建国后除战争或紧急状态以外规模最大的一支陆军。由于在第二次美英战争期间，陆军部后勤管理混乱，国会决定对其机构进行改革，成立总参谋部，设置陆军总司令一职。其实在战争中的1813年，国会就打算成立一个总参谋部，1816年和1818年，国会又通过两个法令，使总参谋部得以扩大和完善，并且相对稳定下来。这种机构设置，虽然从理论上讲比较符合逻辑，即陆军部长通过总参谋部获得技术支持，通过总司令指挥军事行动，但在实践上，存在种种问题，如陆军部长与总司令之间存在

---

① ［美］阿伦·米特著：《美国军事史（1607—2012）》，第101页。

着职责上的冲突；指挥军官与参谋军官存在着待遇上的差异；与政党进退相关联的陆军部长与终身制的陆军部下属各个局长之间存在着观念上的矛盾等。

第三，推动科技军事运用。自英国工业革命以来，许多先进的技术都被用于军事领域，使战争从冷兵器时代进入热兵器时代，加快了战争的节奏，提升了作战效率。到 19 世纪上半叶，技术的发展更为迅速，蒸汽机船、火车、电报先后问世，精度更高、射程更远的来复枪取代了滑膛枪，新型弹药也随之出现。随着这些技术在军事上的广泛运用，战争的样式也发生了重大的变化。军队能以前所未有的速度进行远距离调动，后勤支援的能力大为扩展，电报使远距离指挥成为现实。对于这些新技术，美军都大力运用，海军着手建造蒸汽动力军舰，陆军采购新式枪支，使其装备和火力水平达到甚至超过欧洲列强的军队。

第四，发展军事院校教育。虽然 1802 年就建立了西点军校，但美国依然感到它无法满足职业军官培养的需要。由于技术的进步，军队规模不断扩大，战争形态日渐变化，后勤保障趋于复杂，指挥协调难度增加，因而作战、管理和战略规划等都需要更专业的知识与人才，军官的职业化在所难免。此时欧洲大陆的军事大国——普鲁士和法国等都改进和完善了军事院校教育体系，军官们学习与战争相关的知识，如军事工程、筑垒、战术以及战略与政策等，既锻造了军官的集体能力，又提高了他们的战争决策水平。美国也不甘落后，着眼未来战争的需要，改进西点军校的教学内容，使军官们受到更高水平的教育。西点军校一方面引入欧洲军校的职业化标准的教育，另一方面开设了军事艺术的课程。丹尼斯·哈特·马汉编写的课本《前哨》、亨利·W·哈勒克撰写的《战争艺术和科学原理》，不仅成为美国军事研究的先导，而且也开创了美国战略研究的先河。不仅如此，美国还认为，西点军校只能向中级军官们灌输有限的军事基础，难以满足打赢战争的要求，因而有必要建立更高级的军事学院，使军官们具备更加专门的知识。于是，1824 年美国在门罗堡建立了研究生院——炮兵实习学校；1827 年又在杰斐逊营建立了步兵实习学校；[①] 1845 年，又在安纳波利斯塞文堡建立新的海军学校，1850 年被定名海军学院，以培养海军职业人才。

三、注重军力运用

从独立战争到第二次美英战争，美国的军事力量运用大体上都是被动的，但之后，随着西进运动和领土扩张的展开，美国开始主动地使用军事力量，并且从国家安全和发展的角度，确立军事力量的地位与作用。

第二次美英战争之后到南北战争时止，美国政府将军事力量运用于国家的建设与发展之中。在西进运动中，陆军发挥了极其重要的作用。首先，实施勘探行动。1815 年后，美国政府资助军方对西部地区进行勘探，以求对其进行开发。军队的勘探活动，使美国政府和民众对西部地区的地理特征、动植物分布和土著居民情况有了深切的了解，为西进运动的展开奠定了基础。其次，保护西进运动。从 1817 年开始，美军就随着西进运动沿途修建堡垒，从密支安湖东端的麦基诺堡起，经格林贝的霍华德堡、密西西比上的克劳福特堡、阿姆斯特朗堡、爱德华兹堡，延伸到路易斯安娜中部的纳奇托切斯，形成了一条松散的堡垒防线，[②] 使西部地区秩序变得安全。再次，修建基础设施。在拓荒者的西进运动中，依靠个体的力量无法进行基础设施建设。那些在西点军校学习过工程的陆军军官们正好派上了用场，带领士兵们修建公路、铁路、港口，清理河道，改善交通运输网络。不仅如此，陆军对于西部地区印第安人的抵抗活动进行残酷镇压，对他们实施强制性迁移，致使印第安人的数量大为减少，居住的地域迅速

① 1835 年，美国关闭了炮兵实习学校，步兵实习学校也随之名存实亡。直到内战结束后，美国才将军事院校的研究生教育固定下来。

② 参见［美］阿伦·米特著：《美国军事史（1607—2012）》，第 114 页。

缩小。

海军在拓展国家利益方面也毫不逊色。一方面，他们为开辟海外贸易市场进行了卓有成效的海上勘探，另一方面又使用武力或武力威胁打开一些国家特别是亚洲国家的大门。自 1838 年至 1861 年间，海军考察了亚马逊河和拉普拉塔河，勘探了达连海峡，为修建连接大西洋和太平洋的运河选址，同时还勘探了约旦河、死海，航行到北冰洋，绘制了非洲西海岸的地图，且深入太平洋。海军还为维护美国的海外利益进行远征行动，到达加勒比海、地中海、南美东西海岸、东非沿海以及亚洲太平洋地区。1832 年，美国海军因为美国一艘商船在苏门答腊海遭到袭击，炮击苏门答腊岛，这是美国海军第一次在亚洲进行武装干涉。在鸦片战争中，劳伦斯·卡尼率领一支美国分舰队到达中国海域，迫使中国清政府签订了《望厦条约》。1853 年，马修·佩里率领一支舰队到达日本海域，迫使日本签订了《神奈川条约》，打开了日本的大门。

通过西进运动，美国将其领土扩展到洛基山脉，到了 19 世纪 40 年代中期，印第安人大都迁移到洛基山以西的所谓“保留地”。对此，美国并不满足。1844 年，民主党人在其竞选纲中宣称：“尽早吞并俄勒冈、德克萨斯是美国伟大的战略。”① 这充分反映出美国统治当局决意继续扩张领土的野心。当边界推进到洛基山脉之后，美国政府又把目标锁定在南北方向的扩张上。于是，西北方向的俄勒冈和南部的墨西哥就成了美国的觊觎之所。由于英国对于俄勒冈也有着强烈的领土要求，墨西哥对其固有领土也坚决捍卫，美国便决定以武力夺取。在对俄勒冈争夺中，英国做了让步，将以北纬 49 度线延长到太平洋，与美国共同瓜分了这一地区。这样，美国的西部边界第一次到达了太平洋。

对于墨西哥，美国决定使用武力。1845 年，美军吞并具有所谓独立国家之名实为墨西哥控制的德克萨斯，派遣军队抵近墨西哥的边

① ［美］阿伦·米特著：《美国军事史（1607—2012）》，第 119 页。

界，提出购买新墨西哥和加利福尼亚的要求。在遭到墨西哥拒绝之后，美国波尔克总统便于 1846 年 5 月 11 日向国会提出对墨西哥开战的咨文，并于 13 日正式宣战。之后，经过近两年的战争，美国迫使墨西哥签订了《瓜达卢佩伊达尔戈条约》。根据这一条约，墨西哥承认以格兰德河作为两国的边界，割让新墨西哥和加利福尼亚，美国则向墨西哥支付 1500 万美元作为赎买之金，赔偿其公民在战争中所受的损失 325 万美元。

与第二次美英战争相比，美国在发动美墨战争之前，就做了详尽的战略规划。在战争初期，波尔克总统与陆军总司令温菲尔德·斯科特共同制定了相关战略，即封锁墨西哥东海岸，使其既不能得到有效的外来援助，又不能通过海上打击美国，同时分散美军在西部的压力；接着集中力量，夺取德克萨斯以南和以西包括新墨西哥和加利福尼亚的土地。在战争中，美军虽然取得了重大的胜利，并迅速占领了新墨西哥和加利福尼亚，但墨西哥政府拒不媾和。于是，美国修订战略，一方面占领墨西哥西部的战略重镇韦拉克鲁斯，另一方面派遣远征军直取墨西哥城，迫使墨西哥政府坐下来谈判。

综上所述，从华盛顿担任首届总统开始，美国着手重建武装力量，陆军、海军和海军陆战队先后得以恢复，并根据国家安全的需要，调整和重构军事管理体制。不仅如此，美国还成立军事院校，培养和提高军官的职业素养，将科技成果发展广泛运用于军事领域。从战争指导上看，如果说在第二次美英战争中，美国的战略思维还比较模糊的话，那么，到了美墨战争期间，无论是从政府决策，还是从军队作战指导上讲，战略思维已经初步成形了。

第三节　军事战略认知深化

1861 年 4 月，美国内战正式爆发。美国的南北双方为赢得战争的胜利，不仅进行人力、物力和财力的比拼，而且展开了战争谋划的竞赛。通过血与火的洗礼，美国对于战略问题的认知进一步深化了，南北双方都制定了战争构想，并在实践中加以运用。战后，美国深切地认识到军事力量的作用，进而重新整合，并加大战略问题的研究，终于使美军成为世界上最强大的军队之一，从而也使得美国加入世界上最强大国家的行列。

一、战略意识增强

南北战争是一场规模庞大、目标明确、决定存亡、全民卷入的内战，制约因素众多，指挥协调复杂，因而战争的筹划极为重要。在战争爆发之初，交战双方就着力寻求迅速制胜的战略。在战争筹划中，双方对战略问题的认知已远远地超过独立战争、第二次美英战争和美墨战争时期，具有了明确的战略指导意识。

北方总司令斯科特提出了绞杀南方的“蟒蛇计划”，即利用海军从东、西、南三面对南方进行包围，用陆军封住其北面，切断南方与外部的一切联系，然后沿密西西比河进行突破，逐步窒息南方，最后赢得战争的胜利，即是说以消耗战略取胜。但是，政治家们却有另外一番考虑，希望通过进攻战的方式迅速打垮南方，即是说以攻势战略达成战争目的。在战争的进程中，北方根据情势的变化，把进攻性歼灭战和打击对方资源的间接战略结合起来，最终动摇了南方民众的战争意志，消灭了其主力部队，取得了战争的胜利。

南方在战争起始阶段采取的是防御战略，主张通过防御阻止北方的进攻，采用拖延的方式使北方产生厌战情绪，失去战争的耐心，同时争取欧洲国家的支持或干预，以达到南方邦联获得独立的目标。在战争的进程中，为了夺得主动权，扭转被动挨打的局面，南方又改变战略，全面实施进攻战。罗伯特·李将军通过这一战略的运用，使包围里士满的北方军队被迫回撤，并将战场推进到北方控制的土地上，而且一度严重威胁华盛顿的安全，但由于军力不足和战略指导的失误，最后输掉了战争。

在南北战争中，双方对于进攻防御的方式、后勤保障的地位、民众支持的作用、主动权的争取、集中兵力的使用、作战与战争目标的关系等，都有了更加清晰的认知，且在战争指导中进行了充分的运用。特别是北方在间接战略的运用方面，取得引人注目的成效。创造和使用这一战略的北方将领菲利普·H·谢尔曼将军被称为美国间接战略的鼻祖。①

在内战中，美国的南北双方对战略问题的认知进一步升华，战略框架基本形成。从战略目标上说，双方都清楚各自的追求；从战略筹划上说，双方在战前都有了明确的构想；从战略运用上说，双方都根据情势的变化不断地进行调整；从手段选择来说，双方都既注重消灭对方的有生力量，又强调摧毁对方的战争资源；从作战指导来说，双方都既重视战略性决战，又适时地进行游击战。一句话，通过南北战争，美国对于军事战略问题的认识已达到新的高度，但依然存在着严重的缺陷，即斗勇有余，斗智不足。

二、战备概念产生

尽管从独立战争到南北战争，美国已经历了数场战争，但都是在战争爆发之后，才考虑如何扩军，以赢得战争。这种状况的出现，既源于传统的民兵体制，即一旦战争来临，迅速就可应对，又源于美国所面临的威胁易于消除，即无论是南北邻国还是印第安人的力量都比较弱小，依靠民兵的力量就可以解决。在出现像美墨战争、第二次美英战争和南北战争这样的情况时，美国都是边组建军队，边进行战争，效率低，损失大。但是，随着国力的增强、帝国主义意识的萌发，与其他大国产生了竞争，美国一改传统的做法，即使在和平时期，也加强军队建设，为未来的战争做好准备。“历史证明，持续一段时间的短暂和平并不能确保战争不会来临。”②

首先，从理论上为准备打仗制造根据。为什么要准备打仗呢？在

① 许嘉：《美国战略思维》，军事科学出版社，2003年1月版，第12页。

② 参见阿伦·米特等：《美国军事史（1607—2012）》，第221页。

19世纪的最后20年里，“命运天定”说在美国再度兴起。所谓“命运天定”，就是强调美国在道义上有向世界传播“文明”的义务。而要在一个无政府状态的世界上这样做，就必须坚持“达尔文主义”思想。即是说，国家的行为与生物界的物种选择一样，也遵循着“适者生存”的法则。依据此种理论，强国可以把势力扩张到国外，而为了扩张，国家就必须打仗。这一时期，无论是在民间，还是在军界，都出现了鼓动战争，甚至美化战争的论调。

其次，从目标上为准备打仗确定对手。既然要在和平时期做好打仗的准备，就要明确未来的威胁来自哪里，将与什么样的对手进行战争。自美国独立以来，美国的威胁来源不外乎是海外的列强和本地的印第安人，只需加强民兵和巩固沿海炮台，并保留一支规模有限的海军即可。但是，到了19世纪后半叶，当美国成为大国之后，它要解决的问题已不是自身的防御，而是在向外扩张时所遇到的阻力。如何确保贸易路线的畅通和海外商业活动的安全，特别是商品市场、投资场所和原料产地的拓展，就成了美国战略精英着重谋划的问题。在世界基本上已被瓜分完毕的情况下，美国要实现它的目标，就必须与对手作战，而这些对手要么是欧洲列强，如德国、法国、英国以及其他殖民帝国，要么是那些它要征服的沿海地区，如居于海上通道周边的国家。

第三，从力量上为准备打仗进行构建。在明确了对手的情况下，美国就着手进行军事力量的建设。既然作战的对手都在海外，美国要准备打仗，一是要把力量投送到海外，二是要准备海上和陆上同时作战，因此，美国政府决定优先发展海军，国会也给予大量拨款。在海军部长威廉·亨特的领导下，从1882年开始，美国着手大力建设海军，在增加人力的同时，开建更多的巡洋舰。到了90年代初，美国更加强调海军的作用。时任海军部长本杰明·特雷西认为，“海洋就是未来的王座，我们势必要统治海洋，这就像太阳必然要升起那样！”① 他极力主张建立一支使国家免于战争的海军力量。美国国会

① 参见［美］阿伦·米特著：《美国军事史（1607—2012）》，第218页。

1892 年、1895 年和 1896 年先后批准建造 6 艘战列舰。1897 年，美国又把大西洋分舰队发展成为作战舰队。由具备远程航行能力的战列舰所组成的作战舰队的形成，标志着美国已具备在远海与其对手进行进攻作战的能力，也意味着美国拥有了保障其海外扩张的力量支撑。正是由于如此，1898 年，美国发动了美西战争，其新型舰队有了初试牛刀的机会。

第四，从体制上为战争准备进行改革。既然确定了作战对手，明确了建军方向，那么怎样才能高效地进行战争，特别是迅速地动员力量和“科学”地使用力量呢？美国在这一时期做了许多探索。一是完善军事教育体系。1870 年以后，美国建立了更为高级的军事学院，如位于利文沃斯堡的步骑兵学校，致力于研究“战争的科学与实践”；位于纽波特的海军军事学院，强调“应用现代科学技术方法来研究和进行海军战争，并将其从感性认识提高到科学水平”。不仅如此，美国的军事学校还创办学术刊物，成立相关学会，探索如何培养军人的职业素养和团队精神。二是成立军事情报机构。1882 年，海军部成立了海军情报办公室（Office of Navy Intelligence，ONI），1885 年陆军部也成立了类似的机构，后来正式定名为军事情报处（Military Intelligence Department，MID）。这些情报机构为美国政府，特别是军方在搜集情报、制定计划和进行决策方面发挥了极其重要的作用，为和平时期做好战备工作提供了强力的专业保障。三是尝试建立更加通畅的指挥体系。在建国后的 100 多年里，美国海军和陆军、民兵和正规军、各州控制的民兵警卫队和联邦政府控制的国家后备力量之间存在着各种不协调的关系，常常造成各自为政的现象。虽然军队各个部门的工作效率经过长期的磨合都有所提升，但在制定总体规划和相互协调方面存在着许多障碍。因此，在 19 世纪的最后 20 年里，军队中的改革派曾试图解决这些问题。由于国会、政府和军队没有达成共识，指挥体系的改革虽然没有成功，但却为未来改革创造了条件。

三、常备军队扩大

美西战争从表面上看是由于西班牙在古巴镇压当地反抗者而激化了与美国的矛盾，实际上是美国长期谋求的将西班牙势力从加勒比地区逐出的结果。美西战争与门罗主义是一脉相承的。门罗主义将美洲视作美国人的美洲，那么，西班牙占有美国眼皮底下的古巴，显然与门罗主义严重冲突。在羽翼尚未丰满的情况下，美国只得忍一忍，但当情况发生了对其有利的变化时，就必然要采取强硬的行动。所以，早在19世纪80年代中期，美国海军就着手准备针对西班牙的战争。美西战争之后，美国已然成为世界列强的一员，在与其他列强的竞争中，战争更是不可避免，因而开始大力扩充常备军队。

1898年1月，美国的“缅因”号战舰停泊在哈瓦那港口休整，2月15日该舰发生爆炸，船上354名官兵中的266人丧生。美国人将此舰被炸沉没归罪于西班牙。4月11日，美国总统麦金莱要求国会授权，对古巴的事态进行干预。美国国会立即通过一揽子决议，要求西班牙承认古巴独立，并从那里撤出，并宣布必要时使用武力来达到上述目的。对此，西班牙政府断然拒绝。4月23日，西班牙对美国宣战，25日，美国也向西班牙宣战，美西战争随即爆发。经过4个月的作战，美国战胜了西班牙。8月12日，双方签订和平协定，正式结束战争状态。12月10日，两国签署《巴黎和约》。通过与西班牙的战争，美国实际上获得了对古巴的保护权，吞并了波多黎各、关岛和菲律宾。

美国在筹划美西战争时，已有了明确的全局性战略指导思想。首先是针对登岛作战的特点，强调运用海军取得制海权。西班牙在古巴的军事力量虽然达15万之众，但是，一方面由于与古巴抵抗者作战，消耗巨大，且多为老弱病残，战斗力大为下降；另一方面，西班牙本土远离古巴，对其在岛上力量的补充，只能依靠海上力量。因此，美国运用海军对古巴进行封锁，使西班牙在古巴的力量得不到来自本土的支援。其次，美国距离古巴极近，军力投送方便，且陆军兵员充足，一旦登岛，西班牙在岛上的军事力量难以进行有效的反击。更何况，美军在制定战略计划时，还把古巴反抗力量的袭扰活动纳入了考虑范围。可以说，美国的战争指导抓住了决定胜负的关键。

美西战争之后，美国伸向太平洋方向的翅膀已充分展开，1899 年征服了夏威夷，完全打通了从本土经夏威夷、关岛和菲律宾，到达亚洲的通道。如果说，门罗主义标志着美国的战略视野仅覆盖美洲的话，那么，美西战争之后，它就到达更远的亚洲了。在世界的棋盘上，除了原有的英、法、德、俄、奥、意之外，又增加了一个新成员——美国，且国力更强，野心更大。诚如当时德国的一副漫画所描绘的那样：山姆大叔伸手去拥抱地球，并说："我暂时还不能完全地抱拢，但也已经为时不远了。"①

跻身列强的美国，再也不能无视常备军的作用了，因为随时可能由于与他国发生冲突而导致战争。这样，美国政府认为，在本土以外的战争难以避免，而要进行这样的战争，无论是局部的还是全面的，依靠临时动员起来的力量都不能胜任。为了赢得海外战争，美国决定创建一支可以随时待命、力量强大的常备军队。

从内战到美西战争，美国的战略认知大为增强。在内战中，南北双方都有了明确的战略指导，但在运用上却都存在着重大的缺陷，致使战争打了 4 年之久。内战之后，美国经济迅猛发展，对资源、市场和投资场所的需求急剧扩大，在世界已被列强瓜分的情况下，美国若要挤占他国的势力范围，就不可避免地与其他列强发生冲突，美西战争就是一例。在美西战争中，从战略指导上说，美国的战略筹划能力已大幅提升，抓住了枢纽，以小的代价赢得了胜利。"历史上没有一场战争在如此短暂的时间里，以如此小的代价取得了如此辉煌的成果。"② 美西战争之后，美国进一步加强了常备部队的建设，扩大正规军的规模，把海军力量的发展作为提升军力的重中之重。

---

① 参见［美］阿伦·米特著：《美国军事史（1607—2012）》，第 247 页。

② 同上书。

第四节 军事战略全面成熟

尽管经历过多次战争，在战争指导中也体现出了日益强烈的战略意识，但由于受到英国民兵传统和自身地理条件的影响，美国对军事战略问题的研究，相对于英、法、德等其他西方国家来说起步较晚。但随着国力的增强和国际地位的提高，特别是由于海外的扩张可能与其他列强发生军事冲突的紧迫感日益增强，美国国家层面的军事战略才逐渐成熟起来。一方面，理论研究取得了重大的成果，另一方面，实践运用也有了显著的提高。如果说在第一次世界大战中和第二次世界大战初期，美国都以其盟友特别是英国的战略作为战争行动指南的话，那么在第二次世界大战后期及战后，美国的军事战略不仅变得独立起来，而且还对其盟友起到了引领作用。

一、战略研究兴起

19 世纪末叶，美国已成为世界性的大国，并加入了与他国争夺势力范围的行列，战争变得越发难以避免。如何应对未来战争，成为美国重要的战略课题。因此，美国军方的一些人士从世界历史和战争运用的角度着手战略问题的研究，试图为美国军事变革寻求理论依据。

第一，检讨传统军事政策。在其独立之后的 100 多年里，美国基本上秉承了殖民地时期开始的打上深深英国烙印的军事政策：反对建立常备军，依靠民兵力量保卫国家安全，在战争到来的时候临时扩编军队。美国虽然在独立战争期间建立了正规军，成立了陆军部，但战争结束以后，联邦会议解散了军队。华盛顿就任总统之后，美国才又重建了正规军，恢复陆军部，组建海军部，重建海军陆战队。但是，常备军的规模一直受到严格的控制，民兵在国家武装力量中占有主导地位。所以，一旦战争爆发，美国总是一边打仗，一边征召部队。在美国弱小时期，且无重大外来威胁的情况下，这种政策既能够满足美国的防务需求，又能适当减少财政支出。但是，到了19世纪后期，当美国变得强大起来，并准备投身于争夺海外势力范围的情况下，其传统的军事政策就不合时宜了。一些军方人士在总结战争实践的历史经验之后，也得出了清晰的结论，即传统的军事政策存在着重大缺陷。1875年，美国军事思想家埃默里·厄普顿（1839—1881）撰写的《美国军事政策》一书认为，对军事问题毫无经验的大多数议员、总统甚至陆军部长等文官对军队控制过多，总是依赖并不可靠的民兵队伍，严重妨碍了战争准备，因而在历次战争中，美国总是先输后赢，既延长了战争进程，又损失了巨大的不必要的人力与物力。① 因此，他建议，美国要改变军事政策，建立一支较大的正规军，按战时扩充的原则进行编制。

第二，汲取国外建军经验。随着美国的强大以及海外扩张思潮的抬头，美国军方也开始把目光投向海外。一些专家认为，美国潜在的对手十分强大，仅靠传统的民兵体制，无法应对美国面临的挑战。而且，由于现代化武器的生产时间较长，在战争爆发时，匆忙动员起来的民众无法投入战斗，因而美国必须借鉴欧洲列强的治军经验。1875年，西点军校成立一个委员会，旨在研究国外的军事制度，为陆军改革做准备。作为该委员会核心成员的厄普顿在考察了欧洲各国之后，写出了《欧洲各国陆军》一书。在书中，厄普顿认为德国的总参谋部体制不受文官干预，功能齐全，管理完善，行动比较灵活；军队人员精干，层级分明，在平时实行征兵制，在战时随时可以扩编，因而战斗力强大，曾用6周的时间打垮了奥地利，3个月的时间击败了法国。相比之下，美国的体制就逊色许多，需要大力改进。虽然厄普顿的思想不被美国社会所接受，但是他却开了外军研究的先河，为后来美军的改革提供了思想基础。

第三，着手战略理论研究。尽管在战争时期，美国对军事力量的

① 参见［美］阿伦·米特著：《美国军事史（1607—2012）》，第223页。

运用也有着较高的战略意识，但从国家层面来说，并无明确的战略，尤其是在和平时期，更无战略可言，更不要说战略研究了。但是到了19世纪末期，由于国家的迅速崛起，军事力量如何建设和运用等带有全局性的问题摆在美国人的面前，战略理论研究才受到了前所未有的重视。1890年海军军事学院教授艾尔弗雷德·塞耶·马汉上校出版《海上力量对历史的影响（1660—1783）》一书，同年，他又发表了《美国展望世界》的文章，正式提出了海权理论。在马汉看来，一个国家的强大、繁荣，离不开贸易，而贸易的开展，又离不开海军。因此，他建议美国摒弃“大陆主义”政策，积极参与世界贸易方面的竞争。这样，美国就不仅需要一支庞大的商业船队，占有海外殖民地，而且必须拥有一支强大的海军。商业船队可以作为“海军发展的摇篮”，殖民地可以提供原料、市场和海军基地。他主张，美国应攫取夏威夷，作为通往亚洲的跳板，控制中美洲未来的运河，吸引国际贸易。他还强调，海军建设的方向是具备决战的能力，只有通过决战，打垮敌人的舰队，才能夺取“制海权”。马汉“海权理论”为美国的扩张和实现扩张的目标提供了战略指南。在随后的10余年里，美国通过与西班牙的战争，获得了菲律宾、关岛，又运用颠覆的手段，占有了夏威夷，并取得了巴拿马运河的开凿权。不仅如此，美国又投入巨资，建立了一支强大的海军。

通过对传统军事政策的检讨、国外军事制度的考察和战略问题的研究，美国对其未来的国家发展方向和军队建设目标有了清晰的认识。到了第一次世界大战前夕，美国已打通了通往亚洲的通道，控制了中美洲的运河，拥有名列前茅的海军，并具备了与其他列强争夺海外殖民地的战略能力。

二、战略视野拓展

美西战争之后，美国势力范围大幅扩展。为了保护这些新增的利益，美国的军事手段也有了显著提升。从地缘环境上看，美国在陆上基本不受威胁：与英国的交好，确保了北部边境的安全；与墨西哥统治者关系密切，南部也没有什么值得担忧之处；两洋的天险，使其他列强无法对美国进行有力的攻击。因此，美国军事力量的运用必然着眼于海外：一是要维护新攫取的夏威夷、关岛、维尔京群岛和菲律宾等地安全；二是确保巴拿马运河、波多黎哥和加勒比海的秩序；三是应对其他国家对美国海外利益的挑战；四是参与和其他列强在海外的竞争。所以，美国决策当局认为，一支强大的军队是不可或缺的。基于此种考虑，美国政府在第一次世界大战前所确立的目标，就是创建一支随时待命的常备部队，在必要时可以派往海外作战。

首先，建设强大的海军。受马汉海权论的影响，美国认为海军是国家的第一道防线，也是军事外交的主要工具。美西战争之后，美国着手大力发展海军。一方面持续地造舰，使舰艇的数量大幅提升。1898 年时，美国海军只有 11 艘战舰，而到了 1913 年，已经拥有 36 艘。不仅如此，自 1906 年以后，美国所建造的战舰，都是重型的“无畏舰”。同时，美国运用当时最为先进的技术，开始建造潜艇，1900 年第一艘潜艇编入现役，到了 1914 年，海军已经拥有了 34 艘潜艇。更有甚者，1910 年以后，海军还进行投资，致力于水上飞机的研究，建立了海军航空兵。第一次世界大战爆发前，海军已有了 8 架飞机和 13 名飞行员。另一方面，大量扩充海军人员编制，建立海外军事基地。海军部建立了由高级军官组成的“全体委员会”，作为协调作战计划和战舰建造的核心机构。1899 年时，海军只有 16354 人，到了 1916 年，就达到了 60376 人，翻了将近两番。不仅如此，美国还在海外寻求军事基地，先后在菲律宾的苏比克湾和夏威夷的珍珠港建立了庞大的海军基地。这样，从 1898 年到 1917 年的 20 年时间里，美国海军已成为世界上最强大的海上力量之一，仅次于英国和德国。

其次，改革地面部队。西奥多·罗斯福总统在 1900 年就说过：“我相信我们打算建设一支强大的海军，但不清楚是不是要建设一支规模不大但足以赢得尊重的陆军；如果没能做到这一点，那么很可能在几年内……我们不得不经历惨痛的教训。”① 为了保卫新扩张的领土和领地，也为了在与其他强国的争夺中取得有利地位，美国在大力扩建海军的同时，也着手对地面部队进行改革，以使其处于在战争时刻就绪的状态。其实，对于地面部队的改革，陆军早有考虑，因为在1898 年的美西战争中，陆军作战方面的缺陷已暴露无遗，只是在怎么改革的问题上，莫衷一是而已。后来在“拥有军队的真正目的就是为战争做准备”原则的指导下，美国陆军从“大脑”和“身体”两个方面入手，进行变革。首先，成立陆军总参谋部，提高陆军的决策和指挥能力。其次，改革国民警卫队和民兵制度，使陆军的后备力量充实起来，以便在需要的时候，可将更多的人员纳入到正规军。再次，建立统一的后勤补给机构——军需部。最后，运用技术的发展，提高部队的机动能力。1906 年开始，陆军开始采购汽车，走上了摩托化进程。1909 年开始，陆军着手将飞机运用于侦察行动。地面部队的改革，使美国陆军战争能力大幅提升。

再次，提升战备能力。1914 年 8 月，第一次世界大战正式爆发。起初，这场战争并没有给美国带来很大的震动。然而，1915 年 5 月，当英国“卢西塔尼亚”号客轮被德国击沉，导致 100 多名美国人丧生之后，美国的态度发生了变化，朝野上下及民众都认为，舰队能保护国家的安全，必须建造一支世界上最强大的海军。1916 年，美国国会通过《海军法案》，批准建造 10 艘战列舰、16 艘巡洋舰、50 艘驱逐舰、72 艘其他舰艇和 14 艘辅助船只。这一规划的目的就是准备与远东的日本和在加勒比地区活动的德国作战，或对它们进行遏制。与此同时，国会还通过了《国防法案》，着力提升地面部队的规模，决定在未来的 5 年内使正规军的人数增加到 17.5 万人。国防法案还规定，在战时，联邦政府拥有征用工业和运输业的权力，总统可以强迫任何企业优先完成政府的订单等。

这样，美国通过扩充海军、陆军规模，改变陆军体制，制定国防

① ［美］阿伦·米特著：《美国军事史（1607—2012）》，第 259 页。

法案等行动，推动了军队现代化的步伐，提升了军队的战备水平。可以说，至此为止，美军的建设和运用已受明确的战略目的所支配，将“准备战争”作为重要的指导原则。

三、战争计划制定

在第一次世界大战中，美国于 1917 年 4 月 6 日正式对同盟国宣战，并在随后的一年多的时间里，将多达 200 万的军事人员投送到欧洲，同协约国军队一道与德军作战。依靠庞大的人力规模、有力的后勤保障和顽强的拼搏战斗，美军在打垮德军的作战中发挥了关键性的作用。正是由于从第一次世界大战中看到了未来战争的面貌，战后的美军开始重视战争计划的制定。

首先，认清主要威胁。第一次世界大战后，美国拒绝批准《凡尔赛条约》，只是通过与各战败国分别签订和平条约，来实现自己的利益。对于一战后的世界，美国军方人员在 1919 年进行评估时认为，欧洲大国的力量已遭到削弱，德国不再强大，苏俄忙于巩固政权，英国、法国、意大利不再有能力扩大国际影响，奥匈帝国和奥斯曼帝国不复存在。这样，美国在欧洲不再有强劲的对手。而在远东地区，情势就不一样了：日本作为一战的战胜国，将德国在亚洲的势力范围尽收囊中，无论是太平洋上，还是亚洲大陆上，影响力和控制力都有所扩大，占据了有利的战略地位；日本在加罗林群岛、马里亚那群岛和马绍尔群岛建立了军事基地，对美国领地关岛和处于美国保护之下的菲律宾构成了严重的威胁；日本还可以利用这些基地以及所占据的山东半岛，对英、法、荷等国在东南亚的殖民地以及中国腹地发起攻击。更使美国感到不安的是，日本对于国际事务充满了野心。据此，美军认为，其未来面临的主要威胁是日本。

其次，制定应对计划。鉴于 19 世纪末所获得的领土主要在太平洋地区，美国将军事防御的重点也放在这里。早在 1911 年，美军就制定了针对日本的“橙色计划”，准备通过集结海上力量，在太平洋中部发动进攻以孤立日本，从而保护关岛与菲律宾。对于第一次世界大战，美军计划人员根本就没有考虑。战后，美军计划人员再一次审定“橙色计划”，并拟制了代号为“霓虹－5”的作战计划，使其更加完善。

再次，建设相应力量。美国虽然制定了对日作战计划，但并没有形成统一的国家军事战略。对于欧洲地区，美国根本就没有考虑到再次与德国作战。尽管在距第一次世界大战结束还不到10年的时候，一些美国的精英人士就意识到第一次世界大战只不过埋下了下一次规模更大的全球战争的种子，而且美国也无法避免被卷入，[①] 但是对欧洲局势的认识却发生了重大偏差。因此，在军力建设上，美国把执行“橙色计划”作为重中之重，继续致力于海军建设，使其与英国海军并驾齐驱，不仅建造和更新了巡洋舰、驱逐舰和潜艇，而且还建造了“列克星敦”号和“萨拉托加”号等大型航母。到了1939年，美国海军已经拥有战列舰15艘，航空母舰5艘，巡洋舰36艘，驱逐舰104艘，潜艇56艘。[②] 不仅如此，根据科技能力的许可，美国还把航空力量作为提升军事能力的重要手段，在海军和陆军先后成立航空局，采购数以千架飞机。为了使军队在太平洋地区快速投入作战，美国还在太平洋地区建立了一系列军事基地。

最后，调整战略重心。在为“橙色计划”做准备时，世界的局势发生了重大的变化。1929—1933年世界经济危机之后，法西斯德国迅速崛起，并暴露出比第二帝国更大的野心，成为欧洲的战争策源地，与意大利、日本结成“轴心”联盟，试图以武力改变世界版图。自1935年至1939年，德国进军莱因兰、吞并奥地利、占领苏台德地区。1939年9月1日，德国入侵波兰，次年5月又占领了法国、比利时、卢森堡、丹麦、挪威、瑞典等国。日本于1931年发动“九一八”事变，入侵中国东北后，又在1937年挑起“七·七”卢沟桥事变，发

① ［美］阿伦·米特著：《美国军事史（1607—2012）》，第309页。
② 同上书，第330页。

动全面侵华战争；1941 年 12 月 7 日偷袭美国珍珠港，侵占东南亚，导致太平洋战争全面爆发。面对如此严峻的形势，美国一方面在亚太地区与日本作战，另一方面对欧洲的事务也不能袖手旁观。在权衡利弊和轻重缓急之后，美国做出了“先欧后亚”的战略选择，即先在欧洲击败资源更多、力量更大的德国，再集中自己和盟国的力量打垮日本。在欧洲作战时，美国起初按照英国的战略规划，从北非登陆，实施“火炬计划”，击垮意大利，进而包抄欧洲，后来则自己主导，制定和实施“霸王计划”，与其他盟国一道横渡英吉利海峡，直接正面攻击法西斯德国。在太平洋战场上，美国虽然重视盟国的作用，但基本上全面主导了战略计划的制定。可以说，第二次世界大战使美国的战略规划能力和实施能力都得到了全面提升。

四、战略运用跃升

第二次世界大战后，世界形势发生了根本的改变。传统的帝国主义国家中，英、法两国受到严重削弱、德国、意大利和日本被彻底打垮，美国则一枝独秀。社会主义国家苏联在战争中进一步强大，成为世界性的军事大国，其势力突破传统的边界，覆盖了整个东欧，并扩展到中欧地区。虽然在战争期间，罗斯福总统就为战后的安排提出了构想，但要把构想变成现实却遇到了许多挑战。所以，如何运用军事力量实现国家的政策目标，成为美国不得不着重解决的战略问题，进而推动美国军事战略的成熟和升华。

第一，第二次世界大战的实践，催生了美国军事战略的成熟。美国在其崛起的过程中，由于特殊的地理环境和列强的相互倾轧，基本上没有遇到太大的外来阻力。在美洲地区，它一家独大，几无安全之虞。欧洲各国陷于恶斗，无暇顾及美洲的事务。除了第二次美英战争以外，在对外战争中，美国都是在居于绝对优势的情况下主动发起攻击，因而在战略筹划上不需过多着墨。在第一次世界大战中，美国也无明确的战略，只是根据协约国既定的计划进行作战而已。即使到了第二次世界大战初期，美国在战略上也是处于混沌状态，在军事行动上主要依英国的计划行事。随着力量投入的增大，开辟战场的增多，美国逐渐成为世界反法西斯战争的主力，因而不得不就力量动员、资源调配、作战方式优化、盟友力量协同、战场行动控制等做出选择，从而在军事力量的运用上，形成了全局的概念，发展了战略思想。因此，从国家层面上说，直到第二次世界大战的后期，美国的军事战略才真正成熟。

第二，全面介入世界事务，促使美国从国家全局的角度筹划军事力量建设。第二次世界大战后，无论是欧洲还是亚太地区，美国都已深深介入，再也不能像第一次世界大战后那样一走了之。对于欧洲，美国深切地认识到，英国虽是战胜国，但实力受到重创，根本不可能承担起重建的责任；法国曾被德国占领，自身的困境都难以克服，更遑论参与欧洲秩序的维护了；德国、意大利、奥地利均为战败国，急需外来的援助；苏联的势力已到达中欧，正觊觎西欧。在美国看来，其一旦从欧洲撤离，西欧国家将全面崩溃，进而有改旗易帜的危险。在亚太地区，中国政局动荡；朝鲜半岛和越南濒临分裂；其他从日本占领下获得解放的英、法、荷等国的殖民地也步履维艰；日本则处于被占领状态。向亚太地区扩展势力是美国长期追求的目标，在力量已到达亚洲大陆的情况下，不可能再抽身而去。因此，美国必须根据战后的国际环境，重构军事力量，以应对各种挑战，承担起所谓领导世界的责任。

第三，维护遍布全球各地的利益，推动美国从国家层面规划军事力量的运用。历史上，美国国会、民众对军队一直持戒备的态度。无论是独立战争、内战、第二次美英战争、美墨战争、美西战争时期，还是两次世界大战中，美国都是战争爆发后临时召集后备力量从事战争，一俟战争结束，军人就迅速复员。然而，第二次世界大战之后，美国的防御范围已远远超过本土，仅靠战时扩充力量，根本无法满足远程作战的需要。所以，美国必须着眼国家的长远利益，建立一支规模适当的军队，在需要使用武力的地方，能够迅速投入，以赢得对外政策的主动权。

正是基于历史的经验和现实的需求，第二次世界大战后期以及结束不久，美国对军事力量的建设和运用形成了具有其自身特色的方法。如果说联盟战略、先欧后亚战略是美国战争期间形成的战略观念的话，那么遏制战略、威慑战略等概念的出现则代表着战后战略运用的新发展。1945 年，杜鲁门总统正式将遏制战略确立为国家军事战略，这是美国历史上第一次明确提出的军事战略，标志着美国的军事战略已从追随、模仿、借鉴阶段转向主导、引领和创新时代。

第二章

美国军事战略演进脉络

第二次世界大战后，美国成为世界上最强大的国家，力图成为全球领导者，从而在全球各地驻军，特别是在西欧和亚太地区，建立了大量军事基地。随着导弹、核武器的出现，美国在安全领域的地缘优势逐渐丧失，如何维护国家安全成了决策者着重思考和应对的问题。于是，根据情况的变化，许多机构及相关学者着手国家安全问题的研究，提出各种战略理论，为政府的决策出谋划策。在此基础上，美国政府从“利”“力”“理”逻辑思维出发，制定和实施带有鲜明时代特色的军事战略。杜鲁门政府制定了战后美国第一个国家军事战略——遏制战略。其后，美国的历届政府都以此为蓝本，制定和推行相应的军事战略。战后70年来，随着战略环境的变化，美国的军事战略处于不断的调整之中，带有清晰的时代烙印，大体上可以分冷战时期、冷战后时期和“9·11”事件以后三个阶段。

第一节　冷战时期军事战略

第二次世界大战结束后不久，由于国家利益、特别是意识形态的差异，美国及其领导下的西方国家与苏联集团迅速从合作走向对峙，随之而来的冷战长达近半个世纪。在整个冷战时期，美国军事战略的制定，都围绕着以下几个方面进行：第一，国家安全战略的目标和需求。在这一时期，美国所奉行的国家安全战略是“遏制战略”，而军事力量是其得以推行的主要后盾。因此，美国必须在与苏联的军事对抗中始终保持优势地位，能够慑止或战胜苏联的任何形式和规模的进攻。第二，国际战略环境。国际战略环境是安全与军事战略决策的基础。美苏在全球的攻防态势、世界重要战略区域的安全形势、自己盟友和敌方盟国关系的变化、其他大国的政治走向等都是美国制定和实施军事战略所必须考虑的重要因素。第三，国家的经济实力。军事目标能否实现，取决于军事力量是否强大，而军事力量的强大与否又取决于经济资源的支撑力度。第四，国家的军事能力。军事能力是遏制或战胜敌人的主要力量，没有强大的军事实力，一切战略都会成为空谈。第五，地缘战略的需要。拒敌于海外和保障海外通道的安全，一直是美国重要的战略指导思想，如何将此种思想变为实际，是美国军事战略必须解决的问题。第六，科学技术的发展。科学技术是军队战斗力的倍增器，美国一直主张通过发展科技谋求军事优势，减少战争的损失。所以，美国在制定军事战略时，科学技术的发展也是一个不可或缺的考量因素。在冷战时期，美国各届政府都是在充分考虑上述因素的基础上制定和调整军事战略的。

一、遏制战略

针对战后国际形势的特点，凭借其雄厚的经济和军事实力，美国在世界上建立了一个广泛的军事联盟体系和分布在各地的一系列军事基地，以遏制苏联，从而获取所谓的世界领导地位。

第二次世界大战末期，无论是从国家实力，还是战略态势上看，美国已经具备了操纵世界事务的能力。在欧亚两大战区，美国都拥有了强大的政治影响力、经济操纵力和军事控制力。当战争胜利的可能性已基本确定时，美国统治集团就着手制定战后领导世界的计划。罗斯福总统认为，战争结束后，苏联将成为世界上的军事强国，英国也仍然会成为世界上有影响力的大国，美国必须将它们纳入到自己设计的世界体系中；反法西斯战争使美、英、苏成为同盟，出于“维持和平与安全”的共同需要，战后大国之间也仍然存在合作的必要性；苏联在战争中遭到巨大损失，战后为恢复经济也需要美国的援助，所以也会继续同美国合作。此外，罗斯福在战争后期多次与丘吉尔、斯大林会晤，召开三巨头会议，特别是在雅尔塔会议上，就战后世界的安排问题进行反复商讨，并形成了许多共识。

美国的意图十分清楚，就是争取其他大国的合作，按照自己的意志建立世界秩序，且迈出了重大步子。首先，经济上，美国打着国际经济自由化的旗帜，构建一套有利于美国的国际经济秩序，以控制世界贸易、金融和投资，从而确立其在世界经济中的主导地位。1944 年 7 月，美、英、苏、中等 44 个国家的代表在美国的新罕布什尔州的布雷顿森林举行国际货币金融会议。会议基本上按照美国的方案，通过了《最后议定书》以及《国际货币基金组织协定》《国际复兴开发银行协定》两个附件，总称为《布雷顿森林协定》。其中最为重要的内容就是确定美元与黄金挂钩，把黄金官价定为一盎司 35 美元，使美元享受高于其他国家货币的地位。1945 年底，“国际货币基金组织”和“世界银行”在华盛顿正式宣告成立。美国依靠它在这些机构中的优势和股金的份额，拥有最大的表决权和对重大问题的否决权，从而控制了这两个世界性的金融机构，使其成为美国输出资本的有力工具。

其次，政治上，美国倡导成立全球性的国际组织——联合国，并通过这一组织，试图构建符合美国利益和愿望的世界政治秩序。1945 年 10 月，联合国正式成立。联合国原有 51 个创始国，其中有 34 个在西欧和拉丁美洲，它们都是支持美国的，只有 11 个来自亚洲和非洲，绝大多数也是亲西方的。来自苏联集团的只有 6 个。安全理事会五大常任理事国中，美国基本可以控制四票。这种状况，使战后初期美国在联合国内处于绝对优势，总能拼凑出符合它需要的多数。1946 至 1953 年期间，联合国大会通过 800 多项决议，其中美国支持的只有两项被否决。①

① 牛军：《冷战时期的美苏关系》，北京大学出版社，2006 年 1 月版，第三章的第一节。

再次，军事上，到1945年战争结束时，美国武装部队已发展到1200多万人，国防预算超过800亿美元。美国还拥有世界上最庞大的海军和空军，有1200艘战舰和5万艘登陆艇及供应船只。商船的吨位已超过所有资本主义国家的总和，美国已取代英国成为海洋的统治者。同时美国还在世界各地建立了数百个军事基地，控制了远离本土7000英里的战略要地。不仅如此，美国还垄断了核武器，是世界上唯一拥有原子弹的国家。战后不久，美国虽然对军队进行了大量的复员，但所保留的规模依然十分庞大。

尽管罗斯福总统在战争期间提出“世界蓝图”中强调“大国一致”的原则，但其继任者杜鲁门上台后，却根据战后国际战略态势的变化进行了较大修正，其中最重要的一点就是把苏联从战时的合作伙伴变为战略对手。苏联的国民经济虽然在战争中遭受了严重的破坏，但其军事力量则获得了巨大的发展，成为世界一流的军事大国。随着苏军解放东欧，到达中南欧，苏联也随即将其社会主义制度扩展到了那里。斯大林曾经指出：这次战争与以往有所区别，一个国家的军事力量所到之处，就要将其社会制度推广到那里。这样，苏联的政治军事力量远远越出了国界，在自己的西部建立起一道安全屏障，极大地拓展了战略空间，摆脱了过去那种被西方国家四面包围的处境，全面增强了同美国抗衡的实力。

杜鲁门政府认为，苏联所实行的社会主义制度，所坚持的共产主义信仰，与美国的价值观格格不入，甚至完全对立；苏联势力的扩展，就是对美国实现领导世界战略意图的严重挑战。为此，美国必须采用强硬的措施，才能阻止所谓苏联的“共产主义扩张”。1945年12月29日，杜鲁门在国会发表国情咨文时说：“胜利已使美国人民有经常而迫切的必要来领导世界了”，“美国今天是个强大的国家，没有任何一个国家比它更强大……这意味着，我们拥有这样的力量，就得挑起领导世界的担子并承担责任。”[①] 正由于如此，在处理战后安排事务

① 刘同舜等主编：《战后世界历史长编》，上海人民出版社，1976年版，第一编第三分册，第7页。

时，美苏间冲突与矛盾不断。无论是在欧洲秩序的建立，还是亚太和平的恢复上，两国都针锋相对，无法协调。

在其统治当局看来，美国要领导世界，苏联就是其重大障碍。为了既不冒打“第三次世界大战”的危险，又把苏联的势力限定在一定的范围内，杜鲁门政府绞尽脑汁，制定了“遏制战略”。所谓遏制，就是通过强大的军事力量，将苏联及其领导下的国家集团包围起来，使其无法扩展利益和对其控制区域以外的事务施加影响。杜鲁门政府之所以把遏制作为军事战略的核心内容，是因为深受乔治·凯南和克拉克·克利福德遏制思想以及丘吉尔“铁幕”演说的影响。

1946 年 2 月 9 日，斯大林在莫斯科选区选民大会上发表演说。他指出：两次世界大战均起源于资本主义世界的经济危机。苏联在过去的三个五年计划的实施为卫国战争的胜利奠定了物质基础，今后实行新的五年计划仍要优先发展重工业。[①] 美国战略决策当局认为，斯大林的讲话排除了和平共处的可能性，是“第三次世界大战的宣言”。[②] 国务院要求时任驻苏代办凯南对苏联不愿意参加世界银行和国际货币基金组织的行为动机进行分析。2 月 22 日，他向国务院发送了一份长达八千字的长电报（Long Telegram）。在他看来，苏联一直敌视资本主义世界，为了追求自身利益而推行扩张政策，并将在“一切它认为合适的时机和会有好结果的地方做出努力来扩大疆界”。苏联“听不进理智的逻辑，但对武力的逻辑却十分敏感”。“如果对方拥有足够的武力，并清楚地表明它准备使用武力，这几乎用不着真的动武。如果能正确地处理形势，就不需要有影响威望的摊牌。”[③] 因此，美国要把对苏政策置于对外关系的首位，且在军事上显示出坚定与强硬。从字里行间可以看出，凯南已初步阐述了遏制思想，只是还没有明确使用

---

① 王绳祖主编：《国际关系史》第七卷，世界知识出版社，1995 年 12 月第 1 版，第 104 页。

② W. Millis, ed. , *The Forrestal Diaries*, London, 1952, p. 141.

③ Geoge F. Kernan Memoirs, 1925 – 1950, Bostan Atlantic Little Broven, 1967. pp. 547 – 559.

“遏制”一词而已。

1946 年 9 月 24 日，杜鲁门的特别顾问克利福德也提交了一份长达 50 页的题为《美国与苏联关系》的绝密报告，进一步阐述了美国对苏政策建议。报告认为，欧亚大陆的心脏地带已经被一个庞大的强国所控制，海洋国家如果要保持在全球范围的力量均势，就必须制止这个国家向大陆边缘地带扩张。为此，美国必须以足够强大的军事力量，把苏联的力量控制在它目前所占据的地区。也就是首先阻止苏联的进一步扩张，然后再在中间地带及整个世界进行防范。

1947 年 1 月，凯南在美国对外关系协会发表了题为《苏联的思维方式及其对对外政策的影响》的演讲，明确地提出遏制的思想。他的这篇演讲，在美国政府内部产生了重大反响。7 月，《外交》季刊将凯南的讲话以《苏联行为的根源》为题，署名“X”进行发表。凯南首次把美国的对苏政策称为“遏制”，即“美国对苏政策的要旨在于，它必须是一种长期的、耐心而又坚定的、警惕地遏制俄国对外扩张倾向的政策”。[①] 他声称，美国以足够的资源和力量，对苏联政权遏制 10 至 15 年，将迫使其行为比近年来的所为更加“温和与明智”，进而导致其政权的“瓦解或逐步软化”。这篇文章是“说明美国外交政策本质的一篇头等重要的文件，因为它向世界透露了杜鲁门主义所依据的设想、估计和结论”，[②]“并为杜鲁门的政策争得了支持。”[③]

1947 年 2 月 21 日，英国使馆紧急约见美国国务院官员，送交了两份照会，表示：英美两国过去曾达成共识，即英国主要负责向希腊提供军事援助，美国负责经济援助。如今希腊经济状况已处于崩溃边缘，如无外援，将发生大规模饥荒和随之而来的政治动乱，希腊军队

① 转引自王绳祖主编：《国际关系史》第七卷，世界知识出版社，1995 年 12 月第一版，第 106 页。

② Walter Lippmann, The Cold War: A Study in U. S. Foreign Policy, New York Happer, 1947, p. 43.

③ Robert W. Tucker and William Watts, Beyond Containment: United States Policy in Transition, Potomac Associates, 1974, p. 17.

也急需装备。但是，英国已无力提供足够援助，希望美国接过这一负担。第二份关于土耳其的照会内容也基本相同。美国立即意识到，这是一次重要机遇，作为世界领导的英国，再也无法承担起维护世界秩序的重任了，不得不拱手将“世界领导权”交给美国。于是，美国决策层立即行动起来，准备接收英国交出的世界霸主的“权杖”。

1947 年 3 月 5 日，英国前首相丘吉尔应邀访问美国，在富尔顿发表了著名的《和平砥柱》演说，提出了“铁幕”概念，推动美国对苏奉行遏制政策。丘吉尔演说的精神实质与“长电报”一脉相承，只是用语更为尖锐，煽动更加强劲。他说：“从波罗的海的圣切青到亚德里亚海的的里雅斯特，一幅横贯欧洲大陆的铁幕已降落下来。”在铁幕后面的国家，“不仅以这种或那种形式屈服于苏联的势力，而且还受到莫斯科日益增强的高压控制。”在铁幕外面，共产党的“第五纵队”遍布各国，“到处构成对基督教文明的日益严重的挑衅和危险”。他声称，苏联“所钦佩的莫过于实力，而最瞧不起的就是军事的虚弱。”为此，他呼吁英美联合起来，建立“特殊关系”，推动西方民主国家“团结一致”。他特别强调，英美两国应“联合使用双方在世界各地所掌握的所有海空军基地，使现有设施继续用于共同安全的目的。”① 虽然美国此时还没有同苏联公开决裂，丘吉尔已经先美国一步公开了西方世界的这一决心。

凯南的电报和克利福德的报告，为杜鲁门政府改变对苏政策提供了思想工具，丘吉尔的“铁幕”演说则坚定了杜鲁门政府推行遏制战略的决心意志，希腊与土耳其危机的出现，则为杜鲁门政府抛出遏制政策提供了良好的契机。于是，1947 年 3 月 12 日，杜鲁门在国会两院的联席会上发表咨文。他强调，世界形势十分严峻，攸关美国的“对外政策和国家安全”；他认为，“希土危机”其实就是苏联和各国

① Arthur Meier Schlesinger, The dynamics of world power: A documentary history of United States foreign policy, 1945 – 1973, Chelsea House Publishers, New York, 1973, pp. 211 – 217.

共产党人试图通过“直接或间接侵犯”，把“极权政体”强加给各国人民；他断言，世界上各种斗争，就是“自由制度”与“极权政体”之间的较量，所有国家都必须在两者之间进行选择。在通篇演说中，他虽然没有直接点苏联的名，但含意却十分清楚：苏联是世界陷入“灾难”的祸首，同德、意、日法西斯别无二致。因此，如果不能有效遏制苏联的“扩张”，美国在第二次世界大战中所付出的代价就会变得毫无意义。他声称，“自由制度的崩溃和独立地位的丧失，不但对这些国家，而且对全世界都具有灾难性”，“假如我们在这一紧要的时刻未能援助希腊和土耳其，那么给予西方的影响将同给予东方的一样深远。”他宣称，世界已分为两大阵营，即自由世界和共产主义世界，美国有领导“自由世界”之责。对于发生在其他国家有可能“危害美国安全”的事务，美国都将通过经济和军事手段进行干预。为此，他要求国会授权政府在 1948 年 6 月底以前向希腊、土耳其提供 4 亿美元援助，同时派遣军事人员和文职官员监督美援使用情况，并训练希、土两国的有关人员，[①] 使两国政府的统治得以维持下去。这篇咨文所阐述的中心思想后来被称为“杜鲁门主义”，以此为标志，美国开始实施其遏制战略，与苏联展开冷战。

1949 年 8 月苏联爆炸了第一颗原子弹，10 月 1 日中华人民共和国宣告成立。美国认为世界形势发生了重大变化，开始全面审议美苏两国的力量对比和防务、外交政策。1950 年 4 月，国家安全委员会将审议结果形成 NSC－68 号系列文件。该文件系统总结了自 1946 年以来美国对苏遏制的经验教训，阐明了应进一步采取的政策和措施。它集遏制战略的基本思想和政策之大成，成为指导美国冷战时期全球战略的基本依据。

为了推行“遏制战略”，杜鲁门政府采取了重大措施。首先，以“间接战略”思想为主导，对世界各地的军事危机进行干涉，塑造对

① 参见王绳祖：《国际关系史》第七卷，世界知识出版社，1995 年 12 月第一版，第 117 页。

美国有利的国际战略环境。这一时期，美国在许多重大危机中，均采取咄咄逼人的态度，迫使苏联做出让步。如支持伊朗要求苏联从其领土阿塞拜疆地区撤军；反对苏联插手土耳其海峡管辖事务；在柏林危机中采取强硬态度；直接派兵干预朝鲜半岛事务等。其次，着重发展核武器，以慑止外国，特别是苏联对美国及其盟友的侵略，但强调以常规战争击败苏联的可能进攻。第二次世界大战末期，美国成功地制造出核武器，并在日本投入实战，达到了令人惊悚的效果。美国认为，大力发展核武器，可以提升美军的作战能力。因此，到1953年初杜鲁门任期结束时，美国所拥有的核弹头已达近千枚，战略轰炸机约400架。[①] 杜鲁门政府的设想是，在未来对苏战争中，美国要以核武器为后盾，通过常规战争赢得胜利。再次，在全世界建立联盟体系，增强对苏军事优势。第二次世界大战后，美国根据战争中的经验，广泛与其他国家结盟，形成了全球性的联盟体系。通过北大西洋公约组织，美国把西欧国家，甚至西北亚的土耳其联结起来；通过东南亚条约组织、美澳新联盟条约，以及美韩、美日、美台、美菲等双边共同防御条约，编织了亚太联盟网络；在中东地区，美国主导建立了中央条约组织；在美洲，美国组建了泛美联盟。通过自身力量的建设和联盟网络的发展，形成对苏优势，将其包围起来，以限制苏联势力在世界其他地方的扩展。美国的做法就是要使苏联及其他国家认识到："共产主义的扩张是不可能轻易取得胜利的"。[②] 美国军事战略的宗旨，就是遏制苏联。

从一定意义上说，美国的遏制战略取得了较大的成效：一方面，它使西方世界实现了联合，国家安全得到了保证；另一方面，它对苏联势力的扩展的确起到了某种程度的遏制作用。朝鲜战争后，美苏冷战的模式基本固化，双方的势力范围也相对稳定下来。直到越南战争后，由于美国实力严重下降，两国战略攻守态势才出现改变。

---

① 参见赵学功：《简论冷战时期美国核战略思想的演变》，《世界近现代史研究》，2013年第1期，第107页。

② 参见黄绍湘：《美国通史简介》，人民出版社，1979年版，第704页。

二、大规模报复战略

1953年1月，艾森豪威尔入主白宫。此时的国际环境已发生了重大变化，社会主义阵营扩大，苏联核武器研制成功，民族解放运动高涨，朝鲜战争处于胶着状态，东西方对立加剧，美国经济危机爆发等。美国政府根据世界形势的变化，对于如何应对国家安全威胁产生了新的认识，遂制定了“大规模报复战略”。

从战略宗旨上说，艾森豪威尔政府与其前任别无二致，都是以应对苏联为主要目的，但由于战略环境发生了重大的变化，不得不对手段运用做出大幅度的调整。首先，1949年8月29日苏联引爆了第一颗原子弹。杜鲁门政府在制定遏制战略时，美国还垄断着核武器，而且认为，苏联将在较长的一段时期里，难以在核武器制造上取得突破。所以，倚仗核武器，美国足以能够遏制苏联。第二，1949年10月1日中华人民共和国成立。杜鲁门在制定遏制战略时，中国还处于国民党的统治之下，美国与国民党政府有着密切的关系，曾计划把中国塑造成其在远东地区的战略支柱。尽管当时中国内战已经爆发，但美国认为国民党政权不会垮台。然而，中国情势的发展极大地出乎美国意料，中国共产党领导的武装力量迅速推翻了国民党政权，建立了中华人民共和国。新中国成立后，外交上奉行“一边倒”政策，加入了社会主义阵营，在美国构筑的遏制苏联的包围圈上撕开了一个巨大的裂口。第三，美国在朝鲜战争中失败。美国建立的对苏包围圈，主要是依托其在欧亚大陆两端的盟国。中国国民党政权崩溃之后，美国再也不能容忍韩国政府的垮台。于是，朝鲜战争爆发不久，美国就纠集其盟友，组成所谓“联合国军”，干预朝鲜战争，在战争进入第二年头时，失败的结局已不可逆转。第四，世界范围内的民族解放运动风起云涌，动摇了西方国家长期主导的国际殖民体系。这些新独立或即将独立的民族国家，与西方国家都存在着深刻的矛盾。第五，美国经济衰退。由于朝鲜战争的影响和经济发展内在规律的作用，美国陷入了战后以来首次严重的经济危机。第六，美苏在欧洲的对抗十分激烈。自 1948 年 2 月至 1949 年 5 月，爆发了第一次柏林危机。战后，美、英、法、苏四国分区占领了德国。在如何重建德国的问题上，美英法三国与苏联发生了严重的冲突，双方对立尖锐，引发了第一次柏林危机。其后，德国被一分为二，美、英、法三个占领区合并建立了联邦德国，苏占区则成立了民主德国。德国的分裂表明，美苏在欧洲的对抗加剧，矛盾难以调和。

面对上述变化，艾森豪威尔政府认为，如果通过常规战争与苏联进行较量，美国将不仅要付出难以承受的代价，而且几乎不可能取得胜利，朝鲜战争已证明了这一点。在朝鲜战争中，美国使用了除核武器之外的所有新式武器，动用了几乎全部的军队精锐力量，但仍然难以避免失败的命运。为了既能减少经济压力，又能赢得对苏优势，美国决定采取新的军事战略，即“大规模报复”战略（Massive Retaliation）。也就是说，美国并不是要在某一个特定时间与苏联作战，而是要从长远的角度着眼。在平时，美国要保持一支与国家经济力量相匹配的武装力量，同时注重研发新式武器，形成对苏军事优势。一旦苏联发起进攻，美国就以其拥有的包括核武器在内的各种武器展开大规模的报复。美国的这种计划，就是让苏联认识到，它对美国的战争将得不偿失，从而放弃战争的意图。据此，艾森豪威尔政府修改了杜鲁门政府以核力量为“盾”，以常规力量为“剑”的战略理念，强调在与苏联的对抗中，要以常规力量为“盾”，以核力量为“剑”。也就是说，美国及其盟友如果遭到苏联的攻击，就以“闪电”式的全面核打击进行报复，这种报复必须一举摧毁苏联工业中心和各种军事设施，使其丧失核反击能力。必要时，为了在军事上和心理上给苏联以震撼，美国也可以采取先发制人的核打击。

为推行“大规模报复”战略，美国在战略规划和力量建设上都做出了重要改变。1953 年 8 月，美国政府正式制定了《“水杉”行动计划》。计划建议，在发展战略报复力量的同时，应加强美国的防御能力；建立一支国家战略预备队以应对可能发生的紧急状态；从国外撤回部分驻军，以增强本土作战力量；爆发局部战争时，当事国应担负主要作战任务，美国仅提供海、空军支援。根据这一规划，参谋长联席会议主席阿瑟·威廉·雷德福认为，美国应重点发展能携带核弹的由战略轰炸机组成的战略空军，以便对苏联起到遏制作用。美国的“基本政策主要取决于我们选择的方式、地点快速大规模报复的能力。”他还进一步扬言：“哪怕是共产主义的一个士兵越过西方边境线，美国就要打一场全面的核战争。”国务卿杜勒斯强调，为了使军费发挥最大效果，只有“大规模报复”战略才是最可取的。

“大规模报复”战略的实质在于威慑，因而美国采取了三管齐下的办法：一是展开威慑理论研究。这一时期，美国战略学界涌现了大批有关威慑战略的报告和著述。其中最具代表性的就是伯纳德·布罗迪的《原子弹与美国安全》和亨利·基辛格的《选择的必要》。布罗迪提出了核威慑的概念、实现的手段及可能的影响；基辛格则提出了核威慑三要素，即威慑者要有力量，要有使用力量的意志并使侵略者认识到上述两点。这两本著作奠定了美国推行威慑战略的理论基础。二是加强威慑力量建设。威慑的首要因素是要具备毁灭对方的力量，使对方认识到它所采取的有违威慑者意志的行动将得不偿失，甚至要付出难以承受的代价，否则就没有成效。因此，美国把发展核武器和导弹武器作为军备建设的重心。这一时期着手研发各种新式导弹。空军负责研发“大力神”和“宇宙神”洲际导弹，开始第二代洲际弹道导弹“民兵”的研制；陆军着重研发“丘比特”中程导弹；海军则准备在航母上装备核武器，为A3D“天空勇士”轰炸机的起飞而设计跑道，并在核潜艇出现之后研制“北极星”潜射导弹。除研制各种导弹外，美军还生产和装备了大量的核弹头以及运载工具，以便能充分地摧毁苏联的工业城市和军事基地，使其丧失反击的能力。三是提出“抵消战略”思想。面对获得了长足进展的苏联军事力量，美国制定了“抵消战略”，即通过提升质量优势以抵消苏联的数量优势。20世纪50年代，苏联在军事技术方面进步迅速，1953年成功地试验了氢弹；1955年生产出新型远程战略轰炸机；1957年发射世界上第一颗人造卫星。不仅如此，它还在东欧和中欧地区大量驻军。对此，美国决心以核武器和常规武器技术的优势来抵消苏联军事力量的优势。这一战略是以核打击作为主要手段，以威慑作为主要目的。但在实践中，抵消战略面临巨大的困境，即美国若使其发挥成效，就要保持核武器的优势，并在必要时采取先发制人的打击，同时也使其他国家把发展核武器作为反核讹诈的重要途径，从而造成恶性循环，增大战略资源的耗费。所以，艾森豪威尔时期提出的“抵消战略”并没有取得实质性的效果，反而促使苏联以及其他国家大力研制和开发高技术武器，使“抵消战略”被其他国家所抵消。

从上述可以看出，大规模报复战略有三个显著特点：一是过分强调核武器的作用，贬低常规武器的地位。基于第二次世界大战中核武器运用的实践，特别是自身所具有的核武器技术上的优势，美国把打核战争作为推行军事战略的主要手段。对于常规武器的运用，美国则有所忽视，认为在核时代，常规战争已渐行渐远了。二是重视武器装备的作用，而轻视人的因素。在美国看来，技术发达的时代，只要有了先进的武器装备，就能够打胜仗，人的作用已大大降低。在这种情况下，美国过度强调对武器装备的研究，对于人的作用却重视不够；三是为贯彻“大规模报复”战略，形成了系统的核威慑理论。根据“大规模报复”战略的需求，美国学界着手研究威慑理论，形成了威慑战略思想。“大规模报复”的本质是威慑，而不是实战。所以，在艾森豪威尔时期，美国一直推行战争边缘（Brisk of War）政策，却并未发起或参与真正的战争。

三、灵活反应战略

美国推出“大规模报复”战略不久，就受到了各方面的质疑。许多战略界的学者认为，“大规模报复”战略严重地束缚了美国的手脚，使其难以应对安全领域的各种挑战。一些军方的高级将领也感到，这一战略极具不可操作性，在遭到敌方一般性的挑战时，军队根本无法作为。虽然艾森豪威尔政府后来也感觉到了“大规模报复”战略的不适性，并做了一定程度的矫正，但已不可能做出颠覆性的改变了。到了肯尼迪时期，美国政府立即改弦易辙，以“灵活反应”战略取代“大规模报复”战略。

从理论上看，“大规模报复”战略似乎有其合理性：美国以其优势明显的核武器作为工具，并使其对手苏联清晰地知晓，一旦受到攻击，它就决心实施核报复，使苏联遭受难以承受的损失。但问题是，作为可以毁灭整个国家乃至整个世界的终极武器，其使用门槛是不能轻易跨过的。不仅如此，美国及其盟友所面临的威胁不仅来自苏联，还有来自其他国家或地区，甚至包括一些非国家行为体。即使美国下定了要对苏联使用核武器的决心，那么如果苏联支持的代理人在其他地方对美国的利益进行挑战，它是否也将其视为苏联的进攻，并启动大规模报复呢？更有甚者，对于在其他地区时常发生的危害美国利益的局部战争与武装冲突，美国是否也运用“大规模报复”战略加以应对呢？

对于“大规模报复”战略的各种缺陷，美国战略理论界早就看到了。1954 年 11 月，兰德公司的研究员伯纳德·布罗迪在一篇题为《无限的武器和有限的战争》的采访文章中，就核报复力量对有限战争的威慑是否恰当提出了质疑。他指出，美国的敌人很难相信当美国对有限的挑衅发出大规模报复的威胁时，它真会说到做到。[①] 普林斯顿大学国际研究中心的一名研究人员威廉·W·考夫曼也在其题为《威慑的条件》一文中，对大规模核报复力量用于有限战争的可靠性表示了怀疑态度。[②] 到了 1957 年，战略学家对大规模报复战略的批评变得更激烈。芝加哥大学美国对外政策研究中心的研究人员认为，美国在推行国家政策的慎重和军事力量使用的放纵之间出现了脱节。在

① ［美］拉塞尔·F. 韦格力著：《美国军事战略与政策史》，解放军出版社，1986 年版，第 488 页。

② ［美］拉塞尔·F. 韦格力著：《美国军事战略与政策史》，解放军出版社，1986 年版，第 489 页。

他们看来，如果美国在核时代要避免自身和世界遭到毁灭，就必须对军事力量和政策实行综合治理。也就是说，美国军事力量建设与政策规划应着眼有限战争，而有限战争的本质就是对目标进行限制。“国家所面临的真正的战略问题不是是否坚持遏制的问题，因为我们一贯拒绝别的选择；真正的问题在于究竟以什么方式实行遏制才能避免全面的战争，才能把战争控制在有限的范围之内，并成功地进行有限战争。”因此，使军事力量的运用成为国家政策的合理和有效工具的“唯一办法就是制定一种可以对战争实行限制并能成功进行有限战争的战略。”①哈佛大学教授基辛格在其《核武器与外交政策》的著作中，也对大规模报复战略进行了尖锐严厉的抨击。他认为，这种以大规模报复主义表达的威慑战略是真正断然放弃了外交和战略主动权的战略。除了反击最明显不过的侵略之外，它等于是放弃使用军事力量，因为要使用的那种武器太可怕了，以至在任何较小的事件中都不宜使用。但是“对不妥协的行为不做惩罚从而放弃使用武力，势必因此把国际秩序交由国际社会中最无情或最不负责任的成员去任意摆布。”②

不仅学者们对大规模报复战略持有异议，就是政府官员特别是军方人士也颇有微词，只是由于身份和职责的限制，不那么激烈罢了。陆军将军马克斯韦尔·泰勒就表示，“大规模报复”战略脱离现实，战略学界对“大规模报复”战略的批评无懈可击。他在退役之后，写了《不定的号角》一书，在批评大规模报复战略的基础上，提出了“灵活反应”的思想。李奇微将军也对“大规模报复战”略丧失信心。他在国会作证时，充分表达了对大规模报复战略的疑虑。1955年，当陆军参谋长两年任期届满时，他果断决定退役。随后，他在回忆录中，用很大篇幅阐述他对大规模报复战略的不同看法。

---

① ［美］拉塞尔·F. 韦格力著：《美国军事战略与政策史》，解放军出版社，1986 年版，第 490 页。

② 同上，第 490—492 页。

肯尼迪上台后，对其前任的军事战略进行了检讨，认为它难以适应维护国家利益的需要。他对于泰勒的观点极为认同，先是邀请他作为总统军事顾问，不久又将他纳入现役，担任参谋长联席会议主席。泰勒在《不定的号角》一书中所述的观点遂变成了肯尼迪政府的国家军事战略——“灵活反应”战略。相对于“大规模报复”战略，“灵活反应”战略具有一些突出的特点：

第一，主张“战略多元”，即美国面临的对手和威胁具有多元性，因而应对的战略也具有多元性。苏联固然是美国的头号敌人，但绝不是唯一敌人，因此美国面对的威胁不仅来自苏联，还有其他国家或非国家行为体。同样地，美国不仅要应对苏联的核威胁，还要处置苏联及其他对手的常规威胁。这就决定了美国应对威胁的战略的多元性。也就是说，从战略层面上说，美国不仅要应对核威胁，而且也应对其他常规的威胁。“大规模报复”战略是一个单一的战略，远远不能适应国家的安全需求，必须要有所改变。

第二，确立“战争体系”，即美国不仅要着手准备包括全面核大战在内的全面战争，更要着眼包括有限核战争在内的“有限战争”。鉴于对手的多元化和威胁方式的多样性，美国应对的军事手段也应该是不同的，因而军事战略不能一成不变，要根据威胁的性质和种类做出灵活的反应。所以，美国应重视“有限战争”的战略地位和“特种战争”的战略运用。

第三，重视“系统管理”，即通过制度性建设，提高国防部和部队的工作效率。以“规划、计划和预算制度”对国防和军队建设进行系统管理，以便能及时和灵活地应对各种危机、武装冲突和战争。作为国家防务机关，国防部要执行“灵活反应”战略，就必须要有高效的机制。国防部长罗伯特·麦克纳马拉（Robert McNamara）对国防部进行大刀阔斧的改革，引入企业管理的理念，提高机制运转的效益。

第四，强调“军控谈判”，即通过军控手段，使与对手的较量处于可控状态，同时谋取自身的优势。军备竞赛是一把双刃剑，既为敌人制造难题，也把自己置于困境。所以，美国应与苏联进行核领域的军事控制谈判，将双方的核对抗置于可控状态，防止发生因误判对方的战略意图而导致核战争。美苏虽然是对手，但在核“恐怖平衡”的状态下，谁也不愿冒被彻底摧毁的风险。因此，古巴导弹危机之后，美苏双方为防止发生战略误判的情况，决定建立“热线电话”。同时，美国与苏联展开核军控谈判，力图把核武器的发展限制在一定的范围内，以便通过控制核扩散，尽可能地减少核战争的风险。

美国提出“灵活反应”战略以后，很快就将其投入到实践运用，挑起越南战争。在越南打了10年，美国最终还是输掉了战争。由此看来，“灵活反应”战略也不是灵丹妙药，不能有效地实现国家的政策目标，美国新一轮战略调整势在必行。

四、现实威慑战略

尼克松上台，美国正面临着严峻的内外危机。十年的越南战争，使美国实力严重消耗，经济滞胀难除，社会危机加剧。不仅如此，美国根本看不到赢得战争的希望。艾森豪威尔时期的“大规模报复”战略，使美国不能打仗，肯尼迪的“灵活反应”战略，使美国打不赢仗。美国究竟运用何种战略才可以既能打仗，又能打赢呢？尼克松政府在对美国的实力和所处的国际环境进行全面的评估后，决定采取新的战略，即“现实威慑”战略。

第二次世界大战后，美国在冷战思维的推动下，一直奉行遏制战略，而为了推行该战略连续发动和参与各种战争，军事开支不断地增加，特别是在陷入越南战争的泥淖中之后，战略困境已达到无以复加的程度。1972年，国防部长M·莱尔德在其向国会提交的《国防报告》中指出，美国政府面临四个“现实”：一是“战略现实”。苏联不仅在核武库方面超越美国，而且突破了美国的遏制，在世界许多地方取得战略支撑点，与美国争夺霸权；二是“政治现实”。美国政府在国内不得人心，社会撕裂严重，信仰危机加深。同时，美国与盟国的政治、经济摩擦不断增多，美韩同盟出现“信任危机”，美日同盟也进入“漂流状态”，其他盟国对美国履行义务的信心开始动摇；三是“财政现实”。长期的战争和持续增加的军费开支，不仅使国家的财政不堪重负，而且也使得经济发展失去了活力。而经济的不景气，又使得财政捉襟见肘，赤字大幅增加；四是“人力资源”现实。越南战争造成了大量的伤亡，使民众特别是青年一代对服兵役十分恐惧，想方设法逃避兵役。因此，国家兵员短缺，不得不改征兵制为募兵制。[①] 在这些“现实”中，美国不仅要调整国家安全战略，也不得不重新审视军事战略。

首先，使美国的军事战略更契合国内外的“现实”。第二次世界大战后，美国的实力曾长期居于首屈一指的地位。但是，到了尼克松时期，情势的变化已经十分巨大。虽然在总体力量上，世界上还没有一个国家能与美国并驾齐驱，但在一些特定领域，苏联已经领先。古巴导弹危机后，苏联“知耻后勇”，全力发展军事力量，特别是核力量，以便在与美国的较量中不至于再出现“全面退却”的局面。到70年代初的时候，其核武库已远远地超过美国，双方的总体军事力量已是伯仲难分了。不仅如此，世界上一些主要经济体极大地缩小了与美国差距，形成了数个地区中心，以至于1971年7月6日，尼克松在堪萨斯城讲话时不得不承认，全球出现了“五大力量中心”，即美国、欧洲、苏联、中国和日本，他们“强大而健全，互相平衡而不互相作对，从而形成一个稳妥的均势。”[②]美国独霸世界的局面已崩塌了。因此，美国从调整国内国际政策入手，试图摆脱战略困境。尼克松政府采取“攘外必先安内”的措施，将更多的精力用于处理国内经济和发展问题，重振民众的信心，同时为了使这一目标能够实现，又在全球范围内实施战略收缩，降低军事力量的规模，减少战争行动的风险。

其次，改变美国实现战略意图的方式。尼克松在调整美国的战略

① 参见李植谷：《美国军事战略概论》，国防大学出版社，1989年8月版，第42页。

② Time, Jan. 3, 1972, p. 11.

时，依然“不放弃领导世界的责任”，但要“以生命和物质方面的最低代价”来实现战略目标。在《不战而胜》一书中，尼克松阐述了美国政府的基本做法，即战略目标不变，但具体的方法要改。从杜鲁门到约翰逊，美国政府虽然提出了“和平演变”的战略，但在行动上却一直试图采取军事手段打垮社会主义国家，均代价巨大，收效甚微。直到他上台后，美国政府才真正地实施战略重点转移，即“从军事战场转身没有硝烟的战场”。[①] 为此，美国倡导与苏联维持和平关系，企图通过裁军延缓苏联军事力量的发展；主张与苏联发展经济贸易，谋求制约苏联在世界各地的扩张；支持盟国改善与苏联的关系，加大对苏联和平演变的力度。一句话，美国的战略本质依然是把苏联置之死地而后快，但在手段运用上却变得隐密了。

再次，使美国战略目标的实现更加切实可行。在美国处于颓势的情况下，如何变被动为主动，就要看决策者的领导能力了。尼克松及其顾问们大都是战略领域的行家里手，国家安全事务助理基辛格更是战略大师。他们改进传统的“均势”战略理论，根据国际环境的特点，通过“借力”方式，千方百计地扭转美国的被动处境。尼克松政府充分利用中苏之间的矛盾，改变战后以来的敌对中国的政策，使美国在中美苏“大三角”关系中居于主动地位。在中美苏三个大国中，任何两个大国联手，另一个大国都难以应对。第二次世界大战后，美苏两国成为东西方两大阵营的首领，中国加入了东方阵营。在中苏联盟合作的条件下，美国一直处于被动应付的地位。朝鲜战争是“美国第一次没有凯旋与班师的战争”[②]，越南战争再一次使其遭到重创。美国一直在寻求机遇，瓦解中苏联盟。到了尼克松执政时期，美国机会终于来了。中苏之间因为国家利益的冲突，联盟关系不仅名存实亡，而且陷于严重的对峙状态。于是，美国通过改善对华关系，使大三角

---

① 参见王杏芳、金正昆：《尼克松主义的主要内容及美国的战略调整》，《教学与研究》，1991 年第 3 期，第 65 页。

② 参见［美］约瑟夫·格登：《朝鲜战争——未透露的内情》，解放军出版社，1990 年 6 月版。

关系演变成为中美联手孤立苏联的局面。尼克松曾这样说过：“我们同中国的关系，是我们对苏战略的一个关键因素。”美中关系之所以能够改善，是因为“苏联威胁着我们，而中国没有。倘若我们不曾采取……主动行动，而中国被迫回到苏联的轨道，那么苏联共产主义侵略对于西方的威胁就会比现实的情形严重得多。”① 这样，美国通过改善对华关系，推行“均势”战略，使美国的战略收缩、军事部署调整、欧洲战略重点的确保成为可能。

基于安全战略的调整，尼克松政府于1971年正式制定了“现实威慑”的军事战略，后来的福特和卡特政府继续推行这一战略，使之成为美国20世纪70年代的军事战略。“现实威慑”战略主要包括如下几个方面的内容：一是区分战争样式。尼克松政府把战争区分为战略核战争、战区核战争、战区常规战争和小于战区规模的局部战争，侧重准备打常规战争以及由此可能导致的战区核战争。这标志着美国的战争观念发生了变化，既要能打仗，又要把重点放在打常规战争上，完全改变了“大规模报复”战略的不能打仗和“灵活反应”战略的打不赢仗的局面；二是放弃“两个半战争”的设想。战后以来，美国曾准备打第三次世界大战，后来当有限战争成为主要形态时，又准备与中国和苏联打“两场战争”的同时，在中东或其他地区打“半个战争”。与中国改善关系后，美国就提出了打“一个半战争”的主张，即重点准备在欧洲同苏联打一场大战，同时在其他地区特别是中东、波斯湾地区参与一场小规模的战争，“不再在与中国发生军事冲突的基础上计划军事力量”；三是强调“战略分工”。战后以来，美国对盟国的军事安全基本上都是大包大揽。但到了70年代初期，美国认识到，再也不能再打类似越南战争那样的仗。对欧洲地区的常规战争，应由美国与盟国“共同负责”，对于小于战区规模的常规战争，“所在国应负主要责任，特别是人力方面”，美国必要时以海、空军进

① ［美］理查德·尼克松：《真正的和平》，新华出版社，1985年版，第75页。

行支援，即与盟国之间在安全事务上要有明确的分工；四是改变“核力量态势”。美国在核问题上曾长期保持绝对优势。在苏联核力量大幅增强后，又坚持谋求核力量相对优势。针对美苏核力量对比的现状，美国提出了与苏联保持“基本相当”的主张，推行“相互确保摧毁”核战略，并与苏联进行限制战略武器谈判。

与“大规模报复”和“灵活反应”战略相比，“现实威慑”战略更加务实，在总体上“守”的态势下，谋求“进”的途径。首先，明确欧洲是美国同苏联争夺的战略重点，并全力以赴地进行应对；其次，改变获取对苏战略优势的手段，从单纯的军备竞赛转向包括军控谈判在内的综合较量；再次，重视对中东—波斯湾地区的军事控制，确保美与其西欧盟国的能源基地的安全；第四，设法改善与中国的关系，以便集中力量对付苏联；最后，卡特执政时期，美国再次提出“抵消战略”，主张通过高新技术的运用，使其军事能力更加强大，削减苏联在人员、装备规模上优势。经过尼克松—福特—卡特三任总统的努力，美国不仅成功地“守住”了已有的阵地，而且为未来转向“攻势”创造了重要条件。

五、新灵活反应战略

20 世纪 70 年代，是美国战后以来各方面发展的低谷时期，也是军事战略上“守拙”的 10 年。自其建国以来，美国都是一路向前，利用欧亚国家的纷争，抓住机遇，一跃成为世界上最强大的国家。第二次世界大战后，它称霸野心膨胀，不可一世，穷兵黩武，俨然以“老子天下第一”自居，企图按照自己的方式塑造世界。然而，经过朝鲜战争、越南战争及自身的经济危机，到了 70 年代，美国陷入了几乎难以自拔的困境。尼克松上台时，美国二战时所获得的荣耀几乎丧失殆尽，变成了一个“烂摊子”。尼克松、福特、卡特三任总统的“卧薪尝胆”，逐渐改变了美国的衰退之势：调整对外关系，改变了与苏联争霸被动的局面；实施“抵消战略”，扭转了军事上弱势状态；

总结越南战争的教训，推动了军事变革。因此，里根政府上台后，美国的境况有了极大的改观，从而提出了“以实力求和平”的口号。在其第一任期内，他运用“供给学派”理论，致力于经济发展，提振民众士气，提高国防预算，明确战略指向。第二任期开始后，制定了“新灵活反应”战略，着力改变战略上收缩和“休整”状态，开始全面夺取对苏压倒性战略优势。

“新灵活反应”战略是美国精英们倾心制定的，其目标就是通过明暗两手，彻底摧垮苏联。

第一，推行竞争战略。美国精英们认为，苏联以“全民动员”发展军事，将大量资源投入到军事领域的模式已进入死胡同。因此，在经济上依然领先，且存在可持续增长的条件下，美国可以通过与苏联展开长期的军备竞赛，将其拖垮。为达成这一战略目的，美国从六个方面着手：一是大幅增加国防预算。从1982年到1986年的5年间，国防费用的总支出达1．5万亿美元，每年增长11%，占国民生产总值的5%左右；二是实施战略防御计划。在增强战略核力量的同时，提出“星球大战计划”，企图通过拦截对方的导弹，谋求单方面的安全优势，置苏联于不安全的境地；三是获取装备优势。充分利用军事技术优势和军工生产的能力与潜力，使美国武器装备和作战思想均胜过苏联；四是提出“多层次威慑”概念。把威慑区分为防御、升级和报复三个层次，每个层次的目的都是使对手认识到，进攻的代价必然超过期望得到的益处，从而放弃进攻；五是建设有600艘舰艇的海军。按照里根政府的设想，到1989年，即任期结束时，美国要建成拥有600艘主要舰艇的强大海军，并运用海上力量控制世界16个海上交通要道；六是提出了对外用兵的六条原则。其主要内容是：只有当美国切身利益处于危险之中时，美国才出兵；一旦决定出兵，就必须派出足够的兵力和给予充分的支援；必须有明确的投入作战的政治和军事目的；要及时根据冲突的进展情况，调整投入部队的规模、构成和部署；派兵之前，要得到美国人民的理解和国会的支持；派兵投入战斗是政治、军事、外交、经济和其他手段都达不到目的后才采取的最后手段。

第二，实施攻势战略。在整个70年代，美国一直处于疲于奔命的应付状态。在越南战争后遗症已基本消除，经济发展取得重大成就的情况下，美国便采取攻势行动，企图夺回战略主动权。为此，美国不仅在军事上，而且在其他领域，都展开了与苏联的全面较量。过去，美国与苏联的博弈，固然带有综合国力对抗的成分，但主要还是在单一领域，即导弹、核武器、卫星、航母等方面优势的争夺。但“新灵活反应”战略却有极大的不同，它强调与苏联在所有领域进行“竞争”。由此可见，里根政府“新灵活反应”战略所包含的内容更加丰富，比尼克松政府“现实威慑”战略又进了一步。

第三，采取推回战略。20世纪60年代末至70年代，苏联在第三世界夺得一些势力范围或战略据点，打破了美国“遏制”战略的底线。里根政府决意维护“遏制”战略框架，要把苏联的力量从其已夺得的势力范围或战略据点上推回去。为实现这一目标，美国虽然摆出不惜“大打”的姿态，但却并不主张与苏联真正地打一场高强度的战争。因此，美国强调运用低烈度冲突的战略，使苏联知难而退，从而以较小的代价实现国家的政策目标。不仅如此，美国还制定和实施了“战略误导”的方法，使苏联在应对战略上出现了重大的失误，不知不觉中走上了瓦解之路。

综上所述，在整个冷战时期，美国的军事战略都聚焦于同苏联打和怎么打的问题上，对于世界上其他地区发生的战争或冲突关注不足。从实践上看，“遏制”战略的目标过于庞大，与美国所拥有的手段极不相匹配；“大规模报复”战略过于刻板，使美国无法打仗；“灵活反应”战略强调打各种战争特别是有限战争，但手段的运用却“灵活”不足；“现实威慑”战略虽然区分了战争类型，提出打赢有限战争的方法，但在实施中却面临诸多难以克服的困难。里根政府在总结各届前任经验教训的基础上，提出了针对性更强的“新灵活反应”战略，使美国在与苏联争夺霸权的过程中重新获取主动。

第二节　冷战后时期军事战略

里根政府要把苏联和苏维埃制度一起扫进“历史的垃圾堆”的“豪言壮语”居然成谶。里根任期结束时，苏联虽然继续存在，但已进入风雨飘摇的状态。1989 年，一场“颜色革命”风暴席卷而来，东欧国家的政权迅速改帜易色。1991 年 12 月，苏联也发生了政权更迭，并随后解体。随着苏联和东欧国家的剧变，国际社会以意识形态为标志的两极对抗暂时终结，冷战也消停下来。冷战的结束，标志着美国所面临的威胁发生了变化，因而从老布什政府开始，美国军事战略的重心逐步转移。

一、地区防务战略

苏联与东欧社会主义阵营的解体，使美国失去了军事上的主要对手，但并不意味着其不再面临任何威胁了。相反，它使美国在安全领域，特别是在军事上所受到的挑战更加复杂，更加难以预判。在两极对抗时期，为了防止或避免迎头相撞的局面，美苏两国对其盟友或伙伴进行适度的约束，使得一些地区性矛盾被长期掩盖起来。两极解体后，这些地区性矛盾与其他领域的危险日益增长，美国不得不着力应对。因此，老布什政府根据变化了的国际环境，对美国所面临的威胁做出了新的判断，认为美国在安全上有四大威胁，即地区性紧张局势和冲突、庞大的苏联核武库管理不当及大规模杀伤性武器和导弹扩散、俄罗斯不稳定的政治前景以及恐怖主义、毒品走私和低强度冲突。为了应对这些威胁，1992 年 2 月，老布什政府提出了美国冷战后的第一个国家军事战略，即“地区防务战略”。无论是从内涵还是从目标指向和手段选择看，该战略与冷战时期相比，都有了重大的改变。

第一，强调威胁的复杂多元。东欧剧变和苏联解体后，原先两大阵营在欧洲战略对抗的界线迅速消失了。俄罗斯由于需要时间稳住阵脚，在相当长一个时期内无暇顾及与美国进行战略空间的争夺。为了防止俄罗斯东山再起，美国推动北约和欧盟不断东扩，因而在短短几年的时间里，北约就把几乎所有的东欧国家纳入其战略轨道。东欧的局势虽然迅速稳定下来，但美国所面临的威胁却变得更加复杂：一是核威胁增长了。冷战时期，核领域的对抗主要发生于美苏之间，相对而言，管控较易。但苏联解体后，分散在其各加盟共和国的核设施和技术人员就有流失的风险。这样，拥核的国家就可能变多，美国面临的核威胁将大为增长。二是地区性冲突上升。在两极格局下，为了维护全球战略的稳定，美苏之间虽然不时地为对方制造麻烦，但在必要的时候，往往采取约束与合作的政策，将地区冲突控制在一定程度和范围内。但苏联解体后，长期被抑制的地区矛盾日益激化，进而引发地区性冲突。三是苏东国家变革的风险。苏联解体和东欧国家的剧变，导致许多国家社会制度的变革重建，一旦失败，必然造成新的动荡与混乱，对美国主导的国际秩序形成冲击。地区性冲突的上升和民主改革的可能失败所造成的国际社会的失序，不可避免地影响到美国的经济发展和国家安全。

第二，注重手段的重新构建。为了维护其主导的国际秩序，填补苏联解体后形成的战略真空，美国在战略手段方面进行了改变：一是继续实施战略威慑。由于核武器依然是威慑“其他核国家”和“敌对不负责任的国家”获得和使用核武器的“可靠报复力量”，美国依然强调把核武器作为保护自身安全和履行对盟友义务的终极支柱。二是大力加强战略防御。鉴于导弹扩散成为重要的威胁，美国将继续推进“导弹防御计划”，研发和部署反导系统。三是增强军事力量前沿存在。由于美国在世界上许多关键地区都拥有重要利益甚至核心利益，同时还要履行对盟友安全的承诺，应对地区性危机，美国在军事上需要保持足够的前沿存在。四是全面重组军事力量。由于面临的对手发生了变化，美国应对威胁的方式也要有所改变，因而必须重组军事力量。

第三，提出“基本力量”概念。基本力量是指为满足不断发展的国防需求所必须的力量结构。美国所谋求的这种“基本力量”结构主要是用来应对地区性突发事件的，但一旦出现了全球性威胁，它也能为重建军事力量做好准备。“基本军事力量”包含四个部分，即战略部队、大西洋部队、太平洋部队和应急部队。战略部队是运用战略威慑或战略防御手段捍卫美国利益的部队；大西洋部队是履行美国对欧洲、中东和西南亚地区“所承担义务”的部队，主要为重型部队；太平洋部队是履行美国对太平洋地区包括东南亚地区“所承担义务”的部队；应急部队是为应对突发事件而提供反应能力的部队，基本上由快速部署的现役部队编成。大西洋部队和太平洋部队在危机时都可得到驻在本土的危机反应部队的支援。

第四，强调军控的灵活运用。军备控制一直是美国限制对手、保持或增加自身军事优势的重要手段。老布什政府对于军备控制极为重视，着力推动前苏联国家变化的进程朝着有利于自己的方向发展，并同时减轻经济负担。在老布什政府时期，美国在军控谈判的诸多领域都取得了重大进展。

综上所述，面对国际战略环境和自身面临威胁的变化，老布什政府制定了以维护地区安全为主要特征的军事战略。此后，美国按照自己的意志对一些地区秩序进行了塑造，导致诸多局部战争的爆发。

二、灵活与选择性参与战略

老布什虽然提出了“地区防务战略”，但还未来得及实施就下台了。克林顿就任总统后，美国政府重新评估了国际安全环境，认为世界“已从长期的两极秩序过渡到了更不稳定的多极世界”，这既给美国的国家利益和价值观“带来了充满希望的机遇，同时也造成了各种各样的挑战”。美国必须利用这一战略机遇，有所为和有所不为，以应对挑战。1995 年 2 月，美国参谋长联席会议主席沙利卡什维利正式发表了《灵活与选择性参与》的国家军事战略报告，全面阐述了美国所面临的主要威胁和军事上应对的方式手段。

第一，界定美国面临的主要威胁。一是地区性不稳定。世界上一些地区依然存在着国家争端、宗教冲突、内部战争等现象。这些不稳定的因素将对美国的全球利益构成严峻挑战。在美国看来，从巴尔干半岛、高加索地区，经中东到南亚这一弧形地带充满了动荡因素。二是大规模杀伤性武器的扩散。苏联的解体可能导致核武器与核材料管理的失控，一些国家及恐怖主义集团试图获取大规模杀伤性武器，将严重地威胁美国及其盟友的安全。巴基斯坦、印度已成为有核国家，朝鲜为获得核武器不懈努力，更多的国家正在跨入核门槛。不仅如此，随着导弹技术的扩散，美国面临导弹袭击的风险不断地增长。三是跨国危险。随着全球化进程的加快，国家之间相互依赖关系日益加深，使美国越来越容易遭受跨国危险的伤害。金融危机的波及范围、流行疾病的传播空间、毒品走私的泛滥程度、国际犯罪的作案地域都跨越了国界，成为区域甚至全球的灾难，仅靠一国的力量根本无法应对。四是民主和改革遭到失败的危险。苏联和东欧国家虽然发生了剧变，但它们的民主和改革充满了极大的不确定性，如果失败，势必对美国的国家利益产生不利的影响。即使改革成功，也未必走上美国所期待的道路。一句话，美国要维护其主导的以其价值观为基础的国际秩序，面临着极其严峻的挑战。

第二，提出促进稳定的军事目标。面对上述威胁，美国在军事上要达到什么样的目标呢？该战略报告强调："我们军事战略的基本目标一直是固定不变的，即捍卫我们的国家及利益，同时完整地保持美国的基本价值观。"但是，根据情况的变化，美国军事战略所追求的具体目标却是灵活变化的。在新的国际环境下，美国军事战略的目的就是促进稳定和挫败侵略。所谓"促进稳定"，就是促进有利于美国的长期战略稳定，创造"使民主制度得以维护并向世界扩展"的条件。所谓"挫败侵略"，就是指"准备在对美国的利益或盟国造成威胁的波斯湾地区、东北亚以及其他地区立即做出反应"，"一旦战争发生，我们的军队在盟友军队的配合下，必须能够击败任何现实的和潜在对手，并创造有利于长期解决问题的决定性条件。”①

第三，确立战略的基本任务。在明确目标的基础上，美军要遂行哪些任务呢？在这份战略报告中，美国政府为军事战略的实施确定了三大基本任务，即和平时期的参与、实行威慑和防止冲突、投入战争并取得胜利。“和平时期的参与”任务主要包括与外军的接触、对他家的援助、安全的防范、人道主义行动、反毒品和反恐怖主义、参加国际维和行动。“实行威慑和防止冲突”任务主要包括核威慑、建立联盟、危机反应、军备控制、建立信任措施和实施制裁。“投入战争并取得胜利”任务就是为维护美国的重大利益，当其他手段失去效用后，美军必须在目标明确的情况下，运用决定性的力量，通过与盟友的合作，打赢各种类型的战争，最后赢得和平。

第四，调整军队的规模态势。在尼克松时期，美国为军队提出的计划是“一个半战争”。冷战结束后，由于失去了苏联这个主要对手，美国又提出了打赢两场几乎同时发生的大规模地区冲突，并要求通过快速反应作战来完成。为保证这一计划的实施，美国决定对军队的部署态势和兵力规模应进行调整。为此，美军要在总体规模减少的条件下，着力提高军事人员的素质、加强应对危机的准备、提升作战所需的各种能力、实现军事装备现代化、保持部队结构的平衡。

实际上，美国所推行的“灵活与选择性参与”的军事战略，与老布什时期的“地区防务性”战略并无实质上的差异，主要指向都着眼于地区性的冲突，只是在手段运用上，后者更加强调灵活性和选择性，而不是对所有的威胁或挑战都采取同样的措施。换言之，美国要根据威胁的性质和利益的轻重，来决定军事资源的投入与运用。

三、塑造－反应－准备战略

1997 年 8 月，美国参谋长联席会议根据同年 5 月政府发布的《面

① 参见：The US Chiefs of Joint Staffs, *The National Military Strategy of the United States of American: A Strategy of Flexible and Selective Engagement*, 1995.

向新世纪的国家安全战略》报告和国防部发表的《四年防务评估》报告，对1995年制定的“灵活与选择性参与”战略进行了调整，提出了“塑造—反应—准备”战略。在军方看来，经过数年的变化，国际战略环境相对稳定，俄罗斯正处于新旧体制转换时期，在短期内难以大力度地介入国际事务；中国的实力虽然已有显著的提升，但在一个较长的时期内尚不具备挑战美国国际地位的能力。中国与俄罗斯尽管将来可能会成为美国全球性的竞争对手，但在2015年以前还不可能。因此，美国安全和利益所面临的主要威胁是局部性和非对称性的，美军已完全能够打赢两场几乎同时发生的“大规模地区战争”，同时进行数处应急作战。所以，美国正处在一个重要的战略机遇期，可以按照其制度、价值观和意志来塑造一个由其领导的单极世界，而美军正是实现这一战略目标的主要工具，因而必须利用一切可能的条件，加强全面建设，谋取“全谱优势”，以应对各种挑战。

基于此种认识，美国参联会在其制定的“塑造—反应—准备”战略中，对美国所处的战略机遇、承担的使命、达到的目标、运用的手段、建设的要求等做出了清晰的规定。

第一，强调战略机遇。该战略认为，美国正处于相对和平的时期，全球性战争的威胁已大大降低，与其相匹敌的对手短期内尚不会出现。在安全领域面临的挑战，主要是地区冲突、大规模杀伤性武器的扩散、跨越国境和难以预测的非传统型威胁等。这些威胁对美国来说只是局部性的影响，无须全力加以应对。也就是说，美国的安全压力大为减轻，可以抽出身来塑造其所预期的世界。这对美国而言，是一个不可多得的战略机遇期，必须紧紧地抓住。

第二，明确军队使命。美军是确保国家安全的主要手段，其主要使命有两项：一是“进行和赢得国家的战争”，即为美国打仗并获得胜利；二是“捍卫国家的利益”，即随时准备使用力量捍卫国家的生死攸关的利益、适当保护国家重要利益、必要时卷入人道主义利益的行动。从这些使命可以看出，美军在武力使用上带有强烈的进取倾向，只要是为了美国利益，就可以使用武力。

第三，确立战略目标。“塑造—反应—准备”战略为美军所确立的目标与“灵活与选择性参与”战略基本相同，但在具体内容上却有所差异。“促进和平与稳定”，是指在全球和关键地区塑造和维护美国安全环境，“确保任何关键地区不被敌视美国的力量所控制，并确保对美国最重要地区的稳定与和平”。“挫败对手”，就是指“在发生武装冲突的情况下，美国武装部队将努力摧毁敌手威胁美国利益所凭借的力量或瓦解敌手威胁美国的意志。这将从军事上为赢得和平创造条件”。

第四，界定运用方式。美军将以何种方式实现国家的政策目标呢？那就是塑造、反应和准备。所谓“塑造”，是指“塑造国际环境”，即美国军队运用其固有的威慑性并通过和平时期的军事参与，塑造有利于美国的国际环境；所谓“反应”，是指“对各种危机做出反应”，包括从慑止侵略、打赢大规模地区战争到同时实施数个较小规模的应急行动。所谓“准备”，是指“针对不确定性的未来预做准备”，即为保证未来有效履行使命的能力，美军必须保持与美国全球领导地位相匹敌的力量优势。美军要塑造现实，应对不测，着眼未来，保持主动。

第五，规定用兵原则。尽管在里根政府时期，国防部长温伯格已为美国海外用兵制定了六条原则，但克林顿政府认为，在历史条件发生重大变化的条件下，必须有所改进。为此，“塑造—反应—准备”战略为美国对外用兵规定了四条指导原则：一是必须审慎决策，要在战前进行周密的规划，提出明确并可以实现的军事目标；二是必须联合作战，要根据军事目标，综合运用各军种的特点与优长，组成联合部队展开行动；三是必须缔结联盟，要尽一切可能，争取与传统盟国或临时盟友组成多国联盟部队，实施联合作战；四是必须着眼战后安排，要确定最终目标，以便提前为从战争过渡到和平做好准备。

第六，提出建设要求。在规定了军队的使命之后，“塑造—反应—准备”战略还提出了美军建设的总体要求。总的目标是：能够胜任多种任务，既可以从任务的一个阶段迅速转入下一个阶段，也可以从一个任务转向另一个任务；既能单独地执行作战任务，也能迅速与盟友组成联军实施一体作战。总的任务是：保卫美国本土、保持有效的海外存在、实施各种应急行动、打赢两场几乎同时发生的大规模地区性战争。总的能力是：能够实施战略威慑、决定性行动、特种作战以及其他各种类型的作战行动。总的战略保障是：拥有充足的高素质人员、足够的预备队、健全的情报体系、全球性指挥与控制体系、全面的各种作战行动地域的控制权、强大的战略机动能力等。

“塑造—反应—准备”军事战略的本质，就是通过建设和运用美国的军事力量，塑造对美国有利的国际环境，对各种危机或突发事件做出反应，并做好实施未来战争的准备。

综上可知，从老布什政府的“地区防务战略”到克林顿政府的“塑造—反应—准备”战略，是美国在冷战结束后重塑军事力量、改变应对各种威胁的方法举措。首先，根据国际战略环境的变化，重新界定了威胁。第二次世界大战后，美国一直把苏联作为其主要对手。东欧国家剧变和苏联解体后，美国开始把地区性威胁作为其主要目标。其次，根据威胁来源的变化，致力于有限战争的准备。在整个冷战时期，美国都竭力做好全面战争的准备，即使其间做了一些调整，提出了打有限战争的构想，并在越南作了尝试，但从未放弃全面战争的计划。冷战结束后，美国真正地把有限战争作为推行国家政策的手段。因此，自 1990 年至 1999 年，美国先后在巴拿马实施推翻诺列加政府的军事行动、发动海湾战争、间接介入台海危机、主导科索沃战争。再次，利用“一超”的有利地位，主动塑造战略态势。苏联解体后，美国认为，在相当长一个时期内，世界上将没有一个国家能够全面挑战其国际地位，因而要充分利用这一战略机遇期，塑造对其有利的态势，以尽可能长地延续美国世界主导的地位。最后，着眼国家利益的需求，重构军事力量。无论是老布什政府，还是克林顿政府，都对军事力量的规模和运用做了变革，既提高战略防御和威慑能力，又注重发展新型作战力量，使美军具备在多维和全域展开作战行动的能力。第四，体现了预防性防务的思想。无论是“地区防务”战略还是

“塑造—准备—反应”战略，与美国传统的军事战略相比，在手段的运用上都有所变化，即将预防战争作为一个重要的指导思想。

由于美国利用其超强的战略地位，在世界各地频繁地开展军事行动，深度介入地区事务，所以区域战略平衡被颠覆，冲突不断增加，利益矛盾尖锐，极端势力抬头，恐怖主义猖獗。最终，美国搬起石头砸了自己的脚，一场即将到来的重大事变已经酿成。

第三节 “9·11”事件之后的军事战略

克林顿政府以塑造世界秩序为主的军事战略很快就受到了冲击。2001 年 9 月 11 日，美国遭受历史上最为严重的恐怖主义袭击，造成 3000 余人丧生。这是自 1812—1814 年美英战争之后，美国本土首次遭到如此大规模人员伤亡的袭击。美国政府迅速做出反应，政府宣布进入战争状态，在全球范围内展开打击恐怖主义的战争。为了适应这一需求，美国政府制定了“先发制人”的安全与军事战略，并先后发起阿富汗战争、伊拉克战争和其他特种战争。2009 年奥巴马政府上台后，针对反恐战争和金融危机所带来的困境，着手调整军事战略，结束在伊拉克和阿富汗的战争行动，把战略重心转向亚太，试图继续维护美国世界领导的地位。2017 年特朗普执政后，又对美国的军事战略进行检讨，以贯彻其“美国优先”的政策。

一、先发制人战略

2001 年，小布什就任美国总统，当年发生了“9·11”事件。之后，美国打着反恐的旗号，发动了阿富汗战争和伊拉克战争。因此，直到 2004 年，美国才发布了布什政府的第一份国家军事战略报告。该报告以美国国家安全战略为指导，针对美国所面临的安全环境，提出了军事战略的目标、力量发展的方向以及未来作战的理念等。

第一，战略环境的判断。美国政府认为，冷战时代已经结束，21

世纪的安全环境具有了新的特点：一是“地理距离所提供的保护正在消失”，美国在地理上所享有的优越条件已不能成为确保美国安全的重要因素；二是美国所面临挑战的特征是“突然性和不确定性”，传统的应对手段已经失去效力；三是极端主义与技术，特别是核、生、化技术的结合，已成为美国所面临的最严重的威胁；四是美国面临的主要现实威胁是恐怖主义、失败国家和“邪恶轴心国家”，潜在威胁是“出现针对美国及其盟国的新敌对军事联盟，且其中一个或数个成员拥有大规模杀伤性武器及其投掷手段”，或者“重新出现一个与美国实力相当的竞争对手”；五是在太空空间和计算机领域的技术进步使美国的军事优势受到严重削弱，从绝对安全变为绝对不安全。

第二，战略目标的确立。2004 年，美国发布的国防战略报告提出了四大国防战略目标，即美国免于被直接攻击；保护战略通道和维持全球的自由行动权；建立有利于维持世界秩序的安全环境；加强联盟与伙伴关系以应对共同挑战。据此，同年制定的《国家军事战略》报告确定了三大战略目标，即保卫美国、预防冲突和突然袭击、战胜敌人。保卫美国是美军的首要任务。美军将通过海外的军事行动、国土防御计划的制定与实施，以及对政府机构的支持，来确保美国不受直接攻击。因此，美军应采取积极的“全纵深防御”战略。为了预防冲突和突然袭击，美军主张通过采取慑止侵略和胁迫性的行动。美军要时刻做好准备，一旦威慑失败，就要果断使用武力，并能取得决定性的胜利。

第三，战略原则的制定。2004 年的《国家军事战略》报告提出了军事战略的四大原则。它要求指挥官在制定和实施作战计划的过程中，必须坚持这样一些原则：一是灵活性，即美军在地理上分散、作战环境复杂的情况下，进行快速部署、展开、维持以及再部署的能力；二是决定性，即要求指挥官要彻底击败敌人，控制局势并取得明确的结果；三是一体化，即要求指挥官把军事行动和其他国内外力量的运用有机结合起来，以提供集中统一的力量；四是作战能力提升，即美军的建设要基于能力，即将来与敌人怎样作战而不是基于与具体的敌人作战。

第四，力量建设的规划。经过两年多的反恐战争实践，美国在《国家军事战略》的报告中提出了“基于能力”的建军模式。一是把“基于能力”的建军模式明确为“1－4－2－1”型，即美军要保护美国本土（1），海外四个地区（欧洲、东北亚、东亚沿海地区和中东/西南亚）威慑敌对行动（4），在同时发生的两场战争中迅速击败敌人（2），并至少在其中一场战争中取得决定性胜利（1）。按这一要求，美军要通过转型来实现战斗力的提高。二是指明加强联合部队建设的措施，如基于模块化、任务式的要求进行体制编制调整；实现跨机构一体化和信息共享；加快作为网络中心战技术基础的“全球信息栅格”的建设，确保获取信息优势和决策优势；加快实施全球军事部署的调整，既能增强打赢“反恐”战争的能力，又能加强美国的伙伴网络，为美国扩展战略纵深服务；通过加强和改进联合职业军事教育来开发联合军事领导能力等。

第五，作战构想的制定。对于美军未来如何作战，美国《国家军事战略》报告提出了具体的构想：一是“全谱优势”，即在所有军事行动中，美军都能单独地、或者与多国及跨机构进行协同，击败对手，并控制局势；二是构想倡议，即美国武装力量必须通过跨机构合作和国际合作以保持对其他任何国家的军事优势，从而保护美国及打赢反恐战争。

总体上看，美国政府在“9·11”事件后制定的第一个国家军事战略，反映了美国对世界安全环境的认知，其进攻性、冒险性、单边主义和霸权主义色彩浓厚。它所造成的后果是：一方面，世界安全形势因美国企图以军事实力改造世界而变得长期动荡，世界各国更加重视军事手段在维护国家利益上的作用，加快推进军事变革的步伐，使得国际军控和裁军难以有所作为；另一方面，美国在实施其军事战略时，也面临着许多难以克服的困难和挑战，难以取得预期的效果。

由上述可知，“先发制人”的军事战略进一步突出了随意性。在战略报告中，美国强调，一旦确认敌人（包括国家和恐怖主义组织）

将要发动袭击美国的行动，美军将采取果断行动，将此种威胁扼杀在“摇篮”中。历史上，美军往往是在危机和危险发生后，采取应对行动。从朝鲜战争到阿富汗战争，美军的作法莫不如此。但在伊拉克战争中，美国的行动方式有了根本的改变，即在所谓的“危机或危险”发生之前，就投入战争。这种作法，将使一些国家或极端势力，不得不以其人之道还治其人之身，从而使得美国不仅不能消除威胁，反而使其面临的威胁更加复杂，也将使其从战争走向战争。因此，小布什在任的 8 年，也是美国进行各种战争的 8 年。

二、维护世界领导地位战略

小布什政府实施的“先发制人”的军事战略，并没有使美国赢得反恐战争。相反，却在全球范围内造成了“越反越恐”的局面。它不仅广为世界各国所诟病，而且在美国内部也争论不休。因此，小布什政府在内外压力下，在 2008 年 6 月发布的《防务战略》报告中，就对“先发制人”战略进行了一定程度的“修正”。2009 年 1 月，奥巴马政府上台后，对美国过去 8 年从事的战争进行了全面的审视。次年 2 月和 5 月，美国先后发布《四年防务评估》报告和《国家安全战略》报告，确立了美国军事战略调整的指导方针。2011 年 2 月 7 日，美国参谋长联席会议正式公布了《国家军事战略》报告，重新确立了美国新的军事战略。针对历时近 10 年反恐战争以及 2008 年金融危机所造成的国际地位下降的局面，美国把维护其世界领导地位作为这一战略的根本目标。

第一，评估战略环境。战略报告认为，“美国虽然继续是世界上影响力极大的国家，但在国际上发挥着重要作用的国家或非国家行为体却日益增多。这种力量分布的变化表明，世界正在向‘多节点’转变，而此种转变主要是通过基于外交、军事和经济力量等利益驱动的、不断变化的联盟来实现的，而不是相互敌对阵营在安全上全力竞争造成的。一些全球性和地区性国家通过显示民族主义和极度自信来挑战我们盟友的耐力和美国的领导地位。亚洲地区出现两个全球性的力量和一批具有重要影响的地区性力量。中东地区也崛起了一些影响力较大的国家。亚洲和中东地区形势的发展对地区性的稳定构成了严峻的挑战。"①

具体地说，下列几个问题引起了美军决策层高度关注：

一是人口数量变化。到 2025 年，地球上的总人口将再增加 12 亿左右，新增的城市人口将达 10 余亿。人口增加主要发生在发展中国家，而欧洲地区和部分亚洲地区将出现人口下降的局面。中东、非洲和中亚南部地区人口的增长和城市化的发展将造成水源紧缺和管理困难。无疑，难以预见的全球气候变化的影响与不断增加的沿海地区人口中心相结合，将使一些弱小或发展中国家应对自然灾害的能力受到挑战，人口数量的变化及其带来的后果将引发诸多矛盾与危机。

二是经济繁荣与安全困境。在可以预见的未来，美国在经济和军事方面仍将是世界上最为强大的国家，但庞大的债务将给其国家安全带来风险。亚洲国家占有世界财富的比重有所上升。中国长达数十年的经济增长为其军力扩张和利益拓展提供了条件。亚洲其他国家也由于经济的发展大大增强军事能力。北约仍将是世界上最强大的军事联盟，尽管由于一些成员国削减国防支出而影响它们对集体安全的贡献。由于国有公司控制的碳氢资源的份额不断增长，长期的能源紧缺与领土争端交织在一起，能源国家之间的关系将增大地缘政治的影响，造成安全上的难题。

三是大规模杀伤性武器的扩散。在大规模杀伤性武器扩散与核恐怖主义方面，国家和非国家行为体之间的相互联结是最危险的行为。朝鲜的核力量和政权的交替对于地区安全和国际社会的不扩散努力将带来威胁；中东地区伊朗获得核武器的努力将加剧该地区国家间军力的竞赛，从而可能引发地区性冲突。拥有核武器或核能技术的国家增

---

① The Joint Chiefs of Staff, *The National Military Strategy of the United States of America*, 2015, p. 3.

多，由于管理水平落后，将加剧冲突的危险和增加向非国家行为体扩散核武器的可能。

四是全球性公共区域和联系通道的安全挑战。确保世界上的公共区域和联系通道自由进入和自由行动面临着来自国家和非国家行为体的双重挑战。一些国家或非国家行为体千方百计提升自身反介入和区域拒止能力，在互联网和太空领域也不断地制造麻烦，使美国投送力量和作战行动面临着日益增长的困难。

五是非国家行为体作用的增大。国家支持的以及其他非国家行为体通过利用先进技术大大扩展了它们的能力和活动范围，使威慑变得更加复杂。他们利用技术手段，在全球范围内协调和从事各种活动，传播极端思想，向美国及其盟友发动攻击。那些政府管理不力、腐败严重的失败国家往往被非国家行为体用作庇护所，引发冲突和破坏稳定。恐怖主义、犯罪网络和海盗行径践踏国际法律、激起国际冲突，挑战国家的应对能力。

在未来 10 余年里，国际安全环境将发生重大变化，而这种变化对于美国安全领域的影响巨大，且多为负面。美国的军事战略必须为应对这种变化做准备。

第二，确定战略目标。根据美国国家安全战略报告和四年防务评估报告中所确立的四项主要国家利益，即维护美国及其民众、盟友和伙伴的安全；在国际经济体系中建立一个强大的、充满活力、日益增长的美国经济体；在国内外推进普世价值观；建立以美国为主导的国际秩序，通过国家间的密切合作，促进国际和平、安全与机遇，从而应对全球性的挑战。美国在其军事战略中确立了如下几个目标：

一是反暴力极端主义。美国人民、领土和生活方式的安全是美国的核心利益，国际极端势力使用和试图使用暴力手段加以破坏。美国绝对不退缩，与各种极端势力，特别是把暴力方式奉为圭臬的极端势力进行坚决的斗争。因此，美国一直在南中亚地区与“基地”组织进行战争。美国在这场战争中的战略目标是瓦解、摧毁和击败“基地”组织及其分支机构。

二是威慑和击败侵略。预防战争与打赢战争一样重要。稳定与安全的环境是世界繁荣和相互联系顺畅的保证。美国致力于建立一个无核的安全世界。但在核武器还存在的情况下，美国必须保持强大的核力量，慑止敌人对美国及其盟国的核进攻。当然，在维持威慑水平的同时，美国将减少核武器的数量，并降低其地位与作用。美国武装力量的核心任务是为美国作战并取胜。因此，美国武装力量必须拥有击败敌人侵略的能力。为达到这一目的，美国联合部队应具备抗击反介入和区域拒止的能力。在太空和网络领域，美国应有保持行动自由的能力。

三是加强国际和地区稳定。作为一个全球性国家，美国的国家利益与国际体系的安全与稳定密不可分。长期以来，美国一直致力于维护其主导的国际秩序。它深知，作为一个体系，任何地区出现动荡或发生战争都会对其产生巨大的冲击，甚至导致整个体系的坍塌。为加强国际和地区的安全与稳定，美国必须使其军事力量实现全球性部署，但要在重点地区集中力量。

四是构建未来的力量。战争的形态和作战方式随着科技的发展而不断地变化，美国必须着眼未来，构建适合时代条件的军事力量。无论战争相关因素发生什么样的改变，人员特别是指挥人员都是关键。为构建未来力量，美国必须培养出在极端复杂和不断变动的环境中具有发现敌人、战胜敌人，并能与美国的伙伴进行沟通、建立信任和合作关系的指挥人员。美军应在经费有限的情况下，提升人员素质，强化战备水平，保持强大能力，随时应对国家所面临的威胁。

第三，转移战略重点。报告中明确地提出美国的战略重点和利益关注点将越来越多地集中在亚太地区。奥巴马政府认为，随着地缘政治的改变，美国第二次世界大战以来一直把欧洲作为战略重点的作法已经不合时宜。尽管欧洲的地位依然十分重要，但亚太地区对美国的安全与繁荣的影响日益增大，从而使美国不得不将更多的战略资源投向亚太地区。之所以如此，一方面是由于欧洲安全形势相对稳定，另一方面则是中国及一些亚太国家“占有世界财富的份额大增”。当然，随着战略重心的转移，美国的军事力量会越来越多地部署和运用在亚太地区。

第四，强调大国合作。美国一方面强调要致力于与中国建立积极的、合作的、全面的关系，欢迎中国发挥负责任的领导作用，因而寻求与中国深化军事关系、拓展双方互利互惠的领域、增进理解、减少误解、防止误判，同时通过与中国在打击海盗、维护朝鲜半岛的稳定和防止大规模杀伤性武器扩散等方面的合作以增加共同利益。另一方面，它也强调要密切关注中国的军事发展，以及这些发展对台湾海峡两岸军力平衡的影响，同时关注中国军事现代化的程度、战略意图及其在太空空间、网络空间、黄海、东海、南海等领域的自我宣示。

报告还指出，为了保障美国及伙伴国的利益，美国将准备显示其意志并投入任何所需的资源，以对抗任何国家阻止美国进入和使用全球公共空间与网络空间，或威胁其盟国安全的行动。

2015 年，奥巴马政府发表了其任上第二个军事战略报告，其本质和内容与第一份战略报告相比，并无太大的变化。相比于克林顿、小布什政府时期军事战略，其最大的改变就是美国重新把与传统大国的博弈作为战略筹划的重心。

总之，奥巴马上台以后，无论是在实践上还是在理论上，美国军事战略的调整都呈现出了一些新的特点。一是降低了反恐战争的基调。尽管美国依然坚持要进行反恐战争，但其中心思想已不是以意识形态或宗教信仰划界，而是突出与“基地”及其附属组织的对抗。二是减弱了单边主义色彩。这与小布什政府时期有着重大的区别。尽管美国仍然认为，为了捍卫国家的核心利益，必要时单独地采取武力行动，但却更强调与盟国及其他国家展开合作。不仅如此，美国还表示，只有在各种非战争手段都已用尽的情况下，才可能诉诸武力。三是承认世界多极化发展趋势。美国虽然强调联盟战略和“巧实力”的运用以维护其世界大国地位，但也认为自己面临着严重的来自传统大国的挑战。俄罗斯军事专家伊利亚克拉姆尼克解读这一文件时指出，美国事实上已经失去了无可争议的全球领导地位，无法再独立决定国际安全体系的格局以及各国在此体系当中的等级。① 最后，继续坚持“软硬”两手的政策。美国在强调“软”的一面的同时，也表示运用“硬”的一手。它要求联合部队支持国家在应对“反介入”和“区域拒止”方面的努力。所谓“反介入”战略，就是指阻止美国向某一区域投送和维持战斗力。“区域拒止”就是指限制美国在某一区域的行动自由。针对这样两个所谓对手型的战略，美国要运用联盟的力量和不惜运用军事手段加以挫败。为此，美军将加强远程作战力量的建设，提升情报、监视和侦察能力、电子进攻能力、通讯网络、基地设施和电子网络空间防御能力等。

三、美国优先战略

2017 年初，特朗普入主白宫。他把竞选时提出的“美国优先”的纲领付诸实施。2017 年底和 2018 年初，美国先后发表了“国家安全战略”报告“国防战略”报告和“核态势评估”报告。这些报告的主基调与冷战以来美国所发表的相关报告相比，已经有了重大的变化。

第一，美国认为，它长期以来所奉行的对外政策已导致自身的利益受损。自二战结束以来，美国为了称霸世界，在世界各地驻军，承担了众多的安全义务。特朗普上台后，就要求盟友承担更多的责任，增大军费开支，减少美国所担负的驻军费用的份额。美国不仅要求日本和韩国提高支付其驻军的费用比例，而且要求北约国家将军费开支增加到国民生产总值的 2% -4% 。

第二，美国感到，在处理地区性事务中，它总是被“欺骗”，付出的代价大，得到的回报少。在朝核问题上，特朗普政府采取比前任更激进的政策。一方面，他认为，美国与朝鲜就核问题纠缠数年，其结果就

---

① 参见：《专家解读美国军事战略报告：承认世界多极化趋势》，新浪网 2011 年 2 月 18 日，http：//mil. news. sina. com. cn /2011 - 02 - 18/0838633481. html.

是使其成为一个拥有核武器的国家。他表示，这种状况不能再继续下去了。一方面，他要求美军做好“打”的准备，试图以武力解决朝核问题；另一方面，他又同意与朝鲜领导人进行谈判，尝试以可操作性的手段迫使朝鲜知难而退。2018 年 6 月 12 日，“特金会”在新加坡举行。在随后发表的声明中，朝鲜承诺推动半岛无核化进程，美国则对朝鲜的安全提供保证。尽管朝美关系的走向和半岛无核化的趋势仍充满不确定性，但无疑朝核问题出现了一线转机。对于伊朗核协议，他也认为极不合理，因为伊朗会利用协议的缺陷研制核武器。因此，在经过一番评估之后，美国决定退出伊朗核协议，并重新对伊朗实施经济制裁。

第三，美国认定，中国是其唯一的全球性战略竞争对手。无论是在国家安全战略报告还是军事战略报告中，美国都直言不讳地突出这一点。国防战略报告指出，中国和俄罗斯企图塑造符合其威权模式的世界，操控他国经济、外交和安全决策。中国利用军事现代化，迫使邻国重新确立符合中国利益的印太地区秩序。俄罗斯试图操控周边国家的政治、经济和外交决策，其目的于瓦解北大西洋公约组织，并按照自己的喜好改变欧洲和中东地区的安全结构。报告还特别强调，“中国作为美国的战略竞争对手，利用掠夺性经济威胁邻国，同时在南中国海推行军事化。”①

第四，美国决意，坚定地实现国防目标，即捍卫国土，使其免于被攻击；在全球和关键地区，维持联合力量的军事优势；慑止敌人，使其不敢侵犯美国的核心利益；建立跨部门合作机制，提升美国的影响和利益；在印太地区、欧洲、中东和西半球，保持有利于美国的区域均势；保护盟友免遭侵犯，鼓励伙伴反抗压迫，公平分担共同防御责任；劝止、阻止和慑止国家或非国家行为体获取、扩散和使用大规模杀伤性武器；阻止恐怖分子主导或支持的在针对美国本土、公民、盟友和伙伴的域外活动；确保公域的开放与自由；在改革国防部思维、文化和管理体

① The US Department of Defense, “*The Summary of the* 2018 *National Defense Strategy of the United States of America*”, Jan. 2018, p. 1.

系的同时，以一定经济适用性和速度，持续取得效果；建立一流的 21 世纪国家安全的创新基础，有效支持国防部行动，具备维护安全、解决问题的能力。①

第五，美国计划，通过外交、信息、经济、金融、情报、执法、军事等国家权力多元素的无缝整合，建立一个更致命的军事力量、更强大的联盟和伙伴关系、更先进的技术创新体系，以获得更具有决定性和持续的军事优势。在与对手进行竞争的同时，美国还将继续向竞争者和对手开放合作的机会，但必须基于实力地位并立足于国家利益之上。如果合作失败，美国将准备好捍卫美国人民、价值观和利益。为此，美国将采取如下措施：一是保持战略可预见性和行动不可预测性。美国将把战略重点从打击区域对手转向遏制或打败长期的战略竞争者。美国将与盟友实施力量一体化，表明致力于遏制侵略的决心，但在动态力量部署、军事姿态和行动上必须让对手无法预测；二是推进跨机构整合。要与战略对手进行竞争，美国全面利用国家权力，因而国防部将协助国务院、财政部、司法部、能源部、国土安全部、商务部、国际开发署以及情报部门、执法部门等，与它们确定并建立伙伴关系，以解决经济、技术、信息领域的脆弱性；三是反强迫和颠覆。在低烈强武装冲突的竞争中，所谓修正主义强国和流氓政权正在利用腐败、掠夺性经济行为、宣传、政治颠覆、代理人以及军事威胁或使用武力改变当地事实，所以美国将与盟友和合作伙伴一道来确保共同的利益，抵制这种威胁；四是培养竞争意识。为了在新出现的安全环境中取得成功，美国国防部和联合部队将不得不在思想性、机动性、伙伴性、创造性方面超越修正主义的国家、流氓政权、恐怖分子以及其他威胁行为者。不仅如此，美国还要建立更致命的联合部队，并重建军备；加强联盟，并吸引新的合作伙伴；改革国防部的业务做法，提高业绩和承受能力。②

---

① The US Department of Defense, "*The Summary of the 2018 National Defense Strategy of the United States of America*", Jan. 2018, p. 1 .

② The US Department of Defense, "*The Summery of the National Defense Strategy*", Jan. 2018, pp. 4 – 5.

总之，特朗普上台后，对于美国传统的所谓“政治正确”做了相当大的修正，更加注重自身利益的发展，更加强调以“硬”的方式解决国家间的各种矛盾，更加强化军事力量在美国维护国际地位和推行对外政策中的作用。

第三章

美国军事战略决策依据

从独立战争至今的200多年里，美国的军事战略从无到有，并逐步发展完善起来。第二次世界大战后，虽然历届政府都制定和实施带有各自特征的军事战略，但其内在逻辑却是始终如一的，即都把国家利益置于至高无上的地位，紧紧地盯住国家安全的现实需求，同时注重运用最新的理论成果。通过对利益的认知，明确战略目标；通过对环境的判断，确定国家的威胁挑战；通过对理论的掌握，弄清战略的内在联系。也就是说，美国的战略决策绝不是随机的、任性的、无缘无故的，而是有规律可循的，即受利益驱动、需求牵引和理论主导。把握这些规律是认识、理解美国军事战略的关键。

第一节　利益驱动

无论是在各种战略报告还是实践行动中，美国始终把国家利益置于至高无上的地位。在战略决策者和执行者的潜意识里，国家利益一直是个核心观念，是美国军事战略制定和实施最有力的推进器。美国国际关系理论现实主义学派的鼻祖汉斯·摩根索指出："只要世界在政治上还是由国家所构成的，那么国际政治中最后的语言就是国家利益。"①曾任美国国防大学战略研究所所长的柯林斯也认为，"世界上几乎所有外交

---

① ［美］汉斯·摩根索：《国家间政治——权力斗争与和平》，徐昕、郝望、李保平译，北京大学出版社，2006年版，第97页。

政策方面的问题都起源于利益的冲突，而利益的冲突则导致思想的对立，有时甚至引起战争。”① 国家利益是军事战略制定和实施的出发点和归宿点。在不同的时期，国家利益的重点又有所不同，如果在国家利益的认识上出现错乱，战略的制定与实施就难免会犯错误。为了明确国家利益的内涵，1996 年和 2000 年，由多名美国政治、战略和外交界精英组成的国家利益委员会先后发布了两份《美国国家利益》报告。美国总统及其他政要在国会听证和有关对外政策的演说中，也多次强调国家利益的地位与作用。

一、决定战略目标

在美国的学术界与政治界，关于国家利益概念的争论由来已久，但在分析和研究国家对外政策中，把国家利益作为一个概念来使用却毫无疑问。1996 年美国国家利益委员会（The Commission on America's National Interests）在其《美国国家利益》的报告中宣称：“在任何对外政策讨论中，国家利益都是基本的论据。……实际上，政府官员、国会议员和一般民众经常而广泛地使用这一概念。”② 2000 年发布的第二版《美国国家利益》报告指出：“国家利益是美国可持续性对外政策的基础。”③ 因此，美国政府一直把国家利益作为一个既定的概念加以使用。那么，国家利益包含哪些内容呢？

历届美国政府发布的军事战略报告中，都强调要维护国家利益。一般说来，有关国家利益的内涵往往都由国家安全战略报告阐释。1988 年，里根政府根据《国防部改组法》的规定向国会提交第二份

① 参见［美］约翰·柯林斯：《大战略》第一章“目的与手段”中的“国家安全的利益”一节，战士出版社，1978 年版。

② 参见 The Commission on America's National Interests, America's *National Interests*, July 1996, http: //www. belfecenter. ksg.

③ 参见 The Commission on America's National Interests, *America's National Interests*, July 2000, p. 2.

国家安全战略报告。该报告指出：它所谋求和保护的国家利益主要包括：第一，美国作为一个自由和独立的国家而生存，它的基本价值观要保持完整，国家机构和人民能获得安全；第二，健康和不断增长的美国经济，为个人的致富提供机会，为我们国家的事业提供资源的基础；第三，一个稳定和安全的世界，使美国的利益免受重大的威胁；第四，世界各地的人类自由、民主体制和自由市场经济能够发展，并同公平和开放的国际贸易体制联结起来；第五，健全和强有力的联盟关系。据此，该报告还确定了美国国家安全战略的五大目标：即保护我们国家和我们盟国的安全；接受全球经济的挑战；保卫和促进世界各地的民主、自由和人权事业；和平解决世界各地影响到美国利益的争端；同所有与其有共同利益的国家建立有效和友好的关系。[①] 这一报告中所提出的国家利益与战略目标与 1987 年的第一份国家安全战略报告别无二致。

老布什政府在其以“超越遏制”为主旨的国家安全战略报告中，对国家利益做了下述界定：首先，政治、经济与军事是美国安全战略的三大支柱。在政治上，美国要维护和推广其价值观，经济上要保持增长与繁荣，军事上要变得强大与不可战胜。其次，建立世界新秩序。充分利用冷战结束时的有利态势，应对各种新的挑战，推进美国的民主制度，以建立“美国治下的和平”，维护其全球利益。再次，维护美国的世界领导地位。苏联的解体，为美国提供了前所未有的机遇，美国应利用这一机遇，成为世界的领导者。

克林顿政府时期，美国制定了参与与扩展的国家安全战略，根据国内外形势的变化，重新界定国家利益。1994 年 2 月，美国政府发表了题为《参与和扩展》的国家安全战略报告，扩展（Enlargement）是指在包括所有发展中国家在内的全球范围内，保护、加强和扩大实行自由主义市场经济的民主主义国家，以确保美国的繁荣。参与（Engage-

① 参见 The White House，“*National Security Strategy of the United States of America*”，January 1988.

ment）是指在美国国力所允许的范围内，把将要成为国际市场经济核心的国家，按优先顺序，有选择地纳入国际市场经济的战略。该战略强调追求美国具体的安全和经济上的实际利益。首先是美国政治和经济利益，即要充当世界领导者；其次是美国盟国的安全利益，即支撑其领导地位的力量体系；再次是防止任何敌对大国的崛起，即遏制其领导地位的可能挑战者。这样，美国就正式把经济安全和全球民主化纳入国家安全战略轨道，扩大了国家利益的内涵。

进入新世纪，特别是“9·11”事件后，小布什政府宣称，美国在世界各地都有利益。在2002年和2006年发表的国家安全战略报告以及小布什总统在多次演讲中，所提出的美国国家利益是：确保美国的安全和行动自由，包括确保美国的主权、领土完整和自由；确保美国公民在国内外的安全；保护对美国至关重要的基础设施；履行国际义务，包括保护盟国和友邦的安全与福祉；阻止敌对势力控制关键区域，尤其是欧洲、东北亚、中亚沿中东以及西南亚，维护西半球的和平与稳定；促进经济繁荣，包括维护全球经济的生命力和生产力；保护国际海域、空域、空间和通信线路的安全；确保获得重要市场和战略资源。

综上所述，在美国的国家安全战略中，除了把国家的生存、基本价值观的保持、经济的繁荣发展等纳入国家安全利益外，还特别强调个人的安全、为控制世界而建立的联盟关系及盟友的安全，以及为推行强权政治而标榜的世界安全与人类自由等等。很显然，国家利益是美国安全战略的核心目标。军事战略以国家安全战略为基础，并为其提供力量支撑，它要实现的目标，就是维护国家安全战略所界定的国家利益。从这些年美国所发表的战略报告中可以看出，其中有关战略目标的确定都依据国家安全战略所阐明的国家利益范畴。

二、确定手段选择

从美国历届政府发表的战略报告可以看出，国家利益是其对外政策的唯一坚实基础。冷战以后，美国的国家利益既是广泛的，又是多元的。不同的国家利益对美国的外交政策的影响是不同的，对维护其安全所需要的手段也是不一样的。克林顿政府在其面向新世纪的国家安全战略报告中，充分吸纳了1996年美国国家利益委员会发布的《美国国家利益》报告的内容，对国家利益的层次进行了明确的划分：至关重要国家利益（又称核心利益）、极其重要的国家利益、重要的国家利益和一般的或人道主义的国家利益。报告认为，美国至关重要的利益有5种：预防、遏制、减少核生化武器攻击美国本土及其海外军事力量的威胁；确保美国盟国的生存以及促进其与美国主动合作以建立一个有利于美国的国际体系；防止敌对性大国的出现；确保全球性体系（贸易、金融、能源供给及环境）的可持续性和稳定性；以有利于美国利益的方式与那些能够成为战略对手的国家（如中俄）建立建设性关系。

极其重要的国家利益包括：预防、遏制和减少核生化武器在世界上任何地方的威胁；防止地区性大规模杀伤性武器及其发射系统的扩散；促进国际法规以及和平解决和处理争端机制的可接受性；防止重要地区出现地区性霸权，特别是海湾地区；促进美国盟国和友好国家的福利水平并保护他们免遭外部侵略；促进西半球的民主、繁荣和稳定；防止、应对、制止在重要地区的重大冲突；在关键的军事及其他战略技术特别是信息技术方面保持领先地位；防止流向美国的大规模移民失控；打击恐怖主义、跨国犯罪、贩毒；防止种族灭绝性战争或屠杀。

重要的国家利益包括：限制外国的大规模侵犯人权事件的发生；在重要战略地区尽可能地促进多极化、自由和民主；防止并终止不太重要的战略地域的冲突；保护那些可能被恐怖主义组织作为人质目标的美国公民的生命和福利；降低发达国家与贫穷国家之间的经济差距；防止美国海外资产被国有化；鼓励关键性战略产业和部门的国内生产；维护国际信息传递能力以确保美国价值观能够持续地对外国文化产生积极影响；以与长期生态要求相一致为基础促进国际环境政策的改善；从国际贸易和投资中实现美国国民生产总值的最大化；美国的国家利益要求维持联合国的强大力量以及其他地区性合作机制。

美国一般或人道主义的国家利益包括：平衡双边贸易赤字；扩大在世界各地区的民主；保护其他国家的领土完整或特殊宪法体制；增进特定经济部门的出口。

由此可见，美国对于国家利益的认识已经泛化，从生存利益扩大到发展利益。传统与非传统安全、国家生存与发展、现实利益与长远利益、软实力与硬实力，都成为国家利益的重要的组成部分，而且把以民主自由为代表的所谓“普世价值”传播，也视为国家利益的核心内容。对国家利益区分的根本目的，就在于为军事力量的使用提供指南。也就是说，在什么情况下，美国将使用武力或威胁使用武力，并决定使用武力的规模与程度。

三、划定战争底线

美国在决定使用武力的问题上一直都以国家利益为准绳。自20世纪90年代开始发表军事战略报告以来，美国就把维护国家核心利益作为首要目标。1997年，国防部长在《四年防务评估报告》中更加详尽地列出了当时美国最重要的安全利益，即美国主权、领土和民众免受包括核生化武器和恐怖主义在内的威胁；防止出现敌对的地区联盟或霸权国家；确保海上自由和海上交通线、空中航线以及空间的安全；确保不受约束地进入关键性海外市场，获得能源和战略资源；确保盟国和友好国家的安全。[①] 2000年美国国家利益委员会发布的《美国国家利益》报告强调，所谓核心利益，就是那些攸关作为一个自由和安全的国家——美国的生存和福祉的条件，主要包括：阻止、威慑和减少核、生、化武器对美国及海外驻军攻击的威胁；确保盟友的生存及主动与美国合作共同塑造有利于双方繁荣的国际体系；防止

① The US Department of Defense, Quadrennial Defense Review (QDR), 1997. p. 8.

在美国周边出现一个敌对的大国或失败国家；确保主要全球体系（如贸易、金融市场、能源供应和环境）的活力与稳定；根据国家利益需要，与那些可能成为战略对手的国家如中国、俄罗斯建立建设性的关系。①

如果说，国家利益委员会对核心利益的界定还带有民间色彩的话，那么，2006 年小布什政府发布的第二份《国家安全战略》报告就将其变成政府的理念了。小布什政府的安全战略报告中，对核心利益做了清晰的规定。第一，保卫美国民众的生命安全与保证幸福的生活方式；第二，保卫国土安全，打击恐怖主义以及庇护和支持恐怖主义的国家，防止大规模杀伤性武器的扩散；第三，遵守对地区盟友的安全承诺，维持美国的军事优势，防止地区霸权和匹敌竞争者的崛起，实现其主导下的世界和平和安全；第四，在全球范围内推广美国式的自由和有效的民主政治；第五，推动美国经济繁荣，确保全球经济通过自由市场和自由贸易实现稳定增长。民众的生命安全，国家与盟友的安全，推广美国的民主价值，促进国家的经济繁荣，防止挑战美国领导地位国家的出现，就成了美国最为重要的国家利益。

2010 年 5 月，奥巴马政府上台两年后发布了首份《国家安全战略》报告。该报告列举了美国所追求的四大持久的国家利益：安全、经济、"普世价值"与国家秩序。"首先，维护美国及其民众、盟友和伙伴的安全；其次，在国际经济体系中建立一个强大的、充满活力、日益增长的美国式经济体，以保持美国的繁荣；第三，在国内外推进普世价值观；第四，建立以美国为主导的国际秩序，通过国家间的密切合作，促进国际和平、安全与机遇，从而应对全球性的挑战。"②

---

① 参见 The Commission on America's National Interests, "*America's National Interests*", July. 2000. p. 6.

② The White House, "*The National Security Strategy of the United States of America*", May. 27, 2010. p. 7.

同样是2010年出台的《四年防务评估报告》中也指出：“美国的利益与国际体系的完整性和坚固性密切相关。其中主要利益是安全、繁荣、广泛尊重普世价值以及能够促进合作行动的国际秩序。”2013年9月24日，奥巴马在联大发表演说时，明确地强调：美国的核心利益包括确保盟友免遭侵略、维护能源的自由流动、瓦解“威胁我国人民”的恐怖网络、阻止研发和使用大规模杀伤性武器。由此可见，安全、繁荣、价值观和国际秩序被奥巴马政府视作美国的核心利益。

与此相适应的是，无论是在同一时期的国防战略还是军事战略报告中，都把维护国家安全战略报告中所列出的国家核心利益作为目标，并以此作为军事力量建设的依据和使用军事力量的指导。美国军政领导多次强调，一旦国家核心利益受到损害，即使没有盟友的支援，它也将使用武力进行反击。在国家安全战略、国防军事战略和相关的其他报告中，也不乏类似的阐述。由此可见，国家核心利益是美国决策是否使用武力的底线，即是说，一旦国家核心利益受损，美国将毫不犹豫地选择战争。

综上所述，国家利益在美国军事战略的谋划与实施中居于首要地位，只要其国家利益受到了威胁，美国就会根据其重要程度采取包括使用军事力量在内的手段加以应对。换言之，在维护国家利益的问题上，美国在制定和实施军事战略时毫不含糊，如果核心利益受到侵害，将毫不犹豫地使用武力，重要利益或其他利益受损，它将根据具体情况，选择性地使用武力。

第二节　现实需求

毛泽东在《中国革命战争的战略问题》一文中指出，战争指挥员不能超越客观条件的许可去指导战争，但可在客观条件的基础上充分发挥主观能动性，来达成战争目的。他还强调，战争有历史、民族和地域的差异。摩根索也强调，在国际关系中，有一条基本的法则，即权力界定利益。换言之，国家利益是一个永恒的抽象概念，但它的具体内容将随着国家力量消长而变化。因此，国家的决策者必须根据国家力量和战略环境的的变化，重新界定国家利益，并据此形成对国家威胁的判断，确定军事战略的目标。这样，现实需求就成了国家制定和实施军事战略的又一推动力。实际上，在过去的200多年里，美国在制定和实施军事战略时，始终紧贴现实需求。

一、国际地位变迁

一个国家在国际社会中的地位，决定其军事战略的视野。一般来说，各个国家的军事战略往往与其国际地位相适应。地区性国家的战略不同于一般的国家，世界性大国的战略则又有其独特性。美国军事战略的形成与发展，与其国际地位的变化紧密相关。从建国至第二次世界大战前，由于特殊的地理位置，东西有两洋护持，南北无强邻威胁，加之处于成长期，美国外来威胁甚少，因而在军事战略上几无重大建树。后来，由于国家力量的上升，成为世界性的大国，它才在军事战略上有所发展和创造。

美国建立之初，立即解散了大陆军，军事战略便无从谈起。华盛顿就任总统后，美军才重新建立，而且规模有限，其任务主要是维护国内秩序、守卫西部边境和东海岸防御。随着羽翼逐渐丰满，美国军事力量开始走向海外，其目的是维护商船航行的安全，虽然有时也为国家开拓市场发挥作用，但从政府的层面说，尚无全局性的战略计划。尽管到了19世纪90年代，美国的经济实力已居于世界第一，但在国际社会上的影响力依然十分有限。1898年，美国侵略野心膨胀，发动了对西班牙的战争。由于西班牙国力急剧衰退，距离战场遥远，同时美国的目标也很有限，并不威胁西班牙本土的安全。因此，美国依靠其远大于西班牙的力量，很容易就将其击溃，根本不需要深远的谋略。第一次世界大战快结束时，美国派军参战，但并没有做好全力参与世界事务的准备，因而只是为了维护商业利益而战。所以，战争一结束，它就不仅迅速撤军，且拒绝批准《凡尔赛和约》。可见，美国在第一次世界大战中，也缺乏全面的战略筹划。

由于域内没有强敌，又不愿与域外强国对抗，虽然美西战争使美国的军事触角伸向太平洋西岸，第一次世界大战使其涉足大西洋东岸，但美国的战略重心还在美洲，美军仍是一支地区性军事力量，战略上还处于模仿欧洲的阶段，没有形成具有自身特色的军事战略。

第二次世界大战是美国战略发展史上的一个重要转折点。在战前，美国对于欧洲和亚洲形势的发展就给了极大的关注。虽然美国的民众对于战争的危险和美国的角色并无清醒的认识，但精英阶层已意识到美国难以置身事外。罗斯福政府有计划地发展军事力量，提升部队的装备水平。不仅如此，美国政府还设法对反法西斯国家提供或明或暗的援助。“珍珠港事变”后，美国迅速动员力量投入战争。战争前期，美国并无明确的军事战略，在打击德意法西斯国家的问题上，虽然制定了“大铁锤”计划和“火炬”计划，但却不知从哪里着手，只是随着英军的节拍行动。1942 年 11 月，美军登陆北非奥兰、阿尔及尔和卡萨布兰卡后，曾长期按兵不动，直到 1943 年 7 月才与英军联合发起西西岛登陆战役。战争后期，其军事战略才成熟起来，制定了“先欧后亚”战略，开始主导欧亚两大战场。

第二次世界大战不仅把美国推上了世界战争的大舞台，使美国在战争中迅速崛起，成为高居西方之首的超级军事强国，而且大大激发了美国战略理论的创新热情，形成了空前未有的“战略热”，逐步创立了具有其文化特点的独立的战略体系。杜鲁门政府的遏制战略奠定了第二次世界大战后近半个世纪东西方冷战条件下美国军事战略的基础，标志着美国全球战略的正式确立。此后美国历届政府提出的带有各自印记的军事战略，都不过是遏制战略在不同时期不同条件下的不同表现而已。美国前总统乔治·布什（George Bush）就表示，“西方战后时期的大战略一直是建立在遏制理论基础上的，即：挫败苏联的扩张目标以期使苏联有朝一日不得不面向其内部的种种矛盾。”① 其实，军事战略也是如此。柏林墙的倒塌、东西方冷战的结束，美国进入了军事战略的又一个重要转折期。从老布什“地区防务”到特朗普“美国优先”，都是着眼于谋求地区性优势的进攻性战略。

由此可见，美国军事战略的制定与实施是与其国际地位的变化相适应的。第二次世界大战后，美国开始把整个世界作为战略筹划的基点。即使到了今天，美国在推行军事战略时，依然着眼全球，极力按照自己意志塑造世界。也就是说，美国的军事战略是随其国际地位的变化而发展的，当其成为世界上最强大的国家，担当所谓“世界领导”的“重任”时，才有了全球性的特点。

二、战略环境变化

战略环境，是指在一定历史时期内，国家或国家集团的战略指导者所面临的影响国家或国家集团安全和战争全局的情况和条件，主要包括国家或国家集团内外的政治、经济、科技、军事、地理等方面的基本状况，以及由此而形成的相对稳定的一种态势。美国在制定和实施战略时，对战略环境的评估是其不可或缺的一环。通过对战略环境的评估，发现主要威胁，确立基本目标，定下具体措施。

第二次世界大战爆发前，美国决策当局就对战略环境进行了分析，认为美国卷入战争已变得不可避免。1937 年，美国总统罗斯福在芝加哥发表演说指出，病人已在呻吟，而医生却还在踌躇。这时的欧洲，战争阴云密布，德国法西斯政权撕毁《凡尔赛条约》，进军莱茵兰，吞并奥地利，觊觎苏台德地区，并全面发展军力，为发动更大战争做着紧锣密鼓的准备。在亚洲，日本占领中国东北以后，又计划发动全面的侵华战争。罗斯福演说的意图就在于告诫民众，战争危险正

① 转引自张小明：《乔治·凯南遏制思想研究》，北京语言学院出版社，1994 年版，第125 页。

在临近，美国必须为投入战争做准备。尽管他的演说遭到国内反战群体的反对，但在政府层面，参战准备却一直在悄悄进行。

第二次世界大战中，美国尽管是由于日本袭击珍珠港才投入战争的，但通过对战略环境的分析，毅然做出了“先欧后亚”的抉择。在美国看来，先击溃日本，固然更能满足民众的愿望，但从全局上看，先打垮德国更加符合国家利益的需要。日本是一个小国，资源有限，虽然占领大片中国领土，但中国政府并没有放弃抵抗，顽强地与其作战，因而要在亚洲继续扩大侵略的行动已变得极其艰难。德国在欧洲的情况就有所不同，它占领了中西欧大部分陆上国家，且遭到的抵抗十分微弱。随着对所占地区控制的加强，德国将能够动员更多的力量投入战争。如果美国先集中力量打垮日本，届时将面临一个更加强大的对手，必然要付出更加大的代价，这与美国国家利益是背道而驰的。因此，对美国而言，只要先打垮德国，然后就能比较容易地消灭日本。

第二次世界大战后，美国依据国际环境的变化，不断地进行战略调整。战后初期，苏联成为世界上军事强国，且在意识形态和利益追求上与美国有着根本的不同。由于自身的力量远远超过苏联，美国便制定了遏制战略。当苏联拥有了核武器，且在欧洲地区拥有比美国多的军队时，美国便利用其在核武器方面的优势，提出了大规模报复战略。其后，在整个冷战时期，美国的历届总统都是根据当时国际环境的特点，提出各自不同的战略。从杜鲁门到约翰逊，美国认为它的军事实力强于苏联，其军事战略充满了进攻性。从尼克松到卡特，美国发现它与苏联已大体上处于均势状态，甚至在核领域落后了，其军事战略也突出了防御性。因此，遏制、大规模报复、灵活反应等被抵消、相互确保摧毁、现实威慑等所取代。冷战结束后，美国成为世界上唯一超级大国，其推行的地区防务战略、灵活有选择的战略、塑造—反应—准备战略、先发制人战略中又充满了主动性和节制性。2008年国际金融危机后，美国实力下降，奥巴马政府根据国际环境的变化，提出了维护美国领导地位战略，再次显现防御性的特点。特朗普上台后，美国政界和军界对于国家所处的战略环境又有了新的认知，提出了印－太战略构想，并进而对军事战略做出重大的调整。

值得一提的是，美国为了在战略环境的认识上更加实际，于20世纪70年代初成立了净评估机构，起初属于国家安全委员会，1973年转隶国防部。净评估办公室（Office of Net Assessment）的职能就是“对决定国家军事能力的军事、技术、政治、经济和其他因素的比较分析，向国防部高级官员指出值得关注的问题和机遇。”首任办公室主任安德鲁·马歇尔指出：“净评估旨在提供对问题和机遇的诊断性分析，而不是行动建议。”“美军净评估，其基本含义就是把敌我双方对等的军力去掉，对比双方剩下什么，以明确敌我双方部队不对称的优势和劣势。国防部净评估办公室负责中长期趋势的战略评估，联合参谋部负责作战评估。……在战略评估中，美军普遍使用场景方法、假想敌机制和模型模拟工具。……联合作战能力评估对美军联合战略体系具有基础性作用。”① 净评估办公室运用自身的力量和委托研究的方法，每年都提交大量的战略报告，对于国防部甚至最高行政首脑把握战略环境的变化发挥了重要作用，使军事战略的制定与实施更加具有针对性。

三、国家实力消长

任何军事战略，都必须与国家总体实力相适应，否则危害极大。所谓“国家实力，就是指国家所拥有的生存、发展及对外部影响的力量，它是物质力量与精神力量的统一。”② 国家实力对于军事战略具有决定性的作用。所以，美国在制定和实施军事战略时，一直强调离不开国家力量的支撑。

---

① 参见吕德宏：“从思想到行动——解读美军战略规划”，转引自《为什么要研究美军》，http：//www.knowfar.org.cn/article/201409/16/407.htm.

② 高金钿主编：《国际战略学概论》，国防大学出版社，1995年12月第1版，第73页。

第一，实力决定战略目的。摩根索有一句至理名言，即权力界定利益的边界。所谓权力，就是指对他人心灵和行动的控制，体现的是一种控制与被控制，命令与服从的关系。一个人、一个国家要生存和发展，就必须依靠权力的力量，而权力又必须依赖于实力。军事战略要维护的正是国家利益，国家利益的边界到达哪里，军事力量的覆盖范围也就必须扩展到哪里，否则所取得的利益就会丧失。因此，军事战略的目的必须与国家实力相匹配。换言之，一个国家推行什么样的战略，与国家实力密不可分。一般来说，国家实力越强大，战略空间就越广阔，利益边界就扩展得越遥远，军事战略的目标也就越宏伟。

在美国看来，国家实力的构成包括两个方面，即硬实力与软实力。美国哈佛大学教授、曾任克林顿政府助理的约瑟夫·奈认为，所谓硬实力，就是指支配性实力，包括基本资源（如土地面积、人口、自然资源）、军事力量、经济力量和科技力量等。所谓软实力，则分为国家的凝聚力、文化被普遍认同的程度和参与国际机构的深度等，具体表现为国家的导向力、吸引力和被效仿力，是一种同化式的实力——国家思想的引力和政治导向的能力。

在美国的战略思维中，“力胜”始终处于主导地位。许多战略文献及术语中，与“力”相关的概念比比皆是，如综合国力、均势、威慑、遏制、集体安全、军备控制、有限战争、全面战争、高技术战争、制空权、制海权、制信息权、绝对优势、第一次打击、第二次打击、防御体系、联盟作战、力量投送、战略机动等等。美国要具备这些能力或力量，其源泉只能来自国家实力。

美国军事战略目的的确立，都是从国家实力地位出发的。在其成为北美的主宰者的时候，它所追求的利益仅限于加勒比和两洋濒海地区；美西战争后，就拓展到了太平洋地区；第一次世界大战后，又扩大到远东和西欧地区；第二次世界大战后，就延伸到整个世界了。

第二，实力决定战略意图。在摩根索看来，自私自利是人性的本质，而且这种秉性永远不可能改变。受这种本性的支配，人对权力的追求是普遍的、无止境的。在人人都追求权力的情况下，战争就成为不可避免的事。[①] 把这种人性放大到国际关系层面，美国人就认为，世界处于一种无政府状态，每个国家都会担忧自己的安全问题。对于大国来说，更是如此。它绝不能把安全问题寄托在他人身上，而是要靠自己的实力，并具有把这种实力转化为权力的能力。正是在这种局面下，为了自身的安全，各个国家就要不断地扩展国家的实力，并尽可能地把安全空间向外拓展，拒敌于国门之外。由于世界的资源和范围都是有限的，那么各国在扩张实力的过程中，就难免会发生碰撞。当这种碰撞发展到极致时，就会引起战争。于是，为了战争中获胜，除运用谋略之外，力量就成了决定性因素。只有强大的一方才能赢得战争，也才能获得安全的保证。因此，为了确保国家的安全，美国一直着眼于自身和他国“权力”的变化。

美国对传统领域威胁的判断，主要依据有两个方面，即实力与企图。在这二者之间，美国又把实力放在第一位。在整个冷战期间，美国一直把苏联视为自己的心腹之患。虽然两国之间的意识形态严重对立，但最为根本的则是苏联拥有强大的军事力量。可以说，在冷战时期，真正具备与美国进行全面战争能力的国家只有苏联。中国改革开放的总设计师邓小平在上个世纪 80 年代初也认为，世界上有资格打世界大战的国家只有美国和苏联。苏联解体后，美国为了巩固自己的安全地位，并没有因俄罗斯改旗易帜而放松警惕，而是不断采取措施挤压其战略空间，防止其东山再起。所以，20 世纪 90 年代中期开始，美国及其西欧盟国全力推动北约和欧盟“东扩”，这一进程至今也没有完全停止。2013 年，欧盟力图把乌克兰变成其成员国，激起俄罗斯强劲的反弹。

作为盟国，且有大量的美军驻扎，日本很难有威胁美国的企图。但由于日本经济迅速发展，很快成为世界第二大经济体，从而引起了

① 汉斯·摩根索：《国家间政治——为权力与和平而斗争》第四章，“寻求权力的斗争：现状政策”，中国公安大学出版社，1990 年版，第 63—70 页。

美国的高度警惕。从20世纪70年代末起，美国就试图对日本进行打压，以削弱其经济竞争力和发展势头。到了80年代中期，美国与日本签订“广场协议”，使日元大幅升值。“广场协议”一直被认为是导致日本经济处于长达30年萧条的重要因素。

在日本走下坡路后，美国便又把目光转向了中国。20世纪90年代初，美国的政界和战略界就持有一种声音，即苏东剧变以后，与其有着相似的政治和经济体制的中国也将面临难以克服的挑战。一时间，“中国崩溃论”① 甚嚣尘上。邓小平南方讲话之后，中国继续推行改革开放政策，发展社会主义市场经济，又迈上了发展的新台阶。于是，1995年之后，美国开始对中国产生了戒心，“中国威胁论”又粉墨登场。小布什在竞选总统期间，明确地提出中美是战略竞争对手。美国认为，中国的发展对美国是一种威胁。

第三，实力决定战略实施。美国还把国家实力作为军事战略实施的基础。历史上，美国曾长期将“孤立主义”作为对外政策的准则，其根本原因就在于国家实力弱小。到了19世纪20年代，当其实力有所增长时，就抛出了“门罗主义”，向欧洲列强发出警告，“美洲是美洲人的美洲”，而不再是列强的美洲；到了19世纪末，美国成为世界第一大经济体时，就向老牌帝国主义国家西班牙“亮剑”；在两次世界大战中，由于缺乏与强国较量的实力，美国起初都宣布中立，后来加入战争时，不得不按照盟友的战略计划行动；第二次世界大战后，美国成为世界上首屈一指的强国，才以西方世界领袖的姿态推行全球性战略。自第二次世界大战结束至20世纪60年代末，当实力强盛时，美国总以咄咄逼人的方式推行攻势战略，参与和发动多起战

① 苏东剧变时，西方就兴起了第一波的“中国崩溃论”。那时西方出现了“历史终结论”，认为中国必然要“被西方资本主义所征服”；第二波“中国崩溃论”兴起于本世纪初。2000年美国匹兹堡大学经济学教授托马斯·罗斯基发表文章《中国GDP（国内生产总值）统计发生了什么?》，对中国统计数字的提出了疑问；2001年7月章家敦出版的《中国即将崩溃》一书认为，中国四大国有银行的坏账“已经高到不能维持的地步”；2002年1月美国《中国经济》季刊的主编斯塔德维尔在其《中国梦》一书中把中国经济比喻为“一座建立在沙滩上的大厦”。

争；从70年代初到80年代初，由于实力衰微，它采取守势战略，几乎没有介入任何地区的战争；80年代中后期开始，随着国力的增强，它又转守为攻，开始有限地使用武力进行国际干预；到了90年代初，当国家力量在世界处于明显优势时，美军便结束了20年的蛰伏期，在海湾地区打了一场大规模的战争，新干涉主义思想开始盛行起来。

克林顿时期，美国处于战后力量发展顶峰，在经济上延续了近20年的增长，规模遥遥领先于其他国家，使军事力量的建设获得了充分的财力支撑。因此，“参与和扩展”战略强调，美国必须用高水准的军事力量，维持强大的防务能力，能够“同时在两个主要地区性战场击败侵略者”。① 克林顿时期的军事战略思想在小布什政府时期得到了完全的贯彻。“今天，美国拥有无与伦比的军事实力和举足轻重的经济、政治影响力。”② 因此，美国接续发动了两场战争，并同时遂行多次特种作战。

到了奥巴马时期，情况急转直下。由于经济危机的影响，奥巴马政府在2010年5月发布的国家安全战略报告中表示，美国的安全源于国内，而国内要做的事情，就是要增强经济发展的动力。只有经济繁荣和强大了，国家的安全才能有切实的保证。在军费开支方面，自2010年起，特别是国会通过了《预算控制法案》后，开始进入下降的通道。在奥巴马任期的8年间，美军建设乏善可陈，小布什时期大力推进的军事转型也进入了冬眠期，除了击毙本·拉登和武力干预利比亚行动外，美国没有发起或主导更大规模的战争。即使在军事干预利比亚行动中，美国也一改传统作法，放弃领导者的地位，配合由其他北约国家主导的行动。在叙利亚问题上，美国虽然划设了动武的“红线”，但当“红线”屡次被越过时，也往往选择“忍气吞声”。特朗普上台后，因为经济发展有了起色，美国又大幅提高军费开支。

① 参见 The White House，“*Engagement and Enlargement*：*National Security Strategy of the United States of America*”，Feb. 1994.

② 参见 The White House，“*National Security Strategy of the United States of America*”，Sept. 2002.

2018年，美国军费高达7000多亿美元，2019年的国防预算又有小幅增加。在叙利亚问题上，特朗普以巴沙尔越过使用化武的“红线”为由，实施了两次空袭。

第四，实力决定战略功能。所谓战略功能，就是指遏制和打赢战争的作用。为了遏制和打赢战争，美国把塑造环境作为战略的主要功能之一，依靠国家实力，运用军事手段推进价值观念的扩展。从其立国以来，美国的精英们一直主张，要改造世界、影响世界和控制世界，就先要把自己变成世界各国发展的样板。1949年，杜鲁门在其第二任期的就职演说中表示，任何国家局势的发展都可能与美国安全相关，苏联的威胁“不仅破坏了国际和平的基础，而且也破坏了美国的安全”。因此，美国将致力于使“所有的国家和所有的民族，都可以自由地，以其认为合宜的方式治理本身”，而不会追求纯粹的国家利益。他宣称：“我们不追求领土，我们不会将我们的意志强加于他人，”[①]但将全力支持自由国家，加强安全方面的国际合作，强调增强美国实力、加强西方世界的联合、遏制苏联的扩张。杜鲁门1947年3月12日在其致国会的咨文中认为：“全世界自由的人民指望着我们支持他们维护他们的自由。如果我们领导不力，我们就可能危及世界和平——而肯定会危及我们自己国家的利益。”[②] 艾森豪威尔政府特别注重意识形态的作用，认为美苏对抗不仅仅是军事、经济方面的利益冲突，更是意识形态方面的战争。为此，美国在发展经济的同时，还全力以赴地加强社会制度建设，使其成为一个思想开放、体制高效、社会文明，各方面都充满活力的国度，努力使国家发展和运行的模式具有可复制性，成为其他国家仿效的榜样，从而按照自己的方式塑造世界。

在此种思想的指导下，第二次世界大战后，通过施加影响和强力

---

① 参见 John Gimbel，“*The Origins of the Marshall Plan*”，Stanford University Press，1976，p. 51.

② lbid.，p. 52.

改造，美国已使西方许多国家参照自己的模式建立起政治和社会体制。美国运用其战胜国和占领国的有利地位，对日本和联邦德国成功地进行了民主化的改造，使这两个封建色彩深厚的帝国主义国家走上了美国式的道路。“9·11”事件后，美国试图故伎重演，使用军事力量推翻了伊拉克、阿富汗的政权，并进行所谓民主化改造。小布什政府在其2002年国家安全战略报告的序言中强调，美国应将其价值观作为影响世界的重要因素。伊拉克战争后，美国抛出了“大中东计划”，[①] 准备彻底改造中东，以消除所谓的国际恐怖主义的根源。但是，美国的战略计划不仅没有取得像二战结束后改造战败国那样的成功，而且使中东地区长期处于混乱之中，导致“伊斯兰国”的出现。

第五，实力决定战争胜负。在军事战略的制定与实施中，美国有两个基本的认识：一是强大的军事力量不可或缺。第二次世界大战后，美国一直把保持一支强大的、随时可以投入使用的军事力量作为国家安全的基本政策。冷战以后，美国并没有因为赢得胜利而忽视或放松军事力量的建设，而是不遗余力地把美军打造成为全能军队，既有现代化的高科技武器，又有素质较高的军事人才；既有顺畅的指挥体制，又有先进的理论指导；既有强大的投送能力，又有适量的前沿部署。进入21世纪以来，美国大力推进军事转型，将军事建设的指导思想，从“基于威胁”转移到“基于能力”上来。2005年，国防部发布首份《国防战略报告》，从而使国家军事战略与国家安全战略更密切地结合起来。二是顽强的意志必不可少。从历次战争中可以看出，虽然美国在多场战争中遭受挫折，但却很少放弃，总是想方设法争取一个有利的或“体面”的结局。第二次世界大战中，美国参战历时3年9个月，朝鲜战争3年半，越南战争10年，伊拉克战争和阿

① 进入21世纪后，美国对外展开了一连串的军事行动，特别是针对中东的伊斯兰国家。2004年的G8会议上，美国总统乔治·沃克·布什宣布，“美国将迫使阿拉伯国家进行政治、社会、经济等全方位的改革，让这些国家的社会‘大换血’及民主化改造，从而彻底铲除暴政和恐怖威胁的生存环境，从源头上改善美国的安全环境。”

富汗战争 15 年以上。

无论是军事力量的强大，还是战争意志的顽强，都离不开国家总体实力的强大。所以，在美国人的战略思维中，就出现了这样一种图景：当一个国家提高或具有相当能力（capability）的时候→它的需要就会增加→它的国家利益（national interests）就会扩展（expend）→它开始增加军事能力（military power）→它开始挑战（challenge）其他国家的利益→于是，它就对其他国家利益构成威胁（threat）→冲突（conflict）甚至战争（war）就将出现。[①] 所以，美国对威胁的判断，就是看其他国家的实力。一个国家实力越强，对美国的威胁也就越严重。也就是说，美国对威胁的判断是基于他国实力的大小。同样地，美国应对安全的方法，也是依靠实力。美国之所以能在两次世界大战中获胜，主要是因为具备强大的实力和恰当地运用实力。里根政府上台后，为了转变苏攻美守的态势，提出了“实力求和平”的目标。特朗普也如法炮制，主张推行“实力求和平”的政策。

美国人认为，在国际关系中，胜利者最安全，因而总是把国家实力作为与他国竞争的核心内容。竞争的结果就是，优胜者的安全得到更好的保障，而失败者的安全则变得脆弱起来。这种竞争包括两种方式，即和平的竞争与武装的竞争。无论是哪一种竞争，赢得胜利的一方，当然就获得了安全。在美国对外关系史上，无论是和平时期，还是在战争时期，总是千方百计地获取优势，并将这种优势转化为胜利果实。在战争时期，美国要不惜代价，要赢得胜利。在和平时期，美国也要殚精竭虑地赢得竞争。艾森豪威尔政府的国务卿杜勒斯曾经表示，美国要对社会主义国家进行和平演变，并且要把希望放在共产主义国家的第三代和第四代人身上，其基本逻辑就是，共产主义国家经济和政治发展模式是“不可持续的”。正是在这种意识下，美国的危机感十分强烈，始终高度警惕，保持竞技状态，不断地创新，以保持优势，防止被对手超越。奥巴马曾经表示，美国不做世界第二，必须

① 许嘉：《美国战略思维》，军事科学出版社，2003 年 1 月版，第 208 页。

全力以赴地确保其世界第一的大国地位。特朗普在 2016 年大选中提出的口号就是："让美国再次伟大。"

总之，在实践中，美国军事战略的推行与国家实力是密切相关的，当实力强时，就推行攻势战略，当实力不济时，就以防御为主。所以，美国的军事战略不是一成不变的，攻防转换、重点转移、收放调整经常发生。由于反恐战争消耗过大和国际金融危机的重创，在实力大为下降情况下，奥巴马政府就进行的战略收缩。特朗普政府所奉行的聚焦于经济发展、提升实力的"美国优先"战略，也属于正常的战略调整。可以预见，如同越南战争之后的那样，当美国的元气恢复、实力大增之后，美军必然将再次出击。

第三节　理论牵引

战略是一种理性行为。美国在制定和实施军事战略的过程中，国家利益、现实需求固然重要，但理论牵引也发挥了巨大的作用。纵观 200 多年的美国战略实践，无论是力量建设还是战争运用，都有其内在规律，军事服从政治，突出重点方向，着眼战争形态。也就是说，在美国的军事战略中，不变的原则是服从政治需要，维护美国的政治制度、生活方式或"普世价值"；可变的是战略重点、战略方向和手段运用。因此，普世价值观念、地缘政治理论、战争形态学说等对美国军事战略的制定和实施都极为重要。

一、价值观念支配

战略是为政治服务的。所谓政治，无非就是利益的存在和分配秩序，而利益的存在和分配秩序又往往体现在价值观念上。那么，美国的政治是什么呢？就是要全世界都照搬美国的政治制度，遵循美国的价值观念，维护美国的领导地位，服务美国的国家利益。在 200 余年的历史中，美国不断地进行军事扩张，与其所秉持的价值观念完全一致。从军事战略上说，这种价值观念既是其要维护的目标，又是引领其行动的指南。

美国诞生于资本主义成熟期，又脱胎于英国殖民统治，而英国又是资产阶级革命的发源地，因而其所构建的政治制度既与英国有着相当程度的相似，又有自己重大的创新。英国资产阶级政治思想的核心内容就是强调私有财产的充分自由和不可侵犯。“人们联合成为国家和置身于政府之下的重大和主要的目的，就是使他们的财产受到保护。”恩格斯指出：“被宣布为最主要人权之一的是资产阶级的所有权。”[①] 英国的这种政治思想也被殖民者带到了北美，从而成了美国政治制度的基础。美国的国家缔造们在设计国家政治制度时，虽然装饰了众多的美丽词藻，但本质上与英国并无二致。军队既是国家政权的重要组成部分，又是国家政权的主要支柱。在资产阶级的国度里，军队要维护的则资产者的利益。在独立战争时期，大陆军之所以要与英军作战，就是因为英国政府加大了对北美的经济掠夺，侵犯了资产阶级的利益。其后，美军不断地进行战争，也是为了维护和拓展资产阶级的利益。在发表的国家安全和军事战略报告中，无一例外地都把美国的“生活方式”或“价值观念”或“普世价值”作为核心利益加以维护。

首先，打着民主自由旗号。美国一直把自己标榜为民主自由的旗手，强调“自由、平等和对幸福的追求是人与生俱来的不可剥夺的权利”,[②] 并在对外扩张和进行战争的过程中，将其作为核心目标。苏俄政权建立后，美国把共产主义视为洪水猛兽；在冷战时期，美国称共产主义为“暴政”。1947 年 3 月 12 日，杜鲁门总统在参众两院联席会议上发表咨文，攻击苏联和各国共产党人试图通过“直接和间接侵犯”，把“极权政体”强加给各国人民。他把世界上的各种斗争概括为“自由制度”与“极权政体”之间的斗争，断言所有国家都必须

---

① 参见《马克思恩格斯全集》第 23 卷，人民出版社，1972 年版，第 324 页。

② 参见“The Declaration of Independence”, July 4, 1776.

在两者之间进行选择。[①] 杜鲁门的讲话，其本质就是“要发动一场意识形态的‘十字军运动’，全球性的反共产主义‘圣战’”。[②] 之后的美国历届政府，在处理对苏关系，乃至制定和实施全球战略时，都把反共产主义的意识形态贯穿始终。

美国国家安全战略中的意识形态因素并没有随冷战的结束而告终。20 世纪 90 年代，东欧国家发生了巨变，苏联也最终解体，华沙条约组织也不复存在。但是，美国并没有放弃其长期奉行的意识形态。从老布什到克林顿政府，美国一直把东欧和从前苏联加盟共和国称为“处于十字路口”的国家，将其可能发生的逆转视为军事应对的主要威胁，着力对其进行塑造。为了巩固阵地，美国及其盟友推动北约和欧盟双“东括”，把东欧国家、波罗的海三国和巴尔干地区国家先后纳入北约和欧盟。

小布什政府上台不久，美国就发生了“9·11”事件，随后出笼的国家安全战略，进一步强化了意识形态的色彩。“20 世纪自由和专制之间的伟大斗争以自由力量取得决定性胜利而告终，证明实现国家富强的唯一模式是：自由、民主和企业精神。展望 21 世纪，只有致力于保护基本人权，保障政治和经济自由的国家才将能发挥本国人民的潜力，切实保证他们拥有繁荣的前途。世界各地的人民都希望能够享有言论自由；能够选择由谁来治理国家；能够获得信仰自由；能够让其子女（无论男孩还是女孩）接受教育；能够拥有财产；能够享受劳动果实。这些自由的价值观对于每个人每个社会都适用。保护自由不受敌人侵犯，是全世界任何一个时代所有热爱自由的人们的共同呼声。”[③] 小布什政府执政时期，一度把朝鲜、叙利亚和伊朗视为“邪恶轴心”，认为这三个国家是“极权政体”，并主张对它们进行“政

① 参见王绳祖主编：《国际关系史》，世界知识出版社，1995 年 12 月版，第七卷，第 117 页。

② 同上，第 118 页。

③ The White House, The National Security Strategy of the United States of America, Sept. 2002.

权更迭”。

2006 年，小布什在其第二任期出台的国家安全战略报告中，又提出了一个新的概念，叫作“人的尊严”。他强调：“美国的政策就是要追求和支持每个国家和文化中的民主运动和机构，以最终消灭世界上的极权与专制。……美国目标就是要帮助建立一个由民主和管理良好的国家构成的世界，从而增进美国长久性的安全。要达到这一目标，需要数代人的努力。这场斗争刚刚开始，就如同冷战时期刚刚开始那样。20 世纪见证了自由制度对法西斯主义和共产主义的胜利。一种新的专制的意识形态正威胁美国的安全，尽管其内容与上个世纪的法西斯主义和共产主义存在着差异，但也有着许多的相似之处，如缺乏容忍、屠杀、恐怖、奴役和压迫。”①

以上述思想为指导，小布什政府提出了“先发制人”的战略，先后发起阿富汗反恐战争和入侵伊拉克的战争，并对这两个国家进行了“政权更迭”。不仅如此，小布什政府还在全球范围内进行反恐行动，在许多国家如菲律宾、巴基斯坦、也门等实施军事行动，防止这些国家的“民主”政权被恐怖主义颠覆。

其次，推出“普世价值”理念。以前各届美国政府在制定和推行的国家安全战略中，把民主、自由、平等、法治等作为重要的因素。2010 年，奥巴马上台后制定的国家安全战略报告，首次提出了“普世价值”的理念，并将其作为美国的核心利益加以捍卫。② 在美国看来，所谓“普世价值”（universal values），就是基于人性和人类的共性，人类社会存在某些普世性的、共同认同的价值观念。世界各国和各地区的人们，可能有不同的信仰，具有不同的文化历史传承，来自不同的民族，或者实行不同的政治制度，但是，在涉及人类自身生存和发展的问题上，必然存在着一些共同的观念。比如说，任何人都希

① The White House, The National Security Strategy of the United States of America, Mar. 2006.

② The White House, The National Security Strategy of the United States of America, May. 2010.

望选择成长道路的权利，最大限度自由行动的权利，把握自己命运的权利，获得尊严和不被歧视的权利，反对和摆脱被奴役的权利。美国利用其超级大国的地位，认为它的一套治国理念是放之四海而皆准的真理，称之为“普世价值”。

“普世价值”既是美国主流的价值取向和基本的政治信念，也是其国家利益的核心内容。美国国家利益委员会在2000年发表的一份报告中强调：“美国人民首要的利益在于美国藉以生存和繁荣的信念与理想”，“个人自由、民主政府以及保障生命、自由和幸福机会的条件”等信念既是利益也是价值观。美国2010年版《四年防务评估报告》指出，美国的主要利益是“安全、繁荣、广泛尊重普世价值，以及能够促进合作行动的国际秩序”。同年5月白宫发布的《美国国家安全战略》报告明确将“在国内和全世界尊重普世价值”作为美国的四项持久利益之一，并且强调美国的“长期安全和繁荣有赖于对普世价值的坚持”。

其实，21世纪以来，美国就将“自由”、“民主”作为“普世价值”的“标准”版本向全世界推广，并将其视为拓展国家利益的重要手段。如果说，2001年“9·11”事件之后，美国发动的阿富汗反恐战争具有一定程度的正义性质的话，那么它2003年入侵伊拉克的战争就是赤裸裸的侵略行为。对于伊拉克是否拥有大规模杀伤性武器，美国政府一清二楚，它之所以非要打这场战争不可，其意图就是通过推翻萨达姆政权，在中东建立符合其价值观念的国家。美国在伊拉克的主要军事行动结束之后，抛出“大中东计划”和“中东和平路线图”等，企图对整个中东地区进行民主化改造，已完全证明了这一点。尽管由于遭到各方的反对，美国的战略目标没有实现，但事隔10年之后，许多中东国家还是发生了剧变，突尼斯、利比亚、埃及先后实现政权更迭；也门、卡塔尔等国陷入动乱；叙利亚爆发了内战。虽然中东地区的形势发展未必符合美国的利益，但是，中东地区本来就已非常脆弱的稳定的基础变得更加飘忽不定了。一句话，不论结局如何，美国通过伊拉克战争和其他军事行动在中东地区推广其“普世价值”却是毫无疑问的。

2005年1月18日，被提名担任国务卿的赖斯在参议院外事委员会听证会上谈到美国的外交政策时说："美国肩负重任，美国外交也肩负重任。首先，我们将团结民主政体大家庭，建立一个以共同价值观和法治为基础的国际体制。第二，我们将加强民主政体大家庭，抗击对我们共同安全的威胁，并消除滋生恐怖的绝望情绪。第三，我们将在全球扩大自由与民主。这是布什总统给美国及全世界确立的使命，也是今天美国外交的伟大使命。"① 作为国务卿的被提名者，赖斯的话语既是她个人观点的宣示，同时也是美国政府的主张。在她担任国务卿期间，美国外交政策与战略实施中，始终把"民主""自由""法治"作为凝聚盟友的纽带，拓展国家利益的工具。

2008年11月，奥巴马竞选总统得胜后，发表了胜选感言。他表示："我们国家真正的力量并非来自我们武器的威力或者财富的规模，而是来自我们理想的持久力量，民主、自由、机会和不屈的希望。"他执政后，更是把推广"普世价值"提升到国家安全战略的高度。2010年版《美国国家安全战略》首次正式使用"普世价值"一词，从而使其成为美国政府的官方话语。该报告明确提出，美国的"长期安全和繁荣有赖于对普世价值的坚持。这是我们区别于敌人、敌对政府和潜在对手的原因"。在实践中，美国大力宣扬普世价值，扶持脆弱民主国家。在亚太地区，美国以价值观划线，企图建立一个针对中国的防务合作网络。2012年11月7日，奥巴马在第二次胜选后的讲话中强调："美国的财富多于世界上任何其他国家，但真正让我们富有的并非金钱；我们拥有有史以来最强大的军力，但真正让我们充满力量的并非军队；我们的大学和文化为全世界所艳羡，但美国真正吸引各国人踏上这片土地的魅力也不在于此。真正让美国与众不同的，是将这个地球上最多元化国家的人民团结到一起的那些纽带，是我们共命运的信念，是只有当我们肩负某些对彼此以及对后代的责任，美

① 转引自冯峰："'普世价值'与美国全球战略"，《现代国际关系》，2013年第7期。

国才能走下去的信念，是无数的美国人前仆后继为之奋斗的自由。”①

美国总统及重要政界人士的讲话、宣言等，从一定意义上说就是美国政府的施政纲领和价值观的直接表达。在他们的演说中，民主、普世价值等词语使用频率高，在实践中也往往不遗余力地加以贯彻。奥巴马在其第二任总统任期开始后不久，就于2012年11月19日访问了缅甸，这是美国总统第一次造访，并邀请该国总统吴登盛访问美国。美国这样做的目的，尽管存在着其他的战略考虑，但是其推进缅甸的改革、结束长期的军事管制、培植“民主”的土壤、使其走上类似于西方的“民主”道路，则是最为主要的企图。

二、地缘学说主导

美国对于地缘政治极为重视。19世纪后期，马汉提出的“海权论”推动美国建立了世界上首屈一指的海军；20世纪60年代，尼古拉斯·约翰·斯皮克曼提出了“边缘地带”论，促使美国把控制欧亚大陆两端作为其与其他大国战略博弈的支点；80年代，布热津斯基在《大棋局》《大博弈》《大抉择》中提出的一些战略原则，又成为美国把防止在欧亚大陆出现一个能够挑战美国国际地位的国家或国家集团作为维护其世界领导地位的重要法宝。

19世纪中叶，美国就把疆土扩展到了太平洋东岸，成为东与大西洋相接，西与太平洋为邻的两洋国家，因而制海权就成了其安全与发展的关键。此时，称霸世界海洋的是英国，美国只能在岸边徘徊。美国海军少将马汉通过对16至18世纪世界主要大国崛起的历史进行系统的研究之后，认识到海洋在国家发展中的重大作用，从而提出了“制海权”的思想。在他看来，海洋对于以贸易立国的国家具有无与伦比的战略意义。他指出：自新航路开辟以来，制海权决定一个国家国运的兴衰，海上交通线是一个国家实力和战略的重要因素，夺取海

① 参见 Obama's Victory Speech，Nov. 7，2012.

外战略要点，控制海上战略交通要道，确保己方交通线，切断对方交通线的能力是一个国家武装力量的根本，是海上强国的天赋特权。他还强调，要确保制海权就必须发展强大的海上力量，并把歼灭敌国舰队作为海军首要战略任务。马汉认为，美国必须建设强大的海军，掌握世界制海权。马汉“海权论”思想适应了当时美国政治需要。美国总统罗斯福称他是“美国生活中最伟大、最有影响的人物之一”，学术界称他是“带领美国海军进入20世纪的有先见之明的天才”。马汉的“海权论”思想激起了美国问鼎海洋的热情，开创了美国海上战略的新时代，直接刺激了美国海军的迅速发展。到19世纪末，一直默默无闻的美国海军跃居世界第5位。1902年，美国成立太平洋和大西洋舰队，海军作为一支两洋力量崭露头角。经过两次世界大战，美国正式取代英国成为称霸海洋的超级强国。

第二次世界大战后，美国更加重视海军的发展，其航母战斗群在世界各地游弋，哪里有事，航母战斗群就首先出现在哪里。可以说，美国海军是实现国家利益不可或缺的战略性力量。1986年2月，美国海军部部长约翰·莱曼雄心勃勃地制定了重振海军的规划，提出了控制包括巴拿马运河、朝鲜海峡、巽他海峡、马六甲海峡、直布罗陀海峡、苏伊士运河等在内的世界上16个咽喉航道的战略计划。这16个咽喉航道是世界上最有战略价值的海上通道，控制了它们，就控制了世界上联接各大洋的海上枢纽和海上交通线。这些交通线不但是环球贸易航线，也是军事补给通道和由海到陆的战略要道。对今天的美国来说，控制海洋始终是美国军事战略的重心所在，是维护美国本土安全和海外利益的柱石。

在美国成为世界海上强国之后，尼古拉斯·斯皮克曼又提出了“边缘地带”理论。斯皮克曼认为，在所有因素中，地理位置具有相当的恒定性，“要决定维护国家安全的政策，就必须考虑国家的领土在世界上的位置、面积的大小和资源以及其他国家的领土和实力分布等等情况”。“在全球战争的时代，军事战略必须把全世界作为一个整体来考虑，而且必须从所有战线的相互关系去考虑全部的战线”。① 在他看来，麦金德的“陆权论”和马汉的“海权论”观点固然正确，但处于大陆和近海之间的边缘地带在全球战略中才最为重要，起着缓和海上势力和陆上势力冲突的作用。“谁支配着边缘地带，谁能控制欧亚大陆；谁就能支配欧亚大陆，谁就能掌握世界的命运。”② 因为大陆心脏地带现在或将来难以成为世界交通枢纽和潜在实力中心，没有陆地的依托，海上控制权也是不可持续的。他还特别强调指出：“美国在地理上是被欧亚大陆以及非洲和澳洲包围着的”，其西面和东面分别存在一个实力中心，因此美国“在和平时期就一定要经常注意不让任何国家或几个联盟国家以优势的力量出现在旧世界这两个区域的任何地方，以免我们的安全受到威胁。显而易见，欧亚大陆各国之间的内部实力关系，将在很大程度上决定我们的政策方向”。③ 斯皮克曼的“边缘地带论”的思想，深受美国决策者的青睐，成为美国军事战略制定和运用的指导思想。从第二次世界大战后至今，美国一直在北大西洋地区和西太平洋地区，即欧亚大陆的东西边缘地带部署重兵，并在上述两个地区分别构建了北大西洋公约组织、美日和美韩同盟。

20 世纪 70—80 年代，既作为学者，又作为官员的基辛格和布热津斯基传承了斯皮克曼的地缘战略理论，并在实践中加以运用。基辛格在地缘战略基础上，注重均势战略的运用，在大国之间纵横捭阖；布热津斯基擅长地缘战略的筹划与实施，指导美苏之间的竞争。布热津斯基认为，“第二次世界大战后，地缘政治因素构成了美苏两国冲突的根本原因。”“地缘政治和战略考虑，决定着海洋大国美国和陆地大国苏联这两个国家之间历史性争夺的焦点、内容和最终结局。”“美苏争夺虽然是全球性的，但其重点是欧亚大陆。它是世界的中心大陆板块，包含着世界大半人口、土地和财富。欧亚大陆是这场争夺的地

① 转引自彭光谦：《美国军事战略的理论基础》，《外国军事学术研究》，2004 年第 3 期，第 3 页。

② 同上，第 4 页。

③ 同上。

缘战略焦点，也是地缘政治的争夺目标。争夺欧亚大陆的斗争是一场全面的斗争，它在远西、远东和西南亚这三条主要战略战线上展开。”第一条主要战略战线——欧洲，是出入大西洋的咽喉；第二条主要战略战线——远东，控制着进入太平洋的主要出口；第三条主要战略战线——西南亚，控制着出入阿拉伯海的要道。西南亚战略线对远西和远东两条战略战线有决定性影响，因为海湾的石油储藏量丰富，是西方重大战略利益之所在。布热津斯基首次把地缘政治与资源产地紧密结合在一起，大大扩展了斯皮克曼地缘政治学说的内涵。苏联解体后，布热津斯基进一步阐述了冷战后美国欧亚大陆地缘战略的新构想。在其《大棋局》一书中，他总结了美国欧亚大陆地缘战略的三大目标：一是防止在欧亚大陆出现足以挑战美国的大国；二是防止欧亚大陆出现两个国家或两个以上的国家结成针对美国的同盟；三是在欧亚大陆保持美国的仲裁者地位。

在现今美国军事战略中，地缘战略思想得到了充分的体现。1982年，美国成立中央司令部，主要职能就是应对中东地区特别是海湾地区的危机；尽管冷战已结束30年，但作为冷战残余的北约组织依然存在；在西太地区，美国在继续加强传统联盟关系的同时，既增加军力部署，又试图拉拢新的盟友。在冷战时期，美国强调欧亚大陆东西两端的控制。冷战至今，又着力经略南端，并提出了“印太战略”构想。当然，世界是不断变化的，美国战略意图的实现也是几乎不可能的。上海合作组织的扩大和合作内容的扩大，特别是中俄战略伙伴关系的密切发展，必然使美国力不从心，控制欧亚大陆的愿望也将成南柯一梦。

三、战争理论拉动

美国的军事战略是一种战而胜之的谋划，因而深受各种战争学说，特别是与时俱进的战争理论所引领。第二次世界大战及战后一段时间内，美国军事战略主要受克劳塞维茨战争理论的影响，聚焦于全面战争。朝鲜战争后，有限战争理论在美国兴起。于是，肯尼迪就任总统后，就把美国军事战略的重点放在有限战争上。到20世纪末和21世纪初，与有限战争有关的非对称作战、斩首战、震慑战、混合战争等理论逐步涌现。因此，到了奥巴马政府时期，美国军事战略的关注点开始移向特种战争。

首先，第二次世界大战及以前，美国军事战略由全面战争思想所支配。第二次世界大战前，美国对于战争的理论研究比较少，在战争观念上基本上遵循着克劳塞维茨的战略思想，无论是在战争准备上还是在战争实践中，都致力于全面战争。克劳塞维茨在其《战争论》一书中指出，“战争是一种暴力行为，而暴力的使用是没有限度的。因此，交战对方都使对方不得不像自己那样使用暴力，这就产生一种相互作用……这种相互作用必然导致极端”。① 第二次世界大战及以前，美国所参与的战争中，都是奉行这一理论，运用军事力量打垮对方，直到完全达到自己的目的为止。独立战争期间，美军与英军作战，以英军投降，实现独立而结束；在1812—1814年第二次美英战争中，最后双方以签订《根特条约》而结束；1898年的美西战争，以西班牙军投降而结束；第一次世界大战中，美国在战争的后期向同盟国宣战，派出远征军赴欧作战，与盟友一道打垮了同盟国集团；第二次世界大战中，美国更是举全国之力，与反法西斯联盟国家在欧亚两大战场与法西斯国家作战，最终击溃了意大利，消灭了德国，摧毁了日本。由此可以看出，无论是从战略筹划还是从战争实践看，美国都深受克劳塞维茨全面战争理论的支配 。

其次，核时代特别是朝鲜战争之后，有限战争理论对美国的军事战略影响极其重大。恩格斯说过：“社会一旦有技术上的需要，则这种需要就会比十所大学更能把科学推向前进。”② 在每个时代，社会上最先进的技术往往最先应用在军事领域。战争的需要在不断地推动着

① 参见克劳塞维茨：《战争论》，第1卷，第1章，商务印书馆，1982年版。

② 《马列著作选读·哲学》，人民出版社，1988年12月版，第445页。

科学技术的进步，同时科学技术的进步又不断地扩大战争的规模和影响。人类对战争手段的追求，终于导致核武器的出现。核武器的出现使战争的形态发生了本质的变化。在常规战争中，胜利的一方可以获利，而在核战争中，将不再有胜利者。对此，早在1946年，美国耶鲁大学国际问题研究所资助出版的由伯纳德·布罗迪编辑的《绝对武器》一书中，就提出了这样的观点，即核武器之所以是“绝对武器”，是因为它们能够造成无法想象的破坏，但最重要的是因为现在还没有可以对这种武器进行防御的方法。由于侵略者肯定会遭到和他的受害者一样的惩罚，进行侵略已不再有什么意义。因此，发动战争已经不再像以前那样是一种合理的决策了。布罗迪指出：“迄今为止，我们的军事机构的主要目的都是赢得战争。而从今以后，它的主要目的必须是避免战争。它大概不可能有其他什么有益的目的了。”①

朝鲜战争期间，联合国军总司令麦克阿瑟曾提出要使用核武器，并主张把战火烧到中国境内。杜鲁门总统否决了他的意见，同时解除其职务。杜鲁门在其回忆录中说道：“我只能得出这样一个结论，麦克阿瑟将军准备冒全面战争的危险，而我并不准备这样做。”② 国务卿马歇尔在国会就麦克阿瑟解职一事做听证时，将朝鲜战争称为“有限战争”。1954年，当艾森豪威尔政府抛出“大规模报复”战略时，布罗迪立即产生质疑，他在《无限的武器与有限的战争》一文中指出，美国的敌人对很难想象当美国对有限战争的挑衅发出大规模报复的威胁时，它当真能说到做到。他强调，核武器使限制战争成为必要，朝鲜战争使有限战争成为可能。其后，有关有限战争的探讨不断增多。1956年，考夫曼发表《有限战争》一文，认为有限战争是美国选择灾难还是投降中间的唯一替代物。1957年，罗伯特·奥斯古德和亨利·基辛格先后出版了《有限战争：对美国战略的挑战》和《核武

① 军事科学院战略研究部：《战争与战略理论集萃》，军事科学出版社，1989年11月版，第111页。

② 转引自陈舟：《美国有限战争理论的形成与发展》，《军事历史》，1995年第6期，第17页。

器与外交政策》两本著作，对有限战争的概念、特点和必要性做了系统的阐述。他们认为，在核武器时代，有限战争是美国军事战略的最佳选择，也是将政治目的和军事目的相协调的主要方法。自50年代末至60年代初，一大批研究有限战争的论著如布罗迪的《导弹时代的战略》、克诺尔等的《有限战略战争》、霍尔珀林的《核时代的有限战争》、谢林的《冲突的战略》相继发表。他们的一个基本的共识就是，在美苏都拥有核武器的条件下，不存在全面战争的危险，“恐怖的平衡”（Balance of terror）在本质上是稳定的。因此，美国在军事上和政治上所面临的主要危险是有限战争。在这种战争中，交战双方应当遵循“政治第一”的原则，有意识地对战争的目的、手段、范围、强度和时间进行限制，从而使战争得以控制，达到以较小的代价实现最大效果的目的。基辛格强调：“军事上的传统看法认为，战争是政治的继续，不过这种继续是借助战争自己适当的手段实现的。这种观点已经不适用了。”①

有限战争理论不仅在学术领域受到重视，在官方和军界也有着广泛的认同。如接替麦克阿瑟担任美军侵朝总司令的李奇微在任陆军参谋长期间，就坚决反对以全面战争为目的的“大规模报复”战略。正是在这些理论的引导下，肯尼迪政府上台后，制定了“灵活反应”战略，把有限战争作为美国达成国家政策目标的一种主要工具，其后的几届美国政府都坚持这一做法。在里根时期，有限战争的战略得到进一步扩展，提出了“低强度冲突”（low-intensity conflict）的概念，并在实践中加以运用。从老布什到小布什的三届美国政府所制定的军事战略中，无一例外地把有限战争作为军事战略的重要内容，并先后打了数场有限战争。

再次，进入21世纪第二个十年后，美国的军事战略又被特种作战理论所主导。作为一种作战样式，特种作战早就存在了，美军的特种作战部队在第二次世界大战期间就已建立。1986年，美军正式组建

---

① 军事科学院战略研究部：《战争与战略理论集萃》，军事科学出版社，1989年11月版，第111页。

特种作战司令部，使特种作战具有了战略性的意义。之后，特种作战理论研究兴盛起来。1995 年，威廉·麦克雷文出版《案例分析：特种作战理论与实践》，该书是世界军事史上首部特种作战理论著作。麦克雷文来自美国海军特种部队，其率领“海豹”突击队，在海湾战争、阿富汗战争和伊拉克战争中参加过多次重大战役行动，立下过生擒萨达姆、击毙扎卡维等一系列战功，被美军上下誉为“反恐猎手”。后来，他还担任过白宫反恐办公厅战略计划处主任、联合作战司令部司令和特种作战司令部司令等职务，退役后又于2016 年出任美国新一轮“抵消战略”的重要智囊机构——国防创新顾问委员会成员，成为影响美军战略决策的关键人物。

麦克雷文根据自身战场实践和思想积淀，对历史上 8 次特战案例进行了深入分析，总结了特种作战的理论和规律。在书中，麦克雷文以“相对优势”概念为核心，以“简单、重复、保密、突然、速度、目的”六大原则为支柱，提出了一整套有别于常规战的特种作战理论，强调特种作战虽属小规模战术行动，却可产生重大的战役和战略效果，认为特种作战成败与否，并不取决于敌对双方的总体实力对比，而是由双方在关键时间和地点上的兵力数量与质量对比来决定的，也就是所谓的“相对优势”。攻方部队只要充分遵循六大原则，通过“拟定简单计划”（简单原则）、“精心隐藏意图”（保密原则）、“重复实施演练”（重复原则）、“赢得突袭效果”（突然原则）、“实现速战速决”（速度原则）、“牢记使命任务”（目的原则），就可将克劳塞维茨所谓的“战争摩擦”，也就是敌方意志、突发事件和不确定性因素的负面影响降至可控程度，最终赢得胜利。美国《联邦新闻周末论坛》对这本著作的评论是：“这本书观点清晰、行文流畅、细致入微、眼光独到，是一部史料详尽、引人入胜和独一无二的历史著作，对20 世纪军事历史研究作出了重大贡献。”①

---

① 参见付征南：“‘海神之矛’背后的美特种作战理论”，原文载《解放军报》，参见人民网，http：//military. people. com. cn/n1/2017/0921/c1011 －29549172. html.

在伊拉克战争和阿富汗战争中，特种作战理论又有新的发展，震慑战、斩首战等理论相继出现。在特种作战备受重视的当代，这套理论不仅经受住了战场实践的考验，对美军特种部队的军力建设与实战行动产生了潜移默化的重大影响，而且也为外界管窥和借鉴美军特种作战的理论思维模式提供了一个有效平台，其思想价值和指导意义在一定程度上并不亚于当年的海权论。奥巴马上台后，美国军事战略的一个重要创新就是把特种作战作为今后美军所从事的战争的主要方式。因此，对美军而言，像阿富汗和伊拉克战争那样长期的大规模战争可能渐行渐远了。

由此可见，战争理论的发展拉动了美国军事战略的制定与实践运用。在克劳塞维茨全面战争理论的导引下，美国军事战略以打全面战争为主；在有限战争理论的推动下，美国的军事战略又聚焦于有限战争；在特种作战理论的影响下，美国的军事战略的重点又放在了特种作战上。

综上所述，国家利益是美国军事战略的出发点和归宿点，价值观念是国家利益的核心组成部分；国家利益的边界由国家实力决定，实力消长变化决定着美国军事战略的实施方式；军事战略属于主观指导，必须以“知”为依据，为了做到“知”，美国既重视理论的发展，又强调现实环境的变化。一句话，国家利益的驱动、现实需求的变化、战争理论的发展，构成了美军制定和实施军事战略的基本依据。

第四章

美国军事战略力量建设

军事力量是战略的构成核心要素，承载着把规划变成现实的主要功能，也是战略目的得以实现的主要依靠。由于受到各种条件的制约，美国军事力量的建设历经很多曲折，直到第二次世界大战后才走上全面发展轨道。第二次世界大战前，美军力量建设基本上以应急为主，虽有规划，但部门设置叠床架屋，指挥机制运行不畅，战备考虑缺乏长远。美国虽然取得了第二次世界大战的胜利，但并不是因为战争准备充分，而是由于其资源雄厚，并且借助了盟友的力量。第二次世界大战甫一结束，美国就根据战争教训、利益需求和国际情势的变化，制定国家安全法，重塑军事力量，如完善指挥体制、加强情报工作、强化战略规划、实施全球部署、突出技术运用、创新管理方法等，以谋求领先世界的全面军事优势。几十年来，尽管在军事领域一直执世界之牛耳，但它却从未自满，总是抱着危机意识，着眼未来，运用新概念、新思想、新装备，不断地寻求突破，着力打造一支随时可以投入战争的部队。

第一节　谋求绝对优势

美军把以优胜劣奉为不二法则。它认为，必须从人员素质、军事技术、战备水平三个方面入手，才能提高军队的发展质量，获得绝对优势。

一、选用优秀人才

世界战争史的经验表明，无论战争和作战计划多么周密，不管技术和装备多么先进、不管资源和储备多么丰富、不管后勤和保障多么有力，都不能改变战争不确定性的特征。要想打赢战争，高素质人才的作用是任何其他方法所不能取代的。新中国缔造者毛泽东就曾经指出，决定战争胜负的因素是人而不是物。美国虽然强调技术和物力，但也认为只有高素质优秀人才组成的军队才能征善战。因此，美军一直把揽用和培养人才作为力量建设的基础。

首先，人员素质决定优势的获取。美军深知，军队战斗力的高低取决于人员的素质。美军人员的招募工作属于经常性的事务，而不是集中征招（战争条件下除外）。几乎在所有的城镇，美军都设有招募人员。他们打着“尽你所能”（Be all that you can be）的标语，以热情的态度、负责的精神、细致的作风对应征者进行考查、审核，采取宁缺勿滥的原则，把那些愿意献身国防的高素质人员招入军队，从而使军队具有创造力和竞争力。美国前总统小布什 2002 年在海军学院毕业典礼上宣称：“丰富的创造力和富有想象力的思维是美国和美国军队的巨大竞争优势。今天，我要求你们掌握这种创造力，并继承这种创新传统。……作为总统，我保证营造一种军事文化氛围，鼓励而不是打击那些勇于承担风险、拥有超前思维的人，我保证让那些喜欢想象又敢于承担风险的人得到赏识与提拔。”① 如何获得这样的人员，把好入门关极为重要。

其次，人员能力决定战争的成败。人的能力特别是打仗的能力不是天生的，而是要通过学习和训练取得的。在独立战争期间，大陆军

① 小布什：“加速军事转型是美国第一要务”（2001 年 12 月 11 日），军事科学院外国军事研究部译：《新世纪美国军事转型计划：美军转型“路线图”文件汇编》，军事科学出版社，2003 年版，第 6 页。

因为缺乏训练屡遭挫折，后经严格训练后，才变得能打仗。所以，建国后不久，美国就建立了西点军校，培养基层和中层陆军军官。接着，它又先后创办了不同层次、不同类型的军事院校，培训指挥人员和专业技术人员。第二次世界大战后，为了培养更多的适应战争需求的人才，美国进一步调整和完善了军事院校教育体系，组建国防大学和国家情报大学，并根据战争形态的变化，加大了联合作战人才的培训力度。为了敦促人才培养不断创新，美国国会和国防部还对职业军事教育不断地进行评估，提出改进措施建议。21 世纪以来，美国所公布的几个军事战略报告中，都强调把领导能力和艺术作为军官培训的主要内容。为此，参联会颁布的《联合军官培养构想》中，将军事职业教育视为“联合学习体系（包括教育、训练、经历和自我发展）”的核心支柱，“最大数量地培养合格的联合军官，使其具备胜任联合指挥与参谋岗位的能力。”各军种也把培养高素质的指挥官和参谋人员视为己任。①

再次，人员精神决定行动的勇怯。克劳塞维茨指出，军人的精神也是战斗力的重要组成部分。为了激发军人敢于作战、勇于奉献，美国在加强训练的同时，十分注重他们的福利待遇，解除他们的后顾之忧。在国防预算中，人员开支列在首位。美国还信奉这样的理念，即“家庭的实力决定军人的实力。”第二次世界大战后不久，美国就先后制定了《退役军人优先权法》《双重补偿法》《退役士兵权利法案》等法律，明确现役和退伍军人、军人配偶以及牺牲军人的遗属在就业、薪酬和晋升等各方面的优先权利，且大都为刚性条款。美国政府还设立了退伍军人事务部，负责解决退役人员的权益问题。2018 年 6 月，美国国会又制定了《选择权法案》，使退役军人的医疗保障更加合理。通过这些措施，使那些为国家服现役和服过役的人员充满自豪感和荣誉感，从而激励各类优秀人才进入部队，并愿意为国家利益而

① 参见郑云华主编：《又一个十字路口：美国军官职业教育 20 年》，国防大学出版社，2013 年 9 月版，第 25—27 页。

战。“为了建设未来的军队，各军种必须继续以高薪水和优越的生活条件，吸引美国最优秀的人才。我们的军事文化必须鼓励新思维、创新精神和勇敢的试验。”①

通过招募优秀人才、加强职业培训、提高福利待遇等方法，使美军人员的素质，特别是指挥人员与专业技术人员的素质处于较高的水平，能够高质量地完成各类军事使命和任务。

二、注重先进技术

技术领先是美军质量建设的重要任务，是保证“以强击弱”打赢地区战争的关键条件之一。② 自工业革命以来，美国总是把最先进的技术应用到军事领域，从船舶到飞机，从电报到电话，从蒸汽动力到核动力，从海洋开发到太空探索等技术，无一不是最先用于军事上。美国国防部在1992年1月公布的《国家军事战略》报告中指出：“在和平时期，技术优势是威慑力量的关键；在战争时期，技术优势可提高战斗力，减少人员伤亡和装备损失。”1992财年《国防报告》称：“美国必须保持军事技术的领先地位，现在就着眼于21世纪新兴军事技术可能对美国构成的挑战。”在冷战时期，美国投入巨资，研发新式武器，提升其他装备水平。在几大重器中，如航母、战机、导弹、核武器、卫星等，美国在技术上都远远领先其他国家。

---

① 小布什：“加速军事转型是美国第一要务”（2001年12月11日），军事科学院外国军事研究部译：《新世纪美国军事转型计划：美军转型“路线图”文件汇编》，第6页。

② “一名美国士兵的全套武器装备价值5000多美元，俄军单兵作战装备的平均价值约500美元，俄军所用的是卫国战争时期的头盔和苏联时期的冲锋枪和防弹背心。在伊拉克和波斯尼亚的美军士兵在任何时候都全副武装不离身，而在车臣的俄军纪律松懈、军容不整。俄军费预算110亿美元，只是美军的30分之一，所武装的是一支由饥肠辘辘、破衣烂衫、手拿冲锋枪的军人组成的部队。美国用4个师打下了伊拉克，而我们的209支常备部队在弹丸之地车臣却徒劳了4年。”帕维尔·费尔根加乌埃尔：“俄美军人差别何在?”，《莫斯科共青团员报》，2003年5月22日，转引自《参考消息》，2003年6月30日。

为了在技术上保持先进，美军往往从概念开发着手，制定中长期规划，然后采取不懈的努力。20 世纪 50 至 70 年代，美国通过两次“抵消战略”的实施，最终“抵消”了苏联在常规武器上的数量优势。① 美国在海湾战争中使用的 F－111 轰炸机于 60 年代中期装备部队，F－117 隐形战斗机于 70 年代后期研制成功，“战斧”巡航导弹和 B－2 隐形战略轰炸机分别于 70 年代中后期开始研制，新型航空母舰的建造始于 80 年代中期。为确保远期的军事技术优势，布什和克林顿两届政府采取了三方面措施：确保骨干武器装备的生产；研制高技术兵器；并通过推行横向技术一体化来提高装备的军事效益。为此，美国将精确制导、隐形隐声、电子干扰与抗干扰等高新技术用于提高常规武器的质量。克林顿政府颁布了国防科技战略，根据军队对能力的需求，确定了“七大重点技术领域”，如全球监视、通信及战区作战情报数据的集中与处理，全天候昼夜欺骗、伪装、突防与敌我识别，袭击重要移动和固定目标的手段，空中优势与空防，海洋控制与水下优势，先进的战车，用于训练的计算机与电子技术。并在此基础上，又增加了先进陆战技术、综合仿真环境技术和改善经济承受力技术三个研究项目。当然，美军也认为，对技术优势的追求应是有限度的，应合乎费效比的原则。② 小布什政府时期，大力推进军事转型，使其更能适合现代战争的需求。奥巴马时期，由于深受伊拉克战争和阿富汗反恐战争以及 2008 年金融危机的困扰，在军事领域投入有限，在转型的推进上鲜有建树，但仍然完成了四大项目的实验和投产，即 X37B 空天一体机、F－22 与 F－35 战斗机、电磁轨道炮和“朱姆沃

---

① 参见沈志雄：《美国亚太政策走向与我国军事安全》，《世界知识》，2017 年 1 月第 2 期，第 18 页。

② 美军将领对技术优势的一种看法是：“由于你比过去有效得多，因此你需要更少的作战平台。而且你只需要‘足够好’的军舰、坦克和作战平台。也就是说，你不必去发展最好的核潜艇，或最好的战术飞机。……你省钱是因为你需要的飞机少了；你省钱还因为你用的是‘足够好’的飞机（而不是最好的飞机），甚至货机和商用飞机。”参见陈伯江：《美国高级将领与著名学者访谈录：大洋彼岸的军事革命》，世界知识出版社，1998 年版，第 23 页。

尔特”级隐身驱逐舰，同时启动新一代战略轰炸机的研制。2014 年 9 月 3 日，国防部长查克·哈格尔表示，美国已启动“第三次抵消战略”，其核心就是发展能“改变游戏规则”的高技术，确保在无人作战、远程空中作战、隐形空中作战、水下作战、复杂系统工程集成等领域保持绝对优势，构建“全球监视和打击网络，使美军处于遥遥领先于其他国家军队的状态。特朗普上台后，一改奥巴马的作法，突破《预算控制法案》的限制，大幅增加军费，以“重振”美军。2018、2019 财年国防预算中，大幅增加了研发与实验费用（R&D/E），创历史新高。国防部长马蒂斯在 2019 年 1 月发布的《国防战略报告概要》中强调，美军要大力发展“致命性”能力，其中在高技术集聚的领域，如太空和网络空间作战方面，“国防部将优先考虑在韧性、重组和运营方面的投资，以确保我们的太空能力。我们还将投资于网络防御、恢复能力以及网络能力并将其不断整合到各种军事行动中；在指挥、控制、通信、计算机和情报、监视和侦察（C^4ISR）方面，投资将优先考虑从战术层面到战略规划方面发展弹性、生存性的联合网络和信息生态系统，也将优先考虑获取和利用信息的能力，拒绝竞争者获得同样的优势，使我们能够在网络攻击期间提供归因，以便同时防范和追究国家或非国家行为者的责任；在先进的自动化系统方面，国防部将广泛投入军事自动化、人工智能和机器学习的运用，包括快速应用商业突破，争取军事优势。”① 也就是说，美军要在诸多技术领域寻求突破。

历史上，美国一直把保持技术优势作为建军的指南。无论是在美西战争、两次世界大战中，抑或是在冷战后几场局部战争中，技术领先都是美军制胜的重要原因。在现代条件下，美军又把实现信息化作为力量建设全局的关键。②越南战争之后，美军着力进行变革，不仅对

① 参见 The US Deparment of Defense, the Summary of the 2018 National Defense Strategy, Jan. 2018 , pp. 6 – 7.

② William Cohen, The Defense Report for the Fiscal Year of 1998, p. 252.

其编制体制做了调整，而且全面提升武器装备的技术含量。进入20世纪80年代后，美军更是投入巨大的精力，推进技术革命。到了90年代末，美国全面实施军事转型，提出了一系列新概念。21世纪以来，美军转型步伐加快。小布什总统任期结束时，美军大体完成了转型的任务，初步实现了信息化。在海湾战争、科索沃战争、阿富汗反恐战争以及击毙本·拉登的特种行动中，美军的技术优势得到了充分的体现。根据规划，本世纪30年代末，美军将使陆战场全面实现数字化、一体化，并分别建成数字化空战场和数字化海战场。2006年、2010年、2014年发布的《四年防务评估》报告和2006年、2010年、2015年制定的《军事战略》，都对未来美军力量建设提出了明确的要求。在2014年的《四年防务评估》报告中，国防部对各军种装备发展的重心做了规划。其中空军主要采购F－35隐形战机，研发新一代隐形远程轰炸机（初定名为B－21）和KC－46新型加油机；海军要启动建造第二艘“福特级”航空母舰，装备F－35隐形战机，2021财年着手开建新一代战略核潜艇，制造对海和对岸作战攻击性武器；海军陆战队也要获得两栖作战车，增强近海机动能力。不仅如此，陆军也对其装备进行更新。与此同时，美国还对导弹防御、核武器、精确打击、侦察情报、网络空间、太空行动、战略投送方面进行全面的改进。

三、保持高强战备

在很长的时期里，由于特殊的地理位置和在美洲一家独大，美国几无外来威胁的危险，因而战备水平较低。然而，第二次世界大战后，当美国成为世界秩序的主导者，其利益的触角伸向全球，特别是远程武器系统的出现，自身的安全面临威胁之时，高强战备水平、快速反应能力对美军来说就变得不可或缺。在冷战时期，美军进行全球部署，不管哪里发生战争，都要有资源可用，迅速介入。冷战后，美国成为全球唯一超级大国，更加重视保持和提高战备水平。因而，时刻准备作战就成了美军建设的基本要求。国防部认为，它的永恒使命就是提供随时可投入战争的军事力量，以慑止战争，保护国家的安全，加强外交政策推行的工具。① 正因为如此，美军不仅注重提高现役部队的战备水平，而且还大力提高预备役部队作战和支援能力。

为了达到快速反应，随时投入战争的水平，20 世纪 90 年代起，美军着眼力量结构重新塑造。1993 年国防部提出“总体力量”理论，要求首先搞好整体国防力量的顶层设计，再据此建设总体力量的各组成部分。1999 财年《国防报告》中，又提出了“无缝隙总体力量”概念，即现役部队和预备役部队进行混合编组，实现一体化；常规部队、核部队和特种作战部队的各种作战能力实现最佳融合，组成一支高度一体化、在战役和战术上密切协同的军事力量；各一体化部队具有很强的适应能力，能迅速完成不同作战类型之间的转换。② 2003 年发布的《美国国防部转型计划指南》指出：“部队转型的中心要素是互通性——能够以及时而连贯的方式使所有相关信息和资源发挥作用的能力。”③

2001 财年《国防报告》中提出，“全能军队”是美国武装力量建设的总目标，要求各军种（陆军、海军、空军、海军陆战队）和各军事力量组成部分（现役部队、后备役部队、国民警卫队和文职人员）具有全面的军事能力，既能塑造有利于美国的国际安全环境、慑止侵略和恐吓、实施小规模的应急作战行动、打赢大规模的战区战争，又能对付信息战、核生化武器、弹道导弹和恐怖活动等非对称威胁。“全能军队”就是具备可对各种危机和突发事件做出快速反应的、强

① The Department of Defense, United States of America, *Defense Budget Overview: United States Department of Defense Fiscal Year* 2019 *Budget Request*, p. 1 – 1. https://www.defense.gov/Portals/1/Dopcuments/pubs/FY2019-Budget-Request-Overview-Book. PDF.

② 王保存：《美军近年来的“军事概念”创新》，《外国军事学术》，2002 年第 7 期。

③ 《美国国防部转型计划指南》，军事科学院外国军事研究部译：《新世纪美国军事转型计划：美军转型“路线图”文件汇编》，第 60 页。

大的海外军事存在能力，可向世界任何地点快速机动、集结、支援和部署所需部队的力量投送能力，以及可确保作战部队持续作战直至取得最终胜利的综合保障能力。①

为此，美军先后提出了“2010 构想”“2020 构想”，力求建设一支结构精致而适应性强的部队，从而能在各种情况下，在全球范围内同任何对手作战。在这一思想的指导下，它不断开发灵活的作战理论，构建强大的战略机动能力，形成便于组合的模块式编制，打造遂行联合作战与多国部队联盟作战的机制，提升进行战争和非战争行动的水平。

2017 年初，特朗普上台后，一改自 2012 年以来奥巴马政府开始的降低军费、缩减军事规模的做法，突破预算控制法的限制，增加国防预算，扩充兵力规模，更新武器装备。是年 12 月出台的《国家安全战略》报告指出：“为了赢得大规模战争的胜利，美军必须提高战备能力，扩大力量规模，以使在任何时候都有足够的力量与敌军作战。”② 2018 年初国防部发布的国防战略报告中强调，美军要针对性地有序增加人员和作战平台，以提高关键性的能力和总体实力。③ 因此，美军致力于在核武器、太空与网络空间、C^4ISR 领域、导弹防御、竞争环境下的联合摧毁能力、前沿力量机动和态势再造、先进自动化系统、易于修复和灵活的后勤保障等方面取得领先地位。从总体上说，美军战备水平高，快速反应能力强。在危机或战争发生后，能够在极短的时间内投入作战。海湾战争、科索沃战争、阿富汗反恐战争和伊拉克战争都充分说明了这一点。伊拉克战争之后，美军虽然没有再次投入大规模的局部战争之中，但从击毙本·拉登和打击“伊斯兰国”的特种行动看，它依然具备比较强的临机应战能力。

---

① 王保存前引文。

② The Whitehouse, The National Security Strategy of the United States of America, Dec. 18, 2017, p. 28.

③ The US Department of Defense, *Summary of the* 2018 *National Defense Strategy of the United States of America*, Jan. 2018 p. 6, https://www.defense.gov/Portals/1/Documents/pubs/2018-National-Defense-Strategy-Summary.pdf.

第二节　提高指挥效率

指挥关系决定军事效能。从成立之日起，美军就为不断地探索适合国家需求和文化特征的指挥关系。独立战争时期，大陆军由大陆会议领导，高级军官的任命、经费的筹措与人员的征招都由大陆会议决定。独立战争胜利后，根据 1787 年通过的宪法，美国确立了“文官治军”的原则。总统统率军队，国会掌管宣战权和财政权。对于政府与军队之间、军种之间、军种内部机构之间和遂行任务部队之间的相互关系，宪法并没有给予清楚的规定。之所如此，就是因为美国精英们出于防范军人干预国家政策的需要，将军事管理与使用权也进行切分，相互制约。因此，第二次世界大战前，美军的指挥关系并不顺畅，各种军种之间的行动协调机制缺乏，往往依靠领导之间的私人关系进行合作，从而导致效率低下，战争中损失重大。美国虽然打赢了两次世界大战，但付出的代价也是惨重的。二战结束后，美国对其国防和作战指挥体制进行了全面检讨，重新架构，意在理顺关系，提高效率。

一、优化国防指挥体制

在第二次世界大战中，美国战争机制的弱点暴露无遗。“珍珠港事件”的发生，显示了情报工作的缺位；太平洋战场初期的失利，体现了指挥关系的混乱；军种之间步调的不一，表明了战略协调的不足；战略决策对个人的过度依赖，暴露了机制的不畅。针对战争中暴露出的问题，美国决心从顶层设计入手加以解决。二战结束后不久，杜鲁门总统就下达指令，要求陆军部和海军部就国防和军队指挥体制改革提出建议，经过两年多的论证，国会、政府、军方三者之间的反复博弈，1947 年，以《国家安全法》的形式，确立了国防指挥的新体制。

首先，成立国家安全委员会。《国家安全法》规定，国家安全委员会的职能是“向总统提供与国家安全有关的内政、外交和军事政策的综合建议，以便使军事机构和政府其他部门在安全事务上进行更有效的合作”。其法定成员是总统、副总统、国务卿和国防部长；参谋长联席会议主席是国家安全委员会的法定军事顾问，中央情报局局长是法定情报顾问。财政部长、美国驻联合国代表、总统国家安全事务助理（亦有人称之为安全顾问）、总统经济政策助理和总统办公厅主任应邀参加国家安全委员会的所有会议。此外，根据相关议题，其他高层官员也可应邀参加国家安全委员会的会议。总统国家安全事务助理（有的总统称之为“国家安全顾问”）负责该委员会的日常工作。国家安全委员会下设部长级委员会、副部长级委员会和政策协调会。国家安全委员会的成立，使总统在战略决策时，有了智力资源的支撑，减少或避免了失误。

其次，建立国防部。《国家安全法》规定，建立统帅各军种的统一机构——国家军事部，同时增加一个军种部——空军部。军事部部长不是内阁成员，而各个军种部长却是内阁成员。这样，军事部长就形同虚设，对各军种部的节制十分有限，军政军令系统存在许多梗阻，根本无法统领国家防务事宜。因此，美国不得不采取措施进行修补。1949 年，国会通过国家安全法修正案，将国家军事部改为国防部，增加国防部长的权限，陆、海、空三个军种部被降为国防部下辖的二级部；1958 年，国会又通过《国防部改组法》，撤销军种部长的作战指挥权，使国防部长具有“作战指挥”和“行政领导”的双重权力。国防部长必须由文职人员担任。

再次，组建中央情报局。根据《国家安全法》，中央情报局所承担的任务是：“为了国家安全利益的需要，在国家安全委员会的领导下，中央情报局要协调政府各部门情报机构的活动……，分析和评估与国家安全相关的情报，并利用现存的情报机构和设施进行分发。”①中央情报局局长主要向国家安全委员会提供战略情报，还可以总统情

① National Security Act of 1947, United States Statutes at Large 1947, vol. 61, pt. 1, 1948, pp. 496 – 505.

报顾问的身份，将战略情报及其个人的看法直接向总统报告。

最后，建立参谋长联席会议。1942年，美英两国为了在战争中共同行动，组成了联合参谋部，但美国却没有对应的机构。于是，美国便按照英国的样式，也设立了联合参谋部，其组成人员与英国参谋机构完全相同，但并未经立法机构批准，其作用十分有限，对美军的作战行动没有决定权。1947年的国家安全法决定建立参谋长联席会议，下设联合参谋部作为其办事机构。

通过1947年的《国家安全法》，美国建立了以军政、军令两个系统为特征的国防指挥体制。它一方面体现了美国分权与制衡的政治传统，将武装力量的“管”和“用”适度分开；另一方面，又突出了统一和高效的军事活动规律，将“专”和“分”融合起来。这一法律，解决了以往指挥体制的诸多弊端，奠定了现代美国国防指挥体制的基础，国家安全委员会协调和统一国务院与国防部的政策，中央情报局所提供的战略和政治情报在决策中发挥作用。①

二、简约作战指挥

由于拒绝建立“总参谋部”，1947年国家安全法实施之前，美军的作战指挥体制纵向层级多，横向结构杂。在战争中，作战计划和行动协调统一的难度大，占用军政高层的精力多，导致作战指挥效率低，部队行动乱、损失大。为解决这一难题，美国决定简约作战指挥关系。

为了使军种之间形成合力，1949年国家安全法修正案授权军方建立参谋长联席会议主席。珍珠港事件后，美国陆海军首脑因作战问题频频举行会议，形成参联会的雏形；1944年又进一步成立了国务院—陆军部—海军部协调委员会。但是，这类机构都是非正式的和临时性

① Keith. A. Dunn and W. O. Staudenmaier, Alternative military strategies for the future, New York, 1985, p. 75.

的，其权威和责任在整个战争过程中没有获得法律上的承认。①《国家安全法》建立了由参联会集中控制作战指挥的军种间协作概念，并把由战区司令官指挥协调在同一战区为同一任务作战的陆海空军及海军陆战队的传统固定下来。然而，参联会的作用仍然难以发挥，各军种在指挥其所属部队时往往凌驾于参联会之上；参联会主席在资源和预算分配上也没有决策权，参联会实际上仅是各军种争夺军费份额的场所；参联会在制定军事计划、向总统提供建议、确定资源配置优先次序等问题上都缺少权威与效率，无法给文官决策者提供及时和有效的建议，从而削弱了它对国家指挥当局的影响力，并使后者更多地依靠其文职专家来参与军事决策。②

在这种情况下，美国决定对作战指挥体制做进一步调整，1958 年的《国防部改组法》取消了军种部长的作战指挥权。这样，美军军令系统就简化成了“总统—国防部长—参谋长联席会议主席—战区司令—作战部队”模式。这就使得美军作战指挥链条变得更加简明和易于运行。

三、构建联合指挥体系

但随着军事技术和战争形态的变化，传统意义上作战样式已不再适用。虽然各军种的职能未发生根本性的改变，但在手段运用上却有了变化，协同作战日益被联合作战所取代，联合指挥就成了提高作战成效的重要手段。于是，美军便着手构建适应时代变化的联合指挥体制。早在 1948 年，美国国家军事部长就提出了建立联合战区指挥机构的建议，“在选择的可能发生敌对行动的地区建立包括两个以上军种的联合司令部，由一名不待来自华盛顿的指导或决策便可对威胁作

① Amos A. Jordan, American National Security: Policy and Process, John Hopkins University Press, 1989, pp. 157 – 177.

② Stephen J. Cimbala, “National Security Strategy: Choices and Limits”, New York, 1984. pp. 32 – 36.

出有效反应的指挥官负责。”[1]为此，美军将原有的太平洋和欧洲战区司令部改建联合战区司令部。

联合战区司令部虽然建立起来了，但其地位和作用并不清晰，如何控制在战时配属给它的部队也缺乏明确的法律规定。这样，1958年，国会通过《国防改组法》，给予联合战区司令官对所属各军兵种部队的“全面的作战控制权”，各军种保有人事任免、管理、组织、训练（联合训练除外）以及装备其军种部队的权力，使联合司令官在法律上与军种参谋长处于平等地位，减少了某一军种参战部队被其军种参谋长左右的可能。

尽管如此，各军种司令官，特别是参谋长仍然想减弱联合战区司令官的权力，以保留自己的决策权，因而联合战区司令官在行使作战控制权力时常受掣肘。到了20世纪70年代后期，通过总结朝鲜战争、越南战争和其他军事行动的经验教训，美国政府特别是国防部对于联合作战指挥体制的重要性和弊端有了深刻的认识：各军种在自己占据优势的战区中常在面临新安全问题时主张靠自身力量单独解决问题，而不是提交给已建成的联合司令部；陆军要求将控制其作战部队的联合司令部置于参谋长联席会议直接和严密控制之下，海军不愿交出水面舰只由来自其他军种的司令官指挥，空军则牢牢地控制着战略力量。如何解决军种的独立性与联合作战之间的矛盾呢？经过多年的调研和论证，1986年，国会制定了“戈德华特—尼科尔斯国防部改组法”，决定对国防部进行再次改组，从根本上解决联合作战指挥体制方面的困境。

首先，明确了总统、国防部长、参联会主席、军种参谋长、战区司令五者之间在指导战争过程中的关系。作战指挥官是战区司令，而不再是军种参谋长。他们直接向国防部长而不是向参联会主席报告。

---

① Robert P. Haffa, The Half War: Planning U. S. Rapid Deployment Forces to Meet a Limited Contingency, 1960 – 1983, Routledge, London, 1 edition (May 3, 1984), p. 82.

战区联合司令部司令通过参联会主席接受国防部长下达的命令，也通过参联会主席向国防部长提出兵力需求，尔后由参联会主席指示各军种部确定部署哪些部队到战区；各军种部按照参联会主席下达的国防部长的指示向战区军种司令部提供兵力；一旦这些部队到达战区，军种部就无权再指挥这些部队了，但仍需向他们提供后勤支援。根据这种指挥关系，战区司令部下属的联合司令部司令能够毫不含糊地指挥调集到战区的所有军队。如果联合司令部司令觉得他所拥有的权力不足以对所属司令部和部队实施有效的指挥，他可随时通过参联会主席向国防部长报告，请求增加权力。战区联合司令部下设的军种司令部平时一般没有建制部队，仅在战时按需要从各军种抽调配属力量。①

其次，明确了国防部与参联会之间的关系。参联会主席成为最高军事长官，其地位居于各军种参谋长之上，有责任和权力拟定联合作战理论和解决军种间的争议，②负责在战区司令和国防部长之间传递信息，但无指挥权。这样，作战指挥链就从总统到国防部长，再直接到战区司令。参联会和国防部长办公室都要提供战争指导，都对军种的规划进行审查，但角度不同。参联会提出作战方面的看法，国防部长办公室进行宏观的政策指导。上述各方扮演的角色不同，但在整个过程中都密切合作。③

再次，设立参联会副主席。参联会副主席的职责是处理与危机没有直接关系但又需要参联会主席过问的事务，使参联会主席得以解脱，能集中精力专注于战况发展并向国家指挥当局提供咨询，参联会副主席还是国家安全委员会领导的副部长委员会中的重要成员。④ 不

---

① 樊高月：《美军联合作战指挥机构及其运作》，《外国军事学术》，2003 年第 3 期。

② 詹姆斯·邓尼根：《美军自越战后到海湾战争的改革》，军事科学出版社，1996 年版，第 222 页。

③ 美国国防部助理国防部长帮办小詹姆斯·米勒语，见陈伯江：《美国高级将领与著名学者访谈录：大洋彼岸的军事革命》，世界知识出版社，1998 年版，第 78 页。

④ 参见：Goldwater-Nichols Act of 1986.

仅如此，在实践中，参谋长联席会议的成员，即各军种参谋长也将主要精力放在联合参谋长会议的工作上，其军种部的事务大都交与副参谋长办理。

海湾战争后，美国国防部在战争经验总结中对该法案予以高度评价，国防部长切尼称《戈德华特—尼科尔斯国防部改组法》是自 1947 年《国家安全法》诞生后对国防部影响最深远的一项立法。在增强了文官对军事行动的控制和监督的同时，显著地提高了军事效能。在过去的冲突中，各军种各自为战，集中控制的优长有时根本发挥不出来，该法通过加强联合战区司令官的权力，减少了他们至总统间的指挥层次和加强了参联会主席的作用，提高了各军种联合作战的能力。①海湾战争结束后，中央战区司令官施瓦茨科普夫称："'戈德华特—尼科尔斯法'确立了非常、非常清晰的指挥渠道，确立了非常清晰的职责关系，没有出现任何问题。"②

从 1986 年至今，美国一直沿用联合作战指挥体制，成效较高，没有遇到大的困境。近年来，由于美国面临的威胁不断地发生变化，既有传统的，也有非传统的；既有来自国家的，也有来自非国家行为体的，对此，美国政府及军方一些人认为，现有的联合作战指挥体制中，缺乏一个类似于"总参谋长"式的人物，能调动美军全球性资源，以有效应对其所面临的威胁。从奥巴马政府的后期起，国防部就酝酿改革，企图使联合作战指挥更加快捷、高效、有力。2016 年 4 月 5 日，时任国防部长卡特在"战略与国际问题研究中心"发表讲话时表示，自 2015 年 11 月开始，美国参议院针对"戈德华特—尼科尔斯国防部改组法"为基石的国防指挥体制，特别是国防部、参联会、联

① ［美］军事科学院外国军事研究部、中国国防科技信息中心译：《海湾战争——美国国防部致国会的最后报告》（下），军事科学出版社，1992 年中译本，第 49 页。

② Kenneth Allard, the future of command and control, in L. Benjamin Ederrington and Michael J. Mazarr, eds., Turning point: The Gulf war and US Military Strategy, Boulder, Colorado: Westview Press, 1994, p. 169.

合参谋部和联合作战司令部等核心机构在全球安全环境下暴露的问题，召开一系列听证会，计划推进新一轮国防体制改革。他指出了美军未来改革的三个着眼点，即调整中央参谋机关职权，使其不仅具有指导有限战争的能力，还且要具备指挥大规模战争的能力；推进“战区中心型”向“职能中心型”转变，使美军更加注重综合手段的运用和全局思维的视野来应对各种新型的威胁；丰富军官职业发展路径，使更多领域的军官拥有晋升的通道，真正发挥以“情—侦—监”为核心的信息化力量、以特种作战为骨干的“低信息特征”力量，以及以预备役为主柱的稳定力量的作用。

第三节　构建多能力量

既然实施“管”“用”分开，那么怎样才能对接呢？美军采取了模块化编组的方式，将力量集约使用。也就是说，美军各军种部将按照一定的标准把人员培训出来，在战争时期输往战区，战区迅速将其形成作战编组，在最短的时间内投入战争。为了实现这一目标，美军在建设中非常强调模块化、一体化和多能化。

一、建设一体化

所谓一体化，就是指用一定的方式和手段建立起一支结构更合理、联合作战能力更强、合成度更高、综合作战效应更加显著的联合部队。在“2020 年联合构想”中，美军所提出的核心目标就是要将其塑造成为具备尖端优势能力的“精干、灵活、机动、高效”的联合部队。因此，美军在模块化的基础上，从诸多方面着手，实现一体化。

首先，推动现役部队与预备役部队和国民警卫队的一体化。冷战后，美国更为重视后备役力量的作用。克林顿政府时期的国防部长科恩指出：预备役部队在冷战期间是重要的战略后备队，冷战后转为应付大规模地区冲突中出现的紧急情况。为此，1997 年，美国国防部依据冷战后《防务全面评估报告》，完成了建立15个战备程度高的陆军国民警卫队旅的工作。同年又根据《四年防务评估报告》的建议，将其编为8个师，主要用于顶替现役作战部队从事次要任务，即战斗支援或战斗勤务支援任务，减少现役部队所担任的非作战任务，把主要力量用于对付大规模地区冲突。在海湾危机期间，被征召服现役的各军种后备役人员达23.1万，其中11.6万人在科威特战区执行战斗、战斗支援、战斗勤务支援及行政任务。1990年8月海湾危机爆发之初，美国空军后备队和空军国民警卫队志愿人员承担了向海湾部署部队的全部战略空运任务的42%和空中加油任务的33%。[①] 在阿富汗反恐战争和伊拉克战争中，大量后备役被投入使用。据统计，自2001年9月至12月，美陆军部署在海湾地区的兵员中，后备力量约占9%左右。美陆军部长托哥·韦斯特称："后备役部队与现役部队完全结合为一个整体，已变得更加重要了。没有国民警卫队和陆军后备队的参加，陆军就无法实施部署、采取行动和投入战斗。"[②]美军从事战争和非战争军事行动的能力，在很大程度上依靠包括后备役在内的"整体力量"。后备役人员是美军心理战和民事行动的主体，许多作战师还以所属后备役力量从事应急作战。在其它军兵种中，海军陆战队对后备役人员的依赖最少，空军和海军也离不开后备役人员。可以说，冷战结束，特别是进入新世纪以来，美军现役与预备役部队之间基本上实现了一体化的目标。

其次，实现核、常一体化。20世纪90年代中期以后，美国政府在缩减核力量的同时，逐步将冷战时期具有独立性的"三位一体"的核力量，与常规力量、战略防御力量以及核基础设施的反应能力一体化，扩展为新"三位一体"的威慑力量。美国国防部1994年《核态势审议报告》规定保留由洲际弹道导弹、潜射弹道导弹和战略轰炸机

① 《海湾战争——美国国防部致国会的最后报告》，军事科学出版社，1992年12月版，第115页。

② 参见《美国国防部长1995财政年度国防报告》，军事科学出版社中译本，1995年版，第327—333页。

组成的三位一体战略力量，但是其核心不再是陆基弹道导弹，潜射弹道导弹将成为战略核力量发展的重点。2002 年《核态势审议报告》称美国计划在 2007 年之前将所部署的核弹头数量削减 40%，降为 3800 枚，2012 年再进一步减为 1700—2200 枚。核力量结构包括 14 艘“三叉戟”弹道导弹核潜艇，500 枚“民兵”Ⅲ型洲际弹道导弹，76 架 B－52H 型轰炸机和 21 架 B－2 型轰炸机。[①] 2018 年的核态势报告仍然强调维持潜射弹道导弹、陆基洲际弹道导弹和战略轰炸机组成的“三位一体”的战略核力量，同时将加快更新核武器及运载工具。战略核潜艇将由“哥伦比亚级”逐步取代“俄亥俄级”，战略轰炸机将由“B－21”逐步取代现有的 B－1B、B－2A 和 B－52H。

冷战时期，美军研发的核武器以大当量为主。但其后，特别是进入新世纪以来，美军着手研究新一代当量小、穿透力强、准确性高的核武器。由于不愿放弃低当量核试验，美国政府至今没有批准《全面禁止核试验条约》。[②]从克林顿政府时期，美国就在考虑研制钻地核弹的可行性，主要用于破坏敌方的发射井和地下指挥所。一枚同样威力的核弹，钻地核爆炸所产生的地震冲击波对地下目标的摧毁作用，要比核弹在地面或空中爆炸的威力大 20 至 50 倍。1997 年 7 月，美国在内华达试验场进行了第一次地下亚临界核试验，开创了非链式裂变反应核试验的先例。至 2003 年 5 月，共进行了 15 次亚临界核试验，为其进入室内核试验做准备。1998 年 6 月美国国防科学委员会专门小组《关于地下设施的报告》指出：全球有 1 万多个地下设施，大约有 1100 个地下设施已确认或被怀疑是战略性场地，如大规模毁伤性武器阵地、弹道导弹基地、高层指挥和控制中心。据美国国防情报局 2001 年评估，此类设施的数量已增至 1400 多个。美国认为，这些地下设

---

① The US Department of Defense, The Nuclear Posture Review, Jan. 8, 2002, p. 17.

② 《全面禁止核试验条约》，1996 年 9 月在联合国大会以 153 票赞成、3 票反对获得通过，规定于 44 个裁军谈判会议成员国一致批准之后生效，至 2004 年 9 月，已有 32 个国家批准。

施极大地减弱了威慑能力，因而必须研发将其摧毁的武器。2001 年 7 月美国有关部门已向国会提交了《关于摧毁坚固且深埋地下的目标的报告》。2003 年 3 月美国国防部向国会提交了要求研制针对地下 300 米深目标的 5000 吨 TNT 当量“强力钻地核弹”的报告，5 月 20 日获参议院批准。据美国国防部统计，现在有 70 多个国家将地下设施用于军事目的。也就是说，美军正在降低核武器的使用门槛，力求把核力量与常规力量结合起来，改变核武器仅用于威慑的性质。

再次，促成各军种之间的一体化。长期以来，为了更好地实施联合作战，美军一直致力于一体化联合部队（Joint Force）。早在 20 世纪 80 年代，美国就认识到，未来战场由陆、海、空、天、电等多维作战空间构成，陆海空部队实施无缝隙的一体化联合作战变得十分必要。远程精确制导武器的大量涌现，为打破军种界限组建一体化联合部队提供了坚实的物质基础。

最后，各军种所属兵种的一体化。美国空军在 2003 年 11 月公布的新版《转型飞行计划》，旨在把空军建设成为一支完全一体化、远征化、网络化、分散化、适应性强、拥有决策优势和最具杀伤力的作战部队。根据这个构想，美空军计划组建 10 支航空航天远征部队（Air and Space Expeditionary Force，AFE）作为海外部署和干预海外军事行动的样式，以便能够迅速应对海外危机。每支航空航天远征部队通常以 1 个现役作战联队为核心，抽调其他联队（含预备役）的部分部队编成，拥有 1.5 至 2 万人，其特点是战备程度高，反应速度快，能在 20 至 70 小时内完成一切准备并遂行战斗任务；能近实时地掌握战区空中和地面的各种情报信息，拥有全面信息优势；有强大的远程精确打击能力；可不断地得到战略战术空运部队的保障，有持续作战能力。[①]随着阿富汗反恐战争和伊拉克战争的结束，空军又于 2014 年着手调整航空航天远征部队兵力生成模式，并取得了重大进展。

① 王保存：《美军近年来的“军事概念”创新》，《外国军事学术》，2002 年第 7 期。

美国海军在一体化建设的进程中，动作更加迅速。从 2003 年 11 月向部队转型办公室主任提交升级版《海军转型路线图》之后，它按照海上打击、海上盾牌和海上基地这三个新概念，重新整合力量，利用对海洋的控制和在前沿部署的防御能力，推进挫败敌军的“区域拒止”战略。2015 年 3 月 13 日，美国海军、海军陆战队和海岸警卫队联合发布了新版《21 世纪海上力量合作战略》。这一战略基于美军对全球安全环境和国内财政状况的最新判断，以美国国防部 2012 年《国防战略指南》、2014 年《四年防务评估报告》和国土安全部 2014 年《四年国土安全评估报告》为指导，全面阐述了美军设计、组织和运用海上力量支持美国国家战略、国防战略和国土安全战略的方式方法，提出了海上力量建设的优先重点，不仅要实现海军内部一体化，还要把盟国的力量也考虑在内。2017 年，美国海军提出了“海上分布式作战”的概念，其宗旨就是通过一体化的力量建设，实现作战力量的灵活部署与运用。

二、编组模块化

所谓模块化，就是“以标准化的单位为组件，达到易于塑造或灵活安排的目的”。20 世纪 80 年代初，美军在推行变革的过程中，就具有了模块化建设的思想。冷战结束后，美国战备的重点从大规模全面战争转为有限战争，适时调整军队结构，将模块化作为军队建设的主要方式之一。

冷战结束后，老布什政府提出了“基本力量”的概念，将美军按地区和任务的不同分编为 4 种部队，即战略威慑部队、大西洋部队、太平洋部队和应急部队。这 4 种部队被称为“基本力量”。克林顿政府根据美军作战任务的需求更明确地提出了“部队组件”的概念，以打赢一场大规模地区战争所需要的能力和部队的类型、数量为基本单位，兼顾打赢另一场大规模地区战争和实施小规模作战行动及非战争军事行动的需要，充分利用部队的多能性和重组能力，确定军事力量的总体规模。在这一时期，美国国防部认为，要打赢一场大规模地区战争需要4至5个陆军师、4至5个陆战队远征旅、10个空军战斗机联队、100架空军重型轰炸机、4至5个海军航母战斗群和一定数量的特种作战部队。这就是美国一支部队的“基本组件”，如同时介入两场大规模地区战争，则根据上述指标适当增加兵力。鉴于许多关键性军事装备和设施，如C^4ISR系统、作战飞机和运输工具可以兼顾两场战争，因而美国并不一定需要具有比打一场战争多一倍的军事力量，只要在“组件”上进行调整即可。

这一“组件”构想，是根据当时美军基本建制单位确立的。在相当长的时期内，美军的基本作战单元都是“师”。1999年10月，美国陆军提出了向“全轮式陆军”方向转变的口号，逐步以便于空运的轮式战车取代履带式重型坦克，使陆军的基本模块在变得更“小”的同时，也在变得更“轻”。2003年《美国陆军转型路线图》修订版的宗旨，就是要使陆军走上模块化和联合的道路，使陆军更具有战略反应能力和全谱作战能力。在伊拉克战争中，陆军第三机步师（轻装师）基本上承担了地面进攻的全部任务。2003至2004年，又提出了“模块化旅战斗队”（BCT）的计划，旨在使陆军变得更加灵活、敏捷，能实现海外任务的快速部署，并能更好地执行条令和遂行未来复杂环境下的作战行动。这种新型的旅战斗队，集作战与支援功能于一体，可根据需要自行部署，同时按战场的不同编组进行使用。到了奥巴马时期，美军进行编制调整，将“师”变成了指挥和控制机构，不再辖常设的建制旅，各旅战斗队不固定隶属于某个固定师司令部。这样，“旅行动单位”（Brigade Unit of Action，简称BUA），就取代了“师”作为遂行任务的基本单位，作为陆军合成部队的基本模块，可根据不同作战任务需要随机组合。“旅行动单位”分为两种，即“战斗旅”和“保障旅”，规模从3900人到4100人不等。2008年，陆军部发布《模块化部队》（FMI 3－0.1），公布了旅战斗队的草案；2010年出台了《旅战斗队》野战手册（FM 3－90.6），但没再发布师一级作战手册。战斗旅又分为3类：步兵旅、装甲旅（重型）和斯特赖克旅；保障旅则分为5类：战斗航空旅、火力旅、战场监视旅、战斗支援旅（主要加强机动能力）和后勤保障旅。截止到2016年12月，美陆军行动旅大约有31个。根据规划，到2020年，美陆军又将把“师”作为最大战术单位，编列固定序列的部队，即每个师下辖6个旅：3个“战斗旅”（步兵旅、装甲旅（重型）和斯特赖克旅）和3个保障旅（航空旅、火力旅和机动增强旅）。陆战队的编制比较复杂，基本上还是以师作为基本单元，但根据任务需要，也可以陆战团为基础，配属一系列加强部队，构成远征旅。海军属于战略军种，往往以舰队作为模块，空军则以联队作为基本模块。

三、能力多样化

所谓多能化，就是指军队具有独立作战、与任意部队联合战斗、应急作战、非战斗行动的综合战斗能力。也就是说，一支部队，既能进行常规战斗，也能遂行非常规战斗的任务。使部队具有多种能力，是任何一支军队建设都力求达到的目标。传统上，军兵种的存在，就是军队多能化的表现。在现代条件下，军队的多能，就是作战能力的多样化。冷战结束后不久，美军根据其所面临的威胁出现多样化的情况，设法在规模缩减的条件下拓宽能力范围。美国国防部要求部队强化六种作战能力：能对世界各地的突发事件和危机进行紧急干预的“应急反应能力”；在前沿军事存在的基础上，向危机或冲突地区快速部署增援部队的“快速部署能力”；贯穿整个危机和冲突过程的一线部队的“持久作战能力”；联合部队的快速远程“战略投送能力”；根据冲突的规模，在模块部队的基础上迅速扩编和对部队的结构进行灵活调整的“部队重组能力”；多兵种、多军种、多国军队的“联合作战能力”。此外，国防部还要求提高技术装备方面的四种能力，即：信息战能力、远程精确打击能力、战略空海运能力、导弹防御能力。进入新世纪后，美国国防部又把美军的作战能力范围进行拓展，2018年1月发布的《国防战略》报告中，仅在关键能力方面，就列出了

10 项之多。①

美军不仅要在整体上实现能力的多样化，而且在军种的层面上也要如此。美国海军 1993 年提出的“由海向陆”战略方针确定了 5 项重点能力：全面的制海权；由海向陆的力量投送能力；战略威慑能力；战略海运能力；海上前沿存在能力。利用广泛分布的前沿存在力量、传感器网、指挥中心和作战部队有效结合而形成的作战能力，慑止危机的出现，提高对危机的反应速度，并决定性地改变最初态势。在联合作战中进行制敌机动，利用海军的机动性来获得相对于敌人的有利位置，利用精确打击能力攻击关键目标。海军的全维防护力量将可以对付整个威胁频谱，提供信息优势及空中和海上优势，海军除提供对岸炮火打击能力以及战区防空和导弹防御能力外，还可为沿岸地区的联合作战提供海基聚焦式后勤。

空军为实现其“全球警戒，全球到达，全球力量”的 21 世纪战略目标，在力量建设方面要求保证具备 6 项关键能力：确保美国空军可自由进行攻击和避开攻击的空中和空间优势；对全球任何地点发动迅速打击的能力；全球机动能力；精确打击能力；情报优势；灵活的战斗支援能力。

在联合作战领域，美军“联合作战中心”以及“联合 C^4ISR 作战中心”力图以新的作战概念与正在出现的新技术相结合，设计《2010 联合构想》和《2020 联合构想》所要求的美军联合作战能力。2018 年的国防战略报告强调，美军要研发新的作战概念，具有更强的致命能力。

还应该说明的是，军事力量的一体化，离不开各方面有共同认知的军事文化。以联合作战来说，在最初的时候，美各军种都囿于自身利益的限制，对其认识不到位，不愿出让自己的指挥权。但到了 20

① The US Department of Defense, Summary of the 2018 National Defense Strategy of the United States of America, pp. 5 – 8, https://www.defense.gov/Portals/1/Documents/pubs/2018-National-Defense-Strategy-Summary, pdf.

世纪 80 年代，联合作战的概念逐步确立，军种思维有了改变，相互之间形成了共同“军事文化”，一体化的障碍随之削弱。美海军上将克罗认为，“军事文化是指各军兵种官兵、他们所操纵的各种尖端武器以及他们在其中执行任务的复杂的政治环境之间的日益紧密的交互关系，把传统的作战思想与包括政治、心理环境在内的超越战场的新视野更为有机地紧密结合在一起。”①参联会副主席威廉·欧文斯认为：“陆军、海军、空军都将只不过是历史的产物，我们应忘掉目前这种编制意义上的陆军、海军和空军，应当使它们联合起来，并使他们在功能上结为一体，从而使这些军种在功能上构成上述那种联合作战的能力。在日常活动中，我们将有一支陆海空军和海军陆战队结合在一起的军队，没有各军种分开的军营和基地，而是一起驻扎在联合基地里，并使所有军种联合编组，以使它们能够联合作战。美军各军种仍不知道这些变化正在发生，它们还没有明白过来。《2010 年联合构想》是要在此基础上建立一种新的军事力量模式，即把各军种组合在一起的模式。变革军事理论、作战概念及文化是军事革命所面临的最大挑战。我认为，历史和传统是重要的，但不是非常重要的，未来才是最重要的。所以从文化上来说，必须使自己具备新的功能，而不是停留在陆军、海军、空军和海军陆战队文化的思维模式上。”② 2001 年《四年防务评估报告》指出，“军事转型包括知识、社会和技术等方面。而要实现转型，通常就要在战争观念和军队的文化及行为方面进行根本改变。”③

美军对此的认识是清醒的。2003 财年《国防报告》称：“在迎接未来挑战方面，来自资源的外部制约所造成的困难，也许比不上在新

① Sam C. Sarkesian, John Allen, the US Army in a New Security Era, New York, 1990, pp. 11 – 12.

② 陈伯江：《军事革命与信息时代的军事力量——访美国国防部前部长佩里、参联会前副主席欧文斯》，《中国军事科学》，1998 年第 3 期，第 153—154 页。

③ The US Department of Defense, Quadrennial Defense Review (QDR), Sept. 30, 2001, p. 29.

思维和冒险方面的自我限制所造成的困难。因此，当我们投资于新技术和能力时，必须努力改变国防部的文化。舍此，转型永远实现不了。”“需要对战争观念、体制文化和行为进行根本性的变革，才能够促成转型。”①“军事转型应当这样理解：它不仅是一种新兴科技、硬件和软件的转型，而且主要是国防部军事和文职人员思维定势的转型，他们对本职业理念和义务的转型，以及各军种职业给美国所提供服务的转型。”②“转型的核心是一种愿望：即不断挑战旧思维，采用新方案。这意味着要把人的因素放在第一位，并要对他们的创新思维与行动给予鼓励和奖励。”③

正由于如此，美军着力培育出新的军事文化，即联合作战文化，改变将级军官的世界观，使他们站在更高的角度看问题。国防部长拉姆斯菲尔德2003年1月责成联合司令部负责承担国防部训练转型工作中的关键任务，即建立国家联合训练能力，把联合战术科目纳入军种训练活动，消除军种训练规划之间的横向差距。④同时，又使带有特殊性的荣誉感和战斗作风的军种文化得以保持。

由此可见，美军已充分地认识到，在转型的过程中，编制体制的调整是最为容易的，思想的转变则是最为艰难的，换“形”易，变“神”难。所以，从国防部到军种部，都着力改变传统的军事文化，既不丢失传统文化优势，又能创造共同认知，达到从“形”到“神”融为一体的目的。

---

① Donald H. Rumsfeld, Secretary of Defense, Annual Report to the President and the Congress, Aug. 16, 2002, p. 20.

② ［美］唐·斯奈德：《联合、防务转型及新的联合作战职业》，《世界军事参考》，2003年第92期。

③ 《美国陆军转型路线图》，军事科学院外国军事研究部译：《新世纪美国军事转型计划：美军转型“路线图”文件汇编》，军事科学出版社，2003年版，第220页。

④ ［美］H·W·索普：“训练转型的核心：国家联合训练能力”，《世界军事参考》，2004年第49期。

第四节　强化后勤保障

后勤保障是美军从事战争的基础。美军之所以能在诸多战争中取胜，是因拥有强大的后勤保障支撑。无论是在两次世界大战中，还是在战后的局部战争中，美军的后勤保障都做得极其出色。随着现代战争形态的变化，特别是信息化战争的到来，美军在后勤保障方面随之跟进。

一、广泛动员

后勤保障涉及的领域众多，但归根到底就是两个方面的内容：一是要拥有资源动员能力，二是要把相关资源及时投送到战场。在两次世界大战中，美国的优势就是在作战物资保障上远强于对手。“美国的民主政治使它在各方面的反应较慢，……但动员能力相当强。每当美国有紧急情况时又能迅速反应，亦可激发美国人民动员起来。”① 在国家应对重大危机或进行战争时，美国不仅能够动员民众广泛地参与，更能够调动大量的财力与物力。第一次世界大战期间，美军派遣200 余万陆军赴欧洲作战，另动员 60 万海军和海军陆战队进行支援，同时大量的作战物资也随之运到欧洲。1917 年 4 月 6 日，美国宣布参战后，立即把国家经济转入战时轨道，将全国划分为 21 个军事工业区，开始生产各种武器装备。到战争结束时，美国共制造 2 万架飞机，3. 5 万辆载重卡车，1. 9 万辆坦克。同时大量建造军舰，参战时的美国军舰只有 197 艘，到 1918 年底就达到了 2000 艘。② 美军到达法国后，迅速展开作业，几个月内修建了数百公里通往战场的公路和

① 叶国华：《美国民众的向心力》，联合早报网 2015 年 8 月 2 日，http：//www. zaobao. com/wencui/politics/story20150802 – 510030.

② 王绳祖主编：《国际关系史》第三卷，世界知识出版社，1995 年 12 月版，第 428 页。

铁路。第二次世界大战中，美国动员的兵力规模更是高达1200万人，其中有800余万人被派遣到欧洲和亚洲地区作战，同时还调动大量资源，组织军工产品的生产与运输。从1940年7月1日至1945年7月1日，其他的产品不算在内，美国约生产了30万架军用飞机、8.67万辆坦克、7.1万艘海军舰艇。1944年美国的商船只有2000艘，到战争结束时，已达5425艘。① 到了今天，美国的动员能力更加强大。在海湾战争中，美国仅用5个月的时间，向距离本土1万多千米的海湾地区投送了54万人的部队，2000多架各种飞机、4000多辆坦克和装甲车、100余艘船只以及其他繁多的装备和弹药。与此同时，美国还协调组织其他盟国的20余万军队及各种装备也同时部署到沙特。另外，美国本土的战略轰炸机和位于欧洲和印度洋基地的各式战机也做好了打击伊拉克的准备。这样的组织动员能力和兵力投送能力，在世界军事史上都是绝无仅有的。

二、讲求效率

如果说，在两次世界大战中，美国是完全依靠雄厚物力的话，那么在战后，它就把提高效率作为重要的手段了。美国国防部成立后，由于机构庞杂，权力边界不清，扯皮严重，物资采购和资源配置重复多，浪费巨大，保障不力。因此，从20世纪60年代开始，国防部开始了其成立以来最大幅度的改革。

1961年，肯尼迪政府国防部长罗伯特·麦克那马拉上任之后，就大刀阔斧地重塑国防部。他引入商业管理模式，提出“计划、规划、预算系统”和“系统分析”的概念，目的就是提高效率。从结果看，他所采取的措施取得了较大的成功，使各部门的职责更加清晰，特别是物资采购和分发管理趋于高效，因而商业化管理成了麦克那马拉留

① John Keegan, “*The Second World War*”, Viking Penguin, New York, 1989, p. 53.

给国防部最重要的遗产。麦克那马拉也被称为“美国历史上最有效率的国防部长。”[①]

1997 年，克林顿第二任期开始后，进一步推动国防部改革，以提高工作效率。国防部长科恩指出：“美国公众必须放弃军队后勤自成一体的思想，而必须将之商业化，提高其效益。1997 财年，美国国防部下属军人和文职人员中的 48% 服务于各种后勤基础设施、机关和司令部，7% 从事现役和退休人员的医疗服务。另有 6% 从事通讯、指挥，总共有 61% 的人员从事基础设施活动。”[②] 为此，国防部决定重组军事基础设施和支援体系，裁减冗员，优化机构和工作程序，扩大对民间技术、资源和管理经验的利用，实行部分军事支援职能民营化。2001 年《四年防务评估报告》强调，美国国防部在后勤保障层面要“增牙减尾”，压缩管理结构，简化工作程序，计划将国防部工作人员在 1999 财政年度的基础上减少 15%，裁撤 72 个与采办相关的咨询委员会中的 31 个，提高战斗人员与支援人员的比例；将资源集中用来使那些对作战直接作出贡献的领域达到最佳状态，只有那些必须由国防部履行的职能才应保留下来，任何可以由私营企业履行的职能都不是军队的核心职能，尽可能采取措施从外部采购商品和服务，以去除非核心职能。[③]

此后，美军削减大量基础设施，仅在 1997 年的第一轮裁撤中，人员就减少了 33%，基础设施减少了 21%。对此，美军仍然感到不满意。参联会主席沙利卡什维利呼吁：“我强烈要求政府与国会合作，继续裁撤基础设施。执行现军事战略的最佳办法便是‘保牙减尾’，我们必须减少基础设施来节省每一元钱，否则，过去四年的

① 参见葛腾飞：《美国历史上最有效率的国防部长——麦克那马拉》，北京大学出版社，2014 年版。

② The US Department of Defense, Quadrennial Defense Review (QDR), Sept. 30, 2001, p. 52.

③ 《美国国防部四年防务评估报告》（2001 年 9 月 30 日），黄柏富前引书（上册），第 72—74 页。

情况就会继续，投资会被削减，未来的军事力量将会因目前的后勤费用而化作泡影。总之，我们若不进行管理革命，就不能实现军事革命。”①

接着，陆军参谋长赖默上将等高级将领提出“军事后勤革命”的概念，其核心内容就是：革新后勤工作方式，将现行后勤逐步改造成“配送型后勤”，强调物资的动态性，以有效管理的物资流取代逐级存储物资，以“配送管道”代替仓库。在整个分发型补给链上，平时只有少量的物资快速流动，如作战需求剧增，在补给线上流动的物资和装运能力也会随之急剧增加。为实现这一目标，美陆军着手建立两大系统，一是“无缝隙后勤系统”，它与指挥控制系统、数字化武器系统、国防服务系统、全球电子商务网等网络系统联接，具有战备管理、后勤干预、配送管理、物资管理等功能；二是“全资产可视系统”，它使后勤管理人员对某种物资在补给链上的位置和状态一清二楚，从而适时做出变更物资流向的决定，随时重新分配物资以适应部队位置和其他需求的变化。

三、聚焦供应

到了小布什政府时期，美军又提出了“聚焦后勤”理念，并采取了具体的措施，即总部后勤体制实行集中化，成立运输司令部，统一指挥陆、海、空军的战略运输力量；原来由军种部和国防后勤局分别管理的330个补给仓库由国防后勤局统一管理，将所有仓库划为东、中、西三个国防分发区；成立国防合同管理司令部，将军种部和国防后勤局的合同管理机构统管起来，对3万家承包商承包的价值7500亿美元的50万项合同进行统一管理；成立国防给养局，将陆海空和海军陆战队分管的给养系统统管起来，统管遍布全

① The US Department of Defense, Quadrennial Defense Review (QDR), Sept. 30, 2001, pp. 55 – 56.

球的400多个军事给养单位和设施；在财务方面组建了国防财会局，合并了军种部、国防部和国防后勤局的财会部门，打破了原来的军种界限，形成集中统一、人员精干的全军财务机构。①尽管如此，美国国防部认为，军队后勤保障方面依然“牙”不锋利，“尾”大不掉。在经费的使用上，可变成本与能力（作战部队或“牙齿”）只占国防拨款的35%，而固定成本与能力（支援部队与机构或“尾巴”）占了约65%。②

奥巴马时期，由于应对反恐战争和国际金融危机，国防部的工作基本上维持原有的状态，在后勤保障方面几无圈点之处。2017年1月，特朗普上台，提出要加强军队的建设。2018年1月，国防部在其发布的《国防战略概要》中强调，国防部要采取进一步改革的措施：一要优先考虑提高作战能力与交付速度、不断适应新形势的要求。二要开展组织架构创新，为简化流程和组织架构提供外部支持。三要推动预算制度和经济可承受能力发展，开展全面审计，改进财务流程、系统和工具，改善成本管理，获得更好的债务偿付能力。四要推动从研制到部署的快速迭代方法实现标准流程化，重新调整激励机制和上报机制，提高交付速度。五要利用并保护国家安全创新基地。对国防工业的关键技能、基础设施和研发能力进行长期投资，通过简化流程使新进入者和小型供应商能参与国防部尖端技术研发，同时充分利用国际伙伴的军事能力。③ 不仅如此，国防部进而提出，“成功不再属于那些最先发展新技术的国家，而是属于能够更好地整合和应用于作战的国家。……我们不能接受繁琐的审批链，在没有竞争力的领域浪费

---

① 徐国安：“对美军聚焦式后勤原则的评估”，《外国军事学术》，2002年第10期。

② ［美］唐·斯奈德：“美国军队向联合方向转变：对军种间竞争的再认识”，《世界军事参考》，2003年第77期。

③ The US Department of Defense, Summary of the 2018 National Defense Strategy of the United States of America, pp. 10 – 11, https://www.defense.gov/Portals/1/Documents/pubs/2018-National-Defense-Strategy-Summary.pdf.

资源，或者过度地规避风险。”①

总之，为了打赢战争，美军在后勤保障上的重视程度已无以复加，其目的就是使人员、装备、物品等及时投送到战场上，既可保障快速作战的需要，又能在速战不成的情况下支撑持久作战。

① Summary of the 2018 National Defense Strategy of the United States of America, p. 10.

第五章

美国军事战略手段运用

所谓战略手段，就是为了达到战略目的而运用军事力量的方式方法。[①] 1981 年，曾任肯尼迪政府参谋长联席会议主席的马克斯威尔·泰勒在美国陆军学院发表演说时指出：“战略总是由目标、方法和手段几个方面构成的。我们可以用一个公式来表示，即战略（strategy）=目的（objectives，追求的目标）+途径（approaches，行动方案）+手段（means，实现这些目标的工具）。[②] 他这里所说的手段指的是力量，途径则是我们理解的手段。从美国的军事战略实施看，是一条从实战为主到威慑和预防为主的轨迹。因此，到了现今，美国在战略手段的运用上，基本上遵循“预防、威慑、实战”的原则。

第一节　实战

所谓实战，就是运用战争手段以实现国家的政策目标，美国军事战略所谋求的就是战而胜之。从独立之时的 13 个州扩展到 50 个，从 90 万平方千米的国土面积扩大至 930 多万，从北大西洋西岸濒海之地变成横跨北美大陆的两洋国家，且在海外占有诸多属地与领地，从北

① 参见王文荣主编：《战略学》，国防大学出版社，1999 年 5 月版，第 47 页。

② 美国陆军军事学院：《军事战略》，军事科学院外国军事研究部译，军事科学出版社，1986 年版，第 3 页。

美孤岛之国成为全球性超级大国，无不是通过战争或战争威胁来实现的。一部美国成长史，就是一部扩张史，更是一部战争史。有人统计，美国自建国以来，发动或参与的大小战事达220多场。第二次世界大战后，美国充当世界警察，打着维护“民主”“自由”和所谓“世界和平”“国际稳定”的旗号，每过一段时间，就要进行一场战争，仅在冷战结束后不到20年的时间里，美国就发动了4场大规模的有限战争和若干次特种作战行动，美军常常从一个战场转入下一个战场。可以说，美军是一支“车轮上的部队”，是在实战中壮大起来的。

一、运用实战

在维护和扩展国家利益方面，手段不外乎两种，即战争或政治外交，政治是不流血的战争，战争是流血的政治。当国家生存面临威胁和在发展中遇到难以克服的障碍时，如果政治手段不能解决，使用武力往往变得难以避免。自建国以来，美国一直是两手并用，但在关键时刻，往往果断地选择战争。如果说，美国在独立战争、第二次美英战争、内战和第二次世界大战中是为生存而战的话，那么，它所参与和发动的其他战争皆是出于扩展国家利益的目的。

（一）美墨战争

19世纪40年代的美国引发的对墨战争是一场公然的侵略战争。美国独立后，一直着力扩展自己的版图。通过以武力威胁为后盾的所谓“购买”和“谈判”，美国不断地扩张领土，试图将整个北美都置于自己的控制之下。1812年在入侵加拿大失败后，美国就把目标转移到南部的墨西哥。1821年，墨西哥独立时，加利福尼亚、德克萨斯和新墨西哥都是其领土的组成部分。1836年，德克萨斯宣布独立，建立了共和国，并要求与墨西哥以格兰德河为界。墨西哥坚决反对，并以武力加以收复，但没有成功。美国认为这是“天赐良机”。1845年，不顾墨西哥的警告，美国公然声称，如果德克萨斯愿意加入美国的话，它就承认格兰德河为其边界。面对可能失去德克萨斯，墨西哥派军进入德克萨斯，决定以武力解决问题。美国也迅速动员军队，击溃了墨西哥军队，并使德克萨斯于1846年成为其第28州。美国总统詹姆斯·波尔克认为，墨西哥军队战斗力较弱，根本无法与美军作战，便决定扩大战争，将加利福尼亚和新墨西哥一并占领。墨西哥军队进行殊死的抵抗，战争延续了两年，直到首都被占后，新上任的总统才与美国缔结条约，承认美国提出的条件。这样，美国就将上述地区据为己有，使其成为名副其实的横跨北美的两洋国家，奠定了世界大国的基础。

从安全上说，美墨战争之后，美国变得更加有保证了。由于丧失了过半的领土，墨西哥不再具备挑战美国的实力。自美墨战争以来，两国关系虽然一直存在芥蒂，但并没有因为领土问题再次发生战争。墨西哥人认为，他们离上帝太远，而离美国太近。北部的加拿大，虽然面积巨大，但人口稀少，且长期处于英国的统治之下，与美国在价值观念上有着许多相同或相近之处，即使独立后，也未产生过挑战美国的意愿。因此，在相当长的时期里，东西有两洋天险，南北无强邻威胁，美国在安全上有充分的保障。即使到了今天，虽然由于军事技术的发展，远程打击武器已使其不再是绝对的“安全的庇护所”，但如若不是在世界性大战的情况下，美国的安全环境仍然比较优越。

从利益上说，通过占有德克萨斯、新墨西哥和加利福尼亚，美国获得了向东西部海洋方向拓展的两翼。从殖民地时期到独立后的19世纪中叶，美国只能通过大西洋与世界各地进行贸易，如若到亚太地区，必须经非洲南端的好望角，进入印度洋，然后经马六甲海峡进入中国南海，再到太平洋。通过美墨战争，成为太平洋沿岸国家后，美国就打通了经太平洋与亚太国家进行贸易的航道，缩短了航程，节约了成本，使其在地缘战略上具有其他国家难以比拟的优越条件。此后，为了与亚太国家进行贸易，美国派出佩里率领“黑船”舰队于1853年到达日本，迫使其签订《神奈川条约》，洞开国门。

（二）美西战争

打开太平洋通道之后，美国认为，在浩瀚的太平洋上，还需要补给站和中转地。尽管已经打开了日本的国门，逼迫日本为其船只提供补给，救助伤员，但美国并不满足。由于经太平洋到亚洲的岛屿要么已经独立，要么已经被其他列强控制，美国不可能以和平的方式改变此种状态。1867 年，美国在太平洋中部发现中途岛，但由于荒无人烟，作用十分有限。19 世纪 70 年代，美国曾三次进犯朝鲜半岛，但均未得逞。由于在亚太地区拥有殖民地的帝国中，西班牙是实力相对较弱的一个，1898 年，美国果断地向西班牙宣战，挑起美西战争。

通过美西战争，美国获益巨大。一是拔除了西班牙在加勒比海的钉子——古巴，使得家门口更加安全；二是获取了南美太平洋沿岸的波多黎哥，使得对南部美洲的控制更加有力；三是占据了关岛和菲律宾，拥有了登上其大陆的桥头堡。美西战争后，美国就不再是一个北美孤岛上的国家了，羽翼已经伸展到亚太地区，并占据了有利地位。接着，它又通过政变方式，控制了夏威夷，从而建立了从本土至亚洲大陆珍珠链式的接点。

（三）第一次世界大战

由于受孤立主义思想的影响，美国对欧洲事务长期持谨慎态度。第一次世界大战爆发后，美国立即宣布中立，并同时与交战双方进行贸易。1916 年，乌德罗·威尔逊以“他使我们远离战争”的口号，再次赢得大选。然而，随着战争的发展，情势有了变化。第一，德国无限制潜艇作战损害了美国的利益。在战争中，为了切断协约与国外的贸易通道，德国在大西洋展开无限制潜艇战，即只要发现前往协约国的商船，一律予以击毁。这不仅严重影响了美国与欧洲特别是协约国之间的贸易，而且还造成了美国客轮“路西塔尼亚”号被击沉的恶性事件，导致包括 124 名美国人在内的 1198 名乘客的死亡。第二，德国企图拉拢墨西哥参战的条件触动了美国的战略底线。德国深知，无限制潜艇战开启后，美国很可能加入战争。为了牵制美国，德国希望将墨西哥拖入战争，使其成为己方阵营的一员。1917 年 1 月 16 日，德国外交秘书（部长）阿瑟·齐默尔曼发给德国驻墨西哥大使海因里希·冯·厄卡德特的一封绝密电报，其中写到："我们拟于2月1日进行无限制潜艇战，与此同时，我们将竭力使美国保持中立。如果计划失败，我们建议在下列基础上同墨西哥结盟：协同作战；共同缔造和平；我们将会向贵国提供大量资金援助；墨西哥也会重新收复在德克萨斯州、新墨西哥州和加利福尼亚的失地，建议书的细节由你们草拟。"[①] 本来，德国的无限制潜艇战已严重伤害了美国的利益，齐默尔曼的电报更是犯了大忌，使美国想睡觉的时候，送去了合适的枕头。[②] 第三，消除未来国家安全的威胁。从价值观上说，美国对交战双方都不认同，不希望任何一方胜出，而解决这一问题的方法，就是直接参战，将来以战胜者的身份，去左右未来欧洲局势的发展。

战争结束后，美国总统威尔逊作为"三巨头"之一参加了巴黎和会，并就世界秩序安排问题提出了著名的"十四点计划"。尽管国会最后拒绝批准《凡尔赛条约》，但美国绝不会仅为他人火中取栗。借一战之机，其军队首次登陆欧洲，先后分别与德国、奥地利和匈牙利等国单独签订条约，保留依据和约规定的它所享有的各项相同权利，开始介入欧洲事务。不仅如此，美国还召集了华盛顿会议，签订了一系列对其有利的条约，成为远东地区的主导者。这样，美国通过第一次世界大战，跻身欧洲，操控亚洲，为未来在世界事务上获得更多的发言权打下了厚实的基础。

（四）第二次世界大战

这场战争既有维护国家生存利益的因素，也有扩张利益的动机。第二次世界大战发生后，美国的立场与其在第一次世界大战初起时如出一辙，迅即宣布中立。但随着战局的发展，美国更加偏向于反法西斯国家。1941年12月7日，日本偷袭珍珠港，之后，美国立即向"轴心国"集团宣战。经过三年多的作战，美国与英国、苏联、中国等反法西

---

① 参见 Zimmermann Telegram，https：//en. wikipedia. org/wiki/ Zimmermann_Telegram.

② 参见张世平：《美国战略透析》，军事科学出版社，2012年7月版，第36页。

斯联盟国家一道终于在1945年5月彻底打败德国，8月击垮日本。战争即将胜利之际，1945年2月，美、英、苏在雅尔塔召开会议，决定战后秩序安排问题。

由于美国在欧亚两个战场上都做出了杰出的贡献，遂成为战后秩序的主要缔造者。战争结束时，德、意、日三个国家被彻底击溃；英法等国则沦落为二、三流国家；苏联虽然在军事上变得十分强大，但战争创伤深重。唯有美国，尽管付出了一些代价，但国家实力不仅未受到削弱，反而有了显著的提升，一举成为全球最强大的国家，成为西方世界的霸主，其利益触角也真正地延展到世界各个角落。

（五）朝鲜战争

第二次世界大战后，美国为了遏制以苏联为代表的社会主义国家，制定和实施了“遏制战略”。根据开罗宣言和雅尔塔协定的规定，朝鲜将在适当的时候独立。日本宣布投降时，美苏两国商定，以北纬38度线为界，以北的日军由苏军受降，以南的日军由美军受降。此后，两国军队分别占领了朝鲜半岛。然而，在如何解决朝鲜建国的问题上，美苏双方形成了严重的对立。在此情况下，美国扶植李承晚在半岛南部建立大韩民国，苏联则支持金日城在北部成立了朝鲜人民民主共和国。由此，朝鲜半岛一分为二，建立了两个国家。然后，在联合国的敦促下，美苏两国分别从朝鲜半岛撤军。但是，半岛的南北两方均不接受分裂的状况，都有着强烈的以武力实现国家统一的意愿。因此，1950年6月，朝鲜战争正式爆发。

在冷战思维支配下的美国，立刻把朝鲜战争视为所谓社会主义阵营对其遏制战略的挑战，迅速做出武力干预的决定，纠集西方集团的16个国家，组建了“联合国军”，以其五星上将麦克阿瑟为联合国军远东军司令。其实，美国海军和空军在“联合国军”组建以前，就于1950年6月27日抵达朝鲜，7月1日陆军也开始登陆。其他国家的军队则从7月7日到1951年6月15日之间陆续抵达。7月5日，“联合国军”开始投入作战。

朝鲜战争是美苏两大阵营冷战之中的“热战”。由于参战的非正义性，美国虽然投入力量强大，使用了除核武器以外的所有先进武器，最后还是失败了。1953 年 7 月 27 日，美国与中朝代表在板门店签订停战协定。美国著名的政论家约瑟夫·格登在其《朝鲜战争：未曾透露的真相》中说："美国政坛老手艾夫里尔·哈里曼谈到朝鲜战争时，称它是'一场苦涩的战争'。""在美国不甚愉快的经历中，朝鲜战争算是其中的一个：当它结束之后，大多数美国人都急于从记忆的罅隙中轻轻抹掉。"①美国虽然打输了朝鲜战争，但却使其在远东的战略据点之一——韩国得以生存，遏制战略的基本框架并未受到损伤。

（六）越南战争

这场战争是美国在冷战时期所从事的时间最长、损失最重的有限战争。越南曾是法国的殖民地，第二次世界大战中被日本占领，战争结束后，以北纬 16 度线为界，以南的日军向英军投降，以北的日军向中国军队投降。后来，中英两国军队将整个越南交给了法军。1945 年 9 月 2 日，胡志明领导的越盟在河内宣布建立越南民主共和国，国际上称之为北越，法国则挟持保大皇帝在西贡建国。为了维护民族独立，实现国家统一，北越人民发起了反抗法国侵略者的战争。1954 年，北越军队在中国的援助下，取得了奠边府战役大捷。法军被击溃后，便从北越撤出。同年召开的日内瓦会议规定，北越和南越暂时以北纬 17 度线为界，进行为期两年的分治，然后于 1956 年 7 月举行大选，组成全国政府，实现统一。

然而，从 1954 年 12 月开始，美国开始介入越南事务，阻止北越吞并南越。在美国看来，法国在越南溃败，使北越共产党政权统治整个越南，将由此引发"多米诺骨牌"效应，将引发整个东南亚落入各国共产党之手。于是，在美国的支持下，1955 年，吴庭艳在西贡发动

---

① 参见［美］约瑟夫·格登：《朝鲜战争：未曾透露的真相》（Joseph C. Goulden，Korea：the Untold Story of the War，Sirirajmedj. com. 1982.），北京联合出版公司，2017 年 7 月版，http：//queshu. com/book/401417871，在线阅读。

政变，建立越南共和国，国际上称之为南越。南越的亲美政权，实行“控共”“灭共”政策，大肆屠杀爱国人士。于是，1959 年，越南共产党中央委员会决定武装统一越南。在北越军队和北越控制的南越“民族解放阵线”游击队的打击下，南越政府军节节败退。因此，从 1961 年开始，美军直接介入。在起始阶段，美军进行“特种战争”，后来又升级为有限战争。美国在战争最高峰时期的 1968 年 8 月，曾在越南驻有 42. 9 万人。越南人民在中、苏两国的支援下，进行了顽强的抗击，美军无计可施，不得不与越南进行谈判。1973 年 1 月 27 日，相关各方在巴黎达成协议，正式签署《关于在越南结束战争、恢复和平的协定》，随后的两个月内，美军全部撤出。

在长达 10 余年的战争中，美国先后投入 250 万兵力，遭受了重大损失，阵亡人数达 58209 人，受伤人数为 304000 人，失踪 2000 多人。不仅如此，美国还为此消耗了 1372 亿美元的战争费用。[①] 同时，越南战争引发了美国的政治社会危机，使其事与愿违，从世界霸权的宝座上往下跌落。随后的 10 余年里，美国在与苏联的争霸中陷入被动地位，并在全球范围内进行战略收缩。经过尼克松、福特、卡特和里根几任总统长达 20 年的努力，美国才走出越南战争的阴影。

（七）海湾战争（“沙漠盾牌”“沙漠风暴”“沙漠军刀”行动）

1988 年，两伊战争结束后，伊拉克军事实力得到了显著的提升，在阿拉伯国家中享有较高的威望，但由于在战争中，经济上付出沉重的代价，欠了一些外国特别是科威特的大量债务。为了摆脱债务，也为了称霸海湾，经过试探，得出大国尤其是美国不会介入的结论后，伊拉克政府于 1990 年 8 月 2 日悍然出兵，侵占了科威特全境，并在科沙边界布以重兵，海湾战争由此开启。与此同时，它还扣押伊科境

① 参见［美］坎贝尔格纳：《越南战争的经济后果》（1991 年纽约），转引自吕桂霞：《美国卷入越南战争的原因论析》，《学海》，2004 年第 5 期，第 120 页。

内美英等国公民 8000 多人作为人质，以防西方国家武力干预。美国迅速做出反应，紧急向海湾地区集结军队，进行战争准备。美国的行动得到了国际社会的广泛支持，50 多个国家提供各种援助，38 个国家派出部队，一些国家提供高达 500 亿美元的财政支持。在此基础上，美国组建了以其为首的多国部队。1991 年 11 月 29 日，联合国安理会通过了第 678 号决议，授权多国部队使用一切必要手段恢复国际和平与安全，除非伊拉克在 1991 年 1 月 15 日前无条件地从科威特完全撤军。

1991 年 1 月 17 日，超过联合国规定的最终期限两天之后，以美国为首的多国部队开始了代号为“沙漠风暴”的空袭。在进行了持续 38 天的大规模轰炸后，于 2 月 24 日转入地面进攻，迅速将伊军驱逐出科威特，并进入伊南部地区。多国部队围歼或重创了伊军参战的 42 个师中的 41 个，毙伤俘 30 万人，击毁 5500 辆坦克和装甲车，击沉 57 艘舰艇。从西线攻入伊境内的美军装甲部队距巴格达仅 200 公里，伊拉克的抵抗迅速土崩瓦解。2 月 26 日，巴格达电台宣布伊政府同意执行安理会第 660 号决议，从科威特撤军。28 日伊政府表示接受安理会所有 12 项有关决议。同一天，布什宣布多国部队将于当天格林尼治时间 5 时停止作战行动，持续 42 天的海湾战争至此结束。

为防止萨达姆政权东山再起，发起复仇行动，战后美英法等国继续执行对伊制裁行动，包括在伊北纬 33 度以南和 36 度以北建立两个禁飞区；支持当地反政府的什叶派和库尔德族武装；通过联合国出面，核查和监督伊拉克销毁核生化武器和设施；以巡航导弹打击伊防空设施和情报机构。美国以上述方式长期与萨达姆政权保持着低水平的对抗状态。

通过海湾战争，美国获得了重大利益，达到战后以来的霸权巅峰状态。首先，它向世界表明，经过变革的美军已从越南战争的阴影中彻底走出来，重新焕发了活力；其次，充分显示冷战后美国唯一超级大国的无可替代的地位，在国际上能够一呼百应；再次，清晰展现了打击挑战美国地区军事强国的意志，以维护其世界领导地位；第四，快速平息了海湾局势，保证了石油的正常输出，满足了本国和盟友经济发展的需要；第五，着力贯彻了塑造战略的决心，以建立更加有利于美国的国际新秩序。

(八)“沙漠之狐”行动

海湾战争结束后，美英等国对伊拉克持续施压，并以联合国的名义对伊拉克的武器和装备进行反复核查。萨达姆政权十分不满，逐渐不再配合，在禁飞区内，伊军与美英海空军摩擦不断，进而拒绝联合国武器核查人员进入总统府检查。由此，1998 年 12 月 17 日至 20 日，美英对伊拉克实施了为时 4 天的“沙漠之狐”行动。

美军调集了 2 个航母战斗群和包括 B－1、B－52 战略轰炸机在内的 200 余架作战飞机，约 2.9 万人的兵力，在 70 小时内出动飞机 650 架次，采用夜间短促突击的方式，每夜发动 4 轮空袭，攻击了包括 27 个防空导弹阵地、18 个指挥与控制中心、11 个大规模杀伤性武器设施、8 个共和国卫队营地以及其它重要设施在内的 97 处地面目标。面对美英方面持续的空中突击，伊拉克方面尽管拥有 23 个师约 40 万军队、包括 550 辆 T－72 在内的 2200 辆坦克、5500 门高炮、200 多部地空导弹发射架以及 300 余架作战飞机，却完全陷入被动地位，其所能做的，仅是疏散、隐蔽和伪装以及发挥有限的防空火力，没有一架飞机升空作战，因而美英作战飞机无一战损。

通过“沙漠之狐”行动，美国再次以使用武力的方式，迫使伊拉克政府接受了它所提出的条件，基本达成了预定战略企图。经过又一轮军事打击之后，伊拉克的国力进一步下降，难以东山再起。美国则更加强化其在中东特别是海湾地区的控制力。至此，能够在中东地区担负领头的阿拉伯国家一度消失了。从海湾战争到“沙漠之狐”行动，美国虽然受益匪浅，但却激起了阿拉伯国家民众的仇恨，导致极端主义思潮的泛起。“沙漠之狐”行动结束后不到 3 年，以本·拉登为首的国际恐怖主义者就对美国发动了“9·11”袭击，终结了第二次美英战争以来美国本土安全无虞的神话。

(九) 科索沃战争（“联盟力量”行动)

冷战结束后，南斯拉夫联邦于1992年解体，克罗地亚、斯洛文尼亚、波斯尼亚和黑塞哥维那、马其顿先后宣布独立，并得到国际社会的逐步承认。4月27日，由塞尔维亚和黑山两个共和国组成的南斯拉夫联盟共和国（简称南联盟）成立，原本属于塞尔维亚的科索沃和伏伊伏丁那两个自治省，自然也成为南联盟的一部分。科索沃地区主要居民为阿尔巴尼亚族，南联盟总统斯洛博丹·米洛舍维奇为加强对其控制，着手减少上述两省自治权，并派出自己的支持者前往担任领导职务。对此，科索沃人采取了抵制行动。早在南联盟成立之前的1991年9月，科索沃影子议会就实施了科索沃是否独立的公民投票。结果，90%的阿尔巴尼亚人参加投票，其中高达98%的投票者要求独立，塞尔维亚政府则称投票无效。其后，科索沃人建立了解放军，开始进行武装斗争，导致与南联盟部队的冲突不断升级。1999年1月15日，科索沃境内发生了45名阿族人被屠杀“拉查克大事件”。西方国家以此为借口，北约一方面迫使双方和谈，另一方面要求部署维和部队，以制止冲突。3月23日，南联盟与科索沃达成《朗布依埃协议》。南联盟坚决反对在科索沃部署北约维和部队，要求派出自己的部队和安全人员维持秩序，从而拒绝签字。1999年3月24日，美国为首的北约以解决科索沃问题的“最后外交努力”失败为借口，进行代号为“联盟力量”的作战行动。

13个北约成员国（美、英、法、德、意、加、荷、挪、比、土、葡、西、丹）直接参与作战行动，在79天的战争过程中，投入作战飞机1100多架，出动32000架次，全面袭击了南境内军事、政治目标和基础设施，投射炸弹、导弹23000多枚，计12000吨，摧毁了南联盟军工生产设施的大部、炼油设施的全部，使其交通运输线和指挥系统严重受损，战争能力和潜力遭到重大破坏。南联盟方面虽然拥有作战飞机238架、直升机56架、高炮2000门、防空导弹发射器1000部、便携式防空导弹发射器60部，但由于缺乏制空权和制海权，基本上无法投入战斗，只能被动挨打和隐蔽。6月20

日，南联盟军队被迫撤出科索沃地区，北约随即宣布停止对南联盟的空袭行动。

美国以北约的旗号发动的科索沃战争，展现了西方国家领袖的有力地位。欧盟国家长期以来，在坚持经济一体化的同时，还谋求外交、防务一体化，希望用自身的力量解决欧洲的问题。自南斯拉夫解体以来，原加盟共和国内部和相互之间因宗教和民族矛盾武装冲突不断。欧盟为解决南斯拉夫的遗留问题，大费周折，却效果不彰。在欧盟无法解决原南斯拉夫问题之后，美国最后一锤定音，导致南联盟解体。通过科索沃战争，美国深度介入了巴尔干半岛的事务，增强了对西北亚和东南欧的控制，进入了欧亚大陆的核心地带，大幅挤压了俄罗斯的战略空间。

(十) 阿富汗战争（“持久自由”行动）

2001 年 9 月 11 日，美国东部地区发生一系列恐怖袭击事件，纽约世界贸易中心和华盛顿五角大楼遭到袭击。在纽约，当地时间上午 8 时 46 分，恐怖分子劫持美洲航空公司第 11 次航班撞击了 110 层的世贸中心北楼；9 时 03 分，被劫持的美洲航空公司第 77 次航班撞击了南楼，两座大楼相继倒塌。在华盛顿，当地时间上午 9 时 45 分，美国联合航空公司第 175 次航班从华盛顿杜勒斯机场起飞后不久被劫持，撞击了国防部五角大楼西南端。在宾夕法尼亚州，当地时间上午 10 时，从新泽西纽瓦克飞往旧金山的美国联合航空公司第 93 次航班被劫持后，在匹兹堡东南 130 公里处坠毁。这一系列事件共造成约 3200 人死亡或失踪。

2001 年 10 月 7 日，美国对策划恐怖袭击的阿富汗境内塔利班政权和“基地”组织实施报复，进行武力打击，拉开了全球反恐战争的序幕。阿富汗周边和邻近的许多国家，以不同形式配合了美国的军事行动。在反恐的国际背景下，世界上有 111 个国家以不同方式参与了美国主导的战争，100 多个国家冻结了恐怖组织的金融资产。经过几个月的战斗，美国推翻了塔利班政权，消灭大批“基地”组织成员。恐怖主义头目拉登率领部分成员化整为零，藏身阿巴边境的高山峻岭之中。（2010年5月，美国海豹突击队在巴基斯坦阿拉塔巴德地区击毙了拉登。）在这场战争中，美国军费开支大约每月20亿美元，伤亡总人数约400余人（关于美军死亡人数，美国国防部公布的数字为39人，俄罗斯方面的估计为150人），损失固定翼飞机7架、直升机16架、无人驾驶飞行器10余架。

阿富汗的自然与社会条件复杂、恶劣，“基地”组织在阿富汗有55个据点，13000名成员，塔利班武装力量拥有45000人、650辆坦克和装甲车及少量的飞机和火炮。由于苏联的前车之鉴，美国对进入阿富汗境内作战的危险性有深切了解。美军充分吸取了苏联在阿富汗失败的教训，制定了详尽的战争计划，将作战行动分为三个阶段：在第一阶段发动空袭，重点是摧毁机场、飞机、防空导弹基地和雷达站点，以及指挥和训练设施。第二阶段是低空攻击，出动战机百余架以及AC－130空中炮艇，着重攻击坦克和军用车辆等移动目标和塔利班的营地。第三阶段是地面特种作战和搜集情报，摧毁塔利班和“基地”组织在洞穴中的藏身处。第四阶段是支援北方联盟的15000人发动地面进攻。

美国遭受“9·11”袭击，完全是自身酿成的苦果。20世纪70年代末，为了引苏联入瓮，将其耗垮，美国开始在阿富汗布设战略陷阱。1979年7月3日，卡特总统签署指示，要求中情局援助阿富汗圣战者，美国政府预料这一行为将招致苏联的武装干预。布热津斯基指出：“这次秘密军事行动构思绝佳，它使俄罗斯人掉进了阿富汗的陷阱，苏军越过苏阿边界的当天，我给卡特总统写了信，我说：‘我们现在有机会使苏联发动越南战争’。结果将近10年时间，苏联都不得不进行一场无法承受的战争，它最终使苏联帝国解体。”①可以说，无论是塔利班政权还是“基地”组织，都是美国豢养的，最后却搬起石头砸了自己的脚。17个年头过去了，美国至今仍未能从阿富汗完全脱

① 参见［美］伊曼纽尔·沃勒斯坦等著：《大变局：30位国际顶尖学者研判后“9·11”时代的世界格局》，江西人民出版社，2002年3月版，第181页。

身。如果说，陷于阿富汗战争泥潭的10年是压垮苏联最后一根稻草的话，那么，对于受阿富汗战争拖累更久的美国来说，亦是一场噩梦。

（十一）伊拉克战争（“自由伊拉克”行动）

在阿富汗反恐战争尚在进行之际，美国又以伊拉克拥有大规模杀伤性武器为由，于2003年3月20日发动了对伊战争。在为期40天的作战中，美军采取了“震慑”和“斩首”行动，击溃了伊拉克的军队，实现了更迭其政权的目的。2003年5月1日，小布什政府宣布终止在伊拉克的主要军事行动。在其后的10余年里，美国为塑造伊拉克付出了远大于战争中的伤亡代价，不仅未达成预先设想，反而使情势变得越来越糟。在伊拉克境内，民族矛盾、宗教冲突、社会对立导致恐怖主义组织泛滥，许多“基地”组织成员潜入伊拉克，以至于“伊斯兰国”建立起来，并占领伊拉克半壁江山。自2017年始，在美国的支持下，伊拉克政府军才逐步收复失地。

美国发动伊拉克战争，即使在国内也饱受诟病。四星上将维斯利·K·克拉克对小布什政府进行了全方位的批评，认为小布什发动伊拉克战争主要是出于政治和宣传目的，是为了回应“9.11”恐怖袭击震撼性影响而导演的具有大规模部队和强烈视觉效果的战争。[①] 他还对小布什的战争观提出了尖锐的批评，认为美国以常规战争的方式反恐，“不仅曲解了现代战争的经验，而且铸成了历史性的政策错误。”“战役的成功、卓越的战术与指挥、全体将士的英勇无畏，掩盖了战略上的根本缺陷。军队体系承担了不必要的风险；对于战后阶段的计划不足；粗心地忽略了重要的国际支持。就此而言，这只是控制敌军的完美战例，而并未赢得战争的胜利。”[②] 小布什本人也承认对伊拉克战争后形势的判断有误，他在2004年8月26日发表讲话的当日，美军阵亡969人，其中828人死于战争结束后；伤6690人，其

① 维斯利·K·克拉克：《赢得现代战争：伊拉克、恐怖主义和美利坚帝国》，青岛出版社，2004年中译本，第16页。

② 同上，第6页。

中绝大多数是发生在战后。[1] 美国前国务卿奥尔布赖特更是把伊拉克战争视为美国历史上所犯下的最为严重的战略错误。[2] 阿富汗反恐战争和伊拉克战争使美国国力耗损严重，导致2008年的金融危机，结束了里根政府以来经济发展势头。更有甚者，伊拉克战争还使得美国国际信誉受到巨大损失，世界头号强国的地位岌岌可危。

（十二）空袭利比亚（“奥德赛黎明行动”）

卡扎菲是阿拉伯国家一位强悍的领导人，长期以来对西方国家一直持强硬态度，他所统治的利比亚被西方国家视为眼中钉。1988年12月21日，一架美国泛美航空公司的747客机在苏格兰小镇洛克比上空爆炸坠毁，史称“洛克比空难”[3]。美国认为，这一事件是卡扎菲授意并策划的，尔后对其长期制裁，持敌视态度；法国对卡扎菲政府也极其不满，因为在它看来，利比亚所采取的政策严重损害了其重大利益；其他一些北约国家对卡扎菲在国内推行的高压政策也大加反对。2011年2月，利比亚爆发了大规模的抗议活动，要求政府下台。对于民众的诉求，卡扎菲政府派出安全部队镇压。在西方国家的眼中，这是一次难得的机遇，便以维护利比亚人民自由权利为由，推动联合国通过1970年和1973号决议，在利比亚设立禁飞区，对利比亚政府实行武器禁运，限制卡扎菲及其家庭主要成员的出国旅行，并冻

---

① 《美报：布什首次承认错误估计伊拉克战后形势》，《联合早报》网，2004年8月27日。

② 参见《美国前国务卿称伊拉克战争是美国所犯“最大错误”》，《国际在线专稿》，2012年6月27日。

③ 1988年12月21日，一架美国泛美航空公司的波音747客机在苏格兰小镇洛克比上空爆炸坠毁，造成机上259人和地面11人死亡。事件发生后，美英两国情报机构调查后认为，此起空难是卡扎菲授意并策划，由利比亚航空公司驻马耳他办事处经理阿明·费希迈和特工阿卜杜勒·迈格拉希具体实施的。对此，卡扎菲矢口否认。1999年4月5日，卡扎菲同意将两名“嫌犯”移交苏格兰。2000年5月3日开始，由设在荷兰的一个苏格兰法庭对费希迈和迈格拉希进行审判，并于2001年1月31日做出裁决，费希迈无罪释放，迈格拉希罪名成立，判处终身监禁，后来又改判为17年。2002年，利比亚政府同意支付27亿美元对空难受害者进行赔偿。

结卡扎菲和相关人员的海外资产。同时，各参与执行联合国决议的会员国，以本国的名义或通过区域组织的安排，可采取一切必要措施。对于西方国家的干预行动，卡扎菲坚决抵制，宣称要动员利比亚人民武装对抗。

2011 年 3 月 19 日，北约国家在巴黎召开会议，讨论实施英国提出的动议，做出了对利比亚采取军事打击的决定。次日，以美、英、法为代表的北约国家对利比亚实施空袭，实施“奥德赛黎明”行动，对利比亚进行了持续 216 天的空袭。在内外夹击下，卡扎菲政府最终被推翻，其本人也于 10 月 20 日遭袭身亡。西方国家，特别是美国再一次用武力对一个国家的政权实现了更迭。

以美国为首的北约国家推翻了卡扎菲政权，使阿拉伯国家又一个强势领导者退出历史舞台，虽然清除了所谓的“心腹之患”，但却给利比亚及中东地区其他国家造成了严重的灾难。战后以来，美国中东政策的一个立足点就是，对于可能成为地区领导者的国家坚决进行孤立和打击，导致阿拉伯国家失去凝聚力。美国的军事干预使中东地区变成了世界的“火药筒”，战争连年不断，恐怖活动日益泛滥。由此，在可以预见的未来，随着域外大国在中东地区的角逐加剧，该地区和平与稳定的实现仍然步履维艰。

除了上述的重大战争行动外，美国还介入或发起了众多小型军事冲突和和各种各样的特种作战行动，如解救在伊朗的人质、入侵格林纳达、打击利比亚的“草原烈火行动”“黄金峡谷行动”“马亚克斯号”货船救援行动、锡德拉湾行动、在海湾与进行袭船战的伊朗革命卫队海上力量的小规模武装冲突以及对巴拿马的军事行动、挫败“阿基利·劳罗号”游艇上恐怖分子的行动、击毙拉登以及在世界上许多地区对恐怖分子定点清除行动。美国所从事的战争，一方面为其带来了巨大的战略利益，另一方面也制造了诸多难题，但总的看，收益远比付出的代价大。正因为如此，美国十分注重实战的运用，将其作为实现国家利益的长矛，解决国际冲突的利器，凝聚社会意愿的粘合剂，筑牢居安思危的良方。

二、探索实战

毛泽东在《中国革命战争的战略问题》一文中指出："为什么要学习战争的规律，因为要使用这些规律于战争。"他还进一步强调，要从战争中学习战争。[①] 美国的战争指导者也熟知此理。独立战争后，美国在讨论重建军队时，华盛顿就提议设立一所军校，一方面用于培养军队需要的人才，另一方面用于战争理论的研究。到了今天，美国主要的军事院校和与安全相关的研究机构都特别重视战争的研究。

（一）总结失败教训

在军事学术研究中，美国对成功的案例着墨甚少，而对失败的教训却重视有加。在美国所遭遇的战争失败中，越南战争是一个重要的典型。这场战争，严重地冲击了美国，叠加引发了政治危机、经济危机、社会危机的总爆发。战略学家保罗·肯尼迪指出："越战是美国绝对打输的第一场战争，它玷污了第二次世界大战胜利的经历，使从四星上将到'出类拔萃'的知识分子等一大批人名誉扫地……，从越南回来的美国兵历尽屈辱，无人过问。"[②] 因此，一向"急功近利，缺乏远大眼光，常犯欲速则不达，见小利则大事不成"的美国[③]，从军界、政界到学界，开始进行反思，对以往战争尤其是越南战争的失败教训进行深入的探究。他们发现，之所以出现这样的情况，是因为：

首先，军政战略不协调。按照战争指导的一般规律，军事行动必须与政治目标统一起来，否则，血就可能白流。无论拥有什么样先进武器装备的军队，一旦离开了政治指引，至多赢得战斗，却不可能打

---

① 参见《毛泽东选集》，人民出版社，1991 年 6 月版，第 178、181 页。

② 保罗·肯尼迪：《大国的兴衰》，世界知识出版社，1990 年中译本，第 454 页。

③ 参见纽先钟：《现代战略思潮》，（台湾）黎明文化事业股份有限公司，1985 年版，第 24 页。

胜仗。美国干预和参与越南战争，是冷战思维驱动的结果，并不清楚要通过什么程度军事行动达成政治目的，从而在战争指导上失去了方向，使其变成了为战争而进行战争。曾主导越南战争决策的麦克纳马拉在其回忆录中就说道：“事后证明我们错了”，“我们没有充分认识到现代化、高科技的军事装备、军队和理论，在与非正规的、被高度激发起来的人民运动的对抗中，其作用是极其有限度的。”① 不仅如此，美国军事理论界认为，越战失败的重要原因是“美国的政治目标与战略、战役层次上的军事行动没有明确地联系起来。战场上所取得的显著军事胜利实际上与政治目标大相径庭。”②

其次，作战指挥不统一。“越战期间，威斯特·摩兰所领受的任务不明确，他不清楚可以使用的作战手段的限度，并且被明令禁止追击敌人至其在老挝和柬埔寨及北纬 17 度线以北的庇护所，这种限制使美军拱手让出了战争的主动权，只能被动地打一场消耗战，这标志着美国在越南的必然失败。”③ 赢得战争胜利的首要因素是“保证国家安全战略、协调性的军事战略和实战战略三者和谐一致。美国在越战期间似乎完全没有做到这一点。在战争中，摩兰上将负责控制在南越进行的地面战争；驻南越大使负责谋求和平的工作；太平洋美军总司令负责海军作战；位于华盛顿的指挥机构则负责制定河内上空的空战计划。对于美国、盟国和越南共和国的军队作战行动，从来也不曾有过一个联合的指挥机构，只有一项进行合作的政策。”④ 作战指挥不统一，造成军事行动支离破碎，形成不了合力，徒增资源消耗。

再次，手段运用不匹配。手段是实现战争目的的媒介，如果使用

① ［美］罗伯特·麦克纳马拉：《回顾——越战的悲剧与教训》，作家出版社，1996 年版，第 332、343 页。

② 詹姆斯·邓尼根：《美军自越战后到海湾战争的改革》，军事科学出版社，1996 年中译本，第 49 页。

③ David Curtis Skaggs, Robert S. Browning, In Defense of the Republic: Readings in American Military History, Washington, p. 481.

④ ［美］威廉·斯托登迈耶：“80 年代的战略思想”，参见美国陆军军事学院编：《军事战略》，第 880 页。

不当，就不可能取得战争的胜利。越战后，美国战略理论界对于战争手段的运用提出了批评。一种意见认为，要决定性地使用武力，根本不要进行限制。“让军事行动服从政治需要就可能意味着牺牲军事胜利，而军事胜利对实现国家的一切重要目标又是必不可少的。因此实际上军事需要以及战争前途对政治起决定性作用，让某些政治考虑服从军事需要，可能还是避免失败的必然条件。”[①]另外一种意见认为，要限制战争的目的，而不应限制烈度和手段。因为当有限战争以限制战争烈度和手段的运用而不是以实现政治目标为目的时，武力的运用便失去了全部意义。还有一种意见认为，要限制战争手段，但要视战争的性质而定。美国在越南战争中的错误是以常规战略对付革命战争。对于革命性的战争，靠有限手段是解决不了问题的。此外，美国一些理论家甚至认为，越南问题根本不可能以武力解决，美国在越南发动战争本身就是错误的。其实，这些战略反省都没有到位。美国在越战中失败的原因，是以有限战争理论为其无限的世界霸权目标服务，是战争的有限性与“支持一切盟友、反对一切敌人、承担一切义务”政治目标无限性之间不可调和的矛盾所造成的。

第四，战争优势不对称。肯尼迪在有关越战的评论中指出，军事装备和经济力量方面的巨大优势并不能自动地转化为军事效能。美国的生产力可达北越的 50－100 倍，轰炸能力可使其重返石器时代，但却不能打赢战争。由于不能对一个没有构成严重威胁的敌人使用核武器，不能毫无顾忌地扩大战争的地理范围，不能拦截向北越输送军火的苏联船只，不能阻止中苏介入战争，美国不得不与对手在丛林和稻田中作战。地形抵消了美军火力与机动优势，取胜的关键变成了丛林战技术和部队的凝聚力，而以征兵方式仓促组成的美军在这方面处于天然的劣势。“从 2000 年或 2020 年回过头来看，越南战争可能被看作是对美国全球性的狂妄自大产生了一种有益的震动，因而促使这个

① 转引自小阿瑟·布朗：“有限战争的战略”，参见美国陆军军事学院前引书，第 549 页。

国家对其战略优先次序做出更加深刻的思考，更明智地适应 1945 年以来已发生了很大变化的世界。换句话说，就象俄国人在克里米亚战争或英国人在布尔战争中受到的震动一样，使他们进行了有益的改革和重新评价。”①

第五，力量投入不集中。越南战争使美国看到了持久战可能带来的巨大伤亡和消耗，充分认识到压缩战争持续时间的重要意义。一旦需要动用武力，必须坚决果断地投入决定性力量以迅速取胜。美国军事理论家詹姆斯·邓尼根指出，战争的持续时间是个最大的变数，尽管美国拥有丰富得多的军事资源，但是持久战和逐次投入兵力的方式使敌方赢得了挫败美军行动的时间。② 利文斯顿进一步强调：“正如克劳塞维茨所说，战争就其最根本的意义来说只是一种力量的考验。一般说来，拥有更多资源的一方将赢得冲突的胜利。高明的战略、战术只能暂时延缓不可避免的结局。然而，拥有更多资源的一方必须从冲突一开始就准备利用这些资源直至取得胜利。不幸的是，美国战后卷入低层次冲突的历史表明，事实上在每一次事件中都有长期的和不断增加的兵力集结，随后便是一场长期的僵持的消耗战。准备坚持最长时间的一方，也即目的性最明确的一方，最终将在意志的考验中取胜。人们只需回想一下胡志明的话，就能明白这一道理。他表示愿打 10 年或 20 年甚至更长时间，为了越南的胜利不惜一切代价。相反的是，今天的美国公众和决策者不愿接受消耗战，只能忍受暂时的战斗，而且战斗必须没有重大损失。”③

总之，在美国人看来，由于政治目的、军事战略和作战行动缺乏协调、指挥关系复杂紊乱、手段运用机械呆板、自身优势难以发挥，最后输掉了战争。因此，美国再也不能进行这样的战争了，因而必须为未来海外用兵设定一些条件，以便做到进之有据，退之有理。

---

① 保罗·肯尼迪：《大国的兴衰》，第 454—456 页。

② 詹姆斯·邓尼根：《美军自越战后到海湾战争的改革》，第 50 页。

③ 美国国防大学：《美国九十年代的防务》，国防大学出版社，1986 年中译本，第 196—197 页。

（二）寻求制胜机理

在美国人的战略思维中，一直强调战争中“力胜”。在包括两次世界大战在内的数场战争中，它都依靠处于绝对优势的“力”获得了胜利，而战后作为一个世界上综合实力和军事力量最强的国家，为什么会在朝鲜战争和越南战争中接连败北呢？于是，美国战略界开始探索变化了的时代条件下战争的内在规律，寻求制胜机理。

首先，战略态势至关重要。《孙子兵法》云：“故善战者，求之于势，不责于人，故能择人而任势。”“善战人之势，如转圆石于千仞之山者，势也。”因此，美国把“塑造”手段用于战略指导。1997 年克林顿政府发表的军事战略报告中，正式提出“塑造”的概念，主张美军要与盟友开展合作，塑造有利的国际环境。一要使国际环境“和平与稳定”，二要使美军在可能爆发的国际危机和战争中居于有利地位。此后，“塑造”一词被广泛地运用于各种国家安全、国防战略和军事战略的文件中。从小布什政府开始，美国多次调整全球军事部署，其实也是一种“塑造”态势的行动。特朗普上台后，于 2018 年 5 月 31 日，将有 71 年历史的太平洋司令部改为印太司令部，突出对中国的“绞索”作用，就是一种“塑造”。为了在战争中获取主动，美国运用多种方法塑造战略态势。一是综合运用“硬实力”“软实力”混合而成的“巧实力”外交，以减少他国的戒备和敌意，增强自身的“弹性”和“休养”，从而在“疗伤”的时候寻找机遇；二是采取战略误导方法，造成对手错配战略资源，自乱阵脚，陷入万劫不复之深渊；三是突出舆论法理斗争，将自身置于道德高地，陷对手于孤立处境，使其丧失信心，弱化斗志；四是组建各种联盟，形成集团效应，造成对方恐惧心理，难以进行持久和坚强的抵抗。

其次，技术领先作用关键。决定战争胜负的决定性因素是人，而不是物，这无疑是正确的。但是，在实际作战中，拥有先进武器装备的一方，往往更易于赢得胜利。在 1840 年的鸦片战争中，英国海军人数极少，却迫使中国清政府签订《南京条约》。之所以如此，不是中国人不善战、不敢战，而是武器装备落后，代差严重，无法作战。

在朝鲜战争中，中国人民志愿军的武器装备虽然比不上美军，但基本上没有代差，所以最后能够打胜。在越南战争中也是如此，美国固然有更多的先进武器，但却不能迅速使敌方失去抵抗力，也就不能赢得战争。同时，不可否认的是，虽然有来自中苏两国源源不断的援助，越南还是付出了远大于美军的生命代价。因此，在武器装备没有代差的情况下，落后的一方，可以靠顽强拼搏和更大的生命代价获得胜利。越南战争之后，美军着手变革，潜心开发新技术、新装备。1986年，美军在空袭利比亚时，高新技术装备初露锋芒。冷战结束后，美国依靠先进的武器装备，连续打赢了四场有限战争。从作战角度上说，在武器装备差距过大特别是出现代差的情况下，落后的一方无论多么勇敢，多么善战，都难以在正规战中进行有效的反击。

再次，体系对抗赢得先机。所谓体系对抗，就是从决策到行动，从侦察到打击，从进攻到防御，从作战到保障，从效果到评估完全一体化。由于重利轻义，难以抑制扩张欲望，美国不可避免地要从事战争。由于又存在着所谓“以人为本”的理念，既要打仗又要减少人员伤亡，就成了它所致力解决的问题。因此，美国十分重视战争的整体设计，将其变成体系的对抗：一要能先敌发现目标，二是要能迅速摧毁目标，三是使敌人打不到自己，四是即使被敌人打到也能抗得住，五是使敌人遭到打击后难以恢复，或不知如何反击。基于此，美国首先开发 C^4IRS 系统，即自动化指挥系统。通过这一系统，明确了侦察目标，加快了情报处理，提高了指挥效率，增强了作战能力，使得美军易于获取先机，谋取作战主动权。即是说，通过侦察，发现敌人的目标，通过计算机快速计算，使指挥员对如何打击目标、打击何种目标和由谁执行打击行动易于做出决定。同时，通过侦察，还提升了预警能力，以便在敌人来袭时，能够及时地进行规避或反击。为了确保自己的安全，美国又进行了两个方面的努力：一是研发远程精确打击武器，能够一次性摧毁敌人的目标；二是开发联合作战概念，将传统上的人力集中变成火力集中，导致敌人既难以进行防御，更无法展开有效反击。

第四，军事训练不可或缺。美国深知，军队备战打仗的能力主要从训练中来。军事人员训练水平的高低，对于战争的胜负具有决定性影响。基于此种认识，美军历来重视军事训练，并将其作为提升战斗力的基本途径。为了使训练做得扎实和具有针对性，美国从国家法律的高度对军事训练的组织和内容作了规定。《国家法典》第10编中的《武装力量》、第32编中的《国民警卫队》对于参谋长联席会议主席、战区司令部司令、军种部长有关组织、实施军事训练的职责做出比较清晰的规定。国防部、参联会、各军种部和作战司令部也都依据法律规定，根据各自的需求和特点，制定系列规范性文件，对所属机构、部队和相关人员进行训练。美军的训练主要包括两个方面内容：一是基本能力训练。此种训练的目的在于提高军事人员与单位的战略执勤、执行任务和从事日常工作的能力，一般由军种组织实施。二是实战能力训练。此种训练的目的在于提高部队整体的打仗能力，主要方式就是进行演习。为此，美军在每个年度都要在国内和国外进行大型军事演练活动。通过演习，提高了军队的战斗能力，培养了人员的战斗精神，增进了与盟友的联合作战意识。

（三）创新战争样式

随着科学技术、社会伦理和政治条件的变化，战争的样式也发生了重大的改变。从拿破仑战争到第二次世界大战，总体战争或全面战争的思想在美国的战略理论中一直占据主导地位，把克氏绝对战争理论奉为圭臬。克劳塞维茨在《战争论》中指出："不顾一切、不惜流血牺牲地使用暴力的一方，在对方不同样做的时候，就必然会取得优势。这样一来他就使对方也不得不这样做，于是双方就趋于极端，这种趋向除了受内在的牵制力量的限制外，不受其他任何限制。"① 对于参加过两次世界大战的美国人来说，这一观念根深蒂固，认为战争的结局只有两种，即全面胜利或彻底失败。因此，全力以赴争取战争的

---

① 转引自安田：《现代有限战争的理论与实践》，解放军出版社，1987年6月版，第7页。

完全胜利，就成了美国军事战略的基本准则。战后，杜鲁门政府的“遏制战略”和艾森豪威尔“大规模报复”战略都是以全面战争作为筹划的基点。然而，朝鲜战争的爆发及其结局使美国决策当局及战略界精英受到了巨大的震动，对传统战争的样式产生了怀疑，从而推动了新战争样式的研究。

朝鲜战争爆发后，美国在开始阶段以全面战争的方式指导战争。但是，战争的发展与美国决策当局的预料渐行渐远。面对中国人民志愿军的凌厉攻势，美军节节败退，从鸭绿江边一直撤至汉城（今韩国首尔）以南。在此情况下，对于如何进行战争，美国的决策者有了不同的看法。以麦克阿瑟为代表的一方认为，“战争时胜利是没有替代品”①，美国必须不惜代价以取得战争的胜利。以总统杜鲁门为代表的一方认为，美国的战略重心在欧洲，如果在亚洲投入过多的资源，与中国进行一场全面的战争，就会犯本末倒置的错误。“我只能得出一个结论，麦克阿瑟将军准备冒全面战争的危险，而我并不准备这样做。”② 因此，他决定对美国的战争行动进行某种程度的限制。1951年，在参议院举行的关于麦克阿瑟解职的听证会上，国务卿马歇尔在作证时将朝鲜战争称为“有限战争”。③ 朝鲜战争之后，美国军事理论界对若干战略问题进行了激烈的辩论，逐渐把有限战争作为未来战争准备的基点。

朝鲜战争之后，美国虽然提出了有限战争的概念，但在认识上还没有完全转向。1954 年 1 月，国务卿杜勒斯发表了题为“大规模报复”战略的演讲，强调美国的战略是：“主要依靠用我们自己选择的手段在我们选择的地点立即进行报复的强大力量”来慑止侵略。也就是说，美国要运用其核优势，以全面核战争相威胁达到其政治军事目的。艾森豪威尔据此制定的“大规模报复”战略，遭到了美国战略学

① 参见：General MacArthur Speech，“Old Soldiers Never Die，They Just Fade Away”，19 April，1951，https//m. douban. com/mip/group/topic/20893294/.

② 柯林斯：《大战略》，第 91 页。

③ 转引自陈舟：《现代局部战争理论研究》，第 41 页。

界的广泛批评。他们认为，全面战争在核时代已经过时，尽管战争依然是政治的继续，但其样式已经发生了根本的变化，有限战争将成为主导。肯尼迪上台后，立即将有限战争理论作为美国军事战略的指导思想。其后，无论是“灵活反应”战略，还是“现实威慑”战略，抑或是“新灵活反应”战略，都是指导有限战争的战略。虽然美国首次以有限战争理论指导的越南战争以失败而告终，但并未就此放弃有限战争作法，相反，却进一步加强有限战争指导的探索。1986 年，美国国会通过国防部改组法，建立了联合作战指挥体制，其实质就是进行有限战争的指挥体制。里根政府期间，美国提出“低强度冲突”理论，实施“推回战略”，也是以有限战争的方式把苏联从其在第三世界所获得的地盘上推回去。从越战结束到 1991 年海湾战争爆发前的 18 年时间里，美军在海外所采取的 9 次军事行动，均为小规模作战，大都实现了预期的目标。正如基辛格所说的那样，有限战争是达成国家政策目标的有效手段。

冷战结束以后，美国更加强调有限战争战略的运用。1990 年，在沉寂 20 年之后，经过脱胎换骨式改革的美军再次走上有限战争的战场。海湾战争使整个世界对信息化条件下的现代有限战争有了耳目一新的认识。1999 年的科索沃战争，以美国为首的北约军队以“零伤亡”的代价打赢了战争。2001 年和 2003 年，美军又与其盟友一道发起了阿富汗反恐战争和伊拉克战争，也迅速取得了军事上胜利。经过为期不长的作战，推翻了塔利班政权和伊拉克萨达姆政权。奥巴马上台后，在军事打击利比亚“奥得塞黎明”的行动中，美国同样采取了有限战争的方式。即使对于严重挑战西方世界的极端主义势力“伊斯兰国”（ISIS），美国也只是实施空中打击或特种作战行动，对伊拉克军队和库尔德民兵武装进行支援。相对而言，奥巴马政府在武力问题上更加谨慎。他在 2014 年西点军校毕业典礼上发表的讲话指出，战争并不能解决所有的问题。如同越南战争之后一样，在国力相对衰微的情况下，美军将会“蛰伏”一个时期，而当国家实力完全恢复，就会卷土重来，继续以有限战争的手段，维护和扩展其所谓国家利益。

特朗普上台后，美国一反奥巴马时期的作法，一方面加大对 ISIS 的打击力度，与盟友一道将其消灭，另一方面对叙利亚“踩踏红线”的行为，果断采取军事行动，实施有限武力打击，与奥巴马时期截然不同。

有限战争或局部战争的概念虽然不是美国所独创，但是就其内涵和运用方面来说，却有着一定的创新。传统上的有限战争，并不是战争指导者的主观行为，而是客观条件所使然。当双方无力进行战争，或一方的实力过于强大，且目标有限，很快就达到了目的，对手反击无效，又不愿做无谓的牺牲时，战争就会结束。而与此不同的是，美国在有限战争的运用上，则从限制目的、手段、强度、时间、地域等方面着手，能动地对战争进行限制。

（四）确立用兵规则

为了避免朝鲜战争和越南战争那样的持久作战、代价不断增高、效果却日益低下、最后导致失败局面的出现，美国政府从 20 世纪开始着手制定海外用兵的规则。1984 年，里根政府国防部长温伯格正式提出了美国海外用兵六原则。① 后来，美国政府又在国家安全战略、国防战略、军事战略以及防务评估报告等官方文件中，进一步加以完善。

第一，着眼国家安全战略目的。1986 年，《国防部改组法》之所以规定总统要每年向国会提交国家安全战略报告，其主要目的就是使政府在决定是否使用武力时应该有所遵循。国家安全战略界定了国家的战略目标，明确了国家利益所在，军队所执行的全部任务就在于将其变成现实。也就是说，军队不是为打仗而打仗，而是出于维护和拓展国家利益的需要。这样，政府在做战争决策时，就会避免冲动，不会再犯类似朝鲜战争和越南战争那样的错误。不仅如此，即使为了维

---

① 六条原则是：派兵干预的事件必须涉及美国重大国家利益；一旦定下干预的决心便全力以赴地夺取军事胜利；有明确的政治和军事目标；对战争目标与所投入军事力量的规模、编成和部署之间的关系必须不断进行必要调整；必须确信能够获得国内民众和国会的支持；诉诸武力必须是最后手段。

护或扩展国家利益，决策者也要准确地估计军事行动的代价，对所需时间和费用做出准确评估，如果风险和代价与获益相比过于昂贵，宁可不出兵。同时，一旦在海外用兵，就应在充分发挥武器装备优势的条件下，尽可能减少人员伤亡，以最小的生命代价获得最大的战争效益，竭力做到“小战而胜”、“一战而胜”，甚至“不战而胜”。当然，在战争中，追求“零伤亡”无可厚非，但绝不意味着毫无伤亡，因而不能作为指导战争的基本原则，否则就会对进行有效的军事行动造成严重的政治和作战方面的束缚，同样也会使决策者低估使用武力的风险性。[①] 所以，要综合考虑使用武力可能导致的人员伤亡和财力物力消耗，以及在其他方面可能给美国带来的损失，全面衡量付出的代价和带来的风险与收获是否相称，只有在得大于失的情况下才使用武力，使战争行动与国家安全战略真正地一致起来。

第二，严格限制战争行动时间。在朝鲜战争和越南战争中，总统将美国武装力量投入战争时，都没有经国会批准。战争历时时间长，国家遭受损失大。为此，1973 年，国会通过《战争权力法》，限制总统不当使用武力。其中规定，在国会没有批准或宣战的情况下，美军在海外行动时间不得超过 60 天，另有 30 天撤离期。[②] 其后，总统虽然并没有完全按照这一法案行事，但也往往根据既定的政治和经济目标，规定停止军事介入和撤出的期限。对战争时间的限制，是为了避免陷入持久战，控制费用、资源（包括人力）损耗过大，防止公众对战争的目的和意义产生怀疑，保持美国社会的稳定；同时，也杜绝在广泛的海外干预中顾此失彼，给对手以可乘之机，影响美国战略地位的稳固。1997 年《四年防务评估报告》规定：美军在海外进行干预时，必须时机合宜，并考虑好如何撤出。在介入小规模地区冲突的一

---

① 华盛顿战略与国际问题研究中心：《科索沃战争》（中），军事科学出版社，2000 年版，第 79 页。

② 参见谷维：《美国“战争权力法”简析》，《国际问题资料》，1983 年第 10 期。

个原则就是要有所选择，特别是对那些可能持续时间长的作战。[①]建设一支精干高效、快速反应的部队有助于限制作战行动的时间，不但易于取胜，而且利于获得盟国和国际社会支持。"在阿富汗战争中，如果战争涉及在其领土上出现更大规模、更长时间的美国军事存在和军事活动，俄罗斯、塔吉克斯坦、土库曼斯坦、乌兹别克斯坦和巴基斯坦还会那样合作吗?"[②]

第三，统筹兼顾全球安全事态。在准备对某一特定地区使用武力时，除了以利益为主要参照外，还要考虑在其他地区发生大规模战争的可能，并以此衡量介入的程度和投入的兵力，以免战略失衡。冷战后提出的准备打赢两场几乎同时发生的大规模地区冲突的思想，2001年以后提出的在一个战场迅速地和决定性地打赢一场战争之后再对付其他敌人的主张（1+），2018年国防战略概要中提出的"更加灵活地利用现有的力量主动塑造战略环境，同时保持应对突发事件的准备，并确保长期备战状态"的构想，都体现了这一原则。美军认为，长期以来，尽管它在其他地区从事战争行动，但从未放松对朝鲜半岛的警惕，因而朝鲜自1953年以来至少三次放弃了进攻韩国的计划，即1965—1972年美国卷入越战期间、1973—1981年美国国内的和平主义使美军不能进行海外武装干预时期和1990年8月到1991年2月海湾危机和海湾战争时期。

第四，择机采取先发制人手段。对国际恐怖主义和"无赖国家"，美国政府可以对国际恐怖主义组织采取先发制人的行动，直捣其巢穴并打击其幕后操纵国。小布什在2002年1月所作的"国情咨文报告"中宣称，美国将采取一切必要的行动来确保国家安全，当险情出现时，不会消极等待，当危险迫近时，不会坐视不顾，绝不允许世界上

① The US Department of Defense, Quadrennial Defense Review (QDR), May. 1997, pp. 9, 26.

② ［美］威廉·欧文斯:《美国新军事革命回顾与展望》，军事科学院外国军事研究部译:《新世纪美国军事转型计划：美军转型"路线图"文件汇编》，军事科学出版社，2003年版，第428页。

最危险的政权用世界上毁灭性最大的武器威胁美国。2002 年 9 月发表的《国家安全战略》报告，系统地阐述了“先发制人”战略适用的对象、思维逻辑和使用原则。小布什政府认为，恐怖组织网络没有需要保护的国土和居民，并可能掌握着大规模杀伤性武器，难以通过大规模报复形式加以慑止，而其一旦得手，后果将不堪设想。因此，美军在 2004—2009 年《国防计划纲要》中，提出了“前进吓阻”的先制打击概念，主张借助先进武器系统与情报信息优势，在任何时间、任何地点、对任何威胁美国的敌人发动“无预警攻击”。国防部长拉姆斯菲尔德也指出：“对付恐怖主义和 21 世纪正在出现的其他威胁，非常需要把战争引向敌人。最好的防御，在某些情况下唯一的防御，就是有效的进攻。”①

第五，限制核武器在实战中的运用。美国政府虽然强调不放弃在战争中首先使用核武器的权力，但在运用上仍着重于威慑而非实战。1951 年，朝鲜战争中，当麦克阿瑟为了扭转美军失败局面，提出使用核武器的主张时，杜鲁门立即将其解职。1954 年，在第一次台海危机时，艾森豪威尔政府叫嚣要使用核武器，后经慎重考虑未付诸实施。1962 年，在古巴导弹危机中，美国也做了使用核武器的准备，但最后还是寻求与苏联进行谈判。根据国防部相关文件和战争实践看，美国设定的使用核武器的前提条件是：预警系统得到敌国将对美国领土实施导弹核突击的信息；在常规战争中，敌国首先使用核武器和其他大规模杀伤性武器；美国遭到核打击后，对敌进行核报复时仍以控制战争和武装冲突的升级为前提，意在迫使敌军政首脑认识到战争无法取胜、如将战争升级会遭到更加严重的损失，促使敌方和平谈判。②

在海湾战争中，美国对萨达姆动用化学武器的企图发出了强烈

---

①［美］唐纳德·拉姆斯菲尔德：《美国军队 21 世纪的发展方向》，军事科学院外国军事研究部：《外军资料》，2002 年第 8 期。

②［美］里亚博沙普科：《使用和可能使用核武器的条件》，转引自《外国军事学术》，1997 年第 2 期。

的威胁，“但根据美军作战计划，即便在伊拉克使用化学武器的情况下，也没有对其使用战术核武器的方案。”①美国众议员丹·伯顿曾在“沙漠风暴”战役开始后建议，为避免美军在地面作战中蒙受重大伤亡，可以使用战术核武器，但遭到同是众议员的纽特·金里奇的坚决反对。在金里奇看来，这会开创一个恶劣的先例，将来其他国家也会仿效美国随意使用核武器，从而使美国人的后代可能要为之付出代价。

在过去的20多年里，由于美国在高技术常规武器方面摇摇领先于其他国家，即使不使用核武器，也往往能够取得胜利。尽管一些国家拥有了核武器，但除非做好了被灭亡或同归于尽的准备，否则就不可能，也不敢使用，这就使得美国限制在实战中使用核武器的原则有了更加充分的保障。2018年美国国防部发布的《核态势评估报告》强调，美国将保持足够的核能力，使那些对美国及其盟友和伙伴的入侵必然失败，且要付出难以承受的代价。②

第六，着力维系与盟国的关系。美国政府十分清楚，它在世界上之所以拥有对其他国家特别是大国的优势，盟友发挥了巨大的作用。所以，美国的国家安全、国防战略、军事战略以及四年防务评估报告和核态势评估报告中，都把维护盟友的安全作为国家核心利益，因而为了巩固联盟关系也会使用武力。美国出兵海湾，不仅是因为恢复科威特的领土和主权涉及其国家核心利益，也是因为要抗击伊拉克对沙特的武力威胁，进而保障其他盟友的利益需求。如果美国不出兵，沙特及其他海湾国家便不得不对伊拉克采取软弱的和解政策，伊拉克一旦控制了这一地区，美国也将最终面临更大威胁和更不利的境况，美国在海湾也将不会

① ［美］乔治·邦迪：《核武器与海湾》，参见《外交季刊》，1991年冬季号。

② Office of the Secretary of Defense, *Nuclear Posture Review*, Fabruary 2018, p. 21. https：//media. defense. gov/2018/feb/02/2001872886/ – 1/ – 1/1/2018 – NUCLEAR-POSTURE-REVIEW-FINAL-REPORT. PDF.

再有坚定的盟友。[1] 不仅如此，依赖于中东地区石油的欧洲盟国和亚洲的日本也会对美国感到失望。维护欧洲盟友利益也是美国领导北约国家打击南联盟重要考虑之一。

第七，遵循宗教文化传统。基督教有关正义战争的6条标准是：为了正义的事业；出于正当的意图；有胜利的把握；使用武力所产生的结局比不使用武力要好；付出的生命代价与想达到的目标相称；只要可能，就坚决不伤害非战斗人员。[2]小布什政府发动伊拉克战争前夕，前民主党总统吉米·卡特指出，即将发动的伊拉克战争违反了美国使用武力的传统准则，正义的战争必须符合以下明确的标准：动武只能是和平努力全部失败后万般无奈的最后选择，但是小布什政府在伊拉克问题上明显仍有非武力解决的希望时，在自己的安全并未受到直接威胁时，在世界上大多数国家和人民反对声高涨时，决意要实施文明国家历史上没有先例的军事行动；使用的武器在作战时必须区分参战人员和非参战人员，但是美军对此没有把握；战争的猛烈程度必须与美国的受害程度成比例，把伊拉克与"9·11"事件联系起来的说法不能令人信服；战后建立的和平必须比战前有明显的进步，但美国很难预料战后局面的发展。后来的事实不幸被卡特言中。

第八，把握国内社会状况。海湾战争如果发生在面临国内反战、军队士气低落、与盟国产生严重分歧并力图从国外脱身的20世纪70年代，美国就不一定会出兵。[3]海湾战争前夕，美国民众对美军战斗力的信心已大幅回升，大多数人开始支持海外用兵。1990年1月出兵巴拿马时民众支持率为72%，1990年8月向海湾派兵时民众的支持率为75%，这一比率在1991年1月海湾战争爆发前夕上升为77%，

---

① The Washington Institute for Near East Policy, *Initial Report of the Washington Institute's Strategic Study Group: Restoring the Balance, U. S. Strategy and the Gulf Crisis.*, Washington, 1991.

② Colin S. Gray and Keith Payne, "Victory is Possible", in Philip Bobbitt et al. eds., U. S. Nuclear Strategy: A Reader., London, 1999, p. 468.

③ Barry M. Blechman, William J. Durch, David R. Graham, etc., American Military in the 21 Century, Palgrave Macmillan, 1993, p. 79.

1991 年底向索马里派兵所获支持率为 74% 。[①] 在美国国内新保守主义政治势力上升的情况下，2003 年对伊拉克用兵也得到了大多数民众的支持。同时，还要考虑经济发展状况。在现代条件下，战争的开支极大，没有厚实的财力，就不可能打赢战争。从海湾战争到伊拉克战争，都是美国经济发展良好情况下进行的。2008 年金融危机之后，即使叙利亚多次“踩踏”美国设定的使用武力的“红线”，奥巴马政府都采取了退让的政策。特朗普上台后，虽然美国经济状况有所改善，也只对叙利亚实施两次规模极为有限的导弹袭击，对于其支持的叙利亚反政府武装不断失利，更是不得不保持“克制”。

上述这些原则，使美国在使用武力上严格保持军事目标与政治目标的一致，认真权衡动用武力的得失，增强战争行动的灵活性和选择性，避免陷入久拖不决和不能取胜的战争。从实际情况看，美国运用这些原则，改变了冷战时期在战争中屡屡受挫的状况。当然，由于战争不确定性的影响，美国在推行上述原则时，也难免出现偏差。如在海湾战争中，美国在确定使用力量上就存在失之过大，确定军事目的时就有失之过低的情况。1990 年 11 月的一次记者招待会上，中央司令部司令施瓦茨科普夫称：“关于摧毁萨达姆政权，有数种选择。我认为最终目标是确保中东和海湾地区的和平、稳定及地区力量均衡。实现这些目标有多种办法，一种方法是彻底摧毁萨达姆，我可以攻占巴格达并铲除复兴党政权和摧毁它们的一切，但是我怀疑这么做是否有利于海湾地区的长期力量均势。然而，军事目标却变成了仅仅削弱伊拉克共和国卫队，这又显然不足以实现所确定的政治目标。”[②]让伊拉克保存的军事力量过多，以致成为后来萨达姆继续与美国对抗的资

---

① Andrew Kohut and Robert C. Toth, “The People, the Press, and the Use of Force”, in The Aspen Institute eds, The United States and the Use of Force, Washington, 1995. pp. 138 – 139.

② John Cushman, The Implications of the Gulf War to the American Military Strategy, in L. Benjamin Ederrington and Michael J. Mazarr, eds. , Turning point: The Gulf war and US Military Strategy, Boulder, Colorado: Westview Press, 1994, pp. 89 – 90.

本，因而违背了政治与军事相一致的原则。海湾战争结束后，美国数次向海湾地区调动兵力，对伊拉克进行威慑或军事打击，直到伊拉克战争爆发，严重地耗损了战略资源。

(五) 研发作战概念

为了打赢战争，美军不断研发新的作战理论。从建军到20世纪70年代，美国基本上都遵循传统的作战理论，鲜有创造。但之后的情况就发生了变化，一系列新概念如空地一体战、联合作战、空海一体战、应对“反介入/区域拒止”作战、全维（全谱）作战、信息战、网络中心战、动态分布式作战等被提了出来。这些概念紧贴战略环境，为美国如何进行实战提供理论支撑。

第一，空地一体战。“空地一体战”理论（Air-Land Battle），是20世纪70年代中期美国陆军训练与条令司令部（TRADOC）司令多恩·斯塔瑞提出的。在斯塔瑞看来，美国与苏联进行战争的地域是在欧洲，而且苏联采取的是大纵深作战。苏联利用其优越的地缘条件，对美国在西欧的基地和盟国发动进攻，力量的配置将是梯次型的。对于美军来说，在西欧地区并没有战略纵深，而要战胜苏联，美军必须在对抗苏联第一梯次部队的同时，打击其第二梯次部队。要实现这一目标，陆军就得依赖空军的配合。为此，他提出了“空地一体战”的概念。1982年，美国陆军制定的《作战纲要》中正式把“空地一体战”作为作战与训练的指导思想。1983年，陆军与空军的领导人签署备忘录，决定加强“空地一体战”的联合执行。1984年，空军把“空地一体战”纳入《美国空军基本航天航空条令》。接着，两个军种之间又围绕“空地一体战”制定了31项特别措施。1986年，美军陆军的《作战纲要》中，进一步充实了“空地一体战”思想。1993年版的《作战纲要》中，又把“空地一体战”扩大到“空地海天一体化”的“联合作战”领域。

“空地一体战”以美军陆军传统的九大军事原则为依据，把主动、灵敏、纵深、协调和多能作为核心。所谓主动，就是要通过进攻，打乱对手的作战节奏，夺取主动权，左右战局；所谓灵敏，就是要求作战官兵思维敏捷，行动灵活，先敌行动，避强击弱，适时机动，造成对己有利态势；所谓纵深，就是要纵深展开和部署兵力兵器，在作战全纵深内打击对手，并有效地保护己方后方地域和支援部队；所谓协调，就是指参与行动的军种、兵种、部队在决定的时间和地点协调一致行动，运用综合力量打击对手；所谓多能，就是指部队要具有履行多样化任务的能力，可以在一切类型的军事行动中作战和在战术、战役和战略三个层次上行动。总之，就是集中优势兵力，展开灵活行动，打击和摧毁对手的作战重心。

后来，美国陆军又根据军事技术的变化，提出“2000 空地一体战”“21 世纪陆军”等概念，进一步完善和充实“空地一体战”理论，强调在非线式战场上广泛实施机动作战，集中火力，先敌决策，先敌行动。90 年代初期，随着高技术武器的广泛运用和冷战后美国面临威胁的变化，美军又把这一理论运用于应对地区性冲突和突发事件，主张通过兵力投送，集中战斗力的运用，以“牛刀杀鸡”方式，打赢有限战争。在海湾战争、科索沃战争以及阿富汗反恐战争和伊拉克战争中，都能看到“空地一体战”作战理论的影响。

第二，兵力投送。兵力投送是指“针对全球任何地区的快速预警、动员、部署和作战能力”，涵盖了以作战为中心的军事行动的全过程。美军作战范围覆盖全球，兵力投送至关重要，否则就会失去战场主动权。自 20 世纪 80 年代以来，美国对于兵力投送问题极为重视。为了解决兵力投送的难题，1987 年 4 月 15 日，美军成立了运输司令部，在和平时期制定军事运输计划，战争时期进行力量投送。克林顿时期的国防部长阿斯平认为，增强美军对地区冲突的快速反应能力，要有三方面措施：一是增强冲突初期所投入的快速部署部队的战斗力；二是提高陆军后备役部队的战备程度；三是在海外预置更多的物资和装备及加强海空运能力。[①] 2014 年的四年防务评估报告和 2015 年的军事战略报告都强

① 《美国国防部长 1995 财政年度国防报告》，军事科学出版社中译本，1995 年版，第二部分。

调，继续保持在过去10年来已发展起来的力量投送能力，以应对恐怖主义、大规模杀伤性武器和其他方面的威胁。①

为了提升投送能力，美军着力研发战略运输机。1991年首飞，1994年投入使用的C－17重型远程战略运输机成为美军快速投送的主要工具，其起飞重量为265吨，运输能力为C－130运输机的4倍，具备超强的远程运输能力，同时又具备在邻近战场的仅900米长、无铺筑路面的简易机场起降能力，可以完成直接向前线运送补给的战术任务，体现了空军“全球力量，全球抵达”战略思想。“9·11”事件发生后，靠这种超大型运输机，美军仅用1个月时间就完成了对阿富汗实施军事打击的部队集结和物资调运。小布什政府投入449亿美元采购120—134架C－17，以达到所确定的战区间空运能力4900－5200万吨英里/日的发展目标。根据2014年的四年防务评估报告，到2019年时，美军预计具有172架C－17运输机和39架传统的C－5运输机，从而美军可在24小时内实施全球范围的战略力量投送任务。②此外，美国国防部计划将预置船队由14艘增至16艘，将快速海运船增至55艘。③截至2015年1月，美军拥有可一次装载3000台轮式车的大型中速滚装船20艘。

美军认为，在兵力投送条件下，必须力求首战取胜，因为初战的失败将对后续军事行动造成严重障碍，或导致其完全不能实施。为此，美国国防部提出：“增强对导弹和核生化武器的主动和被动防御能力；发展新的网络中心战观念；减少部队在进入时对主要机场和港口的依赖；增加隐形、远距离、超高速、远程和无人系统的作用；提高直接从一体化海上基地投送和维持力量的能力；进一步提高沿海作

---

① The US Department of Defense, *The Quadrennial Defense Review*, Mar. 2014, p. 19.

② 国力等编著：《美国下一场战争使用什么武器》，机械工业出版社，2002年版，第23—29页。

③ 徐国安：《对美军“聚焦式后勤”原则的评估》，《外国军事学术》，2002年第10期。

战能力；发展地面部队，使其更轻便、更有威力、具有更强的多种作战能力、持续作战能力、生存能力和快速部署能力”。[1] 训练有素的人员；可对付敌方不断改进的战略欺骗手段并提供准确及时的早期预警的全球高效情报系统；全球通讯系统和信息优势；空间优势；制海权和制空权等，[2] 也都是确保力量投送成功不可或缺的条件。

第三，联合作战。尽管联合作战思想早就提出了，但直到20世纪80年代中才基本成形。美陆军1986年版《作战纲要》中以“空地一体战”理论取代了“积极防御”理论，以空地联合作战，实施“纵深打击”，以进攻对付进攻，这是美军在现代联合作战理论方面的初次突破性进展。90年代初爆发的海湾战争进一步推动了美军联合作战理论的发展。海湾战争后，美各军种对联合作战的看法逐渐趋同。1991年11月参联会第1号联合出版物《美国武装部队联合作战》的颁发，标志着联合作战理论已成为美军各军种的共同作战概念，对联合作战理论的阐述又有了进一步发展，确定了联合作战理论作为美军当前及未来一个时期的作战理论的首要地位，使“联合”超出了各军兵种联合作战的范围，包括“机构间联合行动”，即美军与本国政府机构、民间机构和国际机构间的联合行动，以及非战争行动中的联合行动。这些变化使得新的联合作战理论具有比以前更广泛的内涵。

参联会1996年7月颁布的《2010年联合作战构想》中，强调了联合作战的一体化。所谓一体化作战，就是联合部队不仅有统一的编制，还有统一的理论和作战方法，使各种力量真正相互融合为一体，发挥最大效能。国防部长科恩称：“《2010年联合构想》是为了发挥创造精神和利用技术机遇来使美军联合作战的有效性达到新的水平。它包含了信息和技术优势所产生的将改变传统作战的新概念、新编制和新武器系统。主要是四个新的作战指导原则：制敌机动、精确打

---

① Donald H. Rumsfeld, Secretary of Defense, Annual Report to the President and the Congress, Aug. 16, 2002, p. 70.

② 威廉·科恩前引书，第17页。

击、全维防护和聚焦后勤，以决定性优势全面驾驭战争。”[①] 参联会主席沙利卡什维利也于 1997 年指出，美军在作战中往往需要各军种均投入其力量。把这些力量熟练而有侧重地编入联合特遣部队，能够为指挥官在特定环境下实现美国的目标而编配兵力提供巨大的灵活性。联合的重要性在于，敌军将不得不对抗美军具有压倒优势的综合力量。2000 年 5 月颁布的《2020 年联合构想》进一步强调，联合作战是制胜的关键。2001 年 6 月，美陆军推出第 14 版《作战纲要》，不再坚持陆军是起决定性作用的军事力量的观点，着重论述包括联合军事行动以及军队同政府或非政府机构之间的协调行动。参联会系列联合出版物的编修，是美军联合作战理论体系得以确立的主要标志。

联合作战与多兵种协同作战最大的不同，就在于它所指的是各种作战能力的一体化，而不仅仅是几个军种的简单参与。美军认为，联合作战就是整体作战，通过实现多种作战能力的一体化，达到增效的目的。联合作战是为共同作战目的而联合实施的作战，而不是由各军种联合参加的作战。在联合部队中，各军种以平等的地位参战，不存在以哪一个军种为主的问题，没有军种部队的各自目标，只有联合部队的目标，各军种部队之间必须像单一军种部队那样密切协同。[②] 21 世纪的美军作战行动一旦实施，将可能是使用美国及其临时联盟军事力量的一切手段实施的一次不间断的、协调的和多方面的打击。所以，美军必须是多技能的、多维的，必须能直观地从联合的角度进行“思维”，即每个文职和军职人员都必须理解联合作战的原则，并从共同作战的取景窗“看”战斗空间。[③]

第四，信息战。美国空军最早于 20 世纪 80 年代提出信息战的设

---

① The US Department of Defense, Quadrennial Defense Review (QDR), Sept. 30, 2001, p. 39.

② 夏俊友、刘晓龙：《论美军联合作战整体效能的形成》，《外国军事学术》，2002 年第 8 期。

③ 《美国国防部长 2004 财年国防报告》，军事科学院世界军事研究部：《世界军事参考》，2004 年第 3 期，第 5 页、第 6 页。

想，以后逐渐从澄清概念、形成理论发展为实战准备阶段，至1996年已建立了20多个高层次的信息战机构。相对而言，陆军在信息化建设方面曾一度比较滞后，但经过10多年的努力，也基本上追赶上来。近年来，美军不断加大投入，以保持这方面的绝对优势，防止出现一个以新信息技术武装的可与其相抗衡的对手。①

信息化水平的提高，使美军拥有“主导性战场认知能力”。美军参联会副主席威廉·欧文斯认为：“信息技术解决了士兵们几个世纪以来一直要求解决的问题，这就是在下一座山的后面有什么？几个世纪以来，解决这一问题进展缓慢。最近10年，技术的进展非常之快，使解决这一问题有了革命性的办法。”“在人类历史上第一次可以看到一个很大的战场，也可能是整个朝鲜、伊拉克的面积。我们能够仅以30秒的延迟，在各种气象条件下，透过云层，以不超过10厘米的误差非常精确地看到战场上的目标。如果交战的一方能对战场了解到这种程度，而他的对手不能，那么拥有这一能力的一方就享有主导性的战场认知能力。或许他就拥有了孙子在谈到制胜因素时所说的那种‘知己知彼，百战百胜’的能力。”②美国国防部长莱斯·阿斯平在论及信息对海湾战争的影响时也声称：整个战争指挥的历史，便是对确定性的无穷尽的追求。数百年来，军事行动的总指挥官第一次（更早的时候，在部队很少，战斗规模十分有限的情况下，如果指挥官的观察位置合适，他是可以监视整个战场的。）能够对战场形势一目了然，并且在需要时根据及时而充分的情报作出正确的决定。③

美军理论界认为，美国将凭借制信息权以精锐的军事力量在世界上维护其广泛利益。美国可以用信息威慑取代过去的核威慑，用信息封锁

① National Defense University, Strategic Assessment, National Strategic Institute, 1996, p. 8.

② 《军事革命与信息时代的军事力量——访美国国防部前部长佩里、参联会前副主席欧文斯》，《中国军事科学》，1998年第3期。

③ 《海湾战争——美国国防部致国会的最后报告》（下），军事科学出版社，1992年中译本，第116页。

补充现在的经济封锁，以信息优势保障美国在干预地区冲突方面发挥主导作用。美国政府认为，美国的信息优势有助于以较小的代价慑止或挫败传统意义上的威胁。由于能为其他的联盟成员提供最重要的信息以便进行决策和采取有效行动，美国可确保其盟主地位。正如冷战时期对核力量的支配地位是领导联盟的关键，在信息时代，能否领导联盟将取决于是否拥有信息优势。美国在情报搜集、监测和侦察方面的投资超过其他所有国家的总和，技术水平遥遥领先，并在从事建立“信息大系统”的集成工作。①美军信息化水平在海湾战争后又有进一步提高。以波黑维和为例，美军利用多种技术手段获取目标信息，提高打击目标定位精度，空袭成功率从海湾战争的50%提高到80%；采用“空战计划工具”和在代顿和平谈判中有效使用的地图绘制软件，大大提高了指挥控制效能；精确制导武器在所使用武器中占的比例，从海湾战争的8.4%提高到60%。在阿富汗战争中，C^4ISR系统发展为具有杀伤力的C^4IKSR。

美军认为，实施信息战利于从许多方面提高战斗力。例如：可将远距离精确打击与信息战能力相结合，直接攻击敌战略重心；可以使用较少的部队以较少的损失达成军事目标；利于进行非线式作战；能及时得到反馈信息，利于战争的指挥；可以使战略、战役和战术级作战融为一体，达到较高程度的一致；除了火力和机动外，又增加了可对敌造成重大威胁的电子攻击；利于控制毁伤力，在不必对敌方基础设施和敌国人民造成严重杀伤破坏的情况下，达到预定目的；可实时或近实时地发现目标、攻击目标，从而加快作战速度，以利速战速决。②指挥控制战是信息战的一种初级形式，网络中心战是信息战理论在美军实战中的最新体现。网络中心战使战场上的各作战单元和各作战职能系统网络化，特别是将各种分散配置的侦察探测系统、指挥控制系统和火力打击系统集合成为一个统一高效的网络体系，使各级作战人员能共享战场态势信

① Joseph Nye, America's Information Edge, Foreign Affairs, Vol. 75, No. 2, Mar. - Apr., 1996, pp. 20 - 36.

② 道格拉斯·迪尔斯：《信息战的特点及其对作战的影响》，转引自《外国军事学术》，1997年第9期。

息、增强态势感知能力，加快决策和指挥速度，实现作战协同，提高杀伤力、生存能力和响应能力，从而大幅提高作战效能。①

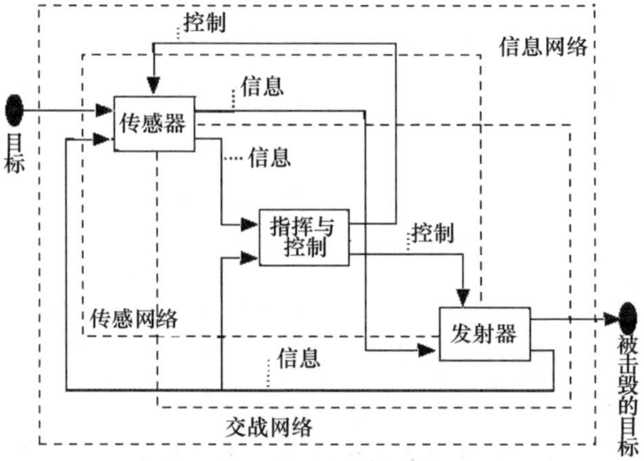

网络中心战的网络结构②

第五，应对“反进入/区域拒止”作战。“反进入/区域拒止”这一概念并非近年来的创新。冷战刚结束不久，一些美国军事专家就注意到，在美国面临的未来战争中，一些地区性大国可能并不寻求歼灭战，而是企图通过破坏美军力量投送系统，阻止或者迟滞美军进入战区空间或前沿基地，以赢得战争的胜利。

1992 年，美国国防部净评估办公室官员安德鲁·克雷皮内维奇在其撰写的《军事技术革命：初步评估》报告中指出：“在与美国军事竞争中，许多安于做地区强国的竞争对手可能不会像美国那样谋求全球性的控制力与主宰力，而可能会把对信息、太空、海上和空中的阻绝作为发展目标。”③“我们的目的是控制或主宰空、海、天等领域，而许多对

① 王保存：《美军在积极准备网络中心战》，《外国军事学术》，2002 年第 12 期。

② 朱海涛：《美国海军沿海作战研究》，国防大学出版社，2001 年版，第 240 页。

③ Andrew F. Krepinevich, *The Military Technical Revolution: A Preliminary Assessment*, Washington D. C. CSBA, 2003, p. 44.

手可能想阻止我们做到这一点。”① 1994 年，美国兰德公司出版了《国防规划新挑战》研究报告，对克雷皮内维奇的观点做了进一步的阐释，认为美军的对手可能会利用政治、经济等手段阻止美军从相关国家获得军力投送的通道，或者直接攻击海、空交通的要害节点以迟滞美军的部署。② 1997 年，美国海军作战部长杰伊·约翰逊对美军未来所面临的威胁发表了看法。他认为：“下一个世纪，美国的敌人可能将攻击对准集结于海岸的部队和装备，在海上和空中攻击我军。这不仅仅是一种海上拒止威胁，也不仅仅是海军面临的问题，而是一个区域拒止威胁。挫败这一威胁将是美国向所有需要的地方投送和维持军力时的唯一关键要素。”③ 同年，美国国防部发布的《四年防务评估报告》认为，美国的对手在对美国的常规战争中，可能运用非对称手段，如迟缓或阻止美国运用重要设施，干扰美军的指挥、控制、通信和情报网络，威慑美国的盟友和伙伴等，④ 使美军输掉战争。1998 年，美国《空军》杂志发表的《进入的问题》一文认为，对美军而言，不在于是否存在反进入的威胁，而是在于这样威胁已达到什么样的危险程度。1999 年夏，美国助理国防部长宣称：“其他国家的战略逐渐会把目标围绕在防止美国进入的反进入/区域拒止这点上。”⑤ 这是美国高级防务官员首次使用“反进入/区域拒止”这一术语。

2000 年底，美国国防大学 2001 年四年防务评估小组完成了题为

---

① Roger Cliff, with Mark Burles, Michael S. Chase, Derek Eaton, Kevin L. Pollpeter, *Entering the Dragon's Lair*: *The Implications of Chinese Anti-access Strategies*, RAND, 2007, p. 1.

② Paul K. Davis, ed., *New Challenges for Defense Planning*: *Rethinking How Much Is Enough*, RAND, 1994, pp. 387 – 388.

③ Admiral Jay Johnson, “Anytime, Anywhere: A Navy for the 21 Century,” November 1997. As quoted from Andrew F. Krepinevich, Why Air Sea Battle? Washington D. C. CSBA, 2010, p. 9.

④ U. S. Department of Defense, *Report of the Quadrennial Defense Review*, 1997, http//www. Dod. Gov/pubs/qdr/sec2. html.

⑤ 上海社会科学院国际战略研究中心编译：《2001 年四年防务评估——安全驱动的战略选择》，国防大学出版社，2003 年版，第 48 页。

《2001年四年防务评估—安全驱动的战略选择》研究报告。该报告对未来威胁分析的第13条明确地指出："地区性大国将采取反进入/区域拒止战略"，"因而美国战略力量的投送可能会在一场主战区战争中面对这样的对抗"，"假如这样一场主战区战争爆发，一种反进入战略似乎将是减弱美军力量最佳的——也许是唯一——办法。"①2001年9月发布的《四年防务评估报告》正式将"向远距离的反进入或区域拒止环境投送和维持美国力量，挫败反进入/区域拒止威胁"列为美军六大作战目标之一。随着研究的深入，美国官方和智囊机构赋予"反进入"概念以更清晰和明确的定义，"反进入"是指"阻止美军力量进入其行动区域"。② 兰德公司在《深入龙潭——中国"反进入"战略及其对美国的影响》一文中，将"反进入"表述为"任何旨在迟滞美军及其盟友进入战区的行动，包括剥夺美军在战区内特定地域的行动权，或者迫使美军从远离冲突中心的地方发起打击"。2004年，兰德公司在其《确保关键地区的进入能力——长期战略》一书中，对"反进入"战略做了更为详尽的阐述：那些旨在威慑、阻止、降低、拖延美军力量进行机动部署、进入战区，以及组织军事行动的战略，即为"反进入"战略。实施这种战略的可能是敌人，也可能是敌人的代理人。③

为了更好地描述此类威胁的性质，美国官方及战略学界近年来经常把"反进入"（Anti Access）与"区域拒止"（Area Denial）一起使用。"如果说A2（反进入）战略是指阻止美国力量进入战场，那么AD（区域拒止）战略就是指在己方直接控制的区域内阻止美国力量的自由行动。"④

---

① QDR 2001 Strategy - Driven Choices for America's Security edited by Michele Flournoy, NDU QDR Working Group, p. 49.

② Andrew F. Krepinevich, with Barry Watt, Robert Work., *Meeting Anti-access and Area-denial Challenge*, CSBA, 2003, p. ii.

③ Eric. V. Larson, Derek Eaton, Paul Elrick, Theodore Karasik, with Robert Klein, Sherrill Lingel, Brian Nichiporuk, Robert Uy, John Zavadil., *Assuring Access in Key Strategic Regions Toward a Long-Term Strategy*, RAND, 2004, p. 8

④ Andrew Krepinevich, Barry Watt, Robert Work., *Meeting Anti-access and Area-denial Challenge*, CSBA, 2003, p. 5.

《为什么要进行空海一体战》的作者认为，“区域拒止”是指敌手试图阻止海上力量在战区的自由行动。2012 年出台的《联合作战介入概念》（JOAC）指出，“反进入”是指使用远程手段阻止美军进入作战区域，而“区域拒止”则是限制美军在作战区域内行动自由。

2010 年，美国国防部在其《四年防务评估报告》中，正式把“反进入/区域拒止”确立美军未来要着重应对的战略问题，并将“在反进入环境中慑止和击败侵略”作为美军八大任务之一，并明确了“反进入”威胁主要来自实体国家。① 这些国家“试图拒止外部力量进入特定地区，以使得其‘侵略’或其他行动不受干预”，并“在一切领域迟滞和拒止美国的力量投送”。② 2011 年 2 月发布的《国家军事战略》报告更是将“反进入”视作“试图阻止我们国家向地区投送和维持作战力量的战略”。③ 2014 年 3 月，美国防部发布的《四年防务评估报告》指出，美国所面临的“未来的冲突将包括从运用非对称手段的代理人制造的意外事件，到拥有大规模杀伤性武器或具备先进技术的反介入和区域拒止能力的国家引发的高端冲突。”④ 因此，美军战争准备的基点应从对付什么样的冲突转向全谱行动上来。2015 年 7 月发布的《国家军事战略》战略报告继续把“反介入/区域拒止”看作是美军面临的不断增长的威胁。⑤

其实，“反进入/区域拒止”并非新鲜事物，其核心内容是限制对手的行动空间和行动自由，而这点自古以来就是兵家孜孜追求的目标。

① The US Department of Defense, *Quadrennial Defense Review Report*, February, 2010, p. 15.

② The US Department of Defense, *Quadrennial Defense Review Report*, February, 2010, p. 9.

③ The Joint Chiefs of Staff, *The National Military Strategy for the United States of America 2011*, Joint Chiefs of Staff, Febrary, 2011, p. 8.

④ The US Department of Defense, *Quadrennial Defense Review Report*, 2014, p. VII.

⑤ The Joint Chiefs of Staff, *National Military Strategy for the United States of America* 2011, June, 2015, p. 16.

在现代战争中，所谓“制海权”“制空权”等概念，从本质上说，与“反进入/区域拒止”别无二致，都是为了剥夺敌人的行动自由，确保自己的行动自由。美军本身就擅长通过高强度空袭、电子战等高技术手段剥夺对手的行动自由。自二战结束以来，美军“进入”战区的能力基本没有受过太大的威胁，战区内海、空乃至太空、网络空间等“行动自由”也很少遭到干扰。这几年对“反介入/区域拒止”战略的重视，是因为一些对手掌握了原本只有美国“垄断”的“反进入”和“拒止”手段。随着诸如精确制导武器、远程打击武器、网络空间作战和反卫星作战等新型作战系统的发展及其在“反进入/区域拒止”行动中的运用，美军认为其所面临的危险大大地增加了。近年来，美军又进一步提出了一些新的作战概念和相关理论，如全球一体化打击系统、战略瘫痪、全球公域联合机动进入作战、分域作战、多域联合作战、知识中心战、混合作战等。

除了上述指导全军的作战理论外，各军种还有各自的作战概念，如空军的“空天一体战”、海军的“动态式分布作战”等。

三、面向实战

作为“世界警察”，美国不可能不打仗，但也不能什么仗都要打。无论是反思战争，还是探索战争制胜机理，抑或是确立用兵原则，研发作战概念，根本目的都在于打赢未来战争。美国的国防战略和军事战略都是从实战出发，对未来战争进行设计。2018 年 1 月国防部发布的《国防战略报告》，着眼实战、谋划打仗的特征更为明显。

第一，谋划未来战争。有人说，一流的军队设计战争，二流的军队应对战争，三流的军队尾随战争。奥巴马时期的美国国防部副部长包勃·沃克在谈到第三次抵消战略时，曾一语“道破天机”：美国在谋求打赢战争的问题上，进行了不懈的探索，在世界上处于领先的地位，许多国家都成了“快速学习者”（Fast Learner），不断地追赶、复制美国的路径。这并不可怕，因为若干年后的美国肯定不是今天的美国，而复制者就成了“今天的美国”。冷战后，美国接续打赢了四场高技术局部战争和若干特种战争，其实就是今天的美国打败了“昨天的美国”。自己打败自己是相对容易的，因为深知自己的优长和缺点。所以，精致的战略设计，对于打赢未来的战争是至关重要的。

一是构设了国际战略环境。战略环境是一个国家设计战争的基础。在美国看来，战后由它所主导的国际秩序正在走向衰落，中俄现在正在从体制内加以破坏，同时削弱其原则和“道路规则”（rules of the road），并希望塑造一个符合其专制模式的世界，对其他国家的经济、外交和安全方面的决策施加关键性的影响，甚至说“不”。同时，朝鲜和伊朗等通过谋求核武器或资助恐怖主义而破坏地区稳定。他们以扩大新胁迫领域、违背主权原则、寻求模糊性、刻意混淆军事目标和民事目标界限等非军事冲突方式加紧努力，企图快速实现自己的目标。不仅如此，非国家行为体如恐怖分子、跨国犯罪组织、网络黑客等通过大规模破坏的能力来影响全球事务，威胁美国的安全环境。也就是说，美国未来面临的主要威胁是“2+2+1”，因而不得不采取针对性的措施加以应对。

二是提出了获取先胜的途径。在这种战略环境下，为了达到“先胜”的目标，《国防战略报告》强调，与中国和俄罗斯进行长期战略竞争是国防部的主要优先事项。所谓长期战略竞争，就是充分整合外交、信息、经济、金融、情报、执法、军事等力量与其他国家进行竞赛。由于拥有其对手所不具备的更加致命的军事力量、强大的联盟和伙伴关系、高效的技术创新和功绩文化，美国可以获得决定性和持续的军事优势，因而比任何其他国家都更能扩大竞争空间，主动挑战竞争对手。其实，战略竞争是“竞争战略”的翻版。竞争战略是里根政府首创的，意在利用所谓“制度、资源、手段”的优势，与苏联进行全面的竞争，最后将其拖垮，以求不战而胜。今天，美国又故伎重演，企图以此再现“历史上惊人相似的一幕”。

三是预设了未来战争的场景。《国防战略报告》认为，美国在过去甚至现今的优势都将不复存在，不再可能随心所欲地把部队派遣到它想要去的地方，并且按其想要的方式加以行动。“我们面临着一个更加致命和破坏性的战场，各个领域相互交织，并以越来越快的速度与距离展开行动——从近距离的战斗，到海外战区，并到达美国本土。一些竞争者和对手寻求优化它们针对于我们的战术网络和作战概念，同时利用其他竞争空间来实现其目标（例如，信息战、不明确或否认的代理作战以及颠覆）。”① 因此，“美国本土不再是一个避难所”，“可以预计，在冲突期间，我们的关键防务、政府和经济基础设施将遭受攻击。”②

从这个《国防战略报告》可以清晰地看出，美国对于若干年后的国际战略环境做了预判，对战争场景做了预测，并在此基础上，提出长期竞争战略的预想。《报告》强调，“不执行这一战略的代价是明确的。……我们将迅速失去军事优势，从而形成一个有着遗留体系但与保卫我国人民无关的联合部队。”③

第二，明确打赢途径。在《国防战略报告》中，美国国防部提出要加强和创造性运用“联合部队”，更好地进行“联合作战”。随着联合作战成为世界上主要军事国家遂行战争的主要方式，美国曾经拥有的优势将难以保持，因而必须有所创新和改进。

一是建立更加致命的联合部队。《国防战略报告》认为，作为一项在未来战略环境中进行竞争、威慑和赢得胜利的战略，④ 就需要一支更加致命的军力，即联合部队。“我们的目标是在任何可能的冲突中都具有决定性优势的联合部队，同时在整个冲突范围内保持高效。”⑤ 只有建立这样一支部队，国家才能打败敌人，才能取得可持续的成果，才能保护美国的安全和民众的切身利益。

二是提升联合部队的作战能力。要赢得战争，联合部队必须具备强大的能力。为此，美国要采取如下几个措施：（1）“备战优先”，即联合部队“必须获得和保持信息优势，发展、加强和维护美国与盟友的安

① The US Department of Defense, The Summary of the 2018 National Defense Strategy, Jan., 2018, p. 3.

② Ibid., p. 3.

③ Ibid., p. 1.

④ Ibid.

⑤ Ibid., p. 5.

全关系”，时刻做好战争准备，具备打败大国的侵略、遏制别处的机会主义侵略、消除迫在眉睫的恐怖主义和大规模杀伤性武器威胁的能力，同时慑止核和无核战略进攻，保卫国土；（2）关键能力现代化，即有针对性地、有计划地增加人员和平台（包括改进核武器、增强太空和网络空间作战和导弹防御能力、完善 C^4ISR 系统、提升后勤保障的弹性和敏捷度、构建先进的自治化系统和创新操作概念等），从而巩固其竞争优势，以满足关键能力和潜力需求；（3）提升前沿力量机动和态势弹性，即优先发展地面、空中、海上和太空部队，使它们可以在受到攻击时在各个领域进行部署、保持生存、展开运作，保持机动和获得再生。从大规模、集中、非强化的基础设施过渡到包括主动和被动防御的更小、分散、有弹性且适应性强的基础设施。

三是创新联合部队运用方式。在过去的几十年，美军基本上不受挑战。但随着时代条件的变化，特别是技术领域的发展，美军传统的优势正在丧失，因而在力量的运用上必须有所改变。为了“保持战略可预见，行动不可预测”，[①] 美国要着力“发展一种致命、敏捷、有弹性的力量态势和运用”，以便将“更加灵活地利用现成的力量主动塑造战略环境，同时保持应对突发事件的准备，并确保长期备战状态”，从而“适应不断变化的全球战略环境中存在的不确定性”。联合部队要在四个层次上（接触、阻隔、升级和国土）具备核、网络、太空、C^4ISR、战略流动和反对大规模杀伤性武器扩散的能力，以便在武装冲突中进行更有效的竞争；推迟、降低或拒止对手的侵略；激增战争胜利力量并加强冲突升级管理；捍卫美国的家园。

第三，强化获得优势的方法。《国防战略报告》承续以往的理念，继续把未来技术开发与应用作为提升联合部队优势的主要努力方向。

一是突出新技术的重要性。在美国看来，技术的进步，不断改变着战争的形态。从海湾战争到伊拉克战争，美国在武器装备远程化、精确

① The US Department of Defense, The Summary of the 2018 National Defense Strategy, Jan. 2018, p. 5.

化、智能化、隐身化、无人化方面的应用遥遥领先；在战争决策、战法运用上带有深厚的信息化色彩；在太空和网络空间新型战斗力的开发上迈出了重要步伐。《报告》认为，包括高级计算、“大数据”分析、人工智能、自动化、机器人、定向能量、超音速和生物技术等在内的新技术还在日新月异地发展，而这些技术将确保美国能够战胜并赢得未来的战争。为此，美国要加大开发新的力度。特朗普上台后，在2018国防预算中，科技研发领域拨款比上一财年增加了5.6%。根据国防部提交的2019财年的国防预算建议，研究、开发、测试和评估（RDT&E）增加了180亿美元。①

二是扩大新技术来源渠道。传统上，美国军方在技术领域新概念的创造上保持领先。一般情况下，国防部提出构想，由商业体系进行研发，最后形成新的技术产品。《国防战略》报告认为，这种状况已悄然发生了变化，“新的商业技术将改变社会，最终改变战争的特征。”②因此，军方在新技术概念的开发方面已难以领先，必须改变以往的做法，一方面要采取措施保护国家安全创新基地，另一方面则加强与商业技术领域的合作，以扩大新技术的来源范围。“国防部还将继续探索精简的非传统途径，使关键技能投入使用，扩大外部专业知识的获取，并与小公司，初创企业和大学合作设计新的公私伙伴关系。”③

三是提高新技术转化效率。随着技术的迅速扩散，美国要在技术领域上持续突破极为困难。如2014年《四年防务评估》报告内规划的一些项目，美国自己还没有完成，其他国家则在相同或相似领域取得了突破，并将产品装备至部队。因此，在这个报告中，美国特别强调，“成功不再是先发展新技术的国家，而是走向更好的整合和调整战斗方式的国家。”④ 为此，美国将“不能接受繁琐的审批链，在没有竞争力的领

---

① 参见 FY2019, Defense Budget-Restoring and Rebuilding America's Military, June 6, 2018.

② The Summary of the 2018 National Defense Strategy, Jan. 2018, p. 11.

③ Ibid., p. 11.

④ Ibid., p. 112.

域浪费资源，或者过度地规避风险”，而要突出绩效。由此可见，在以“力胜”为主导的战略思维中，技术就成了“力”的主要来源。美国认为，在未来的战争中，高新技术仍然是其打赢的重要依托，从而对其给予无以复加的重视。

美国还认为，要想赢得战争，最为关键的因素还是人力资源。无论战争形态和样式如何变化，其本质都是人们的思维和运用智慧生产、配置资源的较量。

从2018年的《报告》中可以清楚看出，美国已着手对未来的战争进行设计，基本的构想是：明确将要从事的战争，获取“先胜”的制高点；加强联合部队的建设与运用，奠定“先胜”的力量基础；研发新技术，要比对手“技胜一筹”；塑造人员品格素质、战斗能力、创造思维和精神意志，推动战争诸因素实现有机结合，赢得战争的胜利。

第二节　威慑

威慑（Deterrence）是美国战略手段运用的又一重要方法。第二次世界大战前，美国一直致力于使用实战的方法应对、消除威胁，基本上没有“威慑”的意识。虽然西奥多·罗斯福曾经强调“说话时要客气，但手里要拿一根大棒”，但其含意是胁迫，而非威慑。第二次世界大战接近尾声时，美国核武器研制取得了成功，并立即投入使用，轰炸了日本的广岛和长崎，也是为了迫使日本早日投降，而不是出于“震慑”的考虑。对于核武器在战争中的运用，美国觉得它与正常轰炸没有什么区别。不仅如此，其后的一段时间，美国决策者都认为，为了赢得战争，核武器能够而且应该用于作战。所以，第二次世界大战后，美国提出的遏制战略、大规模报复战略，依然是基于实战，所从事的战备行动也都是着眼于全面战争，都把核武器作为可用的手段之一。然而，一些敏锐的美国战略界学者则于战后不久，特别是苏联也拥有了核武器之后，开始着手思考核时代的战争问题。于是，威慑理论与战略便应运而生。

一、提出威慑理论

所谓威慑，就是以强大的军事力量为后盾，通过示形造势，表明决心，使对方因恐惧而放弃自己的行动企图，从而达成己方的战略目的。早在2000多年前，中国《孙子兵法》中所提出的“不战而屈人之兵”的思想，其主旨就是威慑。也就是说，威慑的目的在于使对手停止挑战或不敢抵抗，威慑者在避免或制止战争的同时，仍然实现了自己的政策目标。鉴于核武器强大的破坏力，已远超达成目的的手段的需要，在既不能放弃又不能轻易使用的情况下，美国创造了威慑的概念，并在理论上不断地进行完善。

核武器出现并投入使用后，以伯纳德·布罗迪为代表的一些美国学者很快就觉察到，核武器将引起战略思维的重大变化。1946年，布罗迪在其主编的《绝对武器》（The Absolute Weapon）一书中，专门阐述了“核威慑”理论。他强调说：“到目前为止，我们军事机构的主要使命是赢得战争，以后将转为避免战争，除此之外，几乎没有其他目的。”第一，核武器的出现及其运用于军事目的，从根本上改变现代战争的性质和意义。原子武器具有的爆炸威力，即使为数很少，也能极大地摧毁、甚至完全地灭绝极其可观的人类社会组织。这样一个事实不仅对传统的克劳塞维茨“战争无非是政治通过另一种手段的继续”经典论述提出了挑战，而且使传统的战争中“攻防”失去了意义，特别是使防御变得毫无意义。这样，战争性质、目的与手段在核时代已不再适用。第二，威慑是核时代大国之间所应采取的唯一理性的战略选择。两个都拥有核武器的国家对抗时，不管是运用战术上的“闪电战”，还是运用基于资源优势的“消耗战”，都不可能战胜对手，因为一旦战争爆发，最终必然是两败俱伤，甚至俱亡，而理性的战略不允许以暂时的军事胜利去换取最终灭亡。所以，在这种条件下的对抗，战略设想中心已不再是“如何战胜对方”，而是“如何威慑对方不发动战争”。第三，谋求或维持威慑效应的主要手段，是双方都具有能够“确保摧毁”对方的核杀伤力。这里重要的不是第一次核打击力，而是承受对方第一次核打击后进行还击的能力（retaliatory strike capability），而且取得的是“摧毁性的（diminishing return）、对方所无法接受的（unacceptable damage）的结果”。更重要的是，双方都必须具备这样一种还击力，① 威慑才真正有效。所以，“双方的确保摧毁”是核威慑成立的必要条件。② 由此，布罗迪被认为是核威慑理论的奠基者。

布罗迪核威慑理论的核心内容聚焦于两点：以确保摧毁的报复作为威慑基础，以避免而不是赢得战争作为战略原则。1957 年，基辛格在其《核武器与外交政策》一书中表示，“现代武器的毁灭性，剥夺了全面战争胜利的历史意义。甚至于比对方能造成更大破坏的一方，可能也无法保留足够的力量使对方屈服。”“今后战争的结局，只能是两败俱伤。”因此，“全面战争已不再是执行政策的一个有意义的工具”，有限战争才是核时代推行政策的可能手段，而有限战争的本质则在于威慑。“威慑就是设法向对方提出危险性，这种危险将使对方认为与其所要获得的任何利益不成比例，因而不至于采取某种行动途径。”威慑力量包括军事力量和使用力量的意志，二者缺一不可。“如果当敌人向你挑战时，你所不敢使用的一种威慑力量已经不再成为威慑力量了。”“核时代的基本战略问题就是如何在威慑政策和当威慑政策失败而从事战争之间建立一种关系。……最适宜的一种战略是一种能以最小的代价达到其目的，同时却要冒最小程度的危险。”③ 1962 年，他又在其《选择的必要》的书中，对有效威慑做了经典性的论述，“威慑要求把力量、使用力量的意志和潜在侵犯者对两者的估计结合在一起，而且威慑是上述因素的产物，而不它们的总和。如果其中任何一种等于零，威慑就等于零。”④

---

① 参见 Bernard Brodie（ed.），*The Absolute Weapon*：*Atomic Power & World Order*，New York：Harcourt，Brace，1946，pp. 48 – 77.

② Ibid.，pp. 1 – 78.

③ 参见亨利·基辛格：《核武器与外交政策》第五、六章，世界知识出版社，1960 年版，第 125—190 页。

④ 亨利·基辛格：《选择的必要：美国外交政策的前景》，世界知识出版社，1962 年版，第 132 页。

布罗迪和基辛格提出来的威慑理论都是建立在双方“理性”决策的基础之上的。理性的选择要求领导者都从“自己活着，也让别人活着”的立场出发进行决策，尽管不能得到最大的收获，却能避免最大所失（maximum lost）的结果。但是，如果一方尤其是挑战者一方不理性，或者发生误判，威慑就失去了效用，或者说，“威慑可信性”（issue of credibility）就丧失了。如何解决这个问题呢？其后的战略学者不断地进行研究。

首先，找出核威慑可信性失效的薄弱环节（issue of vulnerability）。核威慑之所以失信或无效，一些学者认为，是由于它还存在着两个方面的薄弱环节，即被威慑者认为，对方不敢使用核武器，或对方被自己核攻击所毁灭，无法进行报复，因而依然可以采取行动；双方的利益冲突严重，挑战者不惜一切代价加以维护，也不会因为对方威慑而放弃自己的行动意图。

其次，提出核威慑可信性建立的主要途径。为了克服威慑失信的薄弱环节，学者们沿着布罗迪和基辛格的思路，继续前行。一是提出了“第二次核打击”的概念。在他们看来，如果威慑者具备第二次核打击力量，被威慑者发现它不能通过一次性攻击将其彻底摧毁，反而自己可能遭到毁灭时，就可能改变主意，使现状得以保存。莫顿·卡普兰（Morton Kaplan）就持有这种观点。他认为，在核对抗中，特别是在“双方确保摧毁”的情形下，影响威慑可信性的主要因素，并不是具备多大的第一次打击力量，而是承受第一次核打击之后所拥有的第二次打击力量。双方在“确保摧毁”的条件下，战略薄弱环节决定于谁的反击力量（counter force，CF）更大，如果甲方的核反击能力大于乙方，那么甲方即拥有反击控制力，而乙方的反击控制力则为薄弱环节。他由此得出结论：谁拥有反击控制力，谁就更具可能发起核威慑攻击或挑战。[①] 卡普兰的观点，后来得到麦克纳马拉及詹姆斯·施莱辛格（James

① Morton Kaplan, *The Strategy of Limited Retaliation enter of International Studies*, *Policy Memorandum*, No. 19, Princeton University, 9 April, 1959.

Schlesinger）的赞同，并被运用于实践。二是提出了利益杠杆的作用。哈佛大学教授托马斯·谢林（Thomas Schelling）在其《武力及其影响》和《冲突的战略》两部著作中表示：造成威慑无益的薄弱环节或刺激一方实施挑战的驱动力，不是来自决策者的"冒险性"（risk-taking），也不是取决于谁的"反击力"更大，而是源于对抗双方的"利益冲突"的程度；任何一方导致其趋于冲突的"利益"越大，对威慑状态进行冲击的可能性就越大，而要消除这样一个薄弱环节，对抗双方就必须尽最大努力寻求他们的共同利益（common-interest），"双方确保摧毁"的威慑状态本身就是诱导双方去寻求共同利益——即避免两败俱伤——的源泉；[①] 使得"双方确保摧毁"的核威慑得以有效的关键，不是"如何使用核武器"，而是"如何使对方相信你将如何使用核武器"对其必然造成无法接受的损失。因此，要解决核威慑可信性问题，必须首先解决"核打击目标问题"（issue of targeting），即按照或选择什么样的打击目标进行核战略部署，从而更能使对方相信核威慑的存在。

再次，界定威慑可信性成立的必要条件。第二次打击力量的建立和利益杠杆的作用，固然对克服威慑可信性丧失的薄弱环节问题具有极其重要的意义，但仍然没有解决威慑可信性的困境问题，即要么无所作为，要么共同自杀。这种战略不仅不能使对方信服威慑的有效（因为除了"疯"了之外，没有决策者会为了保护局部利益去换取全体灭亡的结果），反而使威慑者本身受到"自我威慑"。普林斯顿大学教授威廉·考夫曼（William K. Kaufmann）在其《威慑的必要条件》一文中指出："威慑必须由两个基本的部分组成：一是能够表达出为了捍卫某种利益的意图；二是具有为了保卫利益而显示的一种已被证明了的能力，或是对攻击者施加影响，使之认为要完成最终的目标所做的巨大努力对自身来说是不值得这样去做的。"[②]

---

① 参见：Thomas Schelling, *The Strategy of Conflict*, chapter 1, 2, 3, 8, 9 (Cambridge: Harvard University Press, 1960).

② 参见知远防务研究所：《网络威慑对战争颠覆性影响堪比核威慑》，《搜狐军事》，2010 年 3 月 17 日，http://www.mil.sohu.com/20100317/n270895668.shtml.（上网时间：2018 年 6 月 16 日）

要使核威慑可信，核报复应基于予以对方具有战略价值的目标（如重要的中心城市）进行有限核反击。①

随着美苏地区性冲突与危机的不断增加，核威慑的理论研究扩大到对“延伸威慑”。卡普兰在其《有限报复的战略》一书中认为，拥有核武器的一方（或超级核大国），依赖于其核威慑力，给予其友邻或盟国以核保护。换言之，就是把敌对双方以防卫攻击彼此本土为目的的核威慑，延伸到防卫攻击彼此友邻、盟国。在当时的情况下，属于美国延伸威慑防卫范围的，有西欧的北约组织国家和西太地区的非共产主义国家；而苏联要加以防卫的范围，则有东欧的华约组织国家及亚洲的盟友。在美国发表的诸多战略报告或文件中，它一直强调为盟友提供“核保护伞”。其实，这就是延伸威慑理论的应用。

至此，有关威慑的理论已基本形成，其基本逻辑是：处于对抗状态中的两方，一方以其实力（capability）及使用实力的决心（resolve）使另一方因惧怕损失过大而放弃行动意图。威慑就是迫使对方放弃或不做其想做的事情，目的是消除对现状的挑战。但这些理论始终没有解决核对抗中非理性决策的问题。尽管如此，上述核威慑的理论成果大都被美国军政当局运用于实践之中。

二、推行威慑战略

布罗迪在其《导弹时代的战略》一书中说：“现在，只有当我们很有把握地认为报复手段（威慑力量的依据）不需要拿出使用即可起作用的时候，我们才能把威慑当成一种战略。”② 美国学者关于核时代的威慑理论研究，对决策者的战略选择产生重大的影响，并被运用于军事战略实践，使核威慑成为美国推行战略的主要手段之一。美国国

① 参见 Kaufmann（ed.），*Military Policy and National Security*，chapter 1 and 4（Princeton：Princeton University Press，1956）.

② 参见陈舟：《现代局部战争理论研究》，国防大学出版社，1997 年 11 月版，第 149 页。

防部认为，“威慑作为一种战略，就是阻止对手采取具体的行动，已为维护近70年的和平状态发挥了核心作用。这一战略的运用将是长期的，而且还会随着安全环境的演进不断地加以调整。”[①] 从第二次世界大战结束到1993年，美国在海外以使用武力威慑的方式处置各种危机和冲突共计400余次。[②] 在此期间，美国军事战略虽然做过多次调整，但是始终把核威慑作为核心原则。在冷战时期，美国核威慑的对象主要是苏联及其领导下的国家集团，所追求的目标就是通过提高核武器的毁灭性力量，使对方不敢贸然发动针对美国的战争。冷战结束后，美国依然把威慑作为维护国家安全的重要支柱。1995财年《国防报告》明确地指出：威慑将继续是美国国家安全战略的核心，而战略力量仍然是美国核威慑政策的重要手段。新世纪以来发表的几份核态势报告中，都强调了核威慑的重要性和运用方法。

美国学者对核威慑理论研究起步虽然比较早，但真正将其作为一种战略手段的使用，却是始于艾森豪威尔时期。第二次世界大战后，杜鲁门政府提出的遏制战略中，虽然要以核武器为“盾”，但从主观上仍然是追求实战，而不是以威慑止战。艾森豪威尔政府提出的大规模报复战略，则把核武器作为“矛”，只要美国遭到了侵略，就使用核武器将对方彻底摧毁，意在威慑，使对手因惧怕被毁灭而放弃挑战美国的意图。其后的历届政府，都把核威慑作为主要战略手段，只是不再将其作为“矛”而已。从威慑战略运用的实践看，美国主要采取了如下的作法。

第一，大规模报复。“大规模报复”战略是艾森豪威尔时期的军事战略，其核心内容就是核威慑。1949年苏联核武器试爆成功和美国在朝鲜战争中的失败，使得“遏制战略”难以为继。1953年，艾森

---

① The US Department of Defense, *21st Century Nuclear Deterrence & Missile Defense*, https://www.defense.gov/News/Special-Reports/21st-Century-Nuclear-Dterrence-and-Missile-Defense/.

② Barry. M. Blechman, *The American Military in the 21st Century.*, New York, 1993, p. 98.

豪威尔政府上台后，决定通过发展核武器，以求在同苏联的决战中取胜。他要求美国应以准备随时同苏联打闪电式的核大战来取代常规战争。是年8月，美国制定了“水杉”号行动计划。该计划的主要内容是：在发展战略报复力量的同时，加强美国的防御能力，从国外撤回部分驻军，建立一支国家战略预备队，以应付可能发生的紧急事态；爆发局部战争时，当事国应担负主要作战任务，美国仅提供海空军支援。12月，参谋长联席会议主席雷蒙德又强调，美国应重点发展能携带核弹的战略轰炸机组成的战略空军，以便对苏联起到遏制作用。1954年，国务卿杜勒斯进一步指出：为了让可能负担的经费发挥出最大的效果，只有采取“大规模报复的战略”才是最可取的。1957年后，由于苏联拥有了氢弹、洲际导弹和人造卫星，在战略核力量方面与美国已不相上下，美国对“大规模报复”战略的运用方式随之做出改变，即强调在相互威慑的情况下，美国没有必要耗费巨资去保持全面的核优势，而只要保持足以摧毁苏联的力量即可。为此，美国决定迅速发展和部署洲际导弹和潜射导弹，以保存足够的反击能力，形成“三位一体”核打击力量，同时建立早期预警系统，加强对苏联战略攻击的防御，并着手研发拦截导弹的技术。

但是，“大规模报复”所主张的要么打核战争，要么放弃战争，根本无法应对美国所面临的威胁，既不能制止局部战争的发生，也无法在局部战争一旦发生后就实施核打击。不仅如此，当美国在用核武器对别国实行威慑时，也将自身置于对方核力量的报复之下。美军认为，这一战略给他们自己造成了“瘫痪性影响”[①]。因此，“大规模报复”战略陷入了困境。基辛格认为：“大规模报复”会导致全面毁灭，不会有全面的胜利，实际上也无法进行报复。这种战略使美国失去了回旋余地。因此，应在不引起全面核战争的限度内，打一场在局部地区使用核武器的有限战争。他把核武器分成战术、战略两种，主

① 《各国概况》编辑组编：《各国概况》，人民出版社，1972年版，第886页。

张针对有限目标分阶段使用战术核武器①。

第二，慑、战并举。1960 年，泰勒将军提出了“我们的国防姿态必须要既灵活又坚决”② 的主张。1961 年，肯尼迪总统上台时，对其前任的核战略进行了修正，采取发展核军备和常规军备并重的方针，以核力量为“盾”进行威慑，以常规力量为“剑”进行局部战争，从而把实战与威慑结合起来，既准备打全面核战争，又准备打有限核战争，既准备打全面常规战争，又准备打有限常规战争，用核威慑制止战争和防止战争升级，用实战应对危机和击败对手。为加强核威慑的效果，麦克纳马拉于 1964 年又提出了“限制损伤战略”。他认为，要制止苏联发动战争，美国就必须拥有能够将其彻底摧毁的能力，同时又要具备一旦发生战争可用来减少损失的手段，即在苏联战略核部队发射导弹之前，便将其摧毁在地面上。为达成这一目的，美国既要着重发展针对苏联战略轰炸机的防空力量，又要采取措施防御苏联的弹道导弹。

肯尼迪政府战、慑并举战略引发了严重的后果。对美国的核讹诈，苏联一直想方设法予以回击。1962 年，苏联决定在古巴部署核武器。美国发现了苏联的举动后，立即采取强硬措施，要求苏联立即撤出在古巴的导弹和轰炸机，双方在加勒比海上严重对峙。最后，美国的核威慑虽然产生了作用，使苏联做出了更大的让步，但也带来了严重后果：一方面，双方虽然以谈判解决了争端，但核战争的危险却成了人类挥之不去的阴影；另一方面，苏联领导人决定全力发展核武器，以避免古巴导弹危机的重演，导致激烈的核军备竞赛。

第三，确保摧毁。美国核威慑战略虽然在古巴导弹危机中取得了显著的效果，但也使自身面临重大的战略风险。美国认为，它不可能长期保持对苏联的核优势。因此，为了增强核威慑效力，美国一方面

---

① ［美］拉塞尔·F. 韦格利：《美国军事战略与政策史》，解放军出版社，1986 年版，第 505 页。

② ［美］拉塞尔·F. 韦格利：《美国军事战略与政策史》，解放军出版社，1986 年版，第 529 页。

着重发展战略核力量，另一方面又提出“确保摧毁”核战略。1967年9月，约翰逊总统正式提出“确保摧毁”核战略思想。这一战略的基本考虑是，美国只要拥有压倒苏联的核打击力量，即使受到苏联的战略袭击，仍能以残存兵力即“第二次打击力量”突破苏联的防御体系，对其城市实施报复性打击，消灭其人口的1/4到1/3，工业的1/2到2/3，使其不可能作为一个国家继续存在。考虑到这种情况，苏联就会屈服，不会挑战美国。

第四，总体威慑。进入70年代，苏联的核武器从数量到质量已开始和美国旗鼓相当，双方的核武器都逐渐小型化，能准确地击中对方目标。苏联在战略核导弹的数量、投掷重量和核弹头当量方面，均已超过美国。尼克松政府在坚持“确保摧毁”的同时，开始着眼于加强实战能力，将核打击的重点放在苏联的军事目标上，做好打各种核战争的实战准备，以此遏止苏联对美国发动核战争。1974年，国防部长施莱辛格提出了“总体威慑”概念，即为防止出现美苏双方互相攻击对方城市的悲惨情景，美国应率先采取有回旋余地的目标选择原则——事先对各种打击目标确定一整套选择方案，以便实施打击时先打军事目标，尔后再视情打击其它目标，防止核打击无限升级。他还指出：美国如果在一场常规战争中面临失败，就可能使用核武器[①]，从而放弃了不首先使用核武器的原则。

尼克松的继任者福特和卡特两位总统基本上采用其“总体威慑”思想，提出“有限核威慑战略”。福特认为，外交必须以强大的军事实力为后盾，不然就无法解决任何国际争端或进行裁军谈判。卡特总统上台后，采纳国防部长布朗的意见，提出“侧重打击军事目标和指挥中心”的“抵消战略”。他要求美国必须建立一支充足可靠的、与苏联势均力敌的战略核力量，能够按照苏联核袭击的样式和规模做出相应反应。美国对抗苏联的威胁，必须面向第三世界，对于小国也不

① ［美］加尔文·林顿：《美国两百年大事记》，谢延光等译，上海译文出版社，1984年版，第456页。

排除使用美军来保卫美国的利益。美国的干涉从小规模战争开始，逐步升级。核武器的使用也是从小规模到大规模，这样将使对手面临一种可怕的抉择，要么停止战斗，要么遭受最后的毁灭。在这种常规核战争中，核武器既是威慑手段，又是实战力量。

第五，实战威慑。福特与卡特两任总统期间的核战略，虽然带有一定的实战性因素，但是并没有明确制定核武器用于实战的方针或政策。到了里根政府时期，美国则在“抵消战略”的基础上，进一步完善发展了实战威慑能力，核威慑战略开始由纯威慑向具有从事有限核战争和兼具攻防能力的实战威慑演变；由以城市和工业为主要打击目标，变为以对方的战略武器为主要目标；由认为核战是短促激烈的交火，变为考虑进行非突然性的、较长期的和逐步升级的核战争；由单纯依赖核报复，变为谋求攻防兼备的双重威慑；由争取核力量均势，变为争取核力量优势。核战争在理论上变得可行、可控、可胜。①

实战威慑体现了逐步升级和灵活反应的思想，使得威慑战略中原有的矛盾特别是纯威慑思想与实战威慑思想之间的矛盾更为尖锐。冷战末期，美国威慑战略已进入了两难境地，一方面不甘心与苏联在战略力量对比方面处于均势，力图通过改进技术和调整战略来谋取优势，但是同时又怕因打破相对稳定的均势而造成难以控制的后果。② 美国核战略理论界就核战略的实战化产生激烈争议。反对派认为，核武器一旦被使用，就不可能是有控制的、克制的、有限的

① 里根政府宣布的核实战战略在一定程度上是对外宣传。国防部长温伯格于《1984—1988 财政年度国防指导报告》中提出可打持久性核战争，美国可以在核战争中取胜，可以有利条件结束核战争。但他于同一时期多次在非官方场合私下反对核战略实战化，反对持久核战争，否认在核战争中有取胜的可能。参见 Charles W. Kegley，Jr. Eugene R. Wittkopt，The Nuclear Reader.，Washington，1985，pp. 34 – 35.

② Robert Jervis，The Illogic of American Nuclear Strategy，New York，1985，pp. 151 – 152.

和有尺度的。[①]"美国威慑战略在性质上存在严重问题，它已不是战争战略，而是非战争战略。"[②]

冷战结束后，美国仍然认为，威慑仍然是国家军事战略的重要组成部分。"在新时代，遏制核攻击仍然是美国头等重要的防务重点"，推进"战略力量的现代化，对我们在下一世纪威慑力量的效力将是至关重要的。"[③] 参联会主席鲍威尔称："可信的威慑战略，需有可靠的预警系统、现代化的核力量、可对一系列情况做出灵活反应的能力，以及一支针对有限打击的全球防御体系。"[④] 美国国防部 1997 年《四年防务评估报告》认为，"尽管我们现在比冷战时期要安全得多，但是美国本土还没有完全摆脱外部的威胁。别国核武库的存在，就是对美国的威胁。此外，洲际弹道导弹和大规模杀伤性武器的进一步扩散，也对美国本土的安全造成潜在威胁。"[⑤] 保留核武器以对有核国家进行威慑这一思想，超越了冷战时期而延续下来。

美国国防部于 1993 年 10 月开始进行核态势审查，1994 年 9 月提交了《核态势审查报告》（Nuclear Posture Review，NPR），所提出的建议于 1994 年 9 月经克林顿批准生效。新的核威慑战略主要针对三种威胁：一是俄罗斯的核武器。美国政府认为，冷战后美俄核裁军取得重大进展，但俄罗斯仍在发展新式战略导弹，其战术核武器的销毁也难于核查，美国对此仍须保持戒备；二是重新出现"冷战时期的核威胁"。美国国防部认为有大约 25 个国家已经或正在研制核生化武器，核威慑的

---

① Thomas Shelling，"The Role of Nuclear Weapons"，in L. Benjamin Ederrington and Michael J. Mazarr，eds.，Turning point：The Gulf war and US Military Strategy，Boulder，Colorado：Westview Press，1994，pp. 89 – 90，110.

② ［美］查尔斯·凯格利，小欧仁·威特科普夫前引书，第 23 页、第 37 页。

③ 参见梅孜：《美国国家安全战略报告汇编》，时事出版社，1996 年版，第 236 页。

④ The Chairman of the Chiefs of Joint Staff，National Military Strategy of the United States of America，Feb. 1992，p. 6.

⑤ The US Department of Defense，Quadrennial Defense Review（QDR），May. 1997，p. 4.

重点转向慑止与美为敌的地区强国使用大规模杀伤性武器；三是“势不可挡的常规进攻”。1996 财年《国防报告》指出，冷战时期美国的核力量使用政策主要是对付华约部队可能通过东西德边境对北约发动的大规模常规进攻，冷战后的重点转向对付与美敌对的地区强国发动的使用大规模杀伤性武器的攻击，以及“势不可挡的常规进攻威胁”。

第六，领导与预防。1994 年《核态势审查报告》提出了美国冷战后新的核战略“领导与预防”（Lead and Hedge Strategy）。其主要内容是：在限制核武器的作用和降低其戒备状态的同时，扩大威慑范围；大幅度裁减核武器的同时，保持足够的规模和能力；对北约和亚太盟国继续提供核保护；预防潜在的核威胁。根据上述战略，克林顿政府 1997 年 11 月底发布命令，取消里根总统 1981 年 10 月签署的《国家安全第 13 号指令》，对美国核武器打击目标进行了 16 年来的首次正式调整。美军不再准备打一场将会带来毁灭性后果的旷日持久的核战争，并且要进一步削减核武库。美国新的核威慑战略所谋求的，是美国在冲突中无需使用核武器而敌人又不敢使用核武器及生化武器，并且不敢对美国军队进行毁灭性打击，迫使敌手在常规领域以美国所能接受的方式进行较量。例如，美国在海湾战争中实施威慑的目的是防止伊拉克扩大其侵略范围和使用大规模杀伤性武器。伊拉克曾在两伊战争中多次大规模使用化学武器，而在海湾战争中只能在特定的作战空间用常规武器与美国为首的联军作战，从而确保了美国高技术常规优势的充分发挥。

第七，明确打击对手。进入新世纪，在一超独大的情况下，美国大幅调整核战略。2002 年 1 月美国国防部向国会提交了第二份《核态势审查报告》，将核战略的指导原则调整为：“确保、阻止、威慑、打赢”，即确保美国和盟国的安全；通过绝对优势来阻止潜在对手发展核武器；建立攻防兼备、核与非核手段兼备的、更具可信度的新三位一体威慑力量；以非核打击能力限制间接破坏和防止冲突升级，以核武器对付能经受非核打击的目标。[1] 在这份报告中，美国还清晰地

---

① The US Department of Defense, Nuclear Posture Review 2002, pp. 12 – 13.

将核打击目标锁定为“七国”（俄罗斯、中国、朝鲜、伊拉克、伊朗、利比亚、叙利亚）和“三大紧急事态易发区”（中东、台海、朝鲜半岛）。

第八，降低核武器作用。2010 年的《核态势审查报告》认为，自冷战结束以来，国际安全环境已发生了巨大的变化，虽然核攻击的危险日益增长，全球性核战争渐行渐远。[①]美国所面临的核威胁，主要是来自核恐怖主义、核扩散以及核大国特别是中国与俄罗斯的挑战。[②]而这些威胁，仅依靠核武器是不可能解决的。因此，美国的核政策目标是降低核武器在国家安全战略中的作用，减少核武器的数量，提升与中国和俄罗斯的战略稳定，防止核扩散，同时还要保持规模较小的“三位一体”的核力量，具备可信的战略威慑能力。[③] 该报告还指出，只有在国家核心利益遭到损害的极端条件下，美国才可能使用核武器；对于那些遵守核不扩散条约义务的无核国家，美国也承诺不使用核武器；不再把中俄等 7 个国家作为核打击的目标。2014 年的四年防务评估报告、2015 年的军事战略报告都遵循了这一立场。“我们核威慑的终极目标是防止美国遭受核攻击，并通过延伸威慑保护远方的盟友免遭地区性侵略。”[④]“尽管我们追求一个没有核武器的和平与安全的世界，但只要核武器还存在，慑止针对美国、盟友和伙伴的核攻击就依然是美国核武器的基本作用。”[⑤]

美国政府尽管强调核威慑是国家战略不可或缺的部分，在建立新国际秩序的过程中，依然具有有限和潜在的作用，但却开始削减核军备和降低战略核武器的战备水平与核威慑的强度。总的来看，冷战后美国核威慑战略朝着威慑对象多样化、核威慑力量运用有限化的方向

① The US Deparment of Defense, *The Nuclear Posture Review*, Apr. 2010, p. iv.

② Ibid.

③ Ibid., pp. 1 – 21.

④ The US Department of Defense, *The Quddrennial Defense Review*, Mar. 2014, p. iiv.

⑤ Joint Chiefs of of Staff of the U. S., *National Military Strategy*, June 2015, p. 7.

发展。在承认核威慑的作用大为降低的同时，美国核威慑政策的性质没有发生根本性变化，也并不打算放弃首先使用核武器的政策，而是继续把核武器作为有效威慑的基石，保持三位一体的核威慑力量，将核武器作为有效的最后打击手段。

第九，放宽核武器使用条件。“9·11”事件后，美国因长期反恐战争变得相对衰落，核威慑战略重新回归，一方面将传统大国作为目标，另一方面降低核武器的使用门槛。2018年2月，美国政府公布了《核态势审议报告》，相比于2010年的版本，这份报告弱化了核裁军的承诺，明确提出开发新核武，并在字里行间显示出要放宽核武器使用条件。首先，把中国和俄罗斯确立为美国的“战略威胁”。报告强调：“中国在战略和计划中加强了核武力的突出地位，而且不断地增加咄咄逼人的行为”，“正在挑战自由和开放的国际秩序”。2014至2015年乌克兰危机期间，普京不止一次地强调，如果国家利益受到挑战，俄罗斯将首先使用核武器。其次，降低使用核武器的条件。特朗普上台后，一再宣示要打造一个强大的核武库，并认为“维护核武库花大价钱，仅起威慑作用不划算”。据此，报告暗示，要扩大动用核武器的条件，强化核武器在安全政策中的作用。再次，把研发新式核武器作为重要目标。报告提出，美国要改进低当量潜射核弹头，发展可携带核弹头的舰载巡航导弹等。[①] 从上述内容可以看出，美国在核武器实战运用方面又向前迈出了一大步。里根政府虽然提出了核武实战化问题，但缺乏具体的措施，而这份报告却提出了相对清晰的路径。

三、增强威慑效应

在冷战大部分时期，美国威慑战略运用的方法都是单一的。无论

---

① 钟声：《堪比无赖，暴露华盛顿冷战思维》，《人民日报》，2018年2月6日，第3版。

是“相互确保摧毁”，还是“抵消战略”，都是单纯的、以报复为特征的核威慑。由于技术进步和现实的需要，冷战结束以后，美国改进了威慑的手段运用，一方面实施“全方位威慑”，另一方面增强了常规威慑和反导能力。

首先，实施“全方位威慑”。冷战后，美国威慑对象由冷战时期以苏联为主，转变为以对付反美的地区强国、大规模杀伤性武器扩散、地区危机和冲突为主，同时兼顾对付俄罗斯、中国等有核国家的“潜在威胁”，形成“全方位威慑”。2002 年，美国的核态势报告把中国、俄罗斯、伊朗、朝鲜、叙利亚等 7 个国家列为打击对象，充分反映了威慑战略运用的变化。2010 年的核态势报告中，美国虽然没有再把上述 7 个国家列为核打击的对象，但却把核恐怖主义、核扩散与中俄视为主要的威胁性因素。2018 年的报告，继续把“全方位威慑”作为主要目标。“美国核能力对威慑核侵略和非核侵略做出了必不可少的贡献。这种对防止敌人的核打击有独特和关键性的威慑效应是美国的头等要务。”“美国的核武力在美国国家安全战略中发挥着关键作用，如对核攻击和非核攻击展开威慑；对盟国和伙伴提供安全保障；当威慑失败时实现美国的目标；以及为不确定性的未来规避风险的能力。”为此，“美国将使用量身打造的、灵活的方式有效地威慑各种各样的敌人，威慑和情况。量身打造的威慑战略知会各种潜在的敌人，按照他们对各种代价的估算，他们的侵略将带来无法接受的风险和无法忍受的代价。”报告还强调：“作为有效的威慑，美国将追究任何支持或允许恐怖分子获取或使用核武器的国家、恐怖集团或其他非国家行为体的全部责任。尽管美国核武器在打击核恐怖主义中作用是有限的，我们的敌对者必须明白，恐怖分子针对美国或其盟国和伙伴的核攻击将被视为‘极端情况’。在极端情况下，美国可能考虑使用终极报复手段。”[①] 这里所说的威慑战略的灵活性，即适应一系列潜在敌对国和威胁，并能够长期进行调整，其实就是“全方位威慑”。

---

① The US Department of Defense, *Nuclear Posture Review*, *February 2018*, pp. 2 – 8.

2016 年联合国常任理事国核武器数量①

	已部署核弹头（枚）	其他核弹头（枚）	总弹头数（枚）
美 国	1800	5000	6800
俄罗斯	1950	5050	7000
英 国	120	95	215
法 国	280	20	300
中 国	—	270	270

其次，加强常规威慑。冷战期间，美国的核力量在抵御华约对西欧常规威慑方面发挥了关键作用，核力量是延伸威慑的基础和调整常规力量失衡的手段，使苏联确信对美国盟友的任何层次上的侵略都将升级为核冲突并导致苏联遭到核打击，因而不敢发动任何层次的挑战。这种延伸威慑还支持了核不扩散政策，因为受其保护的国家不必另行发展自己的核武器。随着国际战略环境的变化，美国认为仅依靠核威慑难以取得预期的效果。于是，美国又引出了常规威慑的概念。美国 1985 财年《国防报告》明确提出了常规威慑概念，要求维持强大的常规威慑力量，全面提高美军常规部队的战备水平，加强反应速度和持续作战能力，增强部署在海外重要地区的前沿部队。这一时期的威慑战略不仅强调在和平时期或战前用强大的威慑力量遏止敌人的进攻，而且强调在战时采取多层次威慑方针，迫使敌方按有利于美国的条件停战。也就是说，它以实战、先进的装备和明确的使用武力意志向潜在对手显示，如果他们侵害了美国的利益，就会受到严厉的打击，得不偿失。同年，美国在北约首脑会议上提出了“常规防御计划”，主张降低战术、战略核武器的价值，建立一种主要依靠常规威慑的防御态势。冷战结束后，美国首次可能不需要以核力量抵消对手

① 参见 SIPRI，“SIPRI Yearbook 2017，Armaments，Disarmament and International Security”，Oxford University Press，2017.

的常规优势。[①] 美国威慑战略从侧重核威慑发展为将核威慑与常规威慑结合，并使常规威慑逐步上升为威慑战略的主要手段。常规力量的实战能力成为威慑战略的主要支柱，其所慑止的，主要不是对美国生存利益的威胁，而是对美国各种其他重要安全利益的威胁。常规威慑手段和形式的发展，改变了美国冷战时期威慑战略主要对生存威胁发生作用，而难以应付较低水平威胁的状况。这样，美国的威慑战略对各种层次上的威胁都能发挥作用，从而可以保护美国不同层次的利益。

美国常规威慑所依托的是一个综合性的力量体系，包括有效的"前沿存在""全球投送能力"、军事联盟体系、具有战略打击能力的高技术常规武器，以及战区和国家导弹防御系统等。前沿存在包括内容十分广泛的军事部署和行动，是美国显示力量和决心、进行全球参与和从事小规模军事行动的基础。投送速度、投送数量和战备程度体现了全球投送能力的大小，是决定威慑可信程度的重要因素。联盟战略为实施常规威慑提供了有利条件，弥补了美国本身力量的不足。高技术常规武器有效地提高了常规部队的战略打击能力，而战区导弹防御系统提高了实战中的防御能力。进攻与防御能力的增强，使得常规威慑变得更为可靠和可行，成为美国干预地区危机和冲突的一种重要手段。在 2010 年核态势报告中，美国之所以提出要降低核武器在国家安全战略中的作用，其主要由于美国已具备了"无与伦比的常规军事能力、大为提升的导弹防御技术以及冷战敌对的缓和"。[②] 2018 年的核态势报告中，在突出核威慑效应的同时，也认为"非核武力同样具有不可或缺的威慑作用"。[③]

也就是说，在核威慑的条件下，由于各方都不敢轻易使用核武器，而战争与冲突又往往难以避免，因而谁具备了优势的常规力量，

① 莱斯·阿斯平：《核态势审查》，参见《美国国防部长 1995 财政年度国防报告》，军事科学出版社，1995 年中译本，第 72—74 页。

② The US Department of Defense, *The Nuclear Posture Review*, Apr. 2010, p. v.

③ The US Department of Defense, *The Nuclear Posture Review*, Feb. 2018 p. 2.

谁就容易在国际军事竞争中获得主动权。由此可见，美国常规威慑理论与政策的兴起，是以国际政治格局的剧变为背景，以着眼地区的军事战略为直接动力，以常规武器的高技术化为物质基础。其特点是地区威慑而非中央威慑，是实战威慑而非单纯威慑，并且更注重普遍威慑与特定威慑的结合。从核威慑战略的兴起到常规威慑的复兴，美国威慑运用完成了一个历史循环，即整体威慑实战化和实战威慑常规化。①

再次，提高反导能力。反导弹防御系统有两种，分别谋求相对安全和绝对安全。美国于二战后一直在研制和部署前者，并曾经三次将后者提到日程上来：20 世纪 50 年代末考虑是否要投巨资建立大规模城市民防设施、60 年代末考虑是否部署反弹道导弹、80 年代中期考虑是否部署战略防御系统。从里根政府提出“战略防御计划”到老布什政府“全球防御系统”，美国将反导从构想变成现实迈出了重大一步。

缺少对战略和战术导弹的防御能力是美国威慑战略（包括常规与核威慑）长期以来的重大缺陷。1996 财年《国防报告》指出，目前已有 15 个以上国家拥有弹道导弹，自 1973 年以来，弹道导弹有 6 次用于地区冲突，结合使用弹道导弹与核弹头，会对美国的安全利益造成更大的威胁。美国政府认为，冷战时期的“战略防御计划”由于自身面临的问题和冷战后国家面临威胁性质的变化，必须进行改造。1992 年布什提出研制“对付有限打击的全球防御系统”，主要由战区导弹防御系统、国家导弹防御系统和全球导弹防御系统三部分组成，并按先易后难、“先地后天”的原则，运用较成熟的技术，将研究发展的重点首先放在战区导弹防御系统上，尔后根据技术的发展，将研究重点逐步转向保护美国本土的陆基导弹防御系统，最后，在战略需求和技术条件都具备的情况下，建立空间部署的全球导弹防御系统。

① 姚云竹：《战后美国威慑理论与政策》，国防大学出版社，1998 年版，第 183—184 页。

这项新计划将导弹防御的重点转向应付地区强国的有限导弹袭击，标志着美国导弹防御思想开始从全球防御向战区防御转变。时任美国国防部长阿斯平认为，研制和部署弹道导弹防御系统会在五个方面产生对美国有利的影响："弹道导弹防御系统与常规力量和核力量相结合，可增加威慑能力和减少战争升级的动因；有助于阻止弹道导弹技术与大规模杀伤性武器的扩散，因为可以减少扩散者研制、购买和使用弹道导弹和大规模杀伤性武器的动机；可以保护地区盟国，从而削弱它们制造自己的进攻性大规模杀伤性武器的念头，鼓励它们与美国一道以常规武器参与地区冲突；使敌国不能以弹道导弹危害其邻国和迫使其邻国寻求美国的保护；减少敌国以弹道导弹威胁美国城市的方式来遏制或限制美国在海外进行军事干预的能力，因为很小规模的弹道导弹威胁也会极大地增加美国军事行动的潜在代价和风险，削弱美国的常规优势，破坏美国地区安全战略的可靠性。"① 导弹防御计划的调整是冷战后美国威慑战略调整的一个重要组成部分，旨在提高美军对地区危机和冲突的攻防兼备的双重威慑能力，并为美国在将来需要时部署"全球导弹防御系统"打下基础。其主要矛头指向可能拥有弹道导弹的发展中国家，特别是美国的敌对国家。海湾战争中，美国共在中东部署了 29 个"爱国者"导弹连（其中 21 个在沙特，6 个在以色列，2 个在土耳其）。② 这些反导系统在实战中发挥了显著的作用。

1993 年 5 月，阿斯平正式宣布，美国放弃在太空部署反导武器，终止了原里根政府的"战略防御计划"，重点转向实行"战区导弹防御计划"，即用于保卫美国之外的某一地区免遭射程在 3500 千米以内的弹道导弹攻击的防御系统，主要用于保护美国的海外部队、设施以及盟国。此外，美还计划发展对付远程弹道导弹的"国家导弹防御系统"。1995 年 8 月至 1996 年 2 月，美国国防部对上述计划进行了全面

① 《美国国防部长 1995 财政年度国防报告》，军事科学出版社，1995 年版，第 64—67 页。

② 《海湾战争——美国国防部致国会的最后报告》，军事科学出版社，1992 年 12 月版，第 77 页。

审查，认为战区弹道导弹是业已存在的现实威胁，在今后 15 年内，美导弹防御政策的第一重点项目仍然是部署针对现实威胁的战区导弹防御系统。1996 年，美国把整个弹道导弹防御计划 70% 以上的预算都用于发展战区导弹防御系统，在历时 7 年，耗资 30 亿美元之后，1999 年 6 月 10 日，美国国防部宣布，战区导弹防御系统经 7 次试验终获成功。接着，美国又把重点转向发展国家导弹防御技术，以具备拦截威胁美国本土的远程弹道导弹的防御能力。美情报机构已认定，在今后 15 年中，除公认的几个核大国外，其他国家难以发展或采购能威胁美国本土的弹道导弹，独联体国家意外发射或未经授权发射导弹的可能性也很小，美国面临的战略导弹攻击的威胁大幅度降低。“国家导弹防御计划”在技术上要求保证一出现战略导弹威胁，便可在 3 年内部署保护美国全部 50 个州的有限导弹防御系统。1999 年 7 月 22 日，美国国会通过的《1999 年国家导弹防御法案》经总统签署成为法律。规定“美国的政策是：只要技术上可能，就必须尽快部署有效的国家导弹防御系统，以便能够使美国领土免遭有限弹道导弹的攻击（不管这种攻击是事故性的，还是未经授权的，或是有意的）。”①

2003 年，美国政府又取消了以往对“国家”和“战区”导弹防御的划分。在美国看来，它所研制的反导系统，不但要防卫本土及其在海外所部署的部队，也要防卫盟国，完全能够截击所有射程的导弹，使“战区”防御与“国家”防御间的区别变得模糊，不再具有意义。到目前为止，美国没有最终的、固定的导弹防御计划，反导系统的内涵和所采用的技术也是变化的和动态的。美国政府采取渐进的方法研制和部署导弹防御系统，使之随着时间的推移而不断改进，以便适应威胁的变化和充分利用技术的进步。

20 世纪 80 年代以来的“战略防御计划”“战区导弹防御计划”

---

① 白宫新闻处：《美国弹道导弹防御国家政策》，《世界军事参考》，2003 年第 65 期。

和“国家导弹防御计划”“全球导弹防御计划”以及最后形成的“战略导弹防御计划”有着非同一般的含义，它预示着美国打算放弃以核报复进行威慑的基本政策，转而依靠高技术武器系统的拒止能力，发展攻防兼备的战略力量，返回以攻克防和以防制攻的军事对抗传统，从根本上摆脱冷战时期威慑战略逻辑的束缚。① 由于有众多国家和地区要求参与这一计划和接受其保护，“战略导弹防御计划”对于扩展美国的全球影响和巩固美国联盟关系也有重大意义。在2015年的军事战略报告中，美国强调要继续投资于提高导弹防御能力。② 2018年国防战略报告又提出将把投资集中在分层导弹防御和防范对战区导弹威胁及朝鲜弹道导弹威胁的破坏性能力上。③

第四，威慑实战化。威慑的实战化，是指威慑朝威逼的方向发展。威逼与威慑的区别在于，“威慑是威胁使用武力以迫使对手放弃自己的意图，而威逼是有控制、有限度和积极地使用武力来左右对方的决策，迫使对方按己方意图行事，历史上的炮舰政策即属此类。威慑的成功体现在它没被使用，而威逼行动的成功，是使对手严格而迅速地按己方意图行事。”④

冷战时期的威慑是为了维持战略现状的纯威慑，而冷战后的威慑是为了改变和塑造安全环境，更多的是威逼，即改变现状或迫使对手放弃已采取的行动。⑤“9·11”事件后，美国主要威慑对象不再仅限于能对其实行反威慑的势均力敌的核大国，而是囊括了实力远逊

---

① 姚云竹：《战后美国威慑理论与政策》，前引书，第128—129页。

② 参见 Joint Chiefs of Staff of the U. S. , *National Military Strategy*, June 2015, pp. 9, 16.

③ 参见 The US Department of Defense, *The Nuclear Posture Review*, Feb. 2018, p. 8.

④ Robert J. Art and Kenneth N. Waltz, eds. , The Use of Force: Military Power and International Politics, the University of Americas Press, 1993, p. 6.

⑤ Robert Jervis, “What Do We Want to Deter and How Do We Deter It?” in L. Benjamin Ederrington and Michael J. Mazarr, eds. , Turning point: The Gulf war and US Military Strategy, Boulder, Colorado: Westview Press, 1994, pp. 121 - 128.

于它的中小国家和国际恐怖主义组织。美国的常规力量具备了全球投送、战略作战和攻防兼备的能力，美军所拥有的高技术常规武器已具备了战略报复能力，其常规威慑更可靠、可控、可信。针对地区军事大国慑止美军进入附近地区进行军事干预的能力（反进入/区域拒止能力），美军将通过下列措施建立一种强化的前沿威慑态势，包括：对可立即使用的前沿驻扎和部署部队实行一体化编组；建立可在全球范围使用的侦察、打击和指挥控制系统；提高信息作战能力；组建战区外可快速部署、具有高度杀伤力和持续作战能力的部队。①

高技术常规战略武器可以打击战略目标，又不会造成无法控制的后果，所以能够与核威慑手段完全脱钩并单独发挥作用，便于在实战中使用。美国国家科学院国际安全与军控委员会对未来美国核政策提出建议：在冷战后的安全环境中，美国应加强常规威慑，大幅度减少核武器的威慑范围，把核威慑局限于慑止针对美国及其盟国的核攻击这一核心任务，而不再以核武器反击常规和生化武器的攻击。在这种情况下，曾在冷战时期稳定地发挥作用的以大规模报复为核心的纯威慑的作用大为降低，威慑战略由纯威慑向实战威慑的方向发展。威逼和拒止性威慑的发展，对美国军事战略中先发制人指导思想的形成有明显的促进作用。2018 年核态势报告主张，美国要开发实战性的核武器，降低其使用的门槛。

长期以来，美国核威慑战略存在诸多根本性的矛盾之处：承认美国不轻易打核战争，但为了显示其核威慑的可信性，又坚持美国不排除“将在冲突中首先使用核武器”，而且要“采取确确实实的压倒和毁灭性的对策”；一方面在谋求与俄、中建立面向 21 世纪稳定的战略关系，另一方面又坚持把俄、中列为核威慑的对象；承认核武器的作用比核时代的任何时候都小，应予削减，甚至提出了建立无核武器的

① Donald H. Rumsfeld, Secretary of Defense, Annual Report to the President and the Congress, Aug. 16, 2002, p. 20.

世界，同时又坚持把核武器当作美国国家安全的基石，在继续强调其威慑作用的同时，又采取措施推进其实战运用。不仅如此，美国学者认为，美国威慑战略存在着严重的缺陷：一是在许多情况下难以奏效，如他国国内冲突扩大到周围地区并给美国利益造成间接和远期后果；两个国家或集团由于复杂原因发生冲突，美国难分敌友，必须对双方同时实施威慑；当美国所慑止的行为涉及行为者的政治命运时，威慑基本无效；对美国利益构成威胁的因素众多，美国无法集中力量对付某一特定的威胁；美国与其威慑对象在事件中的利益可能是非对称的，所涉及后者的利益可能比涉及美国的利益更为重大，对后者可能是生死攸关的利益，而对美国就可能远非如此，因此双方在斗争中的坚定性会有很大差距；已经获得少量核武器的“无赖国家”可能奉行“核蜂刺理论”①，认为只要拥有一枚能摧毁一座美国城市或杀伤数万美军的核武器，并且在被逼得走投无路时敢于使用，美国就不敢对其采取大规模军事行动，对于这种“核蜂刺理论”，美国的威慑战略难以发挥作用。二是对于某些对手作用有限，如：“它只能对公然的、不容抵赖的大规模侵略、易于受到空中打击的侵略以及针对美国或重要盟国利益的侵略产生威慑作用。”② 在两极体系中，美国主要是对处于东西方之间边缘地带的盟国以自己的信誉为担保承担义务，对一个具体事件的态度可以影响美国在世界范围的信誉及其威慑的可信性，而冷战后美国在特定事件中实施的有效威慑未必对其他情况产生同样的效果；冷战时期美国威慑的对象是苏联，苏联方面明白美国可能做出的反应，但在多极世界，美国难于威慑非常规行为者，它们没有领土、常备军、官僚体系或其他国家特征，其目标也不是夺取领土，而对于这类不确定的敌手，必须具备拒止威慑能力，因为难以找

---

① 蜂刺理论内涵是：“虽然你用手就能将一只蜜蜂捏死，但它死前总会咬你一口。”参见［美］约翰·柯林斯：“朝鲜的核蜜蜂”，《世界军事参考》，2004年第11期。

② L. Benjamin Ederrington and Michael J. Mazarr, eds. , Turning point: The Gulf War and US Military Strategy, 1994, p. 4.

到合适的报复打击目标。① 2002 年《美国国家安全战略》报告指出，“传统的威慑观念对恐怖主义已不起作用，他们公然追求的目标是肆意造成毁灭和残害无辜的生命；他们的所谓战士以死为荣，而不属于任何国家成了他们最有效的保护”；②在技术上仍存在重大问题，难以保证战略导弹防御系统的可靠性，并且缺少防御巡航导弹的能力。③

正因为如此，2018 年核态势报告强调，“没有一种适用于所有情况的威慑”，“美国核能力不可能防止所有的冲突，也不应该有这样的期待。但是它对威慑核侵略和非核侵略起到了独特的作用。”④

还需要强调的是，美国核战略思想的变化与其国家实力消长有着密切的关联，也与其军事力量强弱紧密相关。当国家总体实力和军事力量处于比较优势的地位时，它对核武器的依赖就比较重，往往强调实战化运用，反之，则降低核武器的作用，提高其运用门槛。

第三节　预防

所谓预防，就是指通过前沿部署、危机控制、军备限制与国际合作等方式，塑造战略态势，化解国际矛盾，阻止冲突升级，以维护国家安全。它既是冷战后美国提出的一种战略指导思想，又是一种战略运用的手段。美国现已把预防作为军事战略的组成要素之一，并与实

① 罗伯特·哲维斯前引文，见本杰明·埃德灵顿和迈克尔·马扎尔前引书，第 121—123 页、129—131 页。

② 《美国国家安全战略》，中国现代国际关系研究院美欧研究中心《反恐背景下的美国全球战略》（附录一），时事出版社，2004 年版，第 424 页。

③ 目前有 75 个国家拥有总共大约 7.5 万枚巡航导弹，大多数是反舰导弹，一些国家正致力于将其改造为对地攻击型。巡航导弹造价低，较易于被恐怖分子获取。其红外热信号不强（特别是与弹道导弹相比），具有利用地形掩护的低飞能力，而且体积小，易于藏匿在舰艇或者其他运输工具上，可以利用这些运输工具靠近美国领土、领海发射，发射后也较难被探测到。参见［美］布鲁金斯研究所高级研究员麦克尔·欧汉隆：“巡航导弹控制：导弹防御的议题”，《外军资料》，2002 年第 60 期。

④ The US Department of Defense, *The Nuclear Posture Review*, Feb. 2018, p. 4.

战和威慑并列。这充分表明，防患于未然已成为美国军事战略的重心，军事力量的运用也从危机和战时扩展到和平时期。

一、引入预防思想

预防性防务思想源于20世纪以来美国处理战争与和平问题的教训和经验。在既往的战争特别是一战和二战中，美国以实战的方式解决与其他国家尤其是同盟国、轴心国集团之间不可调和的矛盾，付出了巨大代价；在冷战期间，以威慑的方法应对与苏联之间的争端，依然难以避免有限战争的出现，也耗费了众多的资源。那么，如何以小的代价来维护国家安全，就成了美国战略精英殚精竭虑所要解决的问题。因此，他们着力在实战与威慑之外另辟蹊径，试图找到一种既能实现国家政策目标，又能降低战争风险的方法。早在20世纪80年代，美陆军中将、原陆军军事学院院长小德威特·史密斯就指出："今天，以绝对战争或总体战争为基础的战略不是'现代'战略。现代战略是涉及在和平与战争条件下以及两者之间一切含糊不清条件下军队的使用。它涉及使用军队防止冲突；不能防止时就使用军队控制冲突；不能控制时就使用军队消除战争。"①许多美国战略学者认为，威慑和实战在冷战后的美国安全战略中仍应占据中心位置，但不应成为美国对付其安全所面临威胁的唯一思路。他们还注意到，许多国家采取了防止冲突升级和增加军备透明度的措施，使长期来的紧张局势得以缓和，就是相互之间产生了矛盾，甚至在相当激化的条件下，也力求寻找战争之外的解决途径。基于这种认识与观察，美国的决策者们改变传统的思维方式，开始重视预防的作用，即力图以非暴力手段，实现国家的战略目标，既有利于自身的战略利益，又顺应和平发展的国际环境。

---

① 小德特·史密斯："现代战争中的地面部队"，美国陆军军事学院编：《军事战略》，军事科学出版社，1986年中译本，第181页。

预防性防务政策是在海湾战争后逐步形成的。老布什政府1992年2月提出的“地区防务战略”中，已经认识到预防的必要性，并强调慑止战争的重要性，但由于在年底大选中败北，未能将这种认识付诸实践。克林顿政府上台后，继承和发展了老布什政府的预防战略思想。1994年出台的《国家安全战略》报告指出：“我们解决主要冲突的计划集中于阻止诸如北朝鲜、伊朗和伊拉克等潜在的敌对地区性大国发动的侵略，如果需要的话，投入战斗，击败他们。”① 报告还认为，美国面临的安全问题复杂、多样和不确定。首先，因宗教、民族等问题造成冲突爆发频仍，且以内战居多，持续时间较长，且多在发展中国家，不适宜以威慑或战争的方式去解决。其次，敌对的地区大国在美国利益攸关地区发起的攻击往往只有很短的预警时间，甚至没有预警时间，② 若要阻止此类事件的发生，必须早做准备。再者，对于大规模杀伤性武器扩散的威胁，也难以用威慑或实战方式对付。因此，应对这些“威胁”，除了预防之外，并没有其他更加行之有效的途径。

1995年克林顿政府提出的“灵活与选择性参与”军事战略中，赋予美国军队的主要任务有三项，即按事态发展的过程，分为和平时期的参与、危机时的威慑、威慑失败时以实战取胜。1996年，克林顿政府又将美国军事战略的三项要素调整为：预防、威慑、战胜。预防，就是针对冷战后美国所面临的特殊威胁，力图把对美国安全的威胁消灭在萌芽状态，认为这是冷战后保护美国利益的最佳途径。这一调整，标志着美国军事战略的首要任务，已从冷战时的威慑转变为预防，加强了美军和平时期对各地区事务的干预，力图消除和控制危机的根源，阻止潜在威胁上升为现实威胁。预防性防务成了“参与和扩展”国家安全战略指导下提出的对外干涉行动的一项指导原则。

---

① 梅孜：《美国国家安全战略报告汇编》，时事出版社，1996年版，第255页。

② 《美国国防部长1993财年国防报告》，军事科学出版社，1993年中译本，第14页。

1997年克林顿第二任期时确定了“塑造、反应和准备”的军事战略。这一战略的第一和第三项要素都体现了“预防”思想。“塑造国际环境”是预防性防务的方法之一，即采用包括军事力量运用在内的综合性手段，主动地按照有利于美国的方式塑造国际环境。塑造行动含4种非军事方式：外交为第一条战线，与武力互为补充；通过国际援助方式促进国际自由市场的扩展，支援新建立的亲美国家政权；以军控方式增进他国军事透明度，降低军备水平，减少军备竞赛和冲突；慑止大规模杀伤性武器的使用，制止其部件和投射系统的扩散，主要针对苏联地区大规模杀伤性武器及有关材料和技术的流失，以及朝鲜半岛、海湾和南亚三个扩散区，并要求中国予以合作。塑造国际环境的军事行动包括3种方式：第一种方式包括前沿驻扎或部署部队、防务合作和安全援助，与盟友的共同训练和演习以及与非敌非友国家军队的交流，以显示美国的军事存在并发挥影响；第二种方式是在和平时期进行威慑，以慑止潜在对手的敌对企图，包括重申对盟友的安全承诺，通过外交途径向潜在敌人发出警告；第三种方式是通过战略部署和前沿部署以及有效的“三位一体”的核力量来显示力量和决心。“为对付不确定的未来挑战做准备”，是指美军在保持高度的战备水平和积极参与各种塑造活动的同时，开始为对付未来的威胁预做准备，主要针对恐怖主义等“看来不大可能，却会对美国的安全造成极为不利后果的威胁。”①

到了小布什政府时期，美国虽然提出了先发制人的军事战略，并先后发动了阿富汗反恐战争和伊拉克战争，但并不意味着要完全放弃预防性防务。从2002年和2006年的国家安全战略和军事战略报告可以看出，美国所说的“先发制人”，是指在确切知晓国际恐怖主义组织或支持国际恐怖主义的国家将对美国发动袭击时，它才主动采取行

① 参见美国参谋长联席会议主席：《美国国家军事战略：塑造—反应—准备》，1997年5月。（John M. Shalokashivili，shape-prepare-respond now，A Military Strategy for a New Era-［DB/OL］）. http：//www. dtic. mil/jcs.

动，将威胁消灭在摇篮之中。美国仍然强调要通过与盟友的合作，阻止“敌人”的攻击，同时采取措施，拔除地区冲突的引信。①

美国之所以把预防作为军事战略的主要手段之一，还因为它拥有庞大且高效的情报系统。通过部署在水下、陆地、海上、空中的各种监视和传感器以及覆盖全球的谍报网络，美国对世界上的事务大都了如指掌，从而为预防冲突提供了现实可能。为了进一步加强情报工作，“9·11”事件后，小布什政府设立了美国国家情报总监，统管包括中央情报局、联邦调查局以及属于国防部的共16个情报机构，年预算达400亿美元以上。这是美国首次将所有情报资源统一管理，意在能够准确掌握世界政治、经济和军事上的动态，预防战争或恐怖袭击事件的发生。

二、投入战略运用

美国认为，各国武器装备水平的高低是战争的晴雨表，大规模杀伤性武器的扩散会增加持有者冒险性，国家信任的缺乏亦易于引发冲突。因此，限制军备和大规模杀伤性武器扩散，增强国家之间的信任是预防战争的重要方法。于是，为了预防战争，美国从国际、国内多个层面入手。

首先，控制国际军备水平，减少大规模杀伤性武器扩散。美国认为，只有自己拥有军备上优势才能保证自身的安全，如果其他国家提高军备水平，就将成为引发冲突的重要因素，因此，通过军备控制可以减少战争风险。从多年的实践看，美国在军备控制方面所采取的主要措施就是裁军与军控、防扩散与反扩散。而裁、控、防、反的对象，又是以核武器为核心的大规模杀伤性武器及其投射系统为主。

① 参见白宫：*The National Security Strategy of The United States of America*, 2002, pp. 5 – 8.

一是推动核军备控制和裁减谈判。由于美国在核武器方面一直处于领先地位，企图运用军备控制手段限制其他国家研制核武器。对于大国，美国往往主张以谈判的方式限制军备；对于中小国家，态度就比较强硬，如果通过谈判达不成目的，就施以制裁或武力。古巴导弹危机后，美国深切地意识到核战争的危险性，便与苏联就限制核武器问题进行谈判，签订了部分核禁试条约。其实，对于自身的核政策，美国也曾深受最低限度核威慑理论的影响，注重裁减或控制规模。早在1958年，美国海军就提出了最低限度核威慑建议，认为只需232枚潜射战略导弹即可“绰绰有余”地满足威慑战略的需要；60年代初肯尼迪总统科学顾问魏斯纳也认为数百枚具备有效生存能力的核导弹就足以慑止任何潜在敌国对美国本土的攻击；约翰逊总统提出的确保摧毁战略，也是基于这样一种认识，只要美国拥有可确保摧毁苏联的能力，那么不论它拥有多大规模的核武器库，都不会影响威慑的可信性，因而美国核力量不应超过500枚核弹。按照这一估计，美国认为，美苏两国可以谈判，将双方5万枚核弹头减为各自拥有1000枚即可。然而，由于缺乏信任，美苏双方不仅没减少核武库，反而竞相研制威力更大、精度更高、突防和生存能力更强的核导弹，以获取核优势。即使在以增强“确保摧毁”能力为基本方针的核军备竞赛高潮的80年代初，美国学术界和政府决策部门仍然先后提出了比较完整的“最低限度核威慑”理论。1985年普林斯顿大学教授哈罗德·费维森、理查德·乌尔曼和法兰克·冯·希波尔联合发表倡议，主张美苏各自把核武库减至当时水平的十分之一，全部销毁战术核武器，销毁大部分中程核导弹，减少80%的战略核武器，各自保留约2000枚战略导弹核弹头，每个弹头的当量限为10万吨。凯南也建议美苏各裁减50%核武器，1986年里根总统及国务卿舒尔茨都在公开场合表示愿考虑这一建议。①

① Harry B. Holins, Averill L. Powers, and Mark Sommer, The Conquest of War, San Francisco, 1989, pp. 54 – 60.

美苏在20世纪60年代末开始限制战略武器谈判，一共进行了三个阶段。第一阶段为1969年至1972年，两国签署了《反导条约》和《美苏第一阶段限制战略武器条约》，首次达成控制核武器的协议。第二阶段为1972年至1979年，两国签订了《美苏关于限制进攻性战略武器条约》及相关附加议定书，但后来美国国会没有批准。第三阶段为1982年至1983年，双方没有达成协议。后来，美苏启动削减战略武器谈判，并于1991年签署了《第一阶段削减战略武器条约》(START I)。条约规定，美苏两国将部署的战略核弹头减至各8000枚，这是双方签署的第一个削减战略核武器条约。同年9月，美国政府宣布单方面消除其贮存在世界各地的所有陆基短程核武器，从水面舰只、攻击型潜艇和海军航空兵撤走所有战术核武器，所有战略轰炸机和应予销毁的洲际弹道导弹立即脱离警戒状态，并停止研制MX机动洲际弹道导弹。1993年初，两国又正式签署了《第二阶段削减战略武器条约》，美俄核武器数量将分别减至60年代末和70年代初的水平（战略核弹头数量：美3500枚；俄3000枚），该条约于1996年获美参议院批准，2004年6月，两国交换了该条约的批准书。美俄1997年3月就第三阶段削减战略武器谈判的指导原则达成了一致，2002年5月在莫斯科签署了《第三阶段削减战略武器条约》，双方将于2012年年底前把各自的核弹头数量削减到1700至2200枚，比冷战高峰期减少约80%。2003年3月6日美参议院批准这一条约。由于美国小布什政府退出了《反导条约》，俄罗斯认为这违反了削减战略武器条约与《反导条约》捆绑的做法，因而没有批准。直到2010年4月8日，两国领导人才在布拉格签订美俄第三阶段削减进攻性战略武器条约，2011年2月生效。美国将战略核武器弹头数量减至1550枚，比冷战时期减少了85%。①

2010年5月，美国奥巴马总统向世界发出了无核化倡议，并主导了无核化华盛顿峰会的召开。此后，2012年、2014年和2016年，分

① The US Department of Defense, *The Nuclear Posture Review*, Feb. 2018, p. 1.

别在韩国首尔和荷兰海牙和美国华盛顿举办了三次核峰会。通过首脑会议，各国凝聚共识，认为在实现无核化的进程中，只有强化核武器与核材料的管控，防止和阻止大规模杀伤性武器的扩散，才能为世界上最终消除核武器创造条件。

二是致力于防扩散与反扩散。大规模杀伤性武器（WMD）包括核武器、生物武器、化学武器以及短程以上的弹道导弹。美国国防部2001年《四年防务审查报告》提出了CBRNE（化、生、放射、核爆）武器及其投射系统（弹道导弹）的概念，除核生化武器外，增加了放射性武器（如以放射性物质制造的“脏弹”）以及增强型高爆炸药。[①] 2004年，美国发表的军事战略报告中，又扩展了这一概念的内涵，认为大规模杀伤或效果武器（WMD/E），系指敌人拥有的一系列广泛能力，这些能力可能造成毁灭性的影响。“大规模杀伤或效果武器包括化学、生物、放射、核与增强型高爆炸药武器以及其他更加不对称的‘武器’。它们可能更多地依靠扰乱性影响而非毁灭性动能效果。例如，与较小规模的致命毒剂释放相比，对美国商业信息系统进行的网络攻击或对运输网络发动的攻击，可能具有更大的经济或心理效果。”[②]

大规模杀伤性武器的扩散从冷战后期以来一直困扰着美国。包括已拥有核武器的美、俄、中、英、法、印、巴、以8国在内，国际原子能机构认定的有核能力的国家达68个，还有数十个国家兼有研制核生化武器及弹道导弹的能力。美国中央情报局在2002年1月30日呈交国会的调查报告中指出，伊朗、伊拉克、俄罗斯、朝鲜、利比亚、叙利亚、苏丹、印度、巴基斯坦和埃及参与了大规模杀伤性武器

① 美国国防部：《四年防务审查报告》，军事科学出版社，2001年中译本，第10页。

② 美国国防部：《2004年美国国家军事战略》，《世界军事参考》，2004年第71期。

的研制或扩散活动，其中俄罗斯和朝鲜是主要扩散国。① 大规模杀伤性武器之所以不断扩散，主要是因为：一些国家把拥有大规模杀伤性武器作为获取地区强国地位的有效手段，或以此对抗超级大国或地区大国的常规和核威胁；以大规模杀伤性武器与远程投送手段相结合，可使威慑能力和威慑范围倍增，增强国家的安全；核武器的原理和制造技术的门槛不再高不可攀，国际上核武器和核材料管理处于无政府状态；美国等少数大国的强制性和干涉性作法不能为其他主权国家所接受，而能为各方所承认的和真正有效的国际监督机制还没有建立起来；大国之间的战略博弈为一些中小国家发展核武器提供了机遇和条件；同时，出售相关技术有利可图。

美国政府认为，核武器扩散会对美国安全产生诸多不利影响。它使一些目前尚不能对美国本土安全构成威胁的国家具有打击美国本土的能力；它可能为恐怖主义分子所利用，给美国造成巨大的核灾难；掌握核武器的国家因缺少高级指挥控制系统和责任意识，惧怕其核武器受到敌方打击，而可能贸然使用核武器；不同政治文化背景的国家对于什么是“不可接受的损失”有不同理解，因而会削弱美国威慑战略的有效性；地区核战争会造成严重的环境问题；美国盟国以色列、日本和韩国会成为核打击目标，有可能把其拖入战争；抵消了美国的常规优势；严重干扰美国在海外使用武力的决心，并限制了其规模和方式；迫使美国投入更多的资源发展战区和战略防御体系；冷战后某些地区强国发展核武器以对大国进行讹诈；等等。1994 年，时任国防部长阿斯平称：“核武器和其他大规模杀伤性武器连同弹道导弹技术的扩散，也许是美国、美国驻在各战区的部队及其盟国所面临的最紧迫的威胁。为解决这个问题，我们提出了反扩散防务计划，该计划改变了国防部对待核扩散问题的看法，把它当作真正的、现实的军事威

① 《美国中央情报局有关全球武器扩散趋的报告》，http：//usinfo. state. gov/regional/ea/mgck。

胁。”① 2018 年的核态势报告认为，由于传统大国致力于发展新式核武器、增大核武库，一些中小国家和非国家行为体获得核技术的能力有了较大提高，美国所面临的核威胁变得更加严峻了。②

美军认为，大规模杀伤性武器的扩散，必将极大地削弱美国的威慑能力和动用武力的决心。1990 年 8 月海湾危机爆发时，美国国防部尚未制定接种预防生物战毒剂疫苗的计划，采取应急行动后，一直到 1991 年初方备有足够的疫苗。遭受化学武器或生物武器攻击的威胁迫使多国部队经常在防护态势下进行训练和作战，而且多国部队在海湾战争初期没有装备任何监测隐蔽生化攻击的设备，只有在出现中毒症状后才有可能发出警报。③潜在的侵略者如果拥有核武器或其他大规模杀伤性武器，不仅将增加未来冲突的潜在杀伤力，而且它们拥有这类武器本身就将增大冲突爆发的可能性。美国 1995 财年《国防报告》把大规模杀伤性武器的扩散列为苏联解体后国家安全所面临的四大威胁之首。2002 年国家安全战略报告把极端势力与高技术的结合视为美国面临的最大威胁。此后无论是国家安全战略报告，还是国防战略报告和四年防务评估报告，抑或是军事战略报告以及核态势审查报告，都把大规模杀伤性武器的扩散列为美国着重应对的威胁。

针对大规模杀伤性武器的扩散，美国政府主要采取防扩与反扩措施。防扩散措施包括加强《不扩散核武器条约》（1968 年签订，1970 年生效，2005 年有成员国 188 个，朝鲜于 2003 年退出，印度、巴基斯坦和以色列三国拒绝加入。）《禁止生物武器公约》（1972 年签订，1975 年生效，是禁止大规模杀伤性武器的第一个国际公约，1993 年有签字国 150 多个，中国于 1984 年加入。）《禁止化学武器公约》（1993 年 1 月签订，成员国包括美国在内的 130 多个国家。）等基础性国际防扩散条约；强化“核供应集团”（1971 年成立，由拥有核供

① 《美国国防部长 1995 财年国防报告》，前引书前言部分。

② 参见 The US Department of Defense, *The Nuclear Posture Review* Feb. 2018, p. vi.

③ 《海湾战争——美国国防部致国会的最后报告》，前引书第五章，第 78 页。

应能力的国家组成，有40个成员国，中国于2004年加入，该集团是对核出口实施控制的非正式国际组织，其宗旨是严格控制敏感物质或相关技术的出口。）“桑戈尔委员会”（1971年成立，其宗旨是根据《不扩散核武器条约》有关条款，制定向未参加该条约的无核国家出口核材料、设备和技术的限制性规则，有40个成员国，中国于1997年加入。）“澳大利亚集团”（1985年成立，是防止生化武器扩散的非正式出口控制机制，现有34个成员国，其控制清单主要包括化学品及其生产设备和技术、动、植物病原体、生物制剂以及双用途生物设备及技术。）“导弹技术控制制度”（1987年成立，其宗旨是防止可运载大规模杀伤性武器的导弹及其技术扩散，现有33个成员国）等国际出口控制机制；防止苏联解体后其原加盟共和国大规模杀伤性武器扩散的措施以及对伊拉克、伊朗、朝鲜大规模杀伤性武器的核查。美国政府认为，发展反导系统和于2001年12月退出《反弹道导弹条约》，目的之一是迫使意图发展大规模杀伤性武器的国家放弃原有计划，因此也含有防扩散的意图。2012年美国倡导核安全峰会也是防止核扩散的重要机制之一。

反扩散是防扩散失败后的解决办法，以军事手段为主。克林顿政府认为，美国的潜在对手正在把大规模杀伤性武器作为抵消美国常规力量优势的一种手段，一旦防扩失败，美国须以军事力量慑止大规模杀伤性武器的使用。为此，国防部于1993年12月提出了“反扩散倡议”，并逐渐将其作为美军战备的重点。美军据此制定了反扩散联合条令、联合计划以及联合训练和联合演习方针，同时提高反扩散情报能力，为决策者及部队指挥官提供充分和适用的信息。中央情报局的不扩散中心（NPC）除了履行外交上的防扩散传统使命外，也承担了军事上的反扩散任务。国防部直属的国防情报局把反扩散列为自己的重点任务。此外，美军还采取措施，增强反扩散防护能力。例如：增加各种防护器材；建立战区弹道导弹防御系统；发展对付核生化威胁的主动打击手段等。

美国在朝鲜核危机中的作法，就属于典型的反扩散措施。自20

世纪80年代以来，朝鲜向中东各国和巴基斯坦出口了数百枚中近程弹道导弹，1998年8月31日成功试射了太空火箭，将卫星送上了环地球轨道，具备了投送战略武器的能力。[①] 1991年，美国以卫星照片为据，称朝鲜可能在研制核武器，要求国际机构进行检查。1992年5月至1993年2月，国际原子能机构进行了6次检查，证实朝鲜建有核反应堆，但没有足够的证据说明朝已拥有或正在研制核武器。美国再次向国际原子能机构提供有关情报，要求对朝另外两处设施进行检查，被朝方拒绝后，国际原子能机构做出了进行强制性检查的决定。于是，美韩进行联合军事演习，并邀请以色列的军事专家介绍了空袭伊拉克核反应堆的经验，拟在必要时对朝鲜进行外科手术式的有限打击。在进行武力威胁的同时，美国与朝鲜于1993年6月开始举行会谈。1994年4月，国际原子能机构要求对反应堆拆换下来的燃料棒进行取样检查，以了解反应堆的运转历史，判断朝鲜是否拥有核武器和拥有多少可用于制造核武器的核原料，再次被朝方拒绝。美国联合韩国和日本积极推动对朝实施制裁，朝鲜准备退出国际原子能机构。在谈判即将破裂的时刻，美前总统卡特于同年6月访问朝鲜，说服朝同意接受检查和有条件地冻结核计划，把石墨型核反应堆改成轻水型反应堆。10月17日，相关各方在日内瓦达成关于解决朝鲜核问题的"框架协议"，朝鲜的3座石墨反应堆（50兆瓦1座，200兆瓦2座）改为轻水反应堆，朝方的损失由美方补偿；美方允诺提供两座发电能力各为1000兆瓦的轻水反应堆，总价值40亿美元，建设周期10年；在轻水反应堆建成前，美向朝提供重油作为替代能源，每年约50万吨，所需资金由美国牵头组成一个包括韩日在内的国际财团负责提供。协议还规定，朝鲜重返《不扩散核武器条约》，承担条约规定的核安全保障义务，同意恢复朝韩直接对话，并同韩国一道执行半岛无核化共同宣言；美国给予朝鲜相应的经济补偿，保证不对其首先使用

① ［英］马克·施坦伯格：《朝鲜将成为美国的下一个打击目标》，《世界军事参考》，2003年第54期。

或威胁使用核武器，放宽贸易和投资限制，并同意尽快在双方首都互设外交联络处。1994 年至 2001 年，美国、欧盟和日本分别向朝鲜提供了 6.5 亿美元、2.95 亿美元和 1 亿美元的物资。至 2001 年 7 月，朝鲜共从西方国家获得超过 10 亿美元的援助。

但是，朝鲜一直没有放弃发展核武器的努力。2002 年 10 月，朝鲜驱逐了监视其核设施的国际核查人员。11 月 17 日，平壤广播电台报道说朝鲜已拥有原子弹和生化武器。朝方的意图是通过更高的筹码换取美国的多种让步，如签订和约、取消经济制裁、提供大量经济援助，甚至建交，分化美日韩同盟，并一揽子解决所有问题。2003 年 12 月 9 日，朝鲜提出“同步走、一揽子”方案：朝鲜冻结核设施，美国取消对朝制裁及封锁，美日韩继续向朝提供重油、电力等能源支援。鉴于朝鲜继续发展核武器的努力，美方于 2002 年 12 月起，停止了重油的供应和轻水反应堆的建设，并增大军事压力。为打破僵局，在中方的斡旋下，2003 年 3 月开始了朝核问题的中美朝三方会谈，同年 8 月扩大为六方会谈。2004 年 2 月第二轮六方会谈在北京举行之前，朝鲜向美国转达了其主要方针：在实现关系正常化的前提下，朝鲜将放弃核计划；但为了对抗美国的威胁，朝鲜仍将维持必要的最低限度核遏制力，即保持已获得的核能力。2005 年 2 月 10 日，朝鲜首次公开承认拥有核武器，并声称永远都不会重返旨在迫使其放弃核计划的六方会谈。

朝鲜在任何情况下都不会彻底放弃核武器的立场，从三方面构成了对美国的挑战：突破《不扩散核武器条约》成为核国家，是对现行国际法体系和美国防扩散政策的重大挑战；破坏东亚地区业已形成的国际政治力量结构，对美国盟国构成威胁，并可能刺激韩国、日本发展核武器；① 加剧了威胁美国本土安全的核扩散。因此，美国要求朝鲜首先“无条件、可验证、不可逆地完全放弃核开发”，不能讨价还

① 日本自卫队前幕僚长、联席会议议长杉山蕃 2005 年 2 月 25 日称：“日本有必要制定‘无核国家的核战略’”。

价，此后提供安全保证和经济援助，即按照“利比亚方式”解决朝核危机。双方立场尖锐对立，但是由于朝鲜所处的地缘位置特殊、有关各方关系复杂、相互牵制，朝鲜庞大的地面部队对驻在韩国的3.4万名美军以及拥有1000万人口的汉城构成直接威胁，美军深陷阿富汗和伊拉克战争，因此，美国很难像对待伊拉克那样对朝鲜实施武力打击。2012年，金正恩上台之后，朝鲜在发展核武器的道路上更加一意孤行，先后进行了六次试验，并发射多枚导弹，将“光明星”号卫星送上了太空。在美国的倡导下，联合国通过决议对朝鲜进行制裁，但依然改变不了其拥有核武器的决心。尽管2018年，朝鲜与中国、韩国和美国分别举行了首脑会议，甚至发表了联合声明，承诺最终实现半岛无核化，但从历史和现实的情况来看，朝鲜至多就是可能不再进行新的核试验而已，根本不会放弃已成功研制的核武器。可以说，美国在朝鲜半岛反扩散的政策和措施都失败了。

美国在伊拉克所做的反扩散努力也没有成功。1991年4月3日，联合国安理会通过687号决议，要求伊拉克销毁核设施、生化武器和射程超过150千米的导弹，并设立一个特别委员会专门监督与核查有关情况的进展。伊拉克因不满联合国迟迟不取消对其经济制裁，从1997年底开始，在联合国特别核查小组人员的构成、检查范围和核查的时间表等问题上同联合国发生冲突。1998年1月23日，负责在伊执行武器核查任务的联合国特别委员会首席检察官巴特勒在上交安理会的报告中称，由于伊拉克的阻挠，委员会已无法执行核查任务。

美国对此立即做出反应，声称如伊拉克拒绝无条件接受核查，美国必将诉诸武力。自从1991年海湾战争以来，美国已先后以各种理由6次动用武力对伊施压，其中4次实施了打击。1997年底开始，美国又开始向海湾地区增兵，至1998年2月下旬，已在海湾及附近地区集结了一支含陆海空三军约35000人的强大作战力量，其中包括3个航母战斗群和可发射巡航导弹的舰只在内的20艘军舰，200架舰载机以及数千名海军陆战队，空军在伊拉克周边国家部署各种作战飞机200多架，陆军在科威特部署地面部队约1万人，做好了单独对伊动用武力的准备。

与此同时，美国开展广泛的外交活动，派出国务卿、国防部长和驻联合国代表到世界各地游说，积极争取国际支持。英、加、澳、新、比、荷6国同意派兵赴海湾与美军组成多国部队，德国、土耳其、意大利、希腊、葡萄牙、西班牙6国愿为美英的打击行动提供军事基地或后勤支援。美国以大张旗鼓的军事和外交活动使事态迅速升温，对伊拉克形成了巨大压力，迫使其最终接受了联合国的调停，同意开放8处总统府邸。联合国安理会1998年3月2日通过决议，称如伊拉克违背联合国有关武器核查协议，将招致“最严重后果”，强调安理会在海湾战争结束后达成的所有涉及伊拉克的决议仍有效，因而必须遵守。克林顿即于当日发表声明，要求伊“向国际武器核查人员立即和无条件地、在任何时间开放任何可疑地点”。美国对本已十分严厉的联合国决议进行了更有利于己方的解释，并保留采取进一步行动的权利。“9·11”事件后，美国再次加大对伊拉克的压力。伊拉克认为，当时的国际形势与1990年海湾战争时相比，已有了很大的不同，国际大多数国家（包括半数以上的联合国安理会常任理事国和德、法等北约国家）都反对美国再次使用武力，因而美国必将知难而退。结果出乎伊拉克当局的预料，美国仍然置国际准则于不顾，于2003年3月以藏匿大规模杀伤性武器为由发动了入侵伊拉克的战争。

美国在伊朗反扩散的努力也成效甚微。早在20世纪50年代，伊朗就着手核能源的开发活动。由于与美国关系密切，西方国家均对其表示支持。1979年，伊朗发生革命后，美伊关系交恶，美国随后便指责伊朗以“和平利用原子能”为掩护秘密发展核武器，对其进行遏制。2003年，伊朗总统哈塔米发表电视讲话，称伊朗已在雅兹德地区发现了铀矿，并已成功提炼出了铀。之后，在外来力量的支援下，伊朗加快了核能研发的步伐，不仅建立了核电站，而且在重水反应堆和浓缩铀/钚的提炼上取得重大进展。美国中央情报局预测，伊朗将在2年内提炼出高浓度铀，7年内制造出核武器。由于伊朗军队已装备了射程1300千米的“流星3”式导弹，核武器与导弹的结合将会极大地提高伊朗的军事能力。

为阻止这一情况的出现，伊拉克战争结束后，美国推动由35国组成的国际原子能机构理事会通过决议，要求伊朗立即停止提取浓缩铀活动，签署《不扩散核武器条约》附加议定书，接受无限制的核查，并在当年10月31日之前证明自己没有研制核武器，否则将进行制裁。伊朗被迫宣布有条件地暂停浓缩铀的提炼，放弃更远射程导弹的研制，接受国际原子能机构的核查。为了迫使伊朗全面彻底放弃核武器计划，美国加大了军事压力，于2004年拟定了“斩首”领导人、清除核设施、推翻现政权三种对伊打击方式，伊朗政府当年11月21日同意立即中止浓缩铀的提炼。但是，伊朗一方面表示与国际社会合作，另一方面却继续推进其核计划，加快铀浓缩活动。对此，美国强烈不满，将伊核问题提交联合国，并对伊朗实施进一步制裁。2005年，伊朗强硬派领导人艾哈迈德·内贾德上台后，在联合国发表演讲时宣称，伊朗拥有研发核能的权利。接着，伊朗重启铀浓缩活动。自2006年7月，联合国安理会先后通过了1696号、1737号、1747号、1803号、1835号和1929号决议，不断加大对伊朗制裁的力度，并要求伊朗停止浓缩铀研发。但是，伊朗认为，和平利用原子能是其正当的权益，坚决拒绝。

对于伊朗研发浓缩铀，中、美、英、法、俄、德进行了协商，但并未取得共识。随着伊朗浓缩铀提炼技术的迅速提升，2010年，联合国安理会通过了“史上最严厉”制裁伊朗的方案。2013年，中、美、英、法、俄、德在日内瓦与伊朗进行谈判。经过艰苦的努力，2015年7月14日，终于达成协议。伊朗重申在任何情况下都不会寻求、开发和获得任何核武器；伊朗在《不扩散核武器条约》相关规定下完全拥有和平利用核能的权利，其核计划也将与《不扩散核武器条约》其他签约国得到同样对待；伊朗把离心机的数量削减三分之二，即从1.9万台减少至6104台；国际社会对伊朗的武器禁运将再持续5年；国际原子能机构人员可以在24天内进入伊朗境内被认为可疑的地点；国际原子能机构核实伊朗核计划的和平性质后，联合国、美国以及欧盟将解除对伊朗的经济和金融制裁；如果伊朗违反协议，相关制裁将在65天内恢复；伊朗有权对国际核查人员的核查提出异议，由伊朗和6国人员组成的仲裁机构将做出裁定；伊朗将重建阿拉克重水反应堆，仅用于和平目的。[①] 7月20日，联合国安理会通过决议，支持这一协议。从一定意义上说，伊朗核协议是包括美国在内的国际社会在防扩散问题上所取得的来之不易的重大成果。

当然，达成协议是一回事，事态究竟向何处发展则是另一回事。协议达成之后，伊朗精神领袖哈梅内伊发表声明，表达了不满立场，美国国务卿克里对此感到震惊。特朗普上台后多次以伊朗没有完全遵守协议"精神"为由，威胁要退出该协议。2018年5月8日，美国宣布退出伊朗核协议。对此，伊朗也做了强硬的表态，称绝不屈服于美国的压力，将再次重启浓缩铀活动。

2003年，美国利用其独一无二的超级大国地位，打着反恐的旗号，以战争的方式推翻了伊拉克萨达姆政权，加之早年以色列炸毁了巴格达郊外的伊拉克核设施，伊拉克核能利用之路由此而终止。朝鲜利用其特殊的地缘位置与复杂的大国关系，在与美国的谈判中，既获得了重大的现实利益，又最终变成了核武器拥有国。那么，伊朗会是什么样子呢？其出路不外乎两条，即要么坚持和平利用原子能，虽然可与美国对抗，但不触碰核武化底线；要么走上核武化道路，不惜代价与美国、以色列开战。

虽然在防、反扩散方面取得的成就并不尽如人意，以谈判的方式促使利比亚彻底地放弃大规模杀伤性武器的研制，以战争的方式颠覆了伊拉克政权，但美国一直没有放弃尝试。在没有大国博弈或博弈程度较弱的情况下，美国取得成功的可能性就比较大，反之，失败的可能性就比较大。即便如此，它防、反扩散的立场决不松动，能解决的就采取行动，不能解决的就等待机遇。

① 参见《联合国安理会一致通过伊朗核协议》，凤凰资讯2015年7月20日，http：//news. ifeng. com/a/20150720/44206569_ 0. shtml。

三是谋求常规军备控制。美国出于维护自身安全的考虑，不仅推动和致力于核军备控制、裁减和反、防扩散，而且也不放弃控制常规军备的谈判。在常规军备控制谈判方面，1987 年美国与苏联签订的《苏联和美国消除两国中程和短程导弹条约》（简称《中导条约》）是最为显著的成就。根据条约规定，在批准生效后的 3 年内，美苏两国全部撤除和销毁射程 500 - 5500 千米的中短程地地导弹以及配套的相关设施，而且今后也不再试验、生产和拥有这些武器；为了确保条约的实施，双方允许进行现场核查；条约为无限期有效。此后，尽管两国龃龉不断，且都声称要退出，但基本上履行了条约义务。《中导条约》是一份极为重要的军备控制协定，是人类历史上在军备控制方面第一次由向上平衡转为向下平衡，由寻求军控协议转变为确保军控实施。此后，美苏/俄在削减战略武器谈判上也采取了同样的方式。

由此可以看出，从冷战后期到奥巴马任期结束，美国在推动军备控制方面取得了一定的成效。这些成效的取得，是特定历史条件下的产物。苏联解体后，美国成为世界上唯一的超级大国，成为裁军和军控领域的主导者。俄罗斯对美国提出的各种裁军和军控建议基本上持赞同或默许态度，西方国家基本与美国保持一致。美国在军控方面重视推动联合国通过有关决议，以增强军控措施的权威性并使尽可能多的国家被吸收到军控进程中。然而，2017 年，特朗普上台后，认为美国军备已不能满足其推行国家政策的需要，大力提高国防费用，提升武器装备研发水平，企图掀起新一轮军备竞赛。

美国的军备控制政策是其国家安全战略和军事战略的重要组成部分，美国把军控作为夺取和保持有利战略态势的重要手段。为了保持军事技术优势，在受控制的武器类型上，一般不禁止或限制自己领先的武器，而禁止或限制对自己有威胁的武器。在控制的时机上，往往在自己完成某一阶段的研制工作后，便对别国加以限制。美国所防范的不仅是大规模杀伤性武器的扩散，还包括一切可削弱其军事优势的高技术武器甚至防御性武器的扩散。例如，捷克研制的高级被动式“塔马拉”雷达系统，本身不发射电波即能远距离接收侦察目标所发出或反射的某种电波信号，从而发现目标和测定其位置。这种雷达系统可以在500千米的范围内同时监视71个目标，且可移动，不易被对方发现和摧毁，为世界独家产品。美国在考虑吸收捷克加入北约时，要求捷克不得向伊拉克销售这种装备。2002年9月，美国以经济制裁威胁乌克兰不得向伊拉克出售具有更佳类似性能的高级被动式“锁子甲”雷达系统。

美国的裁军和防扩散政策也存在问题。美国以及相关国家特别是大国，都储存了大量的化学、生物武器，若要按照国际协议全面销毁，是一件极不容易的事，不仅面临资金上的难题，而且还存在国际信任的困境：具有全球性质的国际核黑市的存在难以根除，以武力反扩散力不从心，美国攻打了已不拥有这类武器的伊拉克，可是不得不对声称拥有核武器的朝鲜以及执意核能开发的伊朗采取了较为宽容的态度。同时，对于印度和巴基斯坦成为有核国家也没有做出强烈的反应。不仅如此，出于维护全球战略优势的需要，美国还与印度展开核领域的合作。

其次，防止地区危机和强化本土安全。为了预防地区战争，美国政府主要采取三方面的措施。一是宣传推广美式的国防体制。美国认为，将军队置于文官的控制之下，可以减少战争的风险，因为军队乐于以武力方式解决争端。所以，美国鼓励有关国家改革防务，采取美国式文官治军的原则，同时提高防务的透明度并与邻国建立信任。美国国防部与国务院共同推行“国际军事教育和训练计划”，对数十万外国军官进行了有关文官控制军队原则的灌输，意在使他们接受美国的理念，从而使美国“减少流血和开支”。二是通过前沿驻扎或部署部队、防务合作和安全援助，以及与盟友的共同训练和演习，以显示军事力量来控制地区局势，防止出现危及美国安全和利益的不稳定因素。美国认为，在遏制和限制常规战争方面，第二次世界大战后积累了许多经验。例如，不留下可以使奇袭成功的真空地带和力量的不平衡，并尽可能建立有抵抗力的缓冲地带；如果爆发了战争，就努力促使停火，冻结局势并转入谈判。[①] 三是与非敌非友的重要地区大国建立军队间的联系，进行合作，以防其变为敌国。美国每年都主导大型多边军演，就是为了增进各国军队之间的了解。2015 年，美国海军、海军陆战队和海岸警卫队共同发布了《21 世纪海上力量》战略，强调与盟友和伙伴加强海上合作，既促进相互间的信任，又阻止其他国家获取制海能力的优势。此外，美国还在海外实施维和、救灾、撤运和营救美国及盟国侨民的非战争行动，促进国家间关系的良好发展，强制实施制裁、实行贸易禁运和建立禁飞区，阻止国家或政治派别冲突行动的升级。由于制裁措施要比外交手段更能削弱被制裁国的经济和军事能力，同时避免直接使用武力的风险，可进可退，美国多次采取了建立禁飞区和实行禁运的行动。[②]

美国还强化了本土的防御措施。“9. 11”事件发生后，美国立即组建了国土安全部，2002 年又设立北方司令部。国土安全部的职能是反恐，主要是通过搜集相关情报，阻止恐怖主义分子在美国本土发动袭击。2001 财年用于国土安全的联邦预算达 170 亿美元，其后不断增加。2002 财年增至 290 亿美元，2003 财年预算达 380 亿美元。其后，国土安全的预算基本上维持在这一水平上，2016 财年的预算为 400 亿美元，2017 财年为 413 亿美元，2018 财年为 441 亿美元，2019 财年又有大幅增加。这些资金主要用于堵塞最紧迫的安全漏洞，保护重要基础设施和地点的安全。北方司令部则派遣飞机每年进行上万架次的空中巡逻，以加强对国土的防卫。海岸警卫队则长期展开港口安全巡逻，经常对外国船只进行安全检查和对它们进出港口进行护航。

再次，做好各个层次的预警。预警是美国防范突然爆发大规模地区战争和对美国本土袭击的一种主要手段，也是应对战争、冲突和恐怖袭击的准备工作的主要内容。预警时间是指发现敌方进攻征兆并因

---

① [日] 竹中义男：《现代安全保障战略的目的、目标》，参见高培、纪雷编译：《日本人的战略思考与军事预测》，军事科学出版社，1988 年版，第 21 页。

② Collin Powell, National Military Strategy of the United States, 1992, p. 7.

之采取一系列政治军事和民事防范措施的整个时间过程，以首次交火或解除战备为终结。敌对双方往往在袭击开始前就在这一领域展开争夺，进攻一方要尽力剥夺对方的预警时间，而防御一方要尽可能地争取更长的预警时间以制止对方或让乙方做好准备。一旦确信敌方将采取进攻行动，美国必须以坚定的信心主动攻击并采用突然袭击的方式。美国军方在总结1973年阿以战争的经验时称：没有十分清晰的进攻目的、纯粹反应式的依靠火力和在盟国土地上进行的防御战略，不可能抵御一支采取进攻战略的经过周密准备的敌军的大规模袭击。所以预防也必须是积极的、以防为进。①

有效的预警，需要做出准确的判断并发出有针对性的威慑信号。美国在伊拉克入侵科威特前未能进行准确及时的战争预警，根本原因是长期以来错估了伊拉克的意图。美国在整个20世纪80年代向伊拉克提供了大量援助，包括有关伊朗军事动态的情报、每年用于购买美国农产品的10亿美元贷款，以及一些高技术产品，美国政府还从恐怖主义国家名单上删去了伊拉克，恢复了美伊外交关系，并且认为美伊在两伊战争期间建立的良好关系和伊对阿拉伯邻国的温和态度会长期继续。② 另外，在战争迫在眉睫时发出具有足够威慑力的信号会遇到许多障碍，如国内政治因素、缺少具有针对性的军事力量以及其他国家的掣肘。即便发出信号，也难保对方深信不疑，因为对方对所涉及的利益有完全不同的看法或存在文化差异，信号太弱不起作用，过强又会使对方不得不坚持对抗。③ 海湾战争后，为预防和慑止突然发生的大规模地区战争，并在战争一旦发生时能迅速做出有效的反应，

---

① Keith. A. Dunn and William O. Staudenmaier, military strategies in Transition: Defense and Deterrence in the 1980s (Studies in international security affairs and military strategy), New York, 1984, p. 21.

② The Washington Institute for Near East Policy, *Initial Report of the Washington Institutes' Strategic Study Group: Restoring the Balance, U. S. Strategy and the Gulf Crisis.*), Washington, 1991, p. 17.

③ 《海湾战争——美国国防部致国会的最后报告》（下），军事科学出版社，1992年中译本，第153页、第193—197页。

美国加强了战争预警工作。一是对预警失误的原因进行探讨，汲取经验，研究规律，提出对策；二是改革和完善战略情报体制和战争预警机制，从情报管理入手提高战争预警的时效性和准确性；三是将最新的技术装备用于监测战争征兆和传递情报信息，提高预警的自动化程度，乃至建立国家战略 C^4I 系统。

美国的战争预警由中央情报局负责。中央情报局组建一个由资深专家领导的班子，在对各种情报全面分析的基础上，就战争的可能性向总统和国家安全委员会提供权威的结论性报告。① 其他主要参与者是隶属国防部的国防情报局。分析人员以敌国发动攻击前的征兆及其变化作为分析判断的依据，据其威胁程度在不同的“门槛”上发出警报，这项工作称为征兆和预警（I&W）。对于逐渐升级的危机，以“总统每日要闻”和“国家情报每日要闻”的形式上报，如果事态严重，战争即将爆发，中央情报局即以“警报备忘录”的形式上报决策者，要求采取紧急措施，并作为一种档案存留，证明情报部门确在事前发出了警报，以免事后行政部门和国会指责“情报失误”。国防部下属北美航空航天防御司令部主要负责防范对美国本土的战略袭击，提供早期预警的侦察监测系统主要包括地面雷达、预警卫星和预警飞机。②这一系统自 80 年代末以来，结合“战略防御计划”及其后续计划得到了全面加强。

冷战结束以来，美国预警的重点转向对付地区战争和防范敌国使用大规模杀伤性武器对美国本土及美国海外军事力量进行有限打击。对发生袭击的可能性及其发生的地点、时间、规模、样式进行先期预测，作为确定作战思想和建设军事力量的依据。自 90 年代初，美国对其情报机构进行了广泛改组，中央情报局和国防情报局互派常驻官员，加强政治、军事情报的交流，国防情报局负责预警的军官

---

① Cord Meyer, Facing Reality, New York, 1987, pp. 356 - 358.

② Tony Velocci, The State of National C^3I, National Defence, *National Defense*, Oct. 1982.

出席国家安全会议，以便从更高的层次和更广的范围做出判断，在美国情报界和政府中已形成一个跨机构的“预警群体”。[①]他们不提供一般现实动态情报，而是专注于预测潜在的和大多数人没有注意到的危机。

对于针对美国本土的大规模恐怖袭击，美国情报部门在“9·11”事件发生前便有所预料。1999 年兰德公司的研究报告认为，“过去，恐怖袭击几乎从未在美国国内出现，部分原因是传统的恐怖团伙发现美国的环境不利于搞恐怖行动。直到最近几年情况才发生变化。现在多数观察家相信，在美国出现重大国际恐怖主义的门槛已被跨过，尤其是在纽约拘捕恐怖爆炸犯后，恐怖活动将接踵而至。恐怖分子不断变化的动机和捉摸不定的行为，可能意味着美国本土目标会受到更直接的打击。”[②] 美国国家情报委员会集中所有情报部门和一些思想库的力量，于 2001 年初完成《2015 年全球趋势》预测报告。该报告指出，国际恐怖组织将利用信息技术提供的便利，进行“不受约束”的洲际恐怖活动。

可靠的情报对于防范恐怖袭击至关重要。至 2002 年，美国政府没有专门负责对美国境内潜在恐怖威胁的情报信息进行系统性分析的机构。2002 年《美国国家安全战略》报告提出建立新的情报预警系统，针对美国与盟国所面临的各种威胁提供无缝隙的一体化预警。[③]新成立的国土安全部与具有多种能力的其他部门协调行动，通过将各种渠道的情报信息汇集在一起进行全面综合分析，提供及时可靠的预警，使国土安全部在尽可能短的时间内采取行动，这对防止和减轻恐怖袭击的危害至关重要。特别是那些使用当量不大的大规模杀伤性武

① Chales G. Gogan, “Intelligence and Crisis Management: the Importance of the Pre – crisis”, *Intelligence and National Security*, Oct. 1994.

② ［美］伊因·莱塞：《战略层面的恐怖主义》，转引自《外国军事学术》，2001 年第 11 期。

③ The Whitehouse, The National Security Strategy of the United States of America, Sept. 2002, p. 30.

器的袭击。[1] 国土安全部还将通过采取“红队”方法，即从恐怖分子的角度分析美国易受攻击之处并提供制定基础设施保护标准和行动措施所需的客观数据。[2]

为了预防恐怖袭击，美国建立了一个全美范围的生化武器侦测系统，包括一个全国公共健康数据监视系统，以找寻生物恐怖袭击发生的症候，以及一个用于探测和报告在人口稠密地区散布病菌的传感器网络。[3] 遍及美国全境的500台探测器组成的网络实时地分析31个城市的空气，能够在大规模袭击发生后的最初几天里拯救成千上万人的生命。这一网络于2003年11月由美国国土安全部耗资6000万美元建成。此外，联邦调查局、中央情报局、国土安全部和国防部共同组建了一个反恐联合中心，将所有相关信息汇总后集中分析。[4]

由此可以看出，自冷战结束以来，尽管美国多次挑起和发动战争，但仍然在战略层面注重预防的运用。同时也充分地说明，预防可以减少战争的风险，增强应对危机的主动，但不可能完全避免战争。

三、改进应用方式

从近年来美国国防战略报告和军事战略报告及实践运用看，预防已成为其重要的维护国家安全的手段。从国防部到各军种部，再到各

---

① 《国土安全部组建方案》(2002年6月)，参见黄柏富主编：《“9·11”事件后美国国家安全战略文件选编》(上、下)，军事谊文出版社，2002年版，第174—175页。

② 《国土安全国家战略》(2002年7月16日)，黄柏富前引书(上册)，第266页。

③ 《国土安全部组建方案》(2002年6月)，黄柏富前引书(上册)，第173页。

④ 《抗击恐怖主义国家战略》(2003年2月14日)，中国现代国际关系研究院美欧研究中心：《反恐背景下的美国全球战略》(附录一)，时事出版社，2004年版，第458页。

战区，都奉行这样一种战略原则，即预防（阻止）、威慑（塑造）和战胜（打击）。不仅如此，美国还根据情况的变化不断地改进预防的方式。

第一，强调对事态发展过程的控制。通过预防，美国把对国家安全的潜在不利因素消除在萌芽状态或把危机控制在低水平，并将此列为军事战略的首要任务，它标志着美国军事战略的巨大变化，即在“先胜”的基础上谋求“战胜”。2005 年，美国国防部开始发布国防战略报告就是一个重要标志。美国政府认为，大规模杀伤性武器的扩散和由此引起的地区军备竞赛，会使本来不重要的地方变得重要，使美国有限的军事资源变得更为紧缺，使原本可以通过和平手段解决的问题变为最终不得不动用武力加以干预。联合国在 1948 至 1992 年期间用于世界维和方面的费用仅 83 亿美元，而以美国为首的多国部队实施“沙漠风暴”战役两天的费用，就相当于联合国在世界各地维和部队一年的开支。冷战后的经验表明，“一盎司的预防，要比一吨的事后干预强得多”，预防性的冲突管理已成为重要课题。①

任何危机事态的发展，都有征兆可循，有端倪可察。预防性防务的本质就在于消除冲突或危机的根源，发现和捕捉各种事态的“征兆”和“端倪”，并将其扼杀在“摇篮”中。如果“扼杀”不成，就综合运用政治、外交、经济、心理、军事和政府、国会、民间力量，消除和控制危机，防止事态恶化，以最大限度地维护美国的利益。也就是说，美国军事战略的着眼点已从传统上“打”转变为“防”和“控”。只有在“防”“控”失败的情况下，“打”才作为最后的手段派上用场。“防”不仅适用于和平时期，也适用于危机和战争时期，和平时期是防止战争，危机时期是防止升级，战争时期则是防止扩大。

第二，防范传统方式难以对付的潜在威胁。对于现实威胁，美国

① Werner Bauwens, The Art of Conflict Prevention, London, 1994, pp. 2 – 3, 24.

可用“威慑”与“实战”的方法加以消除。但对于潜在的威胁，这种方法就失灵了。预防的目的是避免战争，而要避免战争就要使现实的对手改变立场，使潜在的对手一直“潜在”。因此，美国军事战略变得泛化起来，突破了使用或威胁使用武力的传统内涵，将“塑造”作为重要手段。所谓“塑造”有利环境，就是将军事力量的非战争运用变成一种经常性的干预手段，① 消除或减少“潜在”对手，力图运用非暴力手段不战而胜，以小的代价为实现美国全球战略目标创造有利条件。

在朝核危机上，美国多次强调要以政治外交手段为主加以解决。② 特朗普上台后，虽然一度立场强硬，举行规模宏大的军事演习，展示各种先进武器，摆出使用武力的架势，但最终还是决定与朝鲜进行首脑会晤。美国之所以这样做，甚至在受到“嘲弄”的情况下也不改变，就是因为认识到：朝鲜还存在着“变”的可能，它可以通过“塑造”，使其由对手变成对己有利的“棋子”。换言之，美国仍然可以运用“预防”性的措施，维持其在东北亚战略博弈的主导地位。美国政府十分清楚，它要使用武力拔掉朝鲜这颗“钉子”并不是一件难事，但可能引发的地缘政治后果未必对其有利。朝鲜的存在，为美国提供了必要时撬动东北亚事务杠杆的一个重要支点。

第三，为干涉他国内部事务做准备。美国学术界有一种理论，认为当他国严重的国内危机促使当权者产生冒险动机时，来自外部的军事威慑将难以制止，所以必须对他国内部事务进行主动干预，才能够消除危机的根源，预防性防务成为美国干预他国内部事务的一种必不

① 美国预防性防务思想似含有中国古代军事家孙子兵法的成分，其主旨与《孙子兵法》中所提倡的“百战百胜，非善之善者也；不战而屈之兵，善之善者也”是完全一致的。参见潘家玢、刘瑞祥：汉英对照《孙子兵法》，军事科学出版社，1993 年版，“谋攻篇”。

② 小布什语。在伊拉克战争中，有记者问，美国是否也将使用同样的方式解决朝鲜核问题，小布什表示，朝鲜核问题的解决要以政治外交手段为主。美国此后积极参与了中国倡导的朝核问题“六方会谈”。

可少的手段。[①] 长期以来，美国一直设法通过直接的或间接的手段，干涉他国内部事务。如前文所述，美国每年都为国外培训大量的军事人员，使他们接受美国的价值观念和国家治理方式。当这些军事人员成为所在国家的掌权者或高级指挥官时，奉行与美敌对政策的机率就比较小；通过联合演训，加大美军与外军的交流与合作，培养军队的“友谊”，使外军了解他们与美军的差距，就会降低与美军对垒的“冒险性”；通过其他手段培植在其他国的亲美势力或政治力量，减少或消除它们发动战争或与美国为敌的根源；如此等等。总之。采取预防性防务，美国可以将对事态干预的时间提前到其初始状态，将干预的空间扩大到主权国家内部。

第四，谋求以防为进的绝对安全。小布什执政时期，面对大规模杀伤性武器难以逆转的广泛扩散以及朝鲜、伊朗等敌对国家核武器研制的执着态度，逐渐丧失了对缔结正式双边与多边军控条约的兴趣，开始大力发展导弹防御系统，因而反扩散就取代军备控制和防扩散，成为预防性防务的核心。2002 年 12 月 10 日，美国发表的《应对大规模杀伤性武器扩散国家战略》中所强调的三根支柱是：通过反扩散制止大规模杀伤性武器的使用；加强不扩散机制；通过后果管理来减少损失。[②] 2006 年，美国国防部发布的《反大规模杀伤性武器军事战略》中，依然把“阻止，劝止或拒止（敌人）扩散或占有大规模杀伤性武器，减少、消除或逆转（对手）占有大规模杀伤性武器”作

① “防止战争蔓延、限制战争的规模和手段，可以算是一种脆弱的和平存在方式。但是，应当看到有些强国正在利用这种方式推行自己的政策。它们要防止的只是对自己不利的战争，而当战争有利可图时，是不需要防止的，甚至以拿防止战争的口号作为发动战争的借口（所谓预防性战争）。限制战争也不是出于维护和平的目的，而是出于某种政治或战略上的需要。”李际均：《军事战略思维》，军事科学出版社，1996 年版，第 179 页。

② 《应对大规模杀伤性武器的国家战略》（2002 年 12 月 10 日），黄伯富前引书（下册），第 686—687 页。

为（美军）重要使命之一”①。这一战略使预防带有强烈的进攻性和强制性，并将反扩散与反恐联系起来。由此可知，美国预防性防务不仅仅是“防”，而是“防”中有攻，从而确保自身的安全。

实战、威慑、预防是美国军事战略手段运用演变的基本轨迹，它反映了美国在依据时代条件的变化和自身战略经验的总结以及对军事力量运用认识的深化。到了今天，美国军事战略手段的运用则是预防、威慑和实战，三者之间是逐步递进，相辅相成的，基本的出发点就是以小的代价实现大的收益。

① 参见 US Department of Dedense, *National Military Strategy to Combat Weapons of Mass Destruction*, Feb. 2006, p. 8.

第六章

美国军事战略特点规律

200 多年来，特别是二战后的实践表明，美国军事战略的制定和实施已形成了一些特定的规律。从目标确定来说，它始终将应对威胁作为抓手；从路径选择来说，它一直把实用主义作为原则；从手段运用来说，它总是把灵活反应作为法宝；从战略视野来说，它最终把整个世界作为棋盘；从战略博弈来说，它力求把立足长远作为着眼。

第一节　紧盯威胁来源

既然是战而胜之的方略，那么，美国的军事战略必然明确要与谁战，也就是说，要清楚其面临的威胁来自何方。正因为如此，它对于世界形势的发展不断地进行评估，及时发现威胁的来源，并据此展开针对性的军事力量建设和部署运用。

一、评估战略环境

所谓战略环境，就是指国家（集团）在一定时期内所面临的影响国家安全和军事力量建设、运用的客观条件。第二次世界大战前，美国对战略环境的认知是粗线条的，基本是以他国的力量和企图作为是否对其构成威胁的标准。第二次世界大战后特别是从冷战后期开始，它对战略环境的评估逐渐变得精细起来。

自建国起至冷战结束，国际关系的发展脉络相对单一，对威胁的判断也容易得多，因而美国对战略环境的评估是粗线条的，基本上是以国情咨文或总统的讲话、国务卿或国防部长等的有关外交政策或防务政策报告的形式出现。随着国际行为体的增多，美国所面临的威胁已不仅来源于国家，因而国会于 1986 年通过的“戈特华德—尼科尔斯”法案规定，美国政府必须每年向国会提交一份国家安全报告，对美国的安全环境和应对措施进行评估。1987 年，里根政府首开先河，发表了历史上第一份国家安全战略报告，1988 年又发表了第二份；老布什政府于 1990 年和 1991 年发表了两份国家安全战略报告；克林顿政府则每年发表一份。从小布什到奥巴马开始减少，每四年发表一份国家安全战略报告。国防部在每四年发布一份四年防务评估报告的同时，自 2005 年起，又定期发布国防战略报告。从老布什开始到奥巴马政府，美国参谋长联席会议每四年发表一份国家军事战略报告。在这些战略报告中，战略环境评估往往占据大量篇幅。

首先，分析大国力量消长。大国力量发展不平衡是世界政治变化的客观规律，其最终结果就是导致国际战略格局转化，造成国家之间的利益冲突，甚至引发大规模的战争。成为世界性大国之后，美国就对国家力量对比的变化极其敏感，认为其他大国力量的增长会对其主导的国际秩序构成挑战。在冷战时期，美国主要目标是苏联，对苏联经济规模、军备水平、政治生态、民族特性、社会动向和战略意图等一直跟踪研究。正因为如此，20 世纪 40 年代，美国提出的“遏制”战略，就是基于凯南对苏联行为根源的分析；50 年代制定的“和平演变”战略，是基于苏联及一些社会主义国家政治生态的看法；“抵消”战略的提出，则基于苏联常规军事力量的优势；80 年代提出的“竞争”战略，是基于对苏联国力落后于美国的判断。冷战后，由于中国经济规模不断增大，军事力量发展突飞猛进，美国就于 90 年代初，抛出了“中国威胁论”，实施“接触 +遏制”战略。进入新世纪后，美国看到中国发展成就巨大，产生严重战略焦虑，一度把中国作为战略竞争对手，后因“9・11”事件的发生，其战略轨迹发生了转移。到了特朗普时期，美国又老调重谈，极为明确地提出了中、俄两国是“修正主义者”，并把中国视为其全球性的战略竞争对手。

其次，确定威胁来源变化。战略评估的主要功能之一就是确定国家所面临的威胁及由来。自建国至冷战结束以前，美国所面临的威胁并不复杂，由来也容易分辨。但冷战后，情况就有了很大的不同。1995 年，国防部长莱斯·阿斯平指出，美国面临“4 种必须认真对付的危险：新的核威胁、地区性的侵略、民主改革的失败、非传统意义的经济威胁”。[①] 2002 年 9 月发表的《美国国家安全战略》认为，冷战时期，大规模杀伤性武器被视为最后手段，其使用者有自取灭亡的危险，而今天的恐怖主义组织把大规模杀伤性武器作为一种可以选用的手段。美国面临的最严重威胁在于极端主义与大规模杀伤性武器技术的结合。[②] 2003 年伊拉克战争结束后，美国国防部副部长沃尔福威茨将美国在新世纪所面临的威胁概括为：第一，来自对手的非对称性威胁增加，对手谋求避开美国的实力和打击美国的弱点；第二，地区军事强国用以抗拒美军干预的“反进入手段”，如大规模杀伤性武器、导弹和低噪音潜艇等，对美国海外军事干预行动构成了越来越大的挑战；第三，“不稳定之弧”扩展，由西半球到北非，再到东亚沿海，涵盖了滋生恐怖主义的不稳定地区；第四，需要美国对不止一个地区的威胁立即做出军事反应；第五，知识、精确、速度、杀伤力与突然性在 21 世纪的军事行动中的重要性日益增强；第六，长期潜在的军事竞争者。[③] 奥巴马政府 2010 年、2015 年安全战略报告认为，美国民众的安全与繁荣面临着混合性的威胁。“全球化也加剧了我们面临的危险——从国际恐怖主义和致命技术的扩散，到经济大动荡和气候的不断变化等。”[④]特朗普政府则认为，传统大国企图塑造一个与美国

① 《美国国防部长 1995 财年国防报告》，前引书前言部分。

② 《美国国家安全战略》（2002 年 9 月），中国现代国际关系研究院美欧研究中心前引书（附录一），第 423 页、第 412 页。

③ 沃尔福威茨：《伊拉克战争的经验及美国防务转型》，《世界军事参考》，2003 年第 74 期。

④ 参见 The White House，*The National Security Strategy of the United States of America*，May. 2010，pp. 7 – 8.

完全对立的世界，是美国繁荣与安全所面临的最大威胁。

再次，寻找军事技术差距。力胜是美国军事战略的核心指导思想，为了使“力”发挥到极致，它特别重视高新技术在军事领域的运用。自建国以来，美国打赢了数场海外战争，虽然雄厚的物质条件发挥了重要作用，但技术创新则更为关键，因而美国对其他国家军事技术发展极其敏感。20 世纪 50 年代，当苏联导弹技术领先，卫星成功上天之后，美国立即出现了“导弹差距”和“航天落后”的恐慌，制定一系列措施，奋起直追，终于取得重大突破，完成了“阿波罗”工程，实现登月计划。70 年代后期，在苏联提出军事变革思想，创新作战理论之后，美国利用总结越南战争失败教训之机，捷足先登，于 80 年代初启动军事革命。经过“十年磨剑”，到海湾战争时，美国高技术特别是信息化装备的运用，达到了世界领先的水平。在战争中，美国以其优势的技术装备，使战场单向透明，以较小的代价，取得了军事胜利。1999 年的科索沃战争，美军则又更进一步，以人员“零伤亡”的结果结束了战争。进入新世纪以来，美国推动全面军事转型，力求在高新技术领域寻求新的突破。由于国际金融危机的爆发，加上“两场战争”的拖累，美国经济总体下滑。奥巴马时期，国会通过“预算控制法”，军费开支缩减，许多武器装备研发项目或终止或暂停或修改。与此同时，中国与俄罗斯在军事改革上步伐加快，高技术发展与运用提档升级。对此，美国忧虑增加。特朗普上台后，美国政府突破“预算控制法”的限制，在 2018 年、2019 年的国防预算中，费用大增，创历史新高，大幅提高了军事技术研发和新型装备制造的投入。20 世纪 90 年代以来美国所发表的相关战略报告中，对世界技术领域评估着墨甚多，特朗普政府上台发布的《国家安全战略》报告和《国防战略概要》中，对其他国家军事技术快速发展和运用的焦虑更是无以复加。《国防战略概要》就认为，“安全环境也受到技术快速进步和战争性质变化的影响。”“新型商业技术将改变社会，并最终改变战争特点。”因此，美国必须变革产业文化、确保投资来源，保护国家安全创新基础，从而使“先进计算技术、‘大数据’分析、人工智能、机器人、定向能、超高音速技术以及生物技术”的发展成为赢得未来战争的重要途径。①

通过战略环境评估，美国判断大国力量的消长、政治生态的变化，科学技术的进步，从而把握世界发展的走势，明确国家面临的威胁，发现军事技术的短板，探索力量发展的出路，寻求应对的方法。

二、确定战略对手

由于国家利益的扩展和战略环境的变化，在不同的历史时期，美国所面临的主要威胁是不同的，因而战略对手也必然是不断改变的。为了使军事力量的建设具有更强的针对性，美国总是在寻找并确定主要对手。

在独立战争及其后的相当长时期，美国一直把英国作为主要对手。到了19世纪20年代，当美国领土扩张基本完成后，就把美洲视为自己的后院，不容他人染指。当欧洲“神圣同盟”准备干预其在美洲的殖民地事务时，美国就宣布了“门罗主义”，把“神圣同盟”看作是主要对手。当美国在太平洋地区取得殖民地和领地后，就迅速把急于扩张的日本作为主要对手。在第一次世界大战中，由于“同盟国”所奉行的价值观念与其相悖，加之“协约国”欠美国庞大债务，美国不得不把“同盟国”作为对手，加入到“协约国”一方作战。一俟战争结束，它就迅速从欧洲撤出，继续经略亚太，做应对日本威胁的准备。

美国认为，1902年成立的英日同盟对其威胁甚大，就欲置之死地而后快。英日同盟是针对沙俄帝国的，因为沙俄长期对外扩张，其南下战略对英国的中东殖民地构成了严重的威胁，其东进战略与日本侵

① Summary of the 2018 National Defense Strategy of the United States of America, p. 3.

略朝鲜半岛和中国东北图谋相矛盾，英、日两国便缔结同盟，共同应对。但到了20年代，情况则发生了变化，1905年，日本打败俄国，随后占据了朝鲜半岛和中国东北。第一次世界大战后，俄罗斯建立了新政权，消除了对英国在中东的威胁。在美国看来，如果英日同盟继续存在，就势必影响其在亚太地区的安全利益。因此，它决定利用战后有利态势，解构英日同盟。于是，美国邀请8个在亚太地区有重大利益的国家于1921年11月12日至1922年2月6日赴华盛顿开会，主要讨论限制海军军备问题和远东太平洋问题。1921年12月13日，美、英、日、法4国签订了《关于太平洋区域岛屿属地和领地的条约》。条约规定："相互尊重它们在太平洋区域岛屿属地和领地的权利，""1911年7月13日英国和日本在伦敦缔结的协定应予终止。"这样，美国如愿以偿地解散了英日同盟，便可专心致志地应对日本。

不仅如此，一战后，日本取得了原先德国在中国的权益，英国在中国的势力范围又最大，美国深切地感受到其"门户开放"政策面临两国严峻的挑战。1922年2月6日，与会9国签订了《九国关于中国事件适用各原则及政策之条约》，规定：缔约各国尊重中国的主权独立及领土与行政的完整；维持各国在中国全境工商业机会均等的原则；各国不得在中国谋取特殊权利而损害友邦人民的权利，不得鼓励有害友邦安全的举动；除中国外，各国不得谋取或赞助其本国人民谋求在中国任何指定区域获取专利或优越权。这一条约的本质在于结束日本和英国在中国占有的优势地位，使美国在中国的影响力大增。

此外，作为一个海洋国家，美国对其他国家的海军建设高度敏感。在华盛顿会议期间，美国还召集英、法、日、意缔结了《美、英、日、法、意五国关于限制海军军备条约》，确定五国之间主力舰总吨位之比为5：5：3：1.75：1.75，即美、英两国为52.5万吨，日本为31.5万吨，法、意两国各为17.5万吨。条约还规定了各国主力舰的排水量和装置火炮的口径、航母的总吨位和各舰的排水量以及美、英、日不得在太平洋所占岛屿建立新的海军基地和要塞等。这一条约使美国在海军军备上与英国处于同等的水平，结束了英国海上霸权的地位。

第一次世界大战后，欧洲的国际形势发生了重大的变化，美国“孤立主义”政策难以为继。俄罗斯取得“十月革命”胜利后，红色政权稳固下来，并于1922年成立了苏维埃社会主义共和国联盟。对此，美国及欧洲国家迅速将其当作洪水猛兽，进行武装干预；德国“纳粹”上台执政，推行极端主义政策，美国更加难以“淡定”。对于德国，美国的态度一直比较微妙。在巴黎和会上，英、法两国主张对德国严厉制裁，不仅要求其支付巨额赔款，剥夺其全部殖民地，而且割取其许多领土。美国并不赞同英法两国的立场，虽然签订了《凡尔赛条约》，但后来未予批准。为了制衡英、法，美国一度对德采取了扶持政策，通过“道威斯计划”，为其经济输血打气，并设法减免其战争赔款。德国逐步恢复“元气”之后，就开始扩军备战，撕毁《凡尔赛条约》，挑战国际秩序。在这种情况下，美国逐渐转变对德看法，认为欧洲战争难以避免，着手进行战备，开始支持英、法，将德国视为对手。

冷战时期，美国的对手比较单一，仅苏联一家。冷战结束后，由于其面临的威胁出现多元化的局面，美国的军事战略就显得比较摇摆，既不能离开欧洲，又要在亚洲投入更多的资源；既要应对传统的威胁，又要注重非传统威胁。经过一段时间的犹豫之后，它才逐步明确了战略重心，认为其面临的主要传统威胁是来自亚太地区，同时在其他地区还存在着诸多非传统威胁。老布什政府把地区性大国的崛起视为主要对手。克林顿政府基本上坚持了这一做法，但也重视转型国家民主化进程逆转的全面危险。小布什上台后，则把国际恐怖主义作为主要对手。2001年12月11日他在查尔斯顿堡军校的讲话中称，“2001年9月11日，在我们的生活和我们国家的历史上又划上了一道分界线，美国本土绝对不会受到袭击的幻觉被粉碎了，遥远的魔鬼成了现实的危险。”[①] 奥巴马政府对小布什政府的观点做了修正，认为反恐战争已取得成效，在其第二任期内发布的国家安全战略、四年防务评估和军事战略报告中，逐步又把传统大国看成是主要对手。特朗普上台后，对奥巴马政府的看法进一步明晰化，公开把中、俄作为主要对手。

由此可见，美国为了自己的利益，总是不断地评估战略环境的变化，着力寻找战略对手，英国、西班牙、德国、日本、苏联、中国等传统国家以及国际恐怖主义组织都曾被视为对手。

三、把握应对重点

虽然地缘关系独特，东西有两洋保护，南北无强邻压力，但美国对于外来威胁却高度警惕。建国之后，美国长期奉行“孤立主义”政策，不愿卷入欧洲事务。同时，欧洲国家相互倾轧严重，争斗不已，无暇他顾，因而美国几无来自“旧大陆”的威胁。随着羽翼渐丰，美国走上了侵略扩张的道路，利益触角伸向整个世界，其面临的威胁变得多样起来。由于力量有限，不可能将威胁一揽子消除，美国就把应对主要威胁作为最优先选项。

首先，建立强大海上力量，应对海上威胁。19 世纪后半叶，美军认为，国家利益的威胁主要在海上，在力量建设上开始向海军倾斜。这一时期，海军学院的教授马汉提出了著名的“海权论”思想，认为“海权”对促使国家经济繁荣和财富积累、夺取制海权和打赢海上战争以及维护国家的政治地位具有重要意义。它不仅标志着一个国家利用海洋和控制海洋的总体能力，同时也决定着一个国家和民族能否成为一个伟大民族。美国深受马汉“海权”思想的影响，认为其所面临

① 小布什：《加速军事转型是美国第一要务》（2001 年 12 月 11 日在南卡罗莱纳州查尔斯顿堡军校的讲话），军事科学院世界军事研究部编：《新世纪美国军事转型计划——美军转型“路线图”文件汇编》，军事科学出版社，2003 年版，第 2 页。

的主要威胁来自海上，因而大力发展海军。1890 年，美国海军部长公布了建立“进攻性作战舰队”的《年度报告》，国会批准了“海军法案”，决定建造3 艘万吨级战列舰。其后，西奥多·罗斯福、塔夫脱总统都致力于建设海军。至1908 年止，美国海军实力从19 世纪80 年代世界排名12 跃升至世界第二位，仅次于英国。第一次世界大战后签订的《五国海军军备限制条约》，使得美国海军力量取得与英国平起平坐的地位。

不仅如此，为了取得制海权，美国在发展海军力量的同时，还寻求海外基地和立足点。1898 年美西战争后，它取得了古巴、菲律宾、关岛、波多黎各等地，占领了萨摩亚、威克岛等太平洋重要岛屿，在这些地方修建了海军基地。1940 年，美国又以50 条超期服役的驱逐舰，换取了英国在大西洋纽芬兰、百慕大和特立尼达等8 处海空军基地。第二次大战后，美国又在日本、韩国和西欧诸国以及印度洋的迪戈加西亚岛获得了一大批军事基地，建立了遍布全球的海外军事基地网。

第一次世界大战前，美国虽然把海军力量编为大西洋和太平洋两大舰队，但考虑到英国和德国威胁巨大，大西洋舰队规模更大。战后，为应对日本的海上威胁，又将相当部分的海军调往太平洋舰队。第二次世界大战后，美国海军基本上以5：5 的比例分别部署于大西洋和太平洋。进入新世纪后，美国进行战略重心转移，把太平洋地区视为主要威胁来源地。2012 年，为配合“亚太再平衡”战略的实施，美国国防部宣布，在2020 年前，将其海军力量的60% 部署在太平洋。

其次，防止欧洲战略失衡，积极进行干预。美国开国总统华盛顿出于维护国家安全的考虑，在其告别演说中提出了“孤立主义”思想。其继任者亚当斯将其奉为至理，强调“我们应该将其作为首要的原则而决不能忘记：在未来欧洲所有战争中保持中立”。[①] 因此，美国

---

① 参见《世界头号经济体来了：告别孤立，美国参战》，《国家人文历史》，2014 年第16 期。

对欧洲大陆的事务曾长期敬而远之。然而，第一次世界大战使美国改变了立场。第一次世界大战是欧洲老牌帝国主义国家为了争夺世界霸权和重新瓜分殖民地而展开的一场生死较量。战争爆发后，美国宣布中立，但情势的发展使其改变了认知，觉得难以置身事外。美国孤立主义政策得以有效推行，领土和势力扩张进展顺利，其重要的原因之一就是欧洲大国争斗不休。到了 1917 年，战争出现有利于同盟国的趋势，欧洲可能出现德国独大的现象，战略平衡将被打破。美国认为，这会严重威胁其国家安全，因而改变了传统立场，加入协约国一方作战。战争结束后，美国继承英国“均势”政策的衣钵，对战败的德国进行扶持，继续保持欧洲的战略平衡。

再次，遏制欧亚大国崛起，控制大陆两端。第二次世界大战后，美国认为，欧亚大陆国家或国家集团的崛起是其面临的主要威胁。在美国看来，只有在欧亚大陆才可能出现一个具有挑战其国际地位能力的国家或国家集团。以布热津斯基为代表的许多美国地缘战略理论家对此做了较为详尽的诠释，并建议美国政府从控制欧亚大陆两端入手，防止欧亚大陆大国崛起。通过两次世界大战，欧洲老牌帝国主义大国都成了明日黄花，但横跨欧亚两洲的苏联却变得强大起来。于是，美国抛却战时同盟关系，将苏联视为敌人，在军事上制定遏制战略，对其进行围堵。苏联解体后，美国成了世界上唯一超级大国，但并未改变这一战略。尽管冷战结束之今，美国进行了为期 10 年的反恐战争，但从来也没有放松对欧亚大陆大国崛起的警惕。无论是在其国家安全战略报告、四年防务评估报告，还是在国防战略报告与军事战略报告中，抑或是军政领导人的讲话中，对于欧亚大陆将出现一个可能挑战其大国地位的国家始终耿耿于怀。中国崛起后，立即成为美国重点防范目标，“中国威胁论”在美国战略界不绝于耳。特朗普上台后不久，美国掀起一场对华战略大讨论，遏制中国的论调逐渐成为主流。其实，自 2010 年开始，美国就加大了应对中国崛起的力度。奥巴马政府制定的“亚太再平衡”战略，构建亚太地区防务合作网络，在亚太地区增大军事力量部署，装备新型武器，介入南海事务，都是具体的举措。特朗普政府则更进一步，不仅明确地把中国作为战略对手，而且打破中美关系的长期禁忌，通过《与台湾交往法》，派遣高级官员赴台活动，甚至扬言要把航母停泊台湾港口。一句话，美国的企图十分清楚，就是要防止欧亚大陆出现一个能够挑战其世界领导地位的大国或国家集团。

总之，美国通过战略环境评估，找出威胁来源，明确战略对手，寻求应对重点，并以此为着眼点，制定和实施军事战略。

第二节　强调实用主义

实用主义产生于19世纪70年代的美国，在20世纪后迅速发展，遂成为美国社会的主流价值观念和思维方式。它强调“行动”和“效用”，主张“有用即真理”。军事战略作为实现国家利益的手段，必然深受国家的价值观和思维方式的制约和影响。美国海军少将亨利·艾克尔斯曾说过：“国家战略受社会的价值观制约，战略若要取胜，就必须与社会价值观协调一致。”① 实际上，美国在制定和实施军事战略时，充斥实用主义思想。

一、成功即真理

美国是清教徒建立的国家，而清教的“预定论”及其追求尘世成功的观念就成了实用主义价值观产生的本源。“预定论”认为，人们不该像中世纪那样逃避“现世”，而是要遵照上帝的旨意，充分发挥自我价值，以此来“荣耀”上帝。清教徒相信，“现世”是信徒证明自己的“选民”身份、完成“救赎”的重要场所。新教理论把“来生的拯救”变成了“今生的勤奋”，即要想成为上帝的选民，就要以

① 参见张东江：《实用主义哲学对美国军事战略的影响》，《理论前沿》，1990年第30期，第9页。

务实的精神来实现愿望。来到北美避难的清教徒就把在现世的成功视作上帝对自己的拯救，而贫穷和饥饿则被认为是上帝对懒惰者的严厉惩罚。因此，清教徒们将宗教理论运用于日常生活和政治生活中，注重运用务实、勤俭、奋斗和富于创新进取的精神取得成功，把“观念和目的的有效性、可行性和实用性”作为成功的判断标难。因此，北美移民心目中也就形成了一种十分功利的思想，即只有实实在在的成果才是最受肯定的，不讲空话，不必客套，该怎么样就怎么样，这成为了一般美国人都奉行的准则。[①] 这种注重实际、乐观向上、勇于开拓、务求成功的意识逐渐变成了“美国精神”。经过生长期的熏陶，美国人鲜有不切实际的虚妄心理，更多的是面对现实，关注与切身利益、与民族命运攸关的实际事业。他们竞争、好勇、强盛、注重行动。[②] 著名英国学者哈罗德·拉斯基在为托克维尔《论美国的民主》所作的导言中指出：美国是一个讲究实际的民族，不大善于思考。他们凡事考虑眼前的利益，而不大追求长远的利益。他们所重视的，是够得到、摸得着、切实存在并能用金钱估价的东西。[③]也就是说，无论做什么，怎么做，只要即时成功即可。

在军事战略上，实用主义思维清晰可见。美国军事战略指向明确，路径简洁，逻辑清楚，[④] 一切以当时的情况为准，能打就打，能慑则慑，能防则防。就是威慑，一旦失效，就转入战争，谋求战而胜之，把打胜仗作为至高无上的法则。从美国战略实践看，它没有大套的理论体系，没有千古不变的教条，没有不可更改的金科玉律，打得赢就是真理。正由于如此，美国穷兵黩武，动辄就以军事手段解决问题。早在20世纪初，美国老罗斯福总统就提出了“胡萝卜加大棒”

---

① 陈亮光：《美国人的文化价值观》，载《国外社会科学》，1985年第7期。

② 邹继伟：《试论美国文化的渊源》，载《吉林省教育学报》，2006年第8期。

③ 阿历克西·德·托克维尔：《论美国的民主》，商务印书馆，1989年版，第95页。

④ 参见 *The Wit and Wisdom of TR*，http：//www.blackwords.blogspot.com/20041111/wit-and-wisdom-of-tr.html。

政策，即“说话客气，但手拿大棒。”[①] 同时，美军又看重结果。2010年1月，美国公布的四年防务评估报告强调，它要摒弃长期以来所坚持的“同时打赢两场战争”的传统战略，而要致力于打赢“当前战争”。这样的做法，具有鲜明的实用主义色彩。

第二次世界大战以来，美国是世界上用兵最多的国家，直接或间接参加多场局部战争。可以说，几乎每过几年，美国就要发动一场战争。为了达到政策目的，军事手段发挥到极致。而对于战争可能造成的后果，美国考虑甚少，常常出现军事上胜利，政治上失败的结局。

二、有用即准则

为了达到成功，美国还把“有用”作为行动准则。19世纪末20世纪初，达尔文的进化论传入美国，极大地动摇了传统思想及传统思维方式的根基。达尔文的进化论对美国实用主义产生了重大影响。[②] 19世纪70年代，美国实用主义的创始人皮尔士认为：观念的意义在于它所引起的行动和它所能产生的实际效果，该原理也被称为实用主义第一原理。詹姆斯把皮尔士的实用主义的方法论原则发展成一个比较系统的实用主义理论体系，并用它来分析各种具体问题。在他看来，所谓真理是具有兑现价值、能产生实际效果的观念。[③] 实用主义的另一重要代表人物杜威则竭力使实用主义更具有科学的色彩，将其一般原则推广到政治、教育、宗教、道德等领域，使之为各个阶层人们所接受。

实用主义改变了传统哲学象牙塔模式，将哲学理论同美国现实紧密结合，贯穿于整个美国文化传统，渗透到美国社会的各个方面。用

---

① 庞丹：《美国实用主义的源起初探》，载《邯郸学院学报》，2007年第1期，第17卷。

② 夏基松：《现代西方哲学教程》，上海：上海人民出版社，1985年版，第208页。

③ 威廉·詹姆士：《实用主义》，北京：商务印书馆，1979年版。

一句话概括就是：有用即准则。个人奋斗、勤俭致富、强调成功的观念深刻地融入了美利坚民族的灵魂和血液之中，而物质成就的取得，又标志着个人价值的实现和个人自立与独立精神的社会肯定。美国前国务卿基辛格博士认为，实用主义是“美国精神”，美国人的求实精神和进取心就是实用主义培养起来的，而美国的领导是“官僚—实用主义型领导集团”。①

在军事战略的推行中，美国始终把“有用”作为基本原则。即是说，只要对达到战略目的“有用”，什么措施都可以采取。如第二次世界大战后期，美国着手核武器的研究，成功之后即投入使用，对日本进行轰炸。迄今为止，许多美国人都认为，日本之所以迅速投降，核武器发挥了关键的作用。为了打赢未来战争，美国在战后加快了核武器生产和部署的步伐，建立起庞大的核武库，足以把整个地球摧毁数百次。美国常以“山巅之城”、“民主灯塔”自居，对那些与其制度和价值观不同的国家进行打压和攻击。然而，在实际的军事行动中，美国根本不受这一观念的制约，只要对其打胜仗有利，任何国家都可以成为盟友。“没有永恒的敌人，没有永恒的朋友”是美国政治和军事行动的基本信条。

不仅如此，美国在战略手段的运用上强调实用主义。以奥巴马政府所秉持的“巧实力”战略为例。所谓“巧实力”，既不是“硬实力”，也不是“软实力”，而是综合运用软硬实力实现美国目标的整体战略、资源基地和“工具箱”②。“硬”在于拥有强大军事力量，“巧”则在于针对具体情况灵活施策，比如倚重联盟、伙伴关系和各个层次的协调机制等，通过“软硬兼施”达到“以最少成本获得最大收益”的实用目的。

---

① 王守昌、苏玉昆：《现代美国哲学》，北京：人民出版社，1990 年版，第 37—38 页。

② 王霄巍：“再论奥巴马政府‘巧实力’外交的实质”，http：//www. caifc. org. cn/c. aspx? id = 153。

三、利益即目标

追求“成功”，强调“有用”，最终的目的就是获取利益。所以，在美国的军事战略中，总是明白无误地列出国家核心利益的范畴，其一切措施和行动都以国家利益为转移。诚如亨廷顿所说的那样，西方人在出征世界的时候，“既是为上帝而战，更是为黄金而战”。① 美国军事专家小阿瑟·莱克也指出：“国家利益是我们卷入有关国家和地区的根本原因，军事战略的主要目标就在于保卫这些国家根本利益。”②

在利益与道义之间，利益是第一位的，道义是为利益服务的。这就不难理解，为什么第二次世界大战的硝烟尚未散去，昔日的反法西斯盟友苏联一夜之间就被美国视为头号敌人；为什么昨天还是不共戴天敌人的日本，今天却受到美国的特殊关爱；为什么同是萨达姆，20世纪80年代美国不遗余力地予以支持，到了20世纪90年代，就必欲除之而后快，其根本原因就是它们在美国利益中的地位发生了变化。

1989年12月，美国发动了入侵巴拿马的战争，不顾《维也纳外交关系公约》，动用坦克包围外国驻巴拿马使馆，多次闯入尼加拉瓜大使馆，最后逮捕了巴拿马总统诺列加。美国之所以这样做，是因为诺列加政府采取的政策与美国的利益发生了冲突。巴拿马运河对于美国具有重大的战略价值。20世纪初，美国已建成了世界上最大的工业体系，急需国外市场，特别是亚洲的市场。老罗斯福就任第26任总统后，决心将美国的势力扩展到北美大陆以外，建造巴拿马运河就成

---

① 转引自朱马杰：《美国文化特性及其对外行为的作用机理》，载陈佩尧、俞新天主编：《战略机遇期与中国国际战略——“9·11”事件与安全观念的变化》，北京：时事出版社，2003年版，第242页。

② 参见张东江：《实用主义哲学对美国军事战略的影响》，《理论前沿》，1990年第30期，第9页。

其走向世界的关键一步。他认为，谁拥有两大洋，并控制连接两洋的通道，谁就能执世界之牛耳。为此，美国必须建造巴拿马运河。然而，美国与哥伦比亚政府谈判时，遇到了极大的障碍。美国要绝对控制巴拿马运河，而根据宪法，哥伦比亚在国家主权问题上不容谈判。于是，美国就考虑通过两种方法解决这一问题：其一是直接出兵，将巴拿马从哥伦比亚夺走；其二是唆使巴拿马从哥伦比亚独立出来，使其成为美国的保护国。经过权衡利弊，美国决定采取第二种方案。1903 年 11 月 3 日，巴拿马人“暴动”，宣布建国，3 天后，美国就予以承认。这样，美国取得巴拿马运河的开凿权，并享有运河区内充分主权。巴拿马运河的开通，使美国东西海岸的海上距离由 2.2 万千米缩短为 8000 千米，既增强美国海军作战的机动性，又提高了美国与其他国家争夺亚洲市场的能力。尽管 1979 年卡特政府与巴拿马政府签署了《巴拿马运河条约》，将巴拿马运河的控制权交由两国政府组成的委员会。但是，巴拿马运河的控制权实际上仍然掌握在美国手中。诺列加上台后，奉行反美政策，甚至在 1989 年 12 月 5 日宣布与美国处于“战争状态”，动了美国垄断资本的奶酪。在此情况下，老布什政府立即运用武力，推翻了诺列加政权。1999 年克林顿政府决定将整个巴拿马运河的控制权交给巴拿马，但要求美国军舰可以优先使用运河。更有甚者，美国还把南方陆军司令部、海军司令部设在巴拿马运河区，在 1000 平方千米的运河区范围内，建立了 14 个军事基地。显然，美国对运河的控制根本没有放弃，只不过方式有了改变，即平时自由放行，战时保持武力控制的能力。

其实，美国在许多国家建立军事基地，并多次在海外使用武力，都是出于维护或扩展利益的考虑，利益是美国军事战略制定和实施的全部动力。

第三节　注重灵活应变

中国《孙子兵法》一书指出：“夫兵形象水，水之形，避高而趋下，兵之形，避实而击虚。水因地而制流，兵因敌而制胜。故兵无常势，水无常形，能应敌变化而取胜者，谓之神。”即是说，在用兵之法中，“灵活反应”是核心。经过200多年发展，美国似乎也有所领悟，自20世纪80年代开始，开始把这一思想应用到战略层面上。

一、摆脱战略“两难困境”

在美国成长为超级大国的进程中，世界各大国之间的较量虽然存在战略谋划的成分，但更多的却是靠硬实力的比拼。在两次世界大战中，掌握资源多或力量强大的一方，战胜资源缺乏或力量弱小的一方。美国得天独厚的地理位置、异常丰富的自然资源、门类齐全的制造工业以及勇于冒险的战斗精神，无论与谁打仗，基本上都不需要谋略，拼消耗即可。在冷战时期，两极的权力分配结构，也不需要很高超的艺术便可保持。1945年后的结盟关系非常稳定，局部的变化根本并不影响到根本性的权力分配，美苏两国即使没有盟国的帮助，也足以维护自己的安全。同时，两国在经济上基本割裂，在地理上相距甚远，极大地限制了冲突的潜在风险。核武器又提供了另一种稳定因素，侦察情报技术的迅速发展，使得彼此很清楚对方的力量和企图，加之两国之间建立了“热线电话”，也就避免了突发性战争。美苏两国还在冷战斗争中完善了一套大多不成文的“游戏规则”，如尊重对方的势力范围、避免直接军事冲突、只把核武器作为最后手段、不使局势失控、不明目张胆地破坏另一方在其阵营中的领导地位等。[①]由于长期处于相对稳定的战略环境之中，美国的军事战略变得相对简单，从20世纪末的遏制战略到尼克松—卡特时期的现实威慑战略，尽管在形式上有所变化，但其内涵却差别不大。因此，美国军事战略变得

① John Lewis Gaddis, “Long Peace”, in Sean M. Lynn Johnes & Steven E. Miller eds., The Cold War and After: Prospects for Peace, London, 1993, pp. 3-44.

僵化起来。

杜鲁门的遏制战略和艾森豪威尔的大规模报复战略都是打世界大战的战略。肯尼迪政府虽然提出了“灵活反应”战略的概念，但在运用上却十分呆板，一败涂地，使美军在越南战争中接连败北，此后便长期蛰伏。自20世纪70年代初开始，苏联在世界各地向美国发动了反攻，与其进行争霸；南亚、中东、北非、中南半岛等地也发生了许多冲突，破坏了地区稳定。对此，美国感到束手无策，陷于两难境地：由于主要力量用于应对苏联在欧洲或亚洲的威胁，如果进行武装干涉，则挤不出力量，而一旦放弃干预，又会严重影响自己的安全环境。①“在过去的20年中，美国军事战略已发展为不顾自身军事能力的限度和不考虑适应已发生了根本性变化的全球地缘战略环境的在原地打圈子的纯军事思维。”② 在这种情况下，到了80年代初，美国战略界掀起了一场有关军事战略取向的大辩论。经过几年的研讨，美国军政部门逐渐形成了共识，军事战略的全面调整已箭在弦上。

二、提出“横向升级”战略

为了摆脱战略困境，美国战略理论界从70年代后期起，就为恢复美国军事战略的活力而提出了发展“灵活反应”思想。欧洲盟军司令亚历山大·黑格上将在解释这一战略时称，“北约组织早就认识到，随着时间的推移和战略力量对比的发展趋势，我们的能力必然会逐渐削弱，使我们战争升级的威慑战略越来越失去可信性。打核战争的决心本来就很难下，战略均势使其变得更为复杂。尽管如此，我们不能使对手得出这样的结论，即我们没有能力定下打核战争的决心，从而使局势朝着不利于我们的方向发展。为使潜在对手丧失这种信心，我

① Amos A. Jordan, American National Security, John Hopkins University Press, 1989, p. 566.

② 杰佛里·瑞科德：《重新规划美国军事战略：使目标与力量保持一致》，第3页。

们采取了一种会使对手面临种种疑问的新战略，使他们弄不清我们会怎样作出反应、在什么地区作出反应以及是否会使冲突升级。这种战略要起作用，需具备全面的军事力量——战略核力量、战区核力量及常规力量。军事力量的威慑价值不在于其各自独立的作战能力，而在于使敌方弄不清我们要作出的反应。”①80 年代初以后，美国按这一思路采取了以下对策：力图利用苏联军事弱点和在运用中所暴露的问题，按逐步升级理论与苏联进行军事对抗；按能力和地缘位置，与盟国间更合理有效地分配军事义务；避免以核武器作为常规武器的替代品；调整海外军事部署；改进管理体制、军事理论以及武器装备，从现存军事力量中榨取更多的战斗力；增强军队的机动能力，以便于力量投送；充分利用各力量中心的制衡作用，特别是进一步发展同中国的关系。②

里根政府上台不久，就提出了“以实力求和平”的口号。此时的美国已摆脱了长达 10 余年的经济危机的困扰，越南战争的后遗症也渐行渐远，而苏联在实施进攻性战略的数年里，弱点也逐步清晰地暴露出来。于是，美国对军事战略实行有针对性的大调整，制定了“新灵活反应”战略。这一战略与美国传统战略相比，其显著特点就是充分汲取历史经验，采取横向升级的方法，打乱苏联的阵脚。美国在两次世界大战中都是靠欧洲盟国顶住敌军的攻势后进行增援，然后击败对手。由于苏军力量规模大，战备程度高，采用进攻战理论，美军再运用传统的方法，即在战争爆发后进行增援，在时间上根本来不及，因而必须在战略应对上有所创新。塞缪尔·亨廷顿在 80 年代为陷入困境的美国军事战略提供了一种新的选择，即在战略力量均势条件下，为打破华约在欧洲常规力量的局部优势，而又不至于使战争升级为战区核战争甚至全面核大战，必须在常规威慑领域找寻出路，其方

---

① Nato Strategy: Speech by Gerneral Alexander Haig 13 October 1976, Survival, Volume 19, 1977 – Issue 1, pp. 33 – 35.

② ［美］杰佛里·瑞科德：《重新规划美国军事战略：使目标与力量保持一致》，第 4—11、50 页。

法是“横向升级”，或称为“地理升级”。

所谓“横向升级”战略，就是利用苏联国土面积广大，战略方向多，美国及其盟国可以通过在多点发动进攻的方式，使其陷入两线或多线作战的困境。在具体的实施上，美国又存在“海权派”和“陆权派”之争。仅在“海权派”内部，就有三种意见。以海军部长约翰·雷曼为代表的一种意见认为，美国应充分发挥仅存的海军优势与结盟优势，利用苏联在地缘方面的弱点，增加行动自由。如拥有600艘主力舰、15个航母战斗群，在盟国海军配合下，美国即可在冲突中控制各大洋和苏联沿岸地区，实施“横向升级”，扩大战争的地理范围，从而避免纵向提升战争强度所带来的风险，同时使苏联处于两线作战的不利地位，最后以有利于美国的方式结束战争。[①]不仅如此，这还有利于改善美国在海湾所处的不利地位。这种看法得到了国防部长温伯格的支持。海权派的另一种意见是，鉴于北约的常规力量及战区核力量都不具优势，翼侧又受到威胁，北约必须改变在欧陆的消极防御和纯反应式战略，而增强进攻性，并把其防区扩至波斯湾。海权派的第三种意见认为，北约其他国家都想减少防务负担，美国只有加强自已的海军，方可加强大西洋两岸北约组织成员国之间的纽带，同时应付越来越多的在发展中国家和地区发生的冲突。“这一战略的特征，便是防止卷入在欧亚大陆与苏联一线部队的大规模和持久的陆上战争，在欧洲以美军和盟国军队顶住华约集团的地面进攻，充分发挥美国海军在欧亚大陆边缘地带自由行动的优势。美国的固有优势一直是海上力量，最大限度地依赖这

① 两线作战问题，有三层含义：要竭力避免本国陷入两线作战；竭力迫使对方陷入两线作战；一旦两线作战不可避免，要正确处理主次战场的关系。目的是保证自己集中兵力，同时迫使敌人分散兵力，一个国家如能避免两线作战，就等于增加了数十万乃至百万大军。同样，如能迫使对方陷入两线作战，也等于减少敌人数十万乃至百万大军。参见吴春秋：《大战略论》，军事科学出版社，1998年版，第218—219页。

一优势的时刻已经来临。”[1]总之，在海权派看来，美国应削减重装陆军部队而增强海军和轻装部队，发挥美国海军优势和结盟优势，扩大战争的地理范围，夺占苏联海外势力范围和卫星国，或向苏联远东地区发动反攻，并且充分利用苏联在军事上的弱点，如东欧盟国存在离心倾向、高度集中和僵化的指挥体制难以应付多变的战场形势、缺少可自由出入的海岸线、东西两个地区之间的交通运输线十分脆弱、军事技术处于劣势等等。[2]约翰·雷曼 1982 年在国会众院的讲话中主张利用海军优势控制美国有重大利益的海洋，保持美军部署的前出态势，利用苏联在海洋地理方面的弱点，发挥美国在海洋地理和防务联盟方面的优势，对苏联采取积极主动的攻势战略，迫使苏联不得不顾及针对其整个周边地区的威胁。

与海权派的意见相左，陆军则主张在欧洲战区采取以攻对攻的战略，针对 20 世纪 60 年代以后华约在东欧日益密集的地面部队，发挥北约战术空军优势和高技术兵器在打击纵深目标方面所提供的精确性和杀伤力，以“空地一体战”对华约进行纵深打击，把战火引向东欧和苏联境内，使华约东欧国家与苏联离心，从而打破北约在军事上日益被动的单纯防御态势，并迫使苏联把原用于进攻的资源转用于防御。[3]陆权派认为，美国对西欧的控制具有决定意义，在华约大军压境的情况下不可以分散力量去扩充海军和实施不切实际的横向升级战略。正确的对策，是促使欧洲盟国多分担欧陆防务，利用西欧财力、人力和资源以及战区核武器优势，加强高技术常规兵器，实行北约武器装备标准化。根据这一设想，整个北约防务费用在 80 年代必须以每年 4% 的幅度递增。在海湾地区，苏联的进攻将受其机动能力、动员能力的制约，不可能十分迅速。战争初期美空军可作为绊马索，美

---

① Jeffrey Record and Robert J. Hanks, U. S. Strategy at the Crossroads: Two Views, New York, 1982, p. 36.

② 杰佛里·瑞科德：《重新规划美国军事战略：使目标与力量保持一致》，第 79—90 页。

③ Keith A. Dunn, Military Strategy in Transition, New York, 1984, p. 61.

军将有几周时间作出反应，以核威慑为后盾，以快速部署部队应付。远东方面，美日中在与苏对抗方面已形成默契，可以保持守势。若根据海权论的意见直捣苏联本土，就会同时危及美国本土，而且美国很难以军事手段战胜位于欧亚大陆心脏地带的陆上大国，盟国也不会支持美国，在对苏战略上很难协调西欧和中日与美国之间的关系。另外，陆权派认为，实施海权派所提出的计划需要大笔经费，美国国会难以通过。

这两种途径都利于美国在军事上扬长避短，并可避免在西欧动用核武器，但存在的障碍是：军事力量结构不适应这一战略指导思想；防务经费和资源也存在不足；北约盟国反对分散配置防务资源；难以控制战争结局。负责政策的美助理国防部长罗伯特·科默认为，美国不能据此全面调整其军事战略，因为苏联对西欧的军事威胁仍是主要威胁，全面调整必然会使涉及美国生死存亡的关键地区暴露在威胁之下，会同时丧失西欧和日本两个西方最发达地区，而不会对苏联造成重大损失。①

尽管陆权派和海权派提出的战略途径完全不同，但都是致力于使美苏战争爆发后朝横向升级的方向发展，最终都会使战争转为纵向升级，因为陆权派所提出的不论是在西欧或海湾地区展开行动都要靠战术核武器为后盾，海权派所主张的多线作战也需有战略核威慑作后盾，两者都摆脱不了与战略核武器的联系，都可能使战争朝失控方向发展，其最后的结果都使美国本土的生存受到威胁。因盟国的利益及其对威胁的看法不同，海权派和陆权派都面临盟国是否同意和配合的问题。②虽然陆权派和海权派争论不休，但政府的决策依然朝着“横向升级”的方向迈进。

与此同时，美国还就同时（simultaneous）打赢还是先后（se-

① Keith A. Dunn, Military Strategy in Transition, New York, 1984, pp. 12 – 17.

② Stephen J. Cimbala, National Security Strategy, Choices and Limits, New York, 1984, pp. 15 – 27.

quential）打赢多场战争的问题进行了辩论。卡特的“调拨战略”（swing strategy）即属于先后打赢的方针，先把亚太的美军调往西欧，取胜后再恢复原部署；里根时期则主张一方面要坚持先后打赢的方针，另一方面又倾向于谋求多点求胜。总统国家安全事务助理克拉克称。“在冲突的最高层次，我国战略指导方针已将苏联的全球军事力量和各战区的相关性考虑在内，我们承认，任何与苏联的冲突都可能发展为全球冲突，因此必须进行全球统筹，但这不意味着我们必须有能力同时成功地在所有战线与苏联交战，我们没有这种力量。但是，我们能够建设均衡的军事力量，确定先后使用武力的次序，以便最有效地运用武力。”里根政府把航母由 12 艘增至 15 艘，所制定的海军战略也为多战区战略，体现出在一定程度上谋求同时打赢多场冲突的思路。①

随着军事科技的发展，美国军事战略思想又出现了第三个流派，试图从技术上为美国的战略困境寻找出路，主张发展高技术常规兵器、推行“战略防御计划”以及对核武器进行全面更新。在这种指导下，里根政府提出了“星球大战”计划，成功研发并部署了 MX 洲际弹道导弹。

美国虽然没有明确它曾推行过“横向升级”战略，且在战略理论界对于何为“横向升级”战略莫衷一是，但从 80 年代中后期军事战略实践看，“横向升级”脉络是十分清楚的。1982 年，美军成立了“中央司令部”，加强了在海湾地区遏阻苏联的力量；大力扩建了海军，打乱了苏联军事力量建设的平衡；提出了空地一体战构想，增大了苏联以大纵深的方式进攻西欧的难度；增强了在亚太地区军事力量的部署，恶化了苏联战略重心选择的困境；实施了“高边疆”战略，加重了苏联军备竞赛的代价。美国通过扩大地理空间的军事活动，使苏联处于顾此失彼的境地，渐渐失去了在 70 年代赢得的战略主动。

① Stephen J. Cimbala, National Security Strategy, Choices and Limits, New York, 1984, pp. 28 – 29.

至少可以这样说，“横向升级”战略最大的成效就是使美国由多线作战的态势转换成苏联多线作战的态势。在这种态势下，苏联的战略重心变得飘忽不定了。美国“横向战略”的实施，也是其赢得对苏“不战而胜”的重要因素之一。

三、填补力量“真空地带”

第二次世界大战后至冷战结束，美国奉行从欧亚两端围堵苏联的战略，在西欧和东北亚驻有重兵，有供增援部队使用的预置物资和装备，有完善的指挥控制设施和后勤基础设施。但是，在距美国本土达上万千米的中东特别是海湾地区，除在距霍尔木兹海峡2500海里的迪戈加西亚岛上的军事设施外，美国在从土耳其到菲律宾之间的广阔地带上却没有任何军事基地。不仅如此，这一广阔地带的各国都明确表示不愿与美国建立正式的安全关系。苏联也深切地认识到这一点，因而采取了避实击虚的方法，推行南下战略，力图在中东地区打开一个缺口。自20世纪60年代开始，苏联先后与中东地区的伊拉克、埃及、叙利亚、也门等国建立了良好的关系，加强了军事合作。为了把势力直接推进到海湾，1979年，苏联发动了侵略阿富汗的战争，准备继而入侵巴基斯坦。苏联的战略目的一旦达成，将从根本上撕裂美国的围堵战略，这引起了美国的严重焦虑。

中东地区幅员辽阔，战略地位重要，是自古以来大国争夺的关键枢纽。这一地区还盛产石油，控制整个西方国家的经济生命线。对于中东的重要性，美国并非缺乏认识。早在20世纪50年代，美国就以观察员的身份加入了由英国、伊拉克、土耳其、巴基斯坦和伊朗建立的中央条约组织，使其成为包围社会主义国家的工具。然而，由于成员国在一些重大国际问题上分歧加剧，中央条约组织很快走向解体。之后，美国依靠伊朗和以色列两大战略支柱，维护其在中东地区的重大利益。然而，到了70年代末，中东地缘政治发生剧变：苏联的影响力急剧上升，伊朗发生了伊斯兰革命。对此，美国从两个方面着手：一是派员前往海湾国家，寻求建立军事基地的可能性；二是组建一支联合快速部署部队（Rapid Deployment Joint Task Force），应对海湾地区的危机。

对美国派来试探军事合作的政府官员，海湾国家态度冷淡。美国不得不依靠自身的力量，开始在印度洋上部署特混舰队，并在加利福尼亚州地形和环境与西南亚相类似的地区建立了训练中心。1980 年，快速部署联合特遣部队开始同埃及、阿曼、苏丹和索马里进行在美国本土以外的演习。1983 年 1 月，美国成立中央司令部，接管欧洲司令部和太平洋司令部管辖范围之间的中东、中亚、南亚和东北非洲等区域，辖区涉及 25 个国家，司令部设在佛罗里达州麦克迪尔空军基地。中央司令部下辖中央陆军司令部，总部设在南卡罗来纳州肖空军基地；中央海军司令部，总部设在美国海军巴林基地；中央空军司令部，总部与中央司令部所在地相同；中央陆战队司令部和中央特种作战司令部，总部均设在佛罗里达州麦克迪尔空军基地。中央司令部的设立以及印度洋的力量部署，在一定程度上填补了美国在海湾地区的力量真空，但作战力量依然十分有限。

20 世纪 80 年代中期美国的海湾防务指导思想，是增强“海湾合作委员会”成员国自身的防务能力，以确保石油输出的畅通和尽可能避免美国直接出兵干预；保持与海湾合作委员会的非正式防务联盟关系、保持该组织内部各成员国之间的相互制约关系，放弃要求各国建立统一的军事力量和实行武器装备标准化；组织、装备和训练一支针对海湾的军事力量，并准备与有关国家的军队实施联军作战。①美军对伊拉克军队的作战预案是，由海湾国家军队保卫科威特城等要地，美国增援部队把侵入阿拉伯半岛纵深的伊拉克军队压迫到靠西部的开阔地带，以在中欧对付华约军队大规模入侵的空地一体战方式予以歼灭

① Thomas L. MacNaugher，Arms and Oil，U. S. Military Strategy and the Persian Gulf，1985，pp. 161 – 175.

性打击。[1]

为了加强在海湾地区的作战能力，美国采取了一系列的措施：一是要求土耳其同意，以北约的名义对其境内的军事基地进行现代化改造；二是利用沙特和以色列储备的大量美制弹药，供临时应急使用；三是研制提高远征部队自我保障能力的装备，以减少其对先进基地设施的依赖；四是研发远程精确制导武器和海上预置装置，以弥补投送能力的不足。[2] 由此可见，为了应对海湾安全问题，美国对其军事战略做了重要调整。

1987 年—1989 年，美军中央司令部组建了包括 22 艘军舰、10 艘巡逻艇、16 架武装直升机和 400 名陆战队的“中东联合特遣部队”，为两伊战争中悬挂美国国旗的 11 艘科威特油船护航。1989 年 5 月，中央总部进行了司令部演习，模拟演练了反击伊拉克入侵科威特的想定。1989 年秋制定并于 1990 年 1 月由国防部长颁布的“国防计划指南”提出，要更加注意保卫阿拉伯半岛免遭不是来自于苏联以外势力的地区性威胁，这与传统的占主导地位的看法即抵御苏联通过伊朗发动的进攻完全不同。1990 年 5 月，中央总部在其《2000 年安全环境》研究报告中指出，它的责任区域最有可能发生重大动荡和战争，伊拉克完全有能力对阿拉伯半岛的产油国发动进攻，美国的军事战略必须能够适应这一广阔地区所存在的无法预测的情况。[3]在新的政策指导下，以国防情报局和中央总部情报处确定的威胁评估为基础，中央司令部于 1990 年春开始审查保卫沙特的计划，并向参联会主席呈交了“基本计划纲要”，提出了成功实施防御所需要的兵力和战略。1990 年 7 月，国防部对该纲要进行了审查，中央司令部于同月组织了一次代号为“内部观察 90”的重要演习。海湾危机爆发后，该纲要被确

---

① Thomas L. MacNaugher , Arms and Oil , U. S. Military Strategy and the Persian Gulf, 1985, pp. 174 – 175.

② lbid. , 53 – 63.

③ 军事科学院外国军事研究部、中国国防科技信息中心译：《海湾战争——美国国防部致国会的最后报告》，军事科学出版社，1992 年版，第 194—199 页。

定为现有的最佳方案，为中央司令部制定具体的部署计划提供了基本依据。[①]

美国华盛顿中东政策研究所在海湾战争期间对美国政府提出了以下建议：美国必须向海湾国家和美国公众澄清美国在中东的利益以及美国在何种情况下必然出兵干预；美国在中东的安全事务中必须扮演更强有力的直接参与者；不允许伊拉克及其他国家取得地区霸权地位和对美国构成挑战；汲取海湾战争前对伊拉克政策失误的教训，在制定对叙利亚、伊朗的和解政策时必须十分慎重，以免影响威慑战略的效果；必须依据海湾的特殊情况建设更具针对性的军事力量。[②]

美国对海湾地区防务的重视以及由此而进行的力量部署，既有较强的针对性，也有较好的预见性。从其初衷来说，它是对苏联南下战略所做出的强烈反应，实现了从东、南、西三个方向对苏联的围堵；从其效果来看，它又是对中东特别是海湾地区的安全保障所做的战略预置，防止该地区发生不利于美国的情势。因此，1990 年海湾危机发生时，美国处置有力，2003 年伊拉克战争中，能够迅速赢得军事胜利。

四、拓展“可用力量”范围

“硬摧毁”曾一直是美国长期坚持的信条。第二次世界大战前美国所从事的战争中，都把打垮敌人作为基本的军事目标。为了做到这一点，美军特别注重武器装备的研发，提高战场杀伤力。1942 年 6 月，美国实施“曼哈顿计划”，集中除纳粹德国外的西方国家最优秀的核科学家，动员 10 多万人，耗资 20 亿美元，历时 3 年，成功地制造出核武器。1945 年 8 月 6 日和 9 日，美国运用仅有的 2 枚核武器轰

① 军事科学院外国军事研究部、中国国防科技信息中心译：《海湾战争——美国国防部致国会的最后报告》，军事科学出版社，1992 年版，前言部分。

② 同上，第 10 页。

炸日本的广岛和长崎，目的就是通过硬杀伤，使日本早日投降。第二次世界大战后，美国在战争中虽然重视运用外交手段，分化瓦解敌人、增加自己的盟友、制造战争合法的根据，有时也使用经济制裁手段，试图减少敌人的战争资源等，但总体来看，动用的力量范围有限，发挥的作用较为间接，还没有把国家的综合力量直接应用于战争。

进入新世纪后，面对战争形态的变化，美国对于战争中国家力量的综合运用有了新的认知。美国政府认为，“对国际恐怖主义的斗争不同于历史上的任何其他战争，不能完全依靠，甚至不能主要依靠军事威力来取胜。必须利用国家力量的每一种手段，包括外交、经济、法律、金融、信息情报和军事。进展将来自持续的一步步的成功，其中有些显而易见，有些难以察觉。”① 2002 年《美国国家安全战略报告》指出：“考虑到无赖国家及恐怖分子的目标，美国不能再像过去那样仅保持被动反应的姿态。以下因素决定我们不能作出这种选择：无法威慑潜在的攻击者、当前威胁的紧迫性以及我们对手选择的武器可能造成严重的伤害。我们不能让敌人首先攻击。”② 2003 年，美国《抗击恐怖主义国家战略》（National Strategy for Combating Terrorism）指出：要对恐怖主义团伙采取直接、持续的行动，循序渐进，首先瓦解、然后逐步削弱、最终消灭恐怖主义组织。频繁和不懈地利用一切国家手段在所有战线上打击恐怖主义分子，通过持续打击和不让恐怖主义分子有藏身之地，压缩其活动范围，削弱其实力。通过调整已有的联盟和缔结新的伙伴关系，促成地区性解决方式，阻止恐怖主义的扩散。在这场抗击共同敌人的斗争中，美国将始终力求获得国际社会的支持，但在必要时，将毫不犹豫地单独行动，包括先发制人地攻击恐怖主义分子。2010 年 5 月 27 日，国务卿希拉里在华盛顿智库布鲁

---

① 《抗击恐怖主义国家战略》（2003 年 2 月 14 日），中国现代国际关系研究院美欧研究中心前引书（附录一），第 440 页。

② 《美国国家安全战略报告》（2002 年 9 月 20 日），黄柏富前引书（下册），第 655 页。

金斯学会发表演说时指出，为应对恐怖主义、核扩散和其他威胁，美国决心运用“巧实力”（smart power），通过“平衡和整合以国防、外交和发展为核心，包括经济力量和示范作用在内的国家力量的所有要素”来确保国家安全。在反恐怖主义的问题上，美国强调不仅要与意识形态相同的国家进行合作，而且还要与意识形态“异类”的国家进行合作。不仅如此，美国还主张继续向流离失所的无辜平民提供人道主义救援，最终将“伊斯兰国”“削弱并摧毁”。2017 年 12 月 18 日特朗普政府发布的国家安全战略报告强调，美国要通过提升军事、国防工业基础、核力量、太空、网络、情报能力，运用竞争性的外交、经济手段和信息化的国家治理方式，来维护世界“和平与稳定”。

综上所述，在军事战略上，美国已逐渐从传统的被动应对发展为主动塑造，从依靠单一的军事手段发展为综合运用国家力量，从纵向逐步升级发展为横向多点升级，从纯军事行动发展为复杂的综合性的应对，从间断性的行动发展为持续不断的施压和打击。一句话，灵活反应已成为美国的军事战略最为重要特色之一。

第四节　着眼全球机动

美国虽然居于北美一隅，但却一直怀有改造世界、控制世界的企图。从其建国后不久，就实行“三重”扩张的政策。一是领土的扩张，使其从一个大西洋东岸的沿岸国家变成横跨北美、连接两洋国家，并在海外占据诸多岛屿；二是实力的扩张，将政治、经济触角伸向全世界；三是思想扩张，通过软硬两手，将其所谓的“民主理念”向海外推广。与此相适应，它在战略上也进行全球性的布局造势。

一、面向全球的战略博弈

美国虽然远离欧亚大陆，并长期奉行“孤立主义”政策，但随着国力的增强，特别是贸易的扩大，逐步把整个世界纳入战略视野，对居于世界政治与经济中心地位的欧亚大陆日益关切。出于避强就弱的考虑，它曾长期将太平洋地区作为关注的焦点。然而，第一次世界大战的爆发，危及了它的海外利益，美国不得不出兵欧洲，开始在欧亚大陆的西端寻求战略支点。一俟战争结束，它就迅速从欧洲撤军，继续经略太平洋方向。第二次世界大战爆发后，美国改变了传统的战略认知，决定把战略重心移向欧洲。战后，美国的视野进一步拓展，把整个世界作为一个整体进行战略筹划。

第一次世界大战的爆发使美国认识到，欧洲大陆战略力量不平衡可能危及其长远的国家安全利益，因而应准备在大西洋彼岸采取军事行动，与英国联合控制大西洋，进而形成美欧联结在一起的战略架构。基于这种认识，美国派遣地面部队赴欧洲作战，突破了早先一直坚持的本土防御思想。由于国会拒绝批准《凡尔赛条约》，美国在两次大战之间又将本土防御和太平洋方向的利益维护作为战略计划制定的立足点。为了应对可能的威胁，美国制定了互不关联的本土防御战略、加勒比海战略和太平洋战略。同时，各军种根据自己的需要以及各自负责的地区制定了各种彩色计划。所有这些计划的战略设想都是依靠自身力量来保卫美国本土及国家利益，而且仅把日本作为假想敌，根本未考虑与德国作战的可能。因此，这些战略计划根本不具有全球战争或总体战争的特征。

然而，随着欧洲各国之间矛盾的加剧，另一场大战来临之际，美国开始重新审定其战略计划。美国逐渐认识到来自外部的危险，开始从全球和联盟作战的角度思考问题。参战前夕，美国将彩色计划变为彩虹计划，纳入了联盟作战的内容；由大陆防御作战变为半球作战，扩展了安全战略的空间范围；采用欧洲第一的原则，突出了战略重心的转移。参战以后，美国已形成了自己的一套对待全球战争和全球战略的方法，基本上摆脱了欧洲的影响。第一次世界大战期间，美国所采取的主要行动都遵循协约国的战略框架。但在第二次世界大战中，情况则发生了逆转，欧洲反法西斯同盟国家的战略制定和实施都必须考虑美国的因素，而在太平洋方向，盟国就完全按照美国的战略采取行动。

战争期间及战后，美国开始把世界作为大棋盘，与其他大国进行战略博弈。在战争即将结束之际，美国提出了重建世界的蓝图。战后，它又根据变化了的国际环境，制定了遏制战略，并利用在战争中获得的军事优势，在全球范围内部署兵力，构建各种军事政治联盟，着力把罗斯福制定的蓝图变现实。

二、着眼全球的兵力部署

第二次世界大战后，为了维护霸权地位，扩展国家利益，美国一直在海外大量驻军，建立了众多的基地，建成全球军事基地网。肯尼迪执政时期，美国在海外的军事基地有 5000 多个，其中大型基地 1000 多个，达到历史的最高峰。冷战时期，美国虽然因越南战争失去了越南岘港和金兰湾等基地，但在数量上规模上依然十分庞大。冷战后，美国国防部于 1988 年、1991 年、1993 年、1995 年和 2005 年先后 5 次对海外基地进行了重大调整，以便整合资源，突出重点，提高效能。

伊拉克战争使美国领悟了全面调整海外军事基地的必要性。在这场战争中，如果没有部署在地中海、迪戈加西亚和关岛的第 11 海上预置部队的船只提供陆战队所需的大部分重装备和补给品，美国海军陆战队根本不可能投入战斗。伊拉克的军事力量没有造成美国使用外国机场的限制，但政治敏感性限制了美国的选择，在战场理想距离内的 58 个外国空军基地中，只有 3 个机场可供美国携载炸弹的飞机起降。伊拉克战争一结束，美国即开始着手对其全球军事部署进行调整，目的就是增强全球基地网的整体性和对全球事态做出反应的灵活性。依靠这个遍布全球的网络，完善美国的地区军事存在，并使美军作战反应的时间从以往的几个月缩短为几天甚至几小时，明显提高在任何时间和任何地点实施立即的全球性军事行动的能力。

在裁减军事基地的同时，美国海军着手建立移动的军事基地——巨型预置平台（浮岛），这些平台将取代传统的军事基地、航母和运输工具。这些平台将按模块原则建造，某些配件可用飞机和不大的舰船运抵组装地点。这种平台的运用不受政治敏感的制约，可使美军按照既定的计划进行战争，从而避免伊拉克战争中土耳其拒绝其使用基地的尴尬局面。

虽然经过多次调整，根据国防部 2015 财年《基地结构报告》（Base Structure Report），美军现今仍然在 39 个国家和地区拥有 587 处基地，驻军总数约 40 万人，支撑着其全球驻防和作战体系。在 6 个联合司令部中，除北方司令部担负包括本土在内的北美地区防御任务外，其余 5 个司令部都是按地理划分的“把全球管起来”的联合司令部。此外，美国海军还有 6 个相应的舰队。6 个舰队分别是第 2 舰队（大西洋）、第 3 舰队（东、南、北太平洋）、第 4 舰队（中南美洲海域）、第 5 舰队（印度洋、海湾、红海）、第 6 舰队（地中海、黑海）和第 7 舰队（西太平洋、印度洋）。

从全球布局上看，美国海外军事基地大体上可划分为 3 个战略区 14 个基地群。其中，欧洲、中东和北非战略区有 5 个基地群，呈两线梯次配置。第一线由设在德国、比利时、荷兰的中欧基地群，意大利和希腊的南欧基地群以及中东、北非基地群组成，以中欧基地群为主体，负责扼守欧洲的心脏地带；第二线由英国、冰岛基地群和伊比利亚半岛基地群组成，负责增援中、北欧地区作战和实施战略核打击。

亚太和印度洋战略区有 7 个基地群，约占美国海外基地总数的 42.7%，大体呈三线配置。第一线由阿拉斯加、东北亚、西南太平洋和印度洋等 4 个基地群组成，控制着具有战略意义的航道、海峡和海域；第二线由关岛和澳大利亚、新西兰两个基地群组成，是第一线基地的依托和重要的海空运输中转基地，也是重要的监视侦察基地；第三线由夏威夷群岛基地群组成，既是支援亚太地区作战的后方，又是美国本土防御的前哨。

北美和拉美战略区共设有两个基地群，分别为担负战略预警和增援任务的格陵兰、加拿大基地群和构成美国本土防御南部屏障的巴拿马、加勒比海基地群。

根据近年来国际战略形势的变化和军事战略的调整，美军海外基地的布局整体上呈现出“东移”的趋势。在欧洲，以俄罗斯为假想敌和防范对象，美国驻德国和西欧地区的军事力量向保加利亚、罗马尼亚、波兰、捷克、塞尔维亚、科索沃等东南欧国家和地区转移；在海湾，以伊朗和“基地”组织为防范对象，美国驻沙特的军事力量向科威特、卡塔尔、巴林、阿联酋等国转移；在东亚，以西太平洋陆权大国为假想敌，美国驻日本、韩国和冲绳的军事力量向关岛和澳大利亚等地区转移。

具体而言，欧洲是美军在海外拥有军事基地和设施最多的地区，重点分布在中欧、南欧和西欧三个地区。在中欧：由设在德国、比利时和荷兰的基地和设施组成，这些基地扼守着欧洲的心脏地带，是维护西方国家“和平演变”成果和对那里可能发生的地区性冲突作出反应的重要前沿基地。其中，较大的陆军基地有：斯图加特（欧洲美军总部驻地）、海德尔贝格（美驻欧陆军司令部、第7集团军司令部和第5军军部驻地）、维尔茨堡（美陆军第1机械化步兵师驻地）、巴特克罗伊茨纳赫（美陆军第1装甲师驻地）。较大的空军基地有：拉姆施泰因（美驻欧空军司令部驻地）、施潘达勒姆、森巴赫、莱因—美因等。在荷兰的空军基地为苏斯特堡，在比利时的空军基地为希埃夫雷斯。

在南欧，由设在意大利和希腊的基地和设施组成，可控制黑海出口和东地中海地区，是欧洲南翼的屏障。海军在该地区的主要基地有：意大利的加埃塔（美第6舰队司令部驻地）、那不勒斯（美驻欧海军司令部驻地）、马达莱纳（核潜艇支援基地）和锡戈内拉（反潜作战及后勤支援基地），希腊的苏达湾；空军基地主要有：意大利的阿维亚诺（美空军第16航空队司令部驻地），希腊的伊腊克林等；陆军基地主要有意大利的维琴察（美陆军南欧特遣部队司令部驻地）和里窝那（后勤供应港）。

在西欧，由设在英国、冰岛、西班牙、葡萄牙和亚速尔群岛上的基地和设施组成，扼守着大西洋通往北海和地中海的一些重要航道和海峡，既可对中欧、地中海和中东可能发生的地区性冲突提供应急支援，又是美本土向欧洲、近东和非洲增援的中间基地。美在这一地区的主要空军基地有：英国的米尔登霍尔（美空军第3航空队司令部驻地）、拉肯希斯、阿尔康伯里等，西班牙的莫隆；主要的海军基地有：西班牙的罗塔（美海军第6舰队的主要基地）；冰岛的凯夫拉维克和葡属亚速尔群岛上的拉日什是由美空、海军合用的基地。

在中东与北非的基地群，由设在土耳其、沙特阿拉伯、巴林、阿曼、埃及和肯尼亚的基地和设施组成。地跨欧、亚、非三洲，控制着黑海、东地中海、红海和波斯湾的通道，既可支援东地中海和印度洋的海上作战，又可支援中东和非洲的陆上作战，战略地位十分重要，是欧洲的重要翼侧。在这一地区，主要的空军基地有：土耳其的因契尔利克、安卡拉和伊兹米尔，沙特阿拉伯的宰赫兰；海军基地有沙特阿拉伯的朱拜勒。此外，在埃及的巴纳斯角和肯尼亚的蒙巴萨，美军既有港口，又有机场。这些机场既可供美海军使用，也可供美空军使用。巴林的麦纳麦是美中央总部海军司令部和美第5舰队司令部驻地。

亚洲、太平洋、印度洋地区属美太平洋司令部辖区，是美军海外总部辖区范围最大的地区。该地区的基地“点线结合”，大体上也呈“三线配置”：一线由配置在日本、韩国直至印度洋的迪戈加西亚岛上的基地组成，构成一条“岛屿锁链”式的“前沿基地”带，控制着战略地位十分重要的航道、海峡和海域。二线是由以关岛为中心的诸岛屿及澳大利亚和新西兰的基地组成，是一线基地的依托，又是重要的海、空运的中间基地。三线由设在以夏威夷为中心的诸群岛至中途岛以及阿拉斯加、阿留申群岛的基地组成，是太平洋战区的指挥中枢和本土西海岸支援前沿基地的中继基地。

东北亚的基地群，由设在日本（含冲绳岛）和韩国的基地和设施组成，它们控制着宗谷、津轻、对马三个重要海峡，是“岛屿锁链”

的首要环节，既可支援朝鲜半岛上的陆上作战，又可支援西北太平洋的海上作战。美军在日本的主要海军基地有：横须贺（美海军在西太平洋地区的最大基地，第7舰队司令部驻地）、厚木、佐世保等；海军陆战队的主要基地有：本州西部的岩国，冲绳岛的普天间、科特尼（美陆战3师师部驻地）和巴特勒（美第3陆战远征部队司令部驻地）；美空军在这一地区的主要基地有：日本的横田（驻日美军司令部和美空军第5航空队司令部驻地）、嘉手纳和三泽，韩国的乌山（美空军第7航空队司令部驻地）和群山等；陆军的主要基地有：韩国的汉城（美第8集团军司令部驻地）、龙山（美陆军第2步兵师驻地），日本的座间兵营（驻日美陆军第9战区陆军区域司令部驻地）。

迪戈加西亚岛上的基地，位于印度洋中部，扼守海空航道要冲，既可支援中东和波斯湾地区的作战，又可对印度洋广大海域进行监视与控制，还可对西太地区投射力量。它是美在印度洋的唯一基地，负责为印度洋上的美战略核潜艇和其他舰机进行导航。

关岛基地群，由设在以关岛为中心的诸岛屿上的基地和设施组成，是太平洋美军第二线基地的北翼。关岛的安德森空军基地是美空军第13航空队司令部驻地，阿加尼亚海军航空站是美海军在西太平洋的一个主要后勤和临时保养站，又是主要侦察基地，夸贾林是美军洲际导弹及反弹道导弹的试验靶场、战略空运中途站。

在澳新地区，主要由设在澳、新本上的基地和美澳联合使用的军事设施组成。目前，美在澳大利亚驻扎海军陆战队2000人，在新西兰设有海军通信站和一些小型电子、宇航追踪站和导航站等，主要用于监视和侦察俄罗斯和中国的核试验及空间活动。

在夏威夷群岛，由夏威夷群岛和中途岛上的军事基地和设施组成。此基地群是联结美国本土和西太平洋各基地群的纽带，是美军太平洋战区的指挥中枢和战区战略预备队的配置地域，是太平洋中航线和南航线的海空运总枢纽。著名的海军基地珍珠港是太平洋舰队司令部驻地，是太平洋地区最重要的海军基地。史密斯兵营是太平洋总部和太平洋舰队陆战队司令部驻地。薛夫特堡是太平洋美陆军司令部驻地，斯科菲尔德兵营驻有美第25轻步兵师。希卡姆空军基地是太平洋美空军司令部驻地。此外，美在中途岛、约翰斯顿岛上也设有港口和机场，作为辅助基地。

在阿拉斯加，由美设在阿拉斯加和阿留申群岛上的基地和设施组成，它隔白令海峡与俄罗斯相望，是遂行战略侦察、预警和本土防空的前哨，部署有远程警戒雷达和弹道导弹预警雷达。较大的空军基地有：埃尔门多夫（美空军第11航空队司令部驻地）和艾尔森（战略侦察基地）。陆军基地有：理查森堡、温赖特堡和格里利堡。阿留申群岛上的埃达克海军基地是美太平洋舰队在北太平洋的侦察运输补给基地。

此外，美国在格陵兰、加拿大、巴拿马、古巴和波多黎各等附近周边地区也建有一些军事基地。

美国运用遍布世界的军事基地网，以其强大的战略投送能力，在全球范围内进行兵力机动，从而有效地应对各地发生的危及其国家核心利益或重要利益的危机或战争。

三、覆盖全球的武力干预

据统计，自建国以来的240多年的历史中，美国发动或参与的战争达100次以上，属于从事战争次数最多的国家。除了独立战争和第二次美英战争外，它所发动和参与的战争均发生在海外。一方面，美国成长为世界性大国后，其利益边界大为扩展；另一方面，它具有超强的危机感，力求把战争威胁挡在国门之外。第二次世界大战前，美国海外用兵的目的是维护本土安全和经贸利益，而战后则主要在于推行遏制战略和地区防务战略。朝鲜战争、越南战争是美国使用武力干预海外事务的重大尝试，但结果都出乎其预料。于是，在很长一个时期内，美军都处于蛰伏状态。冷战后，通过总结两场局部战争的教训，加之军事变革取得了重大进展，美国又卷土重来，在全球范围内进行军事干预，着力维护其主导的国际秩序。

冷战时期，美国军事战略的重点地区是西欧，美国用于保护西欧安全的军事力量占其冷战时期军费总开支的40%—67%。[①]美军20世纪50年代初提出的联盟作战思想主要体现为在中欧与欧洲盟国进行一场针对华约入侵的防御性战争，到70年代又将范围扩大到欧洲的北翼和南翼。[②]70年代后期，海湾地区成为堪与欧洲并重的战区，以欧洲为重点的军事战略开始延伸，海军战略理论的发展，又进一步推动了美军战略的全球化。1980年以前，美军作战计划都打有区域的印记，多互不相干，而且认为战争不会同时发生，所以也不曾在作战计划中认真考虑在对付两场同时发生的战争时各战区间如何协调的问题。里根政府上台后，美军开始重视军事力量的一体化和军事战略的全球化，针对欧洲、西南亚和亚太的作战计划都做通盘考虑，据此协调各战区作战部队的部署和后勤支援，各战区之间在作战计划方面开始进行更充分的协调。美军还认为，一个拥有海上优势并由海陆空力量合理构成、并且与盟国充分协调的布局合理的前沿防御战略才是合理的战略。

华约的崩溃和苏联的解体从根本上促进了美国军事战略指导思想的全球化。美国战略思想界自80年代后期即着手新时期军事战略的研究和探讨，里根政府负责国际安全事务的助理国防部长理查·阿米蒂奇1984年在第10次国家安全事务会议上称："欧洲和美国的伙伴关系仍是阻止苏联侵略以及同莫斯科建立一种更加稳定和建设性关系的中心环节。但是，与苏联还仅仅是一个大陆强国、同世界事务比较隔离的时期相比，我们今天在欧洲之外的世界其他地区的安全利益已变得重要得多。近几年来，美国的利益已从基本上以欧洲为中心转变为越来越多地建立在与其他地区的相互依赖关系上。同时，美国的利

---

① Barry M. Blechman, William J. Durch, David R. Graham, etc., American Military in the 21 Century, Palgrave Macmillan, 1993, pp. 89 – 90.

② R. l. Kugler, U. S. Military Strategy and Force Posture for the 21st Century: Capabilities Requirements, Rand, 1994, pp. 24 – 25.

益越来越容易受亚洲、中东和拉丁美洲局势的影响。”① 时隔10多年后，美国进一步强调对世界事务的广泛干预。参联会主席沙利卡什维利称：“今天，我们面临前所未有的战略机遇，50多年来，我们受困于与另一个超级对手的两极竞争，我们依靠遏制战略，并致力于建设一支可在遏制失败时作出反应的军队。而今天和明天，我们有机会去追求一种具有广泛参与性的战略，并建设一支能够保证这一战略取得成功的军事力量。”②

1989年7月，北约伦敦首脑会议决定对其冷战时期的战略进行调整，此后，北约用了18个月时间研究新战略概念，并在1990年底罗马首脑会议上达成了一致。与此同时，美国政府也开始重审自己的军事战略，形成了“地区战略”的新概念，并于1990年8月2日伊拉克入侵科威特的同日，由老布什总统在科罗拉多州阿斯平学院正式宣布。讲话发表后，美国有关“建立新世界秩序”的主张因国内对冷战后美国利益和安全战略目标的看法分歧而受到广泛抨击，但并受到来自其他国家的反对。在以后几个月中，根据苏联解体后国际安全环境及海湾战争的结局，美国又对这一战略进行了修改完善，其主要思想体现于1991年8月白宫发表的国家安全战略以及美军参谋长联席会议主席鲍威尔于同年11月发表的军事战略报告中。

1992年初，老布什政府的国防部长切尼首次提出了“塑造”的概念，称美国所面临的最大问题是安全环境的不确定性，今后美国的主要任务是防止重新出现另一个对美国构成全球挑战的对手，为此美国需要“塑造”国际关系体系，引导它走向稳定、民主与合作。为此，参联会主席鲍威尔1992年1月在参议院的证词中表示，不可以仅依据现实威胁来确定美国冷战后的军事力量，要为将来可能出现的重大威胁作好“准备”。1993年初，老布什政府任期结束前不久，白

① 美国国防大学：《美国九十年代的防务》，国防大学出版社，1986年中译本，第2页。

② The US Department of Defense, Quadrennial Defense Review (QDR), May. 1997, p. 65.

宫和国防部分别发表了新的国家安全战略指导性文件，以便对下届政府的政策施加影响，文件中把冷战后美国军事战略确定为“地区防务战略”，并为其规定了4项原则：针对不确定性威胁预作准备、塑造国际环境、保持冷战后获取的战略纵深、维护美国在世界上的领导地位。两份文件均强调，美国不能重犯历史上解除武装和返回孤立状态的错误，否则必然会葬送冷战的胜利成果，并将再次面临险恶的国际环境。美国必须在军事上继续保持强大，并且通过单边行动、多边协定和国际组织来保持对国际事务的广泛参与。① 鲍威尔还认为，地区防务战略“包含若干与第二次世界大战以后军事战略不同的原则，其中最主要的是从遏制共产主义和苏联的扩张，转向对各地区90年代出现的挑战作出决定性反应的灵活的战略。”“这一战略最重要的特征，就是注重地区的威胁而不是全球的对抗。”“新战略为我国领导人提供了实现国家安全目标的方法和手段，并促进了美国在剧变的世界上的全球领导地位。这是美国对和平变革施加影响的前所未有的机会。”②

克林顿执政后，沿着老布什政府的战略轨迹，于1993年提出了“扩展战略”，将“经济安全”“军事优势”和“全球民主化”作为这一战略的三大支柱。1994年，国防部长莱斯·阿斯平在《国防报告》前言部分称，克林顿政府有责任马上开始积极巩固和增进美国的安全利益，而不要等到多年以后当冷战后世界秩序已形成时再去干预。同年7月，美国政府正式发布了“参与和扩展”战略。国防部长科恩在1997年发表的《四年防务评估报告》中系统地阐述了“参与”的概念：“冷战结束后美国政界和学术界有关美国海外干预的争论涉及面十分广泛。一个极端是退回到孤立主义，只在国家和最重要的盟国面临危亡时才以武力进行干预。它在本质上是一种19世纪的世界观，

① R. l. Kugler, U. S. Military Strategy and Force Posture for the 21st Century: Capabilities Requirements, Rand, 1994, pp. 34 – 39.

② The US Chief of Staffs, *National Military Strategy of the United States*, Feb. 1992, p. 1.

忽略了全球事件对美国的影响，忽视了不断扩大的相互依存的世界经济，也忽视了正在加速发展的信息技术革命。另一个极端则是认为美国作为世界唯一超级大国，应拥有比维护传统国家利益远为重大的义务，例如在世界范围维护和平与稳定，减轻人类所受的苦难，不仅在国内而且在国外推广更好的生活方式。在上述相互矛盾的孤立主义观念和世界警察观念之间，存在着一个与我国全球利益一致的安全战略，即参与战略。它主张美国在国际社会中继续发挥强有力的领导作用，运用各种影响力来塑造国际安全环境。"①这种被称为"塑造"活动的海外干预活动须具有很强的灵活性，保持进退自如。"美军不仅要保持参与，还要善于脱离参与，例如当发生一场重大地区冲突时，美军须从不涉及美国生死攸关利益的冲突中脱身，以便形成威慑力量，防止发生第二场重大地区冲突。"

"9·11"事件发生后，美国加强了对世界重要地缘政治和军事地带的进入和掌控能力。这种军事干预的全球性泛化是双向的，既向外也向内。首先，美国本土被纳入美军军事行动范围之内。"9·11"后美国军事战略调整的最突出特点，是改变了以往轻国内、重国外的指导思想，开始实行"内外并重，国内优先"的方针，美国军事战略在日益突显对外进攻性的同时，填补了国内安全这一以往的"空白"。小布什要求重审1978年《地方保安队法案》，该法禁止美国军队介入逮捕、审查、取证和其他具有警察功能的执法活动。小布什强调，"恐怖主义带来的灾难性威胁，已令我们全面检讨有关限制美军国内行动的法律，以决定本土防务能否因军队介入而获益。"从2001年9月11日至2004年1月16日，美国和加拿大的军用飞机紧急起飞1700架次，以拦截可疑飞机或迫使其转向。2002年7月16日，白宫发表了美国历史上第一份《国家本土安全战略报告》。本土安全取代海外安全占据首要位置，《报告》提出了三个主要目标：阻止恐怖分

① The US Department of Defense, Quadrennial Defense Review (QDR), May. 1997, pp. 7–8.

子在美国境内发动袭击；加强国家易受恐怖袭击的薄弱环节；在发生恐怖袭击时，将损害减至最小并加速复原能力。2003 年元旦，国土安全部正式成立，其职能是动员和集中美国联邦政府、州、地方政府和私营机构的资源以及所有美国公民来保证本土安全，具体任务是：保证边界和运输安全；预防和处理危机；完善针对化学、生物、辐射与核袭击的反制措施；进行情报分析和保护基础设施。[①]该部雇员达 17 万人，年预算 380 亿美元。美军也成立了专门负责北美大陆安全的“北方战区司令部”，使之成为美军第五大战区司令部，辖区包括墨西哥、加拿大、加勒比海国家和加勒比海上的欧洲领地，同时还承担了波多黎各、美国维尔京群岛和美国本土 49 个州的防务。设在科罗拉多州彼得森空军基地的北方战区司令部于 2003 年 10 月 1 日正式运行。国防部也致力于解决北方战区司令部与国土安全部之间的指挥关系和责任划分问题。[②] 由于北方司令部防区内本土各州或地区政府都掌握了一定数量的军队，包括由联邦和州双重领导的国民警卫队以及由州领导的州防务部队，北方司令部必须与其防区内各主权国家制定战区安全协作计划一样，和本土的每一个州制定关于国土安全应急行动的安全协作计划。[③] 北方司令部的功能，使本土防务与海外军事行动逐渐交融为一体。

在美国本土被纳入军事行动范围的同时，美国军事力量伴随着反恐战争进入了中亚，强化了在阿拉伯半岛的存在，并且重返东南亚地区，形成了冷战结束后美国势力范围的第二次大规模扩张。这次扩张远及以往曾被忽视的落后、衰败和偏僻的地缘角落。治理衰败国家，被美国作为反恐战略中一种治本的方法。“许多这类前殖民地国家正

---

① 《国土安全部组建方案》（2002 年 6 月），黄柏富前引书（上册），第 164—165 页。

② 《美国国防部长致总统和国会的年度报告》（2002 年 8 月 15 日），黄柏富前引书（下册），第 481 页。

③ ［美］阿瑟·图兰克等：“州防务部队与国土安全”，《世界军事参考》，2004 年第 51 期。

在土崩瓦解。一种新型帝国主义正在不情愿地涉足于由此带来的混乱与大屠杀的无政府状态之中。美国不情愿涉足其中，是因为这些地区太危险，也因为至少在‘9·11’事件之前，它们看上去无关紧要。但是，逐渐地，这种不情愿被一种必须为这些地区带来秩序和稳定的共识所取代。没有什么地方比阿富汗更为偏僻和遥远，然而，这个偏远而绝望的国家，却成为‘9·11’恐怖袭击的策源地。恐怖主义使地理距离变得毫无意义。"[①]美国政府进而认为，"造成冲突的原因日益多样化，发生冲突的地点也愈加不可预料。……地缘政治背景变得越来越复杂和难以预测。冷战时期，出现对抗的重要地理区域非常明确。而现在，几乎每一个大洲都需要美国进行军事干预或采取其他行动。"[②] 美军调整海外部署的主要方式是根据每个关键地区的特殊情况，调整部署在那里的军事力量的构成，并加强在任何时间和任何地点实施立即的全球性军事行动的能力。[③]

基于上述认识，美国加强了在中东和太平洋地区的军事力量，对过去长期"忽略"的地区给予更多的关注。以"航行自由"为借口，美国宣称它在中国南海存在国家利益，不断地加大军事存在的力度。在钓鱼岛问题上，美国表示《日美安保条约》的第五条也适用于钓鱼岛，其实就是为未来的干预选择留有空间。为了加强对南大西洋和太平洋洋的控制，美国又计划在阿根廷建立军事基地。

第五节　着眼长远谋划

着眼长远是美国战略谋划的又一特色。无论是国家治理方式的确

① [美] 迈克尔·伊格奈泰夫：《从伊拉克战争看美国帝国》（之二），译自美国《纽约时报》杂志，2003 年 1 月号，参见《世界军事参考》，2003 年第 41 期。

② 《美国国防部四年防务评估报告》（2001 年 9 月 30 日），黄柏富前引书（上册），第 19 页。

③ [美] 沃尔福威茨："伊拉克战争的经验及美国防务转型"，参见《世界军事参考》，2003 年第 74 期。

立，还是对外战略的制定，美国的决策者们往往都力图广采众长，跨越时空，做出比较有利的选择。早在19世纪90年代，美国的经济总量就超越了当时的英国，成为世界第一。但是，它并没有急于跻身世界领导者的角色，而是耐心地等待，直到第二次世界大战后，才走到世界的前台。战争一结束，美国就着手检讨战争，制定新国家安全战略和军事战略，重构国防和军队指挥体系。

一、把“敌人”扶起来

《西洋军事史》的作者、英国战略学家J. F. C富勒在其《战争指导》一书中指出，战略指导的最高境界就是在打垮敌人后，再将其扶起来。上百年来，美国在战略指导上，不仅重视打垮敌人，也重视在打垮敌人之后的重建。通过“扶起”昔日的敌人，美国收获了巨大的红利。

对于国内发生的叛乱和分裂行为，美国既采取严厉的打击手段，又运用怀柔安抚的措施。1786年，丹尼尔·谢司领导农民起义，有15000余人参加。美国政府派军残酷镇压之后，将包括谢司在内的13名起义者判处死刑，但不久，法院又把对他们的判决改为终身监禁。不仅如此，佛蒙特州的州长还特赦了谢司。美国内战以后，决策者对南方的分裂集团也做出重大妥协，极力推进政治融合，在废除奴隶制同时，维护他们的利益，从而既解放了生产力，又使国家迅速走出战争的阴影，全力以赴地发展经济。内战之后，美国的经济进入新一轮快速增长，先后超过欧洲老牌帝国主义国家，成为世界上第一大经济体。在美西战争中，美国很快打垮了西班牙，夺取了其在亚洲和美洲的部分殖民地，但并没有对西班牙的本土和主力部队进行打击。其后的历史显示，美西两国并未因战争导致关系恶化，再次成为敌人。

第二次世界大战后，美国对德国和日本两大仇敌也实行两手政策。一方面对于主要战犯加以严惩，处以极刑；另一方面对于普通战犯相对宽容，使他们迅速回归社会。同时，对两国实行经济援助和政治重塑，使它们成为美国意识形态和安全的盟友。几十年来，尽管美日和美德之间矛盾不断，控制与反控制的斗争有时还十分激烈，但最后都以妥协的方式解决分歧，并没有出现分道扬镳的现象。在许多重大国际问题上，日本与德国依然比较坚定地站在美国一边。在欧洲，德国是美国军事基地最多的国家；在亚洲，日本则是美国驻军最多的国家。可以说，日、德两国已成为美国在欧洲和亚洲两大长期和稳定的战略支柱。

当然，由于资本主义的本性使然，美国也存在着严重的战略短视行为。如前文所述，美国发动朝鲜战争、越南战争，都是战略短视的表现；伊拉克战争则是美国历史上所犯的最为严重的战略错误；对中国采取遏制政策更是战略上的无知。

另外，美国解决与盟国关系的问题上，还善于运用妥协。在国际关系史上，国家之间结盟是常见的现象，但大都随着战略环境的变化很快解体。然而，第二次世界大战后，尽管国际战略环境已发生多次重大变化，但它所构建的联盟体系并未随之分崩离析，其主要原因除了利益纽带外，还有美国善于妥协的因素。正因如此，特朗普上台后提出的“美国优先”战略，使盟友们忧心忡忡。那么，美国会不会放弃联盟战略呢？答案当然是否定的，因为这不符合其长远利益。

二、为未来布棋局

战略主动是打赢战争的关键。所谓主动，就是相比于敌人而言，自己有更多的选择权。为了掌握或获得战略主动权，利用矛盾，没有矛盾也要制造矛盾，是美国常用的方法。英国对“分而治之”情有独钟，而脱胎于英国战略文化的美国，则善于在涉及国家利益的关键区域打入楔子，也就是预先布局，造成未来当事方争斗不已，自己从中渔利。

鹬蚌相争，渔翁得利。这虽然是中国的寓言，但美国也深谙其道。在走向世界强国的道路上，美国充分利用了其他大国缠斗不已所产生的战略机遇。第一任总统华盛顿提出的“孤立主义”思想，其本质就是避开与欧洲大国的争斗，着力使自己强大起来，其实就是韬光养晦。在两次世界大战中，美国并非被动卷入战争，而是刻意中立，悄然准备，等待时机。当双方都打得精疲力竭时，美国再加入其中，无论站在哪一方，都可以取得决定性的胜利。第二次世界大战后，美国杜鲁门总统曾经表示，在战争中，只有双方消耗得难以为继了，美国才会参战，轻松地摘取胜利果实。所以，在两次世界大战中，与其他大国相比，美国付出代价最小，获得的收益最大。从两次世界大战的经验中，美国清醒地认识到，若要在未来的战争中赢得主动，美国就必须在关键地区——欧亚大陆主要国家之间制造矛盾，使它们长期陷入冲突之中，不断消耗国力。

在美洲，美国根本没有对手，其他能对世界战略格局产生影响的大国都聚焦在欧亚大陆。历史上，欧亚大陆一直是大国博弈的主棋盘。美国一直利用大国的纷争，对欧亚大陆进行渗透。如果欧亚大陆国家之间没有冲突和矛盾，美国就无法对其施加影响或进行控制。防止欧亚大陆出现一个能够挑战美国国际地位的大国或国家联盟，是美国在战后确立的一个重要目标。为实现这一战略企图，美国在战后采取一系列措施进行战略布局。

首先，在欧亚大陆两端驻扎重兵。第二次世界大战后，西欧地区满目疮痍。几个老牌帝国主义国家不是战败崩溃，就是遭到严重削弱。与此形成鲜明对比的是，苏联在战争中变得强大起来，其军事实力在欧亚大陆上首屈一指。美国曾一度希望把中国作为其远东战略支柱，但由于中国发生内战，国民党政权迅速垮台，其希望落了空。不仅如此，新中国建立后，即加入以苏联为首的社会主义阵营，欧亚大陆政治的发展进一步不利美国。在美国看来，除了直接介入，欧亚大陆没有任何一支力量可与苏联相抗衡。于是，在战略力量严重失衡的情况下，美国就不得不在欧亚大陆两端保持驻军。在西端，建立北约组织，遏制苏联；在东端，则缔结一系列双边军事联盟，对抗苏联及中国。

其次，撕裂中苏同盟。中苏同盟的建立，成为美国最大的忌惮。从中苏两国结盟谈判时起，美国就力图阻止。新中国建立后不久，毛泽东主席就启程访问苏联。当获悉中苏两国在莫斯科就缔结盟约进行谈判的消息时，美国总统杜鲁门立即于1950年1月5日发表了《关于美国对台湾政策的声明》。声明指出："美国对中国的传统政策以门户开放政策为例证，要求国际上尊重中国的领土完整。这项原则最近由联合国大会在1949年12月8日通过的决议中予以重申。该决议要求一切国家不得：在中国领土内谋求势力范围或建立由外国控制的政权；在中国领土内谋求取得特别权利或特惠。"关于台湾问题，"1943年12月1日的《开罗宣言》中，美国总统、英国首相和中国'主席'曾声明，日本从中国夺去的领土如'福摩萨'应当归还中华民国。美国是1945年7月26日《波茨坦公告》的签字国。《波茨坦公告》称，《开罗宣言》的条款应予执行。日本投降时也宣布履行该宣言的规定。为了实现这两项宣言，'福摩萨'已归还给蒋委员长。过去的四年来，美国及其他盟国已承认中国对该岛行使权力。""美国对'福摩萨'或中国其他任何领土从无掠夺的野心。现在美国也无意在'福摩萨'获取特别权利或建立军事基地，也不拟使用武装部队干预其现在的局势。美国政府将不采取任何足以使美国卷入中国内部冲突的行动。"① 这份声明的意图在于向中国传递信息，即美国将尊重中国政治局势的发展，中国没有必要与苏联结盟。中苏同盟建立后，美国多次研究对策，试图加以瓦解。当中苏关系破裂，特别是苏联在边境地区陈兵百万，对中国构成严重威胁之际，美国果断地主动采取措施，派国家安全事务助理基辛格秘密访问中国，改善双方关系。

再次，在中日之间打入楔子。在东亚地区，中日是实力最大的两个国家，两国关系的走向直接决定着美国在这一地区的影响力。一旦中日两国摒弃前嫌，世代友好下去，美日同盟的政治基础就会受到动

① 梅孜主编：《美台关系重要资料选编》，时事出版社，1997年1月第1版，第69页。

摇，美国在日本驻军的理由也将不复存在。20 世纪 70 年代，当美国将冲绳列岛移交给日本时，也把原属于中国领土的钓鱼岛的行政管辖权一并交给了日本。这就使得中日两国在钓鱼岛问题上产生了争端，而且将长期存在下去。后来的历史证明，美国充分利用这一争端，不断地渔利，既消耗中日的战略资源，又使日本对美国形成严重的依赖。

钓鱼岛自古以来就是中国的领土，日本却早有觊觎之心。1885 年日本就把扩张目标指向钓鱼列岛，因清王朝反对而未果。1894 年 11 月底，甲午战争期间，日本秘密窃取了钓鱼列岛。1895 年 1 月 14 日，日本政府不等战争结束，便通过“内阁决议”，将钓鱼列岛划归冲绳所辖，建立标桩。同年 4 月 17 日，中日签署《马关条约》，日本割取台湾及其周围岛屿，正式霸占钓鱼岛，并将袭用了几百年的钓鱼岛等岛屿更名为“尖阁诸岛”，但中国历届政府均未予承认。

1943 年 12 月，中、美、英《开罗宣言》规定，“三国之宗旨，在剥夺日本自 1914 年第一次世界大战开始后在太平洋上所夺得或占领的一切岛屿，在使日本所窃取于中国之领土，如满洲、台湾、澎湖群岛等，归还中国。日本亦将被逐出其以武力或贪欲所攫取之所有土地”。1945 年的《波茨坦公告》不仅再次确认《开罗宣言》的上述规定必将实施，更明确规定“日本之主权，必将限于本州岛、北海道、九州岛、四国及吾人所决定其他小岛之内”。1945 年 8 月 15 日，日本宣布接受《波茨坦公告》，无条件投降。中国人民经过 14 年英勇的抗日战争，终于收复了台湾。至此，台湾重归中国主权管辖之下，钓鱼岛群岛在行政上归台湾省宜兰县。

第二次世界大战后，美军占领琉球。1946 年 1 月 29 日，《联合国最高司令部训令第 667 号》明确规定了日本版图的范围，即“日本的四个主要岛屿（北海道、本州岛、四国、九州岛）及包括对马诸岛、北纬 30°以南琉球诸岛的约 1000 个邻近小岛”。上述国际法文件确定的日本领土范围是明确的，其中并不包括钓鱼岛。1951 年 9 月 8 日，日美将对日作战战胜国的中国和苏联排除在外，私下达成《旧金山和约》，将北纬29°以南的南西群岛（包括琉球群岛及大东群岛）等交由美国托管。

随着冷战局面的出现，美国于1953年12月25日发出一份美国政府第27号令，即关于“琉球列岛地理界线”的布告。该布告称，“根据1951年9月8日签署的对日和约”，有必要重新指定琉球列岛的地理界线，并将当时美国政府和琉球政府管辖的区域指定为，包括北纬24°、东经122°区域内各岛、小岛、环形礁、岩礁及领海。这份布告所确定的范围将中国领土钓鱼岛囊挟其中，是美国对钓鱼岛的非法侵占。对于美日之间私下签署的没有中国人民和中国合法政府参加的所谓《旧金山和约》，中国政府1951年9月8日发表的声明中指出了其非法性。1971年6月17日，日美签署的归还冲绳协定（《关于琉球诸岛及大东诸岛的日美协定》）中宣布的日本领土范围，与1953年美国政府第27号令完全相同。这样就将钓鱼岛划入“归还区域”，并切给日本的冲绳县。日本政府据此主张该岛属于冲绳县的一部分，并将钓鱼岛及其周围海域划入日本自卫队的“防空识别圈”。

1971年10月，美国政府却又表示：“美国认为，把原从日本取得的对这些岛屿的行政权归还给日本，毫不损害有关主权的主张。美国既不能给日本增加在它们将这些岛屿行政权移交给我们之前所拥有的法律权利，也不能因为归还给日本行政权而削弱其他要求者的权利。……对此等岛屿的任何争议的要求均为当事者所应彼此解决的事项。”① 11月，美国参议院批准“归还”冲绳协定时，美国国务院发表声明，尽管美国已将该群岛的施政权交还日本，但是中日双方对群岛对抗性的主张中，美国将采取中立立场，不偏向争端中的任何一方。

对于美国将钓鱼岛私下擅自“归还”日本，中国坚决反对。1971年12月30日，中国外交部发表声明指出：“美日两国在‘归还’冲

① 参见《钓鱼岛是中国的固有领土》白皮书，中华人民共和国国务院新闻办公室2012年9月25日。

绳协定中，把我国钓鱼岛等岛屿列入‘归还区域’，完全是非法的，这丝毫不能改变中华人民共和国对钓鱼岛等岛屿的领土主权”。根据《旧金山和约》产生的“托管”和“归还”，将钓鱼岛裹挟其中，侵犯了中国的领土主权，也成为中日领土之争的根源。《旧金山和约》及其他相关规定，无权涉及和决定中国领土的归属问题，不能产生将钓鱼岛主权授予日本的法律后果。1996 年 9 月 11 日，美国政府发言人伯恩斯表示：“美国既不承认也不支持任何国家对钓鱼列岛的主权主张。”

进入新世纪以来，日本罔顾钓鱼岛属于中国的事实，抛却中日两国在钓鱼岛问题上的默契，不断触碰中国的战略底线。2012 年，日本宣布将钓鱼岛国有化，中国作出强烈反应。尽管小布什和奥巴马政府反复强调，美国在中日钓鱼岛争端中不“选边站”，但 2014 年奥巴马访问日本时却声称，《美日安保条约》的第五条适用于钓鱼岛。2017 年，美国副总统和国防部长访问日本时，也做了同样或类似的表述。日本的各种作法导致中日两国关系严重恶化，打乱了东亚国家自贸区建设和其他合作的进程，为美国深度介入东亚事务创造了条件。因此，可以说，美国在钓鱼岛问题上的作法，就是在中日之间制造难以消除的冲突种子。

第四，把台湾作为遏制中国的一枚棋子。台湾问题是美国一手造成的。国民党政权在大陆失败后，退缩到台湾。出于破坏中苏缔结同盟条约谈判的需要，1950 年 1 月 5 日，杜鲁门总统发表声明，表示不会以武力干预台湾地区的情势。也就是说，如果中国共产党政权以武力解放台湾，美国将“袖手旁观”。但他很快就改变了立场。1950 年 6 月 27 日，他命令美国第七舰队进入台湾海峡，阻止中国人民解放军解放台湾的行动，并同时发表声明，抛出了“台湾地位未定论”。1954 年，美国与蒋介石当局签订共同防御条约，并同时在台湾驻军。随着美中两国关系的改善并建交，美国断绝与台湾的外交关系，终止了与台湾的共同防御条约，撤出了在台湾的驻军。但是，美国并没有打算彻底放弃台湾，在与中国建交后不久，国会就通过了《与台湾关系法》，承诺继续向台湾出售所谓“防御性武器”，并保持与台湾的非官方关系，或明或暗地进行防务合作。

数年来，每当对中国有重大战略需求的时候，美国在台湾问题上就保持相对克制。为了争取中国加入其国际反恐阵营，小布什总统还一度把台湾地区领导人称为“麻烦制造者”。而当美国对中国战略需求降低或欲制衡中国时，就把台湾作为牵制中国的一枚棋子。在克林顿任期的最后一年，美国认为中国的崛起已对其构成挑战，遏制中国发展的喧嚣又高涨起来。于是，2000 年 2 月 1 日，美国众议院通过《加强台湾安全法》。尽管该法案最后没有在参议院通过，但它却反映了美国的真实战略意图。

从卡特到奥巴马，美国历届政府的基本政策是，既希望保留台湾这枚棋子，又不能让它牵着鼻子走。美国既不愿意看到两岸统一，又对“台独”持反对态度，从本质上说，就是维持海峡两岸“不统、不独、不武”。“台独”是破坏美国这一政策的主要因素。对于中国来说，只要台湾当局不搞“台独”，就有极大的战略耐心推动两岸和平统一。遏制“台独”，是稳定台海局势的先决条件。反对“台独”，既是中国的战略底线，也是美国得以保留台湾棋子作用的根本条件。中美两国在反对“台独”问题上尽管出发点完全不同，但对其危害性却有一定的共识。

特朗普上台后不久，美国政界和战略界就掀起了一场对华战略大辩论。2018 年 2 月 28 日，美国参议院通过《与台湾交往法》，3 月 16 日经总统签署后生效。这一法案打破了美台关系中的许多禁忌。3 月 20 日，美国国务院东亚暨太平洋事务局副助理国务卿访问台湾，违反中美间所达成的系列公报精神，也破坏了国际法准则。特朗普政府的作法，清楚地昭示了美国遏制中国的战略图谋。

最后，在中东地区支持以色列。犹太人在历史上曾建以色列国，主要地域大体上位于今天的巴勒斯坦，但在 2000 多年前就被罗马帝国灭亡了。其后，除了部分犹太人仍然居住在巴勒斯坦外，大部分人都被以奴隶的身份贩卖或流放至外地。尽管如此，犹太民族并没有消失，在世界各地生存下来，并一直保持着他们的宗教信仰。19 世纪中叶，饱受异族压迫和迫害的犹太人渴望建立自己的国家，犹太复国主义随之兴起。在复国主义思想的感召下，大批犹太人开始返回故土，来到了巴勒斯坦。这样，在巴勒斯坦地区，就存在着两大民族——阿拉伯人和犹太人。阿拉伯人反对犹太人在巴勒斯坦定居，犹太人则希望赶走阿拉伯人，在巴勒斯坦建国。于是，两大民族之间经常发生冲突。

到了 1922 年，两个民族之间的矛盾极端尖锐，国际联盟基于“犹太人与巴勒斯坦有着历史联系”和“在那个地区重建犹太家园”的考虑，将巴勒斯坦委托给英国统治，并特别责成英国“为这个国家创造各种确保建立犹太民族家园的政治、行政和经济环境”。因此，虽然英国在巴勒斯坦四分之三的土地上建立了阿拉伯外约旦国，约旦河以西的地方留作犹太人建立家园之用，但仍遭到阿拉伯人和犹太人的反对，双方暴力冲突不断，且愈演愈烈。英国既无法调解，也平息不了。1947 年，英国就把巴勒斯坦问题提交联合国。

美国充分认识到重建以色列国的价值，就策动联合国于 1947 年 11 月 29 日通过决议，决定在约旦河以西地区建立两个国家：一个是犹太国，一个是阿拉伯国。犹太人接受这个分治计划，而阿拉伯人则坚决反对。1948 年 5 月 14 日，犹太人宣布正式建国，国名为以色列。几个小时后，美国就宣布予以承认。对于以色列的成立，阿拉伯国家强烈反对，并迅速组成联军进入巴勒斯坦，第一次中东战争正式爆发。由于得到美国等西方国家的援助，以色列转败为胜，不仅守住了联合国决议中所给予的土地，而且又夺占了大片划归给阿拉伯人的土地。其后，阿以之间的矛盾不断激化，先后爆发了四次中东战争。在这些战争中，美国均站在以色列一边，向其提供军事和经济援助，导致阿拉伯国家一次又一次失利。

以色列的建立和发展，成为美国控制中东地区的一把尖刀，使阿以矛盾长期存在，而且阿拉伯国家之间分歧不止。阿拉伯国家不仅为阿以冲突消耗巨大战略资源，发生分裂，还使阿拉伯国家联盟形同虚设。

由此可见，美国通过数十年的经略，制造和利用矛盾，着力谋求在欧亚大陆及其相关重要区域——东北亚、东南亚和中东地区的战略主动权。正因为如此，当危机发生时，美国既可以直接出兵进行牵制，又能在爆发战争的情况下得到盟友的支持与援助。

三、诱对手入歧途

兵者，诡道也。在战略指导上，通过欺骗而使对手误入歧途是一种高超的技巧。战略欺骗又有纵向和横向之分。横向欺骗是指在具体的战争中，通过战略佯动，使敌人产生误判，在主攻方向或力量部署上犯错误；纵向欺骗是指在较长的历史时期内，通过释放一系列信号和虚假的行动，使对手产生误判，在国家战略资源投入和发展方向上犯错误。横向欺骗使敌人输掉一场战争或战略性战役，纵向欺骗使对手输掉国家的命运。从后果看，纵向战略欺骗的危害程度远远大于横向战略欺骗，一旦成功，就充分达到了“不战而屈人之兵”的目的。中国军事科学院李际均将军将此种战略欺骗称为“战略误导”。从战后美国的战略实践看，战略误导着实是其一大创造。[①]

所谓战略误导，就是通过长期的一系列示形造势，使对手做出错误判断，使国家的发展战略走上歧途。在李际均将军看来，战略误导带有目标明确、长期经营、全面实施，多个方向并进的特点，通过综合运用政治、经济、军事、科技与文化等手段，采取正面对抗与侧翼迂回相结合、威慑与利诱相结合，使国际竞争对手在战略判断和国家发展政策上都出现失误，以达到逐渐消耗、削弱和涣散对方，最终使其自行瓦解的目的。美国一位著名作家披露说：“撇开美国的政策来探讨苏联的崩溃，就如同侦破一起突然、意外和神秘的死亡案件时，

① 参见李际均：《军事战略思维》，长征出版社，2013 年 4 月版，第 345 页。

不追究谋杀的可能性。”苏联解体的根本原因在苏联内部，但是被美国战略误导是其解体的外部原因和沉痛教训。[①]

从战后至20世纪70年代末，美国在与苏联的较量中并没有取得什么成效。在与苏联有关联的朝鲜战争和越南战争中，美国都以失败告终。在古巴导弹危机中，如果苏联再坚持一下，美国可能就要先退却了。在军备竞赛中，美国的核优势丧失殆尽，常规武器陷入劣势。在经济发展上，美国一次又一次遭受危机，而苏联却持续发展，两者的差距不断缩小。美国的危机感日益增强，不得不另辟蹊径。于是，1980年初，里根政府正式启动了促使苏联崩溃的秘密战略。此战略的主要思想来自于斯坦福研究所战略研究中心的一项成果。1978年，斯坦福研究所战略研究中心着手研究美国对苏新战略。研究人员受中国《孙子兵法》“上兵伐谋”思想的启发，认为美国搞“报复反应”战略，其打击目标是中心城市，属于“攻城”下策。美国应该改变思路，从“攻城”转向“伐谋”。研究中心负责人福斯特等人建议美国政府把“瓦解苏联这个世界最大殖民帝国”作为“战略目标”，在手段运用上既要抓住重心，又要不失灵活。战略矛头对准“帝国结构战略重心”，即俄罗斯联邦；区别对待东欧卫星国、巴尔干诸国、高加索、亚洲部分各非俄罗斯民族，扩大离心倾向，最终分裂“苏联帝国”。

首先，诱导苏联错误配置资源。70年代后期，苏联认为美国已是日暮穷途，在全球范围内发动战略攻势。然而，苏联没有想到的是，经过10年的经略，美国已从70年代的颓势中走出。80年代初，里根政府一上台，就提出了“以实力求和平”的防务政策。1982年6月8日，里根在英国议会发表演说，声称“善的力量最终联合起来战略邪恶”。他要对共产主义进行新的“十字军东征”，扬言要把苏联和苏

---

① 参见李际均：《军事战略思维》，长征出版社，2013年4月版，第345页。

维埃制度一起扫进“历史的垃圾堆”。[①] 于是，美国提出“星球大战”计划。1983 年 3 月 23 日，里根发表关于国防开支和防务技术的电视讲话，提出一项战略防御倡议，即“星球大战计划”。他声称，战略防御倡议是减少核战争危险的途径。美国政府现在应该用防御手段，对抗苏联的导弹威胁，把战略弹道导弹拦截和摧毁在到达美国国土之前。实际上，美国当时并没有打算、也没有技术能力实现这个计划，其根本目的就是诱导苏联进行军备竞赛。结果，苏联果然走上了与美国进行军备竞赛的道路，大幅增加军费，最后，因不堪重负，经济上陷入崩溃。

其次，挑拨苏联东欧关系。第二次世界大战后，苏联利用其军队解放东欧之机，将其社会制度扩展到东欧国家，并与这些国家建立了军事联盟——华沙条约组织，把它们作为自己的卫星国。拆散苏联国家集团，是美国长久以来的梦想。早在 20 世纪 50 年代，美国国务卿杜勒斯就提出了“和平演变”社会主义国家的构想。于是，美国对东欧一些国家进行渗透，秘密向那些向往西方国家生活方式的社会团体或反对派，如波兰团结工会等，提供财政和情报支援，保证反对派运动能够在苏联帝国的中心地带生存下来。这些团体成长到一定规模时，就向政府发难，并最终导致东欧国家内部混乱，实现政权更迭，从根本上动摇苏联东欧国家关系的基础。

再次，破坏苏联经济基石。在与美国军备竞赛的过程中，苏联经济结构严重失衡，与军事相关的工业部门发展迅速，其他经济部门则缺乏活力。为了支撑军费开支和国民生活需要，苏联不得不增加石油和天然气等能源出口。因此，美国就与中东石油生产国和西欧油气消费国合作，压低苏联油气出口价格，减少苏联财政收入，使其入不敷出，经济上难以为继。到了 80 年代中期，苏联经济持续下滑，规模日益缩小。为了克服困难，苏联中央政府加重向各加盟共和国转嫁负

① 参见周桂银、葛腾飞主编：《当代国际关系史（1945—2005）》，解放军出版社，2008 年 8 月版，第 374 页。

担，造成国内矛盾尖锐。

最后，扰乱苏联决策思路。美国还采取其他手段，加剧苏联的困难。例如，增大支持阿富汗抵抗分子的力度，使苏联疲于应对；增强圣战者武装，让他们把战火扩大到苏联境内；展开秘密外交活动，限制苏联获得西方资金和技术；散布虚假的技术信息，增大苏联无效投资。通过一系列的措施，美国使苏联决策集团阵脚大乱，战略领导力严重降低。

当然，苏联的解体最主要的原因还在于内部，但美国的误导的确成为压垮它的最后一根稻草。苏联与东欧国家剧变后，美国迅速推动北约东扩，将军事力量部署到俄罗斯的欧洲邻国，极大地压缩了俄罗斯的战略空间，为其主导欧洲事务赢得了主动，更为其展开军事行动创造了优势条件。1999 年，当以美国为首的北约对南联盟实施军事打击时，竟然以“零伤亡”取得了胜利。俄罗斯即使想援助南联盟，也是心有余而力不足了。

伊朗发生革命后，美国在中东的影响力大为降低，陷入了严重的战略困境。一方面，伊朗成为美国的敌人；另一方面，受苏联支持的伊拉克在军事上成为地区强国。这是美国不愿意看到的。那么，怎样才能重新获取中东事务的主导权，同时又避免直接军事干预呢？美国绞尽脑汁，决定诱导两伊对抗。据美国前司法部长拉齐姆·克拉克披露：1980 年，在中东的美国盟友的敦促下，伊拉克的萨达姆接受了美国有关人士的建议，发动了对伊朗的战争。美国的如意算盘是：两伊相互厮杀，哪一方都不能取胜。然而，战争的发展很快就出乎美国的预料。伊朗由于使用的都是美制武器，而在美国的制裁下，武器装备缺乏配件，面临被打败的危险。为了使战争得以继续下去，美国就通过尼加拉瓜向伊朗出售武器配件，引发了“伊朗门”事件。在得到美军武器配件后，伊朗改变了战场态势，使战争陷入胶着状态，走上了美国所设定的轨道。战争持续了 8 年多，伊朗和伊拉克落得了两败俱伤的结局。

由于得到许多阿拉伯国家的支持，伊拉克虽然在战争中损失巨大，但军事力量并未受到削弱，反而有所增强。不仅如此，战后的伊拉克还在阿拉伯世界中影响力大增，引发了美国的严重不安。因此，美国决定，把伊拉克引入另一场战争。1988 年，两伊战争结束后，美国就制定了以伊拉克为作战对象的紧急战争计划，并据此进行了多次演习。此时的伊拉克萨达姆政权正在进行战后重建，根本“不会故意挑起和任何人的军事对抗。和平在现在和不久的将来对它来说最为有利”，“石油收入可以使其在经济上处于世界各国的前列……伊拉克基本上将奉行不侵略的战略”。[①] 于是，为制造一场危机，使美国的军事干预合法化，美国政府开始挑拨伊科关系，策动科威特提高石油配额，减少伊拉克石油出口收入，同时索要两伊战争时期伊拉克所欠的债务。这就动了伊拉克的“奶酪”，萨达姆决定吞并科威特。而当伊拉克在科威特边界集结军队时，美国大使格拉斯皮向萨达姆表示，“我们对阿拉伯国家之间的冲突没有意见”之后，该大使又接到国务院的电报，指示其重申美国在阿拉伯国家间的冲突中“没有立场”。1990 年 7 月 31 日，美国助理国务卿凯勒在众议院听证会上肯定了“我们没有条约义务促使我们使用美国军队”的质询。[②] 这就向伊拉克发出了最后的误导信号。两天后，伊拉克在明白无误地确信美国不会干预的情况下，入侵了科威特。然而，美国迅速作出强烈的反应，大举出兵海湾。最后，在以美国为首的多国部队的联合打击下，伊拉克战败，被迫撤出科威特。海湾战争后，伊拉克又连续多年遭到制裁，军事力量严重受损，经济发展障碍重重。2003 年，小布什政府以伊拉克拥有大规模杀伤性武器为由，悍然挑起伊拉克战争，推翻了萨达姆政权。其后，伊拉克长期陷入战乱。

由于萨达姆在涉及国家命运的重大问题上，被美国诱入歧途，不仅自己被施以绞刑，而且把伊拉克的民众也带进深渊。与此同时，美国则通过海湾战争，进一步提升了国际地位，并在其后的相当长时期

① 参见李际均著：《军事战略思维》，军事科学出版社，1998 年版。
② 李际均：“论战略文化”，《中国军事科学》1997 年第 1 期，第 14—15 页。

里保持在中东地区的军事优势。

作为一个“战斗民族”的世界性强国，苏联在长达10余年的时间里被美国牵着鼻子走，其中的原因十分耐人寻味。“历史从来没有允许过一个缺乏战略能力的国家跻身于强国之林，哪怕这个国家在经济上颇有建树。在一个现实主义的世界里，上帝不会特别眷顾一个战略上的弱者。没有战略的能力，就没有安全，也就无法赢得未来。”①战略的贫困绝对是一个大国的悲剧。只要在战略上犯了错误，且长期认识不到已经犯了错误，那么即使拥有世界上最先进的武器或毁伤性最大的武器，也不能挽救衰亡的命运。

四、重造势得先机

《孙子兵法》有云：“势者，因利而制权也。”又说：“善战人之势，如转圆石于千仞之山，势也。”所谓“势”，就是一种基于客观条件形成的能量场域和基于事物之间相互关系形成的场域方向。“势”来源于力量布局，并在各种力量交互作用下形成的一种新的“力量”，即“势”可以“造”，进而产生更大的“力”。因此，古今中外的军事家无不重视“势”和“造势”，从而赢得先机。美国对“势”和“力”的关系虽然无理论上的阐释，但在军事战略实践中却应用甚多。

美国政府在其有关国家安全、防务和军事等战略报告的文件中，对战略环境的分析占据重要地位，并在此基础上提出应对之策，而居于应对之策首位的则是对环境的塑造。1997年7月，克林顿政府发布的军事战略报告中，首次提出了“塑造”的概念。所谓“塑造”，就是运用包括军事在内的手段创造一种对美国有利的安全环境。

首先，扩展战略空间。自建国以来，美国一直在不停地扩展战略空间。一是扩大领土范围。美国在宣布独立之时，面积并不大，大约

① 周建明、张曙光：《美国安全解读》，新华出版社，2002年6月第1版，第4页。

只有80余万平方千米；1783年，英国承认其独立时，又将13个州以外的大西洋沿岸的其他地区划归美国；其后，通过购买、侵略、占领等方式不断地扩大疆域。到19世纪末，美国的领土扩大到930多万平方千米。不仅如此，它在太平洋方向获得的波多黎各、夏威夷、中途岛、关岛、威克岛、东萨摩亚为其控制太平洋地区创造了重要条件。二是建立联盟体系或防务合作网络。美国对于联盟力量的运用十分重视，第二次世界大战后已将其上升为国家战略。独立战争时，美国利用英法之间的矛盾，与法国结成实质上的联盟，赢得了战争的胜利。在两次世界大战中，美国都与他国结成联盟，打败了对手。第二次世界大战后，美国根据国家利益需要，与不同类型的国家结盟，形成了一个联盟体系。同时，在特定的军事行动中，美国还建立“自愿联盟”（Willing Allies）或“临时联盟”。为了扩大影响力，对于不愿或不便国家，美国就设法建立防务合作关系。三是在海外建立军事基地。美国在许多国家都建立了军事基地，在欧洲、中东和东北亚和太平洋诸岛上形成了基地群（详尽内容参见上一节）。

其次，推广价值观念。美国建国200余年以来，一直自我标榜是民主自由的旗手。美国宪法明确规定，自由、民主、平等和对幸福的追求是人与生俱来的不可剥夺的权利。美国在塑造战略态势之时，往往打着民主自由的旗帜，占领所谓“道德高地”。冷战时期，美国把共产主义称为“暴政”。1947年3月12日，美国总统杜鲁门在参众两院联席会议上发表咨文，攻击苏联和各国共产党人把“极权政体”强加给各国人民。① 之后的美国历届政府，在制定和实施全球战略时，都把反共产主义的意识形态贯穿始终。小布什政府认为，“20世纪自由和专制之间的伟大斗争以自由力量取得决定性胜利而告终，……世界各地的人民都希望能够享有言论自由；能够选择由谁来治理国家；能够获得信仰自由；能够让其子女接受教育；能够拥有财产；能够享

---

① 参见王绳祖主编：《国际关系史》，世界知识出版社，1995年版，第七卷，第117页。

受劳动果实。这些自由的价值观对于每个人、每个社会都能适用。保护自由不受敌人侵犯，是全世界任何一个时代所有热爱自由的人们的共同呼声。"[①] 他在第二任期开始后不久，就又提出了维护"人的尊严"新概念，强调"美国的政策就是要追求和支持每个国家和文化中的民主运动和机构，以最终消灭世界上的极权与专制"。[②] 2008 年 11 月，奥巴马在竞选总统得胜后发表的胜选感言中表示："我们国家真正的力量并非来自我们武器的威力或者财富的规模，而是来自我们理想的持久力量——民主、自由、机会和不屈的希望。"2010 年，他正式提出了"普世价值"的概念。[③] 特朗普入主白宫后发表的第一份国家安全战略报告中，继续把"美国的生活方式"作为美国的核心利益加以捍卫。

再次，采取榜样引领。美国还努力使其国家发展和运行的模式具有可复制性，成为其他国家仿效的榜样，从而按照自己的方式重建世界。美国自称为"山巅之城"和"民主灯塔"。如果它不能保持国家强盛，不能保持繁荣发展，就不可能对其他国家起到"引领"作用。因此，它千方百计地维护国家制度的稳定，坚持要做世界第一，努力进行科技创新，同时保持军事力量的强大。

最后，适时战略调整。战略扩展是一种造势，战略收缩也是一种造势。当国家力量难以支撑战略目标时，适度的退却就不可避免。20 世纪 70 年代，当美国国力下降，在与苏联争霸中处于劣势时，美国为了积聚力量，东山再起，就在全球范围内进行收缩，完成了战后以来美国最大的战略调整。通过战略调整，美国收缩了战线，经过数年的努力，又卷土重来，并最终兵不血刃地获得了冷战的胜利。由于小布什政府"反恐"战争规模过大，造成美国战略力量透支，奥巴马上台后，迅即进行调整，收缩战线，降低规模，使美国得以休养生息，

① 参见《美国国家安全战略报告》，2002 年 9 月。

② 参见《美国国家安全战略报告》，2006 年 3 月。

③ 参见《美国国家安全战略报告》，2010 年 5 月。

以治战争之伤。

总之，为了塑造对己有力的态势，美国调动各界力量。经济学家们不断地建言献策，为经济的可持续增长提供药方；金融家们操控世界市场，全力捍卫美元的霸权地位；安全与军事战略的智囊们则千方百计地进行谋划，寻求削弱他国、做强美国的良策，等等。一句话，美国通过调动战略资源，塑造对美国有利的形势，以达到领导或称霸世界的目的。

第六节　主动变革求胜

在200多年的历史中，美国已多次进行军事变革，既有倒逼式的，也有前瞻性的，其目的就是要获取或保持对其他国家的军事优势，从而能打赢战争。虽然每次改革都步履维艰，且存在着或大或小的缺陷，但美军的作战和指挥效能的确得到了较大提高，新技术也得以迅速应用，减少了在战争中败北的机率。

一、从挫折中找出路

尽管自建军以来，美国打赢了多场战争，但大多数都是靠雄厚的物资基础碾压对手，而在具体的作战行动中却常常受挫，鲜有经典战例可言。因此，几乎每一场大的战争之后，美军都要进行反思，继而着手改革。可以说，美军的改革大多是因挫折而来，带有严重的倒逼特性。

独立战争期间，大陆军因屡屡吃败仗，以至于总司令华盛顿都不敢主动进攻。战后，美国在总结经验时认为，它是依靠防御性的战略，运用"人民战争"的样式，利用特殊的地形打垮了英军。英军的优长是海上作战和陆上正规战，而大陆军主要从事的是陆上防御性游击战，对民兵的依赖严重。这种战略在今后的战争中就不适用了，因为美国要扩大边界，走向海外，需要进攻型的战略和力量。因此，美国就调整军事政策，开始大力发展海军，使其成为最重要军种。不仅如此，美国还认为，军官的素质对战争的胜败具有决定性的意义，特别是在未来的海外战争中更是如此。于是，美国政府决定仿效欧洲主要国家，建立陆军军官学校，即西点军校。

第二次美英战争中，美军在作战中暴露的问题更多，如“文官”对军队的约束过多，使其在战争行动中难以自主；出于政治方面的考虑，富有军事经验和才干的军官往往得不到重用；军政权责区分不清，后勤保障和力量运用缺乏协调；一些州民兵甚至拒绝总统调遣，不愿出境作战，致使正规军与民兵的行动严重脱节；等等。正因为如此，美军在战争中节节失利，导致首都沦陷，总统官邸被毁。之后，美国不得不调整武装力量同行政当局与国会的关系，改进指挥体制。在詹姆斯·门罗总统的领导下，陆军部长约翰·卡尔霍恩制定了一个规模宏大的全面改革计划，旨在对军队的作战行动实施集中控制。他建立的基本体制是：一个在华盛顿的陆军部长领导下的部级业务机构，一支编入各地区司令部的野战军；制定后勤保障制度和改革西点军校教学制度等。

在美西战争中，由于军种内部、相互之间以及高级指挥官同文职部长之间矛盾众多，难以进行有效的合作和协同；缺乏后勤指挥系统，食品、装备和医疗保障严重不足；预备役人员缺乏训练，军事技能极其低下；海军远洋基地极少，造成集中兵力和补给困难重重等，美国差点输掉了战争。在两次世界大战中，美国虽然最后都赢得了胜利，但付出的代价却非常巨大。第一次世界大战中，美军在战略问题上基本上没有发言权，完全听命于协约国的军队特别是英军的指挥。第二次世界大战中，美国虽然组建了统一的指挥机构，但由于战前兵力偏少，战时扩军时，既要作战又要训练，耗时费力；空中力量在第一次世界大战中作用凸显，之后制空权理论也大为盛行，美军却并未给予充分的重视，同时对装甲部队和两栖作战力量的运用也有所忽视；缺乏一支精干的情报队伍，决策失误较多，导致许多军人无谓的伤亡。根据战争中的经验教训和战后国家的战略需求，美国决定重塑国家武装力量，于1947年制定《国家安全法》。根据《国家安全法》，美国设立了国家安全委员会，以使总统的决策更加科学；成立了国家军事部，以统揽军事力量的建设与运用；成立了参谋长联席会议，以使指挥和控制更加高效；成立了中央情报局，以防止类似“珍珠港”事件的重演。由于三个军种部实权过大，国家军事部形同虚设，1949年、1958年，国会又通过了两个国家安全法修正案，建立了国防部，将三个军种部降为国防部的二级部，并剥夺了军种部长的指挥权，实现了军事力量统一指挥并将军政和军令适度分开，减少了指挥层级，明确了各级指挥机构的职能。

美军的改革是基于第二次世界大战的经验，目标是打总体战或全面战争，但战后的情况却有了很大的变化，核武器的出现、世界民众政治的觉醒、民族解放运动的兴起、大国政治集团化，使得世界大战打不起来。1986年又通过《国防部改组法》，加强了参谋长联席会议主席的地位，并将其从指挥链上移除，增加了战区司令的权限（具体内容，见第五章第二节）。面对新世纪以来国际战略态势和军事领域的新变化，美国又在酝酿新一轮军事变革。

二、在困境中抓机遇

美军从一帮乌合之众蜕变为世界一流的军队，其重要的原因之一就在于善从困境中寻求解决问题之道。由于特殊的地缘环境、特殊的民众意识和特殊的政治理念，美国在军事上多次陷入困境。然而，美国并没有沉沦下去，而是不断地进行探索，开辟出新路来。

首先，要不要建设一支常备军。美国的军事文化脱胎于英国。作为一个岛国，在航海技术有限的情况下，在相当长的时间里，英国几乎没有一支常备军。盎格鲁—萨克逊人开辟北美殖民地时，也遇到了与母国相似的情境，依靠民兵武装即可保卫家园，人们不愿意花费巨额资金维持常备军。正因为如此，独立战争一结束，联邦议会认为“和平时期的常备军队与共和政府的原则是不一致的，对于自由人民的自由权利是危险的；常备军会变成建立暴政的毁灭性工具”，[①] 就下令解散了军队，只保留了不足百人的军官与士兵。然而，现实条件的变化，使美国很快就陷入了困境：内部发生叛乱，8000 余名退役的士兵占领了费城，要求发放拖欠的军饷；谢司领导民众发动起义，号召人民为保卫独立战争成果而斗争。外部威胁严峻，英国在加拿大集结军队，准备再次使美国沦为其殖民地；西班牙和法国因为在佛罗里达和路易斯安那拥有殖民地，都反对美国向西扩张，并由此支持印第安人攻击美国。于是，重建一支强有力的军队成为各界精英的共识。特别是以华盛顿、汉密尔顿、杰斐逊等为代表的人士认为，未来战争是不可避免的，美国必须建立一支正规的武装力量。华盛顿就任总统后，便开始了军队重建。其后，由于联邦议会对军队的戒心甚重，总统对军队作用的认知也存在着差异，因而从第二次美英战争到美国内战，美军多次进行扩编和缩编。内战结束后，陆军主张要建立一支“可扩大”的常备军，增加陆军部长的权限，推行军人职业化，以避免和平时期军队人数过少，战时则紧急扩编，导致军队作战能力低下的恶性循环。这样，尽管美国早就提出了“可扩大”的常备军建设的思路，但直到此时，才真正地确立下来。

其次，总统要不要行使指挥权。内战中，北方具有绝对的优势。一是名正，在合法选举的总统领导下进行的一场维护国家统一的战争南方从事的是分裂行动；二是人多，北方拥有 2234 万人口，而南方只有 910 万人口；三是财大，全美 80% 以上的工业都在北方控制的区域内，而南方均为农业州，从经济上讲，根本无法与北方相提并论；四是兵足，动员组织了 220 多万人的军队，南方仅招募到 10 余万人的兵员；五是力强，在军事上，拥有训练有素的指挥人员和技术人员，而南方的军事人才极其匮乏。从力量对比来说，北方应该能迅速取胜，但实际的情况是，北方军队屡屡陷入困境，致使战争久拖不

① 参见［美］D·O·史密斯著：《美国军事学说》，纽约 1956 年英文版，第 16 页。

决。这种情况的出现，与军队指挥权责的不清晰有着极大的关联。按照法律，总统是武装力量总司令，但传统上却从不过问具体的指挥事宜，均由陆军部长和陆军总司令负责。在指挥权责问题上，由于边界不清，陆军部长与总司令常常争论不休；又由于高级将领的任命权在国会，他们往往拒绝执行总统的命令。这样，总统的意图难以得到贯彻。因此，在战争中，林肯决定加以改变。他先是要求国会扩大自己的权限，在得到参议院同意后可以任命将军，按照自己的意志武装军队。接着，他又改变指挥机构：使自己成为名副其实的最高统帅，全权负责；陆军部长负责兵员的征集、训练和给养；陆军总司令通过参谋部统一指挥作战行动，所有的战场司令官都要听从其调遣；设立总统军事顾问，担负总统与军方之间的联络，总司令要随时向总统及其军事顾问汇报工作，执行他们的指示。随后，北方军队的行动日渐统一，迅速取得压倒性的优势，南方军队的总司令李将军不得不向北方总司令格兰特投降。美西战争后，美国对其指挥体制再次调整，使武装部队更多地从属于总统和受总统控制，使总统成为国家军事政策的制定者而不是国会意志的执行者。

再次，要不要重点建设海军。内战结束后，美军在应向何处发展的问题上，又产生了困惑。从本土防御来说，当时的美国并没有重大的安全危险，欧洲列强的关注重心主要集中于欧洲大陆和亚洲的远东地区。在欧洲大陆，普鲁士已经崛起，正试图通过“铁”和“血”的方式实现国家的统一；沙皇俄国并不甘于克里米亚战争的失败，对奥斯曼帝国一直虎视眈眈；意大利结束了分裂割据的状态，改变了东南欧的地缘格局；奥匈帝国不顾垂垂老矣，依然对巴尔干地区怀有觊觎之心；英国既希望欧洲大陆列强之间争斗不已，又不愿意看到现状的改变；法国警惕地注视着形势的变化，防止既得利益受到侵害。在远东地区，日本正进行史上最大强度的改革，欧洲列强为争夺这一地区的主导权，展开了激烈的角逐。相比之下，几乎没有任何列强抱有染指美国的打算或行动。因此，内战结束后不久，美国海军的发展就陷入停顿，甚至一度到了几近破产的边缘。而此时的美国，西部土地开发已近完成，战略视点开始转向海外，希望从北美大陆向外扩张，以获取更多的市场、原料产地和投资场所，陆军占主导地位的思想已经不合时宜了。因此，建立一支强大的海军就成了美国诸多军界和政界人士的共同愿望。

1889—1893 年担任海军部长的本杰明·特雷西认为，海军是进攻性的，在所有的军事力量中，海军占第一位，因而提出了“海军第一”的思想。在他看来，“海洋是未来霸主的宝座，象太阳必然升起那样，我们一定要切切实实地统治海洋。”① 为此，他主张美国大力建造铁甲舰，建立以铁甲舰为骨干的太平洋和大西洋舰队。舰队的主力是战列舰，用以歼灭敌方舰队，获取制海权。在这一期间，安那波利斯海军学院院长马汉也提出了“海权论”的思想，把特雷西的观点做了进一步深入的阐述和发展。马汉的“海权论”推动了美军建设思想的重大变化，以至于西奥多·罗斯福称他为“伟大的人民公仆”，“具有第一流国务活动家的智慧”。② 在特雷西和马汉的呼吁和推动下，建立强大的海军，逐渐成了美国军政当局的共识，舆论界甚至要求政府“为建设一支比地球上任何国家都强大的海军，即使用完国库中最后一块美元也在所不惜”。③ 从海斯到哈里逊的几任总统都大力支持海军建设。

自 1880 年始，海军进入大发展时期，不仅扩大编制，建造舰艇，而且创建海军军事学院，培养人才。到美西战争爆发前，美国已完成“大海军计划”，拥有战列舰 5 艘，巡洋舰 16 艘以及一批中小型舰只，在实力上已居于世界第三的地位。④ 1901 年罗斯福登上总统宝座后，又提出了“大海军政策”，掀起了建设海军的狂热。其继任者塔夫脱

---

① ［美］阿伦·米特等：《美国军事史》，第 255 页。

② 参见［美］罗斯图诺夫：《第一次世界大战》，上海译文出版社，1981 年版，第 194 页。

③ 参见杨生茂：《美国内战与镀金时代》，人民出版社，1990 年版，第 324 页。

④ 参见［德］H. 帕姆塞尔：《世界海战简史》，海洋出版社，1980 年 1 月版，第 161 页。

在建设海军问题上，更是有过之而无不及。第一次世界大战爆发后，美国便明确地提出了要在1925年实现“与世界上任何国家所保持的最强大的海军相匹敌”的建设目标。1916年，威尔逊总统就美国扩大海军建设之事强调：“世界上没有一个舰队像美国海军那样，需要保卫那么大的区域，所以我觉得，美国应有一个超过其他国家的海军。”① 到了20世纪20年代，美国终于如愿以偿，建成了世界一流的海军。

最后，是不是继续基于全面战争进行战备。第二次世界大战后，美国于1947年制定了《国家安全法》，重塑了国家国防指挥体制，其基本的理念还是打总体战争。无论是遏制战略还是大规模报复战略，都是用以指导世界性大战。尽管20世纪50年代初，就有人提出有限战争的理论，而且肯尼迪政府也提出了既可打全面战争也可打有限战争的灵活反应战略，但在朝鲜战争和越南战争中，美国还是失败了。不仅如此，由于抱着僵化的理论和战略，对于苏联在全球范围内采取的攻势战略，美国节节败退，不得不进行战略收缩。因此，自20世纪70年代中期开始，美国开始总结经验，寻求打赢现代战争之策。经过10余年的酝酿，美国于1986年制定《国防部改组法》，将军队的指挥体制从基于指导全面战争转向有限战争，从协同作战转向联合作战。随后，在干预洪都拉斯和空袭利比亚之战中，美军小试牛刀，冷战后数场有限战争中，更是效果显著。

进入新世纪第二个10年后，美国所面临的国际战略环境又发生了巨大的变化，既有非传统安全的威胁，又有传统安全的挑战。10年的反恐战争，虽然取得一些成效，但并未从根本上扭转“越反越恐”的局面。以战区为中心的作战指挥体制，对于以应对传统大国威胁的全球范围内军事资源的调用，形成了一定的制约。如何破解这一难题，成为下一步美军改革的重心。

---

① 参见陈海宏著：《美国军事力量的崛起》，内蒙古大学出版社，1995年8月版，第203页。

三、于变革中谋发展

从200多年美国军事发展历程中可以看出，改革是其不变的主题，一部美军的成长史，就是一部改革史。正是通过不懈的改革，美军才不断地走出困境，破解难题，摆脱危机；也正是由于不断地改革，美国才有了一支打败仗比较少的世界一流军队，成为其称霸世界的四大支柱之一。①

第一，理顺军政关系。独立战争期间及其之后，美国确立了"文官治军"的原则。1787年制定的宪法中，虽然明确了军政关系，但在实际的运行中，美国军队与国会、总统之间一直存在着纠结。国会认为，强大的军队会冲击民主制度，对军队特别是陆军高度戒备，长期强调限制其规模，使其到了根本无法维护国家安全的程度。国会控制军队的手段，主要是通过预算，批准高级将领任命，以及战争法案赋予的权力，以制约军队的发展和采取的行动。总统虽然是国家武装部队总司令，但一般不插手军队的具体事务。直到在内战和美西战争时，林肯和麦金莱总统才真正行使了总司令的职权。从美西战争至第二次世界大战前，总统主要决定重大战略问题，对于军队怎么建和仗怎么打甚少过问。第二次世界大战中及战后的一段时间，由于军种矛盾突出，总统不得不在协调军种以及军种内部矛盾上投入大量的精力。为了使自己从纷繁的事务中抽出身来，罗斯福总统及其继任者杜鲁门考虑设置一个文职官员，专司军队的管理与指挥。因此，1947年，美国正式设立军事部长一职，后又于1949年改为国防部长，统一管理和指挥军队。这样，美国才厘清了军政关系。总统提出国防预算，任命各级将领，国会则行使批准权；国防部长向总统负责，对军队进行管理和发号施令；参谋长联席会议主席作为总统和国防部长的

① 强大的美军、通用的美元、引领世界话语的好莱坞大片、领先全球的高技术，被认为是美国称霸世界的四大支柱。

首席军事顾问，制定军事战略和提出军队建设的建议；各战区司令主营指挥打仗，并通过国防部长向总统报告工作。

第二，实现统一指挥。统一指挥是军队采取一切行动的命脉。根据美国的宪法，国家武装力量应统一置于总统的指挥之下。但实际的情形是，在相当长的时间里，美军在统一指挥上一直存在着严重的问题。独立战争期间，军官的任命、军费的筹措、人员的编制都由大陆会议掌握。战争结束后，这些权力由联邦议会行使。1787 年，美国通过的宪法中，虽然对总统、国会在控制和指挥军队的权限上做了规定，但由于职责不明，一些军队高级将领和州政府控制的民兵力量根本不听从总统的指挥。在第二次美英战争期间，由于一些州的民兵拒绝调遣，致使战机贻误，正规军和其他州的民兵作战行动受阻，不仅拖延了战争的时间，而且陷入了被动挨打的境地；内战中，也出现了指挥不统一，主要司令官对总统的命令置若罔闻的现象；在美西战争中，军种之间步调严重不一致，造成诸多不必要的损失；第二次世界大战期间，罗斯福总统绕过军种部长和国务卿，通过各军种参谋长组成的临时机构——参谋长联席会议来确定战争的重大问题；又由于司令官之间争执严重，人为地将太平洋战场切割成两块，使对日作战行动难以协调，增大了战争的代价；即使在国家安全法通过后，军事部长仍然不能行使统一指挥权，军种部仍然各行其是。首任军事部长詹姆斯·福莱斯特尔不堪其烦，得了抑郁症，最后跳楼而亡。[①] 之后，美国不得不修订国家安全法，使陆海空三个军种部成为国防部的二级部，解决了统一指挥问题。20 世纪 50 年代初就任总统的艾森豪威尔，曾是二战中美军驻欧洲的统帅，对统一指挥问题有着更加清醒的认识。他身为武装部队总司令，认为统一指挥应放在第一位，为实现这一目标做了极大的努力，但仍未完全改变军队统一指挥面

① 关于福莱斯特的死因，尚有其他说法。在任军事部长前，他曾是海军部长，1947 年 7 月，他在罗斯 威尔发现了坠落的不明飞行物，有人认为他是由此而得了精神病。

临的痼疾。

第三，创新战略理论。美国虽然是一个奉行实用主义的国家，但对于战略理论的创新也不乏重视。正如恩格斯所指出的那样：“每一时代的理论思维，都是一种历史的产物，在不同的时代具有非常不同的形式，并因而具有非常不同的内容。”① 美国建立初期，华盛顿就提出了“孤立主义”原则，其实它也是一种战略理论。这一理论指导了美国100多年的战略实践，即使到了今天，在美国也有着较大的影响力；随着扩张战略的需要，马汉又提出了“海权”论，其不仅推动了美国的军事战略转型，着力发展海军，而且深刻地改变了世界。第二次世界大战后，美国的战略界为国家的未来竞相出谋划策，涌现出各种战略理论，如遏制战略理论、边缘地带战略理论、威慑战略理论、联盟战略理论、竞争战略理论、核战略理论、常规战略理论、和平演变战略理论、信息战略理论、先发制人战略理论等。这些战略理论，许多都是美国首创或有创新性发展的，体现出鲜明的民族特性和时代性，霸权心态和强权逻辑较为突出，反映了理想主义与现实主义的矛盾斗争，展示了基础理论和应用理论的交相促进，阐释了国家利益观、安全观、战争观的变迁特点，对其他国家战略理论的发展起了较大先导作用。

第四，完善力量结构。独立战争后，联邦议会解散大陆军，使民兵成为国家的主要武装力量。随后的情况表明，仅依靠民兵是远远不够的，还需要一支正规军，因而1787年的宪法规定了正规军和民兵两级武装力量体制。正规军由中央政府控制，民兵则由各州政府指挥。在正规军方面，陆军曾长期占据主导地位，海军则在19世纪末迅速发展，逐步与陆军并驾齐驱。1824年，美国将保卫波士顿的民兵改为国民警卫队，后由于各州都建立了民兵组织，1903年国会又通过法律，正式将各州的民兵组织组合在一起，建立了具有现代意义的国民警卫队。根据第一次世界大战中的经验，1920年国会通过新的

① 《马克思恩格斯选集》（第4卷），人民出版社，1995年版，第284页。

《国防法》，规定美国的军队由三部分组成，即职业正规军、半职业的国民警卫队和有组织的平民预备队。1915 年，威尔逊总统签署法令，将财政部下属的各执法、管理、搜救队合并为一支海上执法、安全力量，并命名为海岸警卫队。第二次世界大战后，航空兵广泛应用，美国又建立了独立的空军，同时，陆、海军继续保留航空兵建制。这样，陆军、海军、空军、海军陆战队和海岸警卫队就成了美国现役武装力量的组成部分。

第五，致力联合作战。所谓联合作战，就是由两个或两个以上军种部队及其他参战力量，在统一指挥下在多域和多维空间共同实施的作战行动。自建军以来，美国军种之间各自为战，形成不了合力，不仅造成资源的巨大浪费，而且导致生命的无端损失。为解决这一难题，美西战争后，美军就进行了联合作战的探索。1903 年，美国设立陆、海军“联合委员会”，但因为没有指挥权，基本上形同虚设。第一次世界大战期间，“联合委员会”没有发挥任何作用。第二次世界大战期间，罗斯福和丘吉尔在大西洋会晤时达成协议，决定成立美英联合参谋部，协调两国军队的共同作战问题。1942 年 2 月，美国成立了参谋长联席会议，旨在协调各个战场美军作战问题。参谋长联席会议以“一致同意”为原则，军种之间无法实现联合作战。1947 年、1949 年和 1958 年，美国先后通过了国家安全法及其两个修正案，确立了国防部的权威，剥夺了军种部的指挥权，才使得美军在联合作战上迈出关键的一步。后又经多年的摸索，1986 年，美国通过《国防部改组法》，使美军真正地走上了联合作战之路。20 世纪 90 年代末到本世纪初，克林顿和小布什两届政府大力推动军事转型，出台了一系列联合作战的指导性文件，从指挥体制和理论构建两个方面，为美国联合作战提供了有力的支撑和保障。当然，由于各方面因素的制约，美军在联合作战问题上仍有许多瓶颈需要突破。

第六，改革教育训练。华盛顿是大陆军的统帅，深知训练有素的军人对于打赢战争是何等的重要。他在《关于和平时期军队建设的意见》中所提出的关键内容之一，就是建立军事院校，以便研究战争、研究军事、培养军事人才。他强调："战争的艺术是综合性的，也是复杂的，需要事先进行研究，掌握这种知识并使其提高和完善，这对一个国家的安全十分重要。"① 他要求国会批准建立一所军校，但未获批准。其继任者杰斐逊也认为，通过教育可培养明智而有教养的军官。他推动国会通过法案，于1802年建立了西点军校，从而奠定了美国军事教育的基础。其后的200多年里，美国的军事教育逐步完善起来，一方面建立了完备的军校教育体系，另一方面健全了军官职业教育体系。西点军校建立后，19世纪20—40年代，美军又建立了一批兵种院校，1824年门罗堡炮兵学校和诺维奇大学（培训民兵军官）成立，1845年，塞文堡海军学校成立，1851年又升格为海军学院。60—80年代，又一批中级军事院校，如应用工程学院、通讯学校、步兵和骑兵应用学院、勤务与参谋学院、陆军医学院等，相继建立。19世纪末20世纪初，美军根据自身的需要，又创建了一批层次不等的院校，如陆军学院、陆军作战学院、通用参谋及兵种学院、赖利堡骑兵学校、门罗堡海岸炮兵学校、华盛顿工兵学校和卫生学校、野战勤务函授学校、水下防卫学校、野战炮兵及射击学校等。20世纪20年代，美军又兴建了利文沃斯堡指挥和参谋学院、陆军后勤学院、陆军战争学院。第二次世界大战期间，美军又新建了装甲兵学校、反坦克炮兵学校和高射炮兵学校。第二次世界大战后，美国对军校体系进行调整，1976年组建了国防大学，形成了初、中、高三级教育体系。目前，美军院校约为120所，国防大学、陆军学院、陆军战争学院、海军学院、海军战争学院、空军学院、空军战争学院等院校为骨干，其余则为兵种指挥或初中级专业技术院校。美军在办好院校教育的同时，还重视军人的职业教育。内战之后，美军职业教育开始起步，经过两次世界大战的洗礼，美国对职业教育有了更加深刻的认识。因此，第二次世界大战后，美国根据战争的经验和现实的需求，对原有的院校进行合并整改，使军人的职业教育进一步深化。现今，专业化

① 参见《华盛顿选集》，商务印书馆，1983年版，第331页。

已成为美国训练与作战的突出特点。

第七，加强军事科研。邓小平指出：“科学技术是第一生产力。”美国人在实践中一直高度重视科技创新，并把最先进的成果应用于军事领域，这就是美军之所以不断走向强大的重要原因之一。电报、电话、汽车、飞机都是美国发明的，也是率先被美国用于军事领域的。20世纪初，美军就装备了世界上最先进的自动步枪、手枪；采用了液压气动复进装置的后膛式火炮；研制成功炮兵用光学瞄准装置、高爆炮弹、能击穿300毫米厚钢板的穿甲弹。从装备上说，美军已达到世界一流的水平。两次世界大战期间，美国成功地制造了航母，改进了作战飞机，攻克潜艇远洋作战的难题。第二次世界大战开始时，尽管美国已拥有最先进的技术，但在原子裂变、喷气推进和火箭等军事科技方面却逊于德国，在雷达、电子仪器方面也赶不上英国。为改变这种情况，美国迅速成立军事科研领导小组，建立“国防研究委员会”。1941年6月，罗斯福下令设立科学研究与发展局，采取各种优惠政策，使大学和科研机构的实验室转而研究关键性的军事课题。随后一大批先进成果被研发出来，如潜水用温探仪和水下声纳、尖端雷达、先进轰炸机、无线高频测向仪、高频无线电设施等，其中最为重要的成果就是成功研制了原子弹。美国还运用新技术，研制和改进了多种武器装备，如能击穿德国任何坦克的穿甲弹、世界上最先进的加伦德步枪、越野卡车、吉普车、装甲运兵车、燃烧弹、凝固汽油弹、无后坐力炮、聚能炸药、野战输油管等。第二次世界大战后，美国虽然已成为世界超级大国，但在军事科研方面从未掉以轻心，国防部成立先进研究项目局、国防创新顾问委员会，引领和指导军事科研工作。指挥自动化平台、远程战略轰炸机、隐形战斗机、航空母舰、无人机、网络空间技术、空间一体机技术等，依然走在世界的前列。

第八，提升后勤效率。中国有句俗语，叫“兵马未动，粮草先行”。其核心思想就是后勤保障工作对于打赢战争起着决定性的作用。军队后勤工作主要包括两个方面的内容：一是筹措足够的资源；二是进行高效的投送。无论是筹措和投送资源，都是复杂而艰难的工作，既需要周密计划，更需要有力组织。早在独立战争时期，华盛顿就认识到后勤保障的重要性。他曾经感叹，因为后勤困难，“我军不止一次在有利时机不得不推迟进军的时间。”① 于是，他建议大陆会议改革后勤机构，成立军需部和军粮部，把军需、粮食、医务统管起来。第二次美英战争中，重建的美军在后勤保障上困难重重，不仅战场物品供应不足，而且质量较差，严重影响了士气和战斗力。内战期间，北方由于军队规模宏大，作战地域辽阔，便建立了庞大的后勤补给系统，成立了专门的指挥机构，建立联邦、州和平民三级地方后勤供应体系，建设大型军需仓库，仓库下设兵站，建立三级运输体系，并把铁路置于军队的控制之下。由于后勤保障有力，北方军队才取得了最后的胜利。第一次世界大战期间，美国在汲取内战后勤供应经验的基础上，进一步优化后勤保障体系。先是成立行之有效的指挥机构——军需品总局（后被战时产业局代替），建立军需部队，任命负责全军后勤供应的主任，统一陆军的供应指挥体系。接着，细化各部门职责，从物资采购、储藏、运输到分发，从设施修建、账务管理到医疗卫生，从本土到欧洲战场实施无缝对接。美国所建立的如此庞大、复杂的后勤供应体系可谓是世界战争史上的奇观，因而有人说，美军在这次战争中的胜利，其实是“后勤供应的胜利”。② 第二次世界大战中，美国派遣海外的部队更多，数百万军人在世界不同的地域作战，后勤保障面临巨大的挑战。尽管战前就做了较多的准备，但当美国投入战争时，才发现按照一战时制定的计划远不能满足需要，必须进行改变。于是，美国改组了后勤指挥体系，成立陆军后勤部队，统一全军的物资供应，同时建立全球后勤供应体系，主要包括：在冰岛和格陵兰建立海空基地；开辟了穿越大西洋的海上航线，向英国、苏联和中国运送军需物品；成立空运司令部，负责把物资、人员运给世界各

---

① 参见陈海宏著：《美国军事力量的崛起》，内蒙古大学出版社，1995 年 8 月版，第 47 页。

② 参见陈海宏著：《美国军事力量的崛起》，内蒙古大学出版社，1995 年 8 月版，第 210 页。

地的美军。不仅如此，美国还在太平洋、大西洋建立数百个基地，在海上进行舰对舰补给。巨大的生产能力、庞大的运输能力、严密的计划能力、周密的组织能力，使美军及其盟友的作战物资需求得到了充分的保障，为赢得战争立下汗马功劳。第二次世界大战后，美军的作战更具全球性，因而在后勤供应上更加重视，并聚焦在兵力投送上。尽管美国在朝鲜战争和越南战争中失败了，但绝不是后勤供应所导致。20 世纪 80 年代，美国军方认为，在未来的战争中，物资消耗将比第二次世界大战增加数倍，也比朝鲜战争和越南战争高出许多，对武器弹药和其他物资的运输提出了更高的要求。于是，1987 年，美军正式设立运输司令部。在不久后的海湾战争中，运输司令部的作用得到充分的显现。为了既能应战争不时之需，又能避免采购上的浪费，海湾战争之后，美国在其认为存在战争危险的地区进行作战物资预置，同时又提出了“聚焦后勤”的概念。

第九，注重风险管理。风险管理是 20 世纪 80 年代兴盛起来的。国防部是美军的指挥和管理机构。军事力量的建设，既要考虑现实需求，又要着眼未来发展，既要考虑安全需求，又要立足客观条件，因而保持长期的合理与平衡就成了国防部的重要职责。风险管理是美国国防部防务新思维的重中之重，其目标是要在这一有着复杂运作机制的庞大机构中，建立一个管理框架来统筹应对不同“风险根源因素”，即那些可能破坏国防部实现“防务政策目标能力”的问题和因素。①美国国防部认为，通过《四年防务评估报告》的引导，军事转型可以在战略和军力结构之间、在目前需求和将来需求之间保持平衡，从而减少风险。②减少风险的途径不是增加额外的军力结构，而是要靠对能力、作战方案和组织规划上的重审与调整来实现。③

① 《美国国防部长致总统和国会的年度报告》（2002 年 8 月 15 日），黄柏富前引书（下册），第 450 页。

② 同上，第 432—433 页。

③ 《美国国防部四年防务评估报告》（2001 年 9 月 30 日），黄柏富前引书（上册），第 83—84 页。

“风险管理”的重点，是准确地权衡为未来做准备和应付眼前危机两者的轻重缓急，防止顾此失彼。从整体上看，为了实现目标与资源、需要与可能、现实和将来以及各种风险之间的平衡，达到最大限度地提高美国军事能力和减少风险的目的，要对军队管理（招募、训练、装备、战备）、军事行动、未来挑战和国防体制等4个方面存在的风险进行总体评估和控制。

美国国防部认为，对于上述4个方面的风险，不能进行单独的评估和管理，因为其中某一领域近期风险的增加，很可能影响其他领域。要在4个方面的风险中根据战略的需要保持平衡，并随时间的推移而作必要的调整。①这种管理方式，实为一种从战略的高度，对上述4方面风险之间异常复杂的互动关系所进行的统筹和动态管理。

第十，重视依法变革。为避免改革的随意性，美国一直采取立法先行，以法授权的方式。除了战争时期外，有关军事机构的调整、权限的分配、人员数量、费用开支的变化等，都要依法进行。在美国法典中，有关军事变革的法案众多，如和平时期军队建设法、国防法、国家安全法、国防部改组法、选征兵役制法、士兵权利法、两洋舰队法、国防授权法以及各种修正案等。仅在第二次世界大战后，为了建立联合作战指挥体制的合理性和合法性，美国国会就通过了一系列法案。如1947年《国家安全法》规定建立国防部和参谋长联席会议，后来又通过1949年《国家安全法》、1958年《国防部改组法》和1986年《戈德华特—尼科尔斯国防部改组法》以及1992年《国防授权法》，对国防部和参联会的组织机构进行改革与完善。美军相关作战条令中对联合作战指挥机构各部门的职权作了明确规定。例如，联合作战指挥机构的组成要具有高度合成的性质，美军参联会联合参谋部成员中陆海空军各占大约1/3，而且联合作战指挥机构按职能而不是按军种编组。“在某种意义上可以说，是美国政府通过立法，改变

① 《美国国防部四年防务评估报告》（2001年9月30日），黄柏富前引书（上册），第88页。

了美军的作战方式。”[①] 美国前参联会副主席、海军上将威廉·欧文斯指出：《戈德华特－尼科尔斯国防部改组法》规定今后美国对付所有的冲突、甚至突发事件都必须进行联合作战。该法有一些要求必须照办的措词严厉的条文，不进行联合作战就是违犯法律。[②]

第十一，采取渐进方式。军队是国家政权的支柱、安全稳定的基石，这是美国开国元勋们从大陆军解散后国家所遭遇的混乱中得出的结论。时代是发展的，军队建设与运用的方式也是变化的，因而改革是不可避免的。但是，任何一种改革，都不仅体现现实的需求，更要具有深邃的战略视野，即要保持军队的稳定性和可持续性，因而军事改革必须以渐进的方式进行，否则会对战斗力造成不利甚至是破坏性影响。曾任陆军军事学院院长的罗伯特·斯格尔思指出，“如果过分快速地变革军队编制，结果只能是获得不成熟或不合适的能力，可能威胁所有作战部队所依靠的军事理论和组织原则，在没有提高部队战斗力的情况下，搞乱了部队的编制。而过慢的改革会完全错过这场军事革命。”[③] 前国防部长切尼认为，“美国过去从未能够合理地裁减部队，第二次世界大战后，我们没有做好，结果仅过 5 年我们就感到对朝鲜战争缺少准备。越南战争之后，我们的裁减工作草率蛮干，结果到 70 年代末期，美军已有名无实。这些错误代价惨重，我们决心不再重蹈覆辙。”[④] 1997 年 8 月发表的军事战略报告强调：“美国武装部队面临的最具根本性的挑战在于，既要塑造当前和近期安全环境并对各种危机作出反应，同时又必须对未来挑战做好准备。美军在任何一天都在全球范围内保持参与，因此必须通过渐进的方式实现《2010 年联合构想》所阐述的能力的革命性转变。”从 200 多年美国军事变

① ［美］罗伯特·伦哈德：《信息时代的城市战》，军事科学院世界军事研究部：《世界军事参考》，2003 年第 53 期。

② 陈伯江：《美国高级将领与著名学者访谈录：大洋彼岸的军事革命》，第 21 页。

③ 罗伯特·斯格尔思前引书，第 130—133 页。

④ 军事科学院外国军事研究部、中国国防科技信息中心译：《海湾战争——美国国防部致国会的最后报告》，第 15 页。

革的历程看，总体上呈现出渐进的、不断修正调整的螺旋上升的特点。

第十二，着眼持续发展。由于战争中唯一可确定的是不确定性，难以事先制定万全之策，因此军事组织应将意外当作常态，而且平时必须容忍因创新而造成的失败。所以，美国在推进军事改革的进程中，尽可能地使军队保持弹性，既要使其行动范围有清晰的界限，又要使其不陷入僵化的泥潭，具备适应意外、把握机会和在挫败中生存的能力。要做到这一点，就要保持军队建设政策的连续性，使其具有可持续发展的能力。

以裁军为例。冷战后，由于所面临的安全环境发生了变化，美军的规模必须缩减。1991 年 2 月海湾战争期间，美国政府宣布了裁军计划。其裁军幅度是陆军 33%，海军陆战队 22%，海军航母 8%，舰载机联队 15%，舰船 18%，战术空军联队 35%；战略武器中，削减陆基战略导弹 45%，潜射战略导弹 29%，战略轰炸机 21%；削减国民警卫队 40%。①在军队总体员额方面，布什政府提出的 1991 年至 1995 年裁军计划要求美军削减 25% 的现役兵力，保持在 160 万左右。同时关闭一大批军事基地，削减武器采购量，并停止约 100 项武器发展计划。克林顿执政后，在 1993 年至 1997 年期间把美军现役部队总兵力由 170 万人减至 145 万人，预备役部队人员由 105 万人减至 90 万人，计划至 2003 年将美军现役部队人数减至 142 万，预备役部队人员减至 89 万，文职人员减至 72 万。至 1997 年，美军压缩兵员的大幅度调整基本完成，开始进入微调阶段。1997 年发表的《四年防务评估报告》建议于 2003 年将美军现役部队人数减至 136 万人，预备役部队减至 83 万人，文职人员减至 64 万人。时任参联会主席沙利卡什维利认为，《四年防务评估报告》中所建议的军事力量结构和国防计划，是以最为广泛的研究为基础的专业判断，它是执行目前军事战略所需

① Colin Powell, Report to Budgetary Committee of the House of Representatives, Sept. 1991.

的最低限度力量，若进一步削减作战部队，就必须对战略进行修正。”此后，从小布什到特朗普四任政府大体上保持了一致的军队建设方针，使军事力量的调整逐步深化而不受政府更迭的干扰，将其规模维持在140万人上下。在美国军政当局看来，美军保持这一规模，既能满足现实的战略需要，又保持了可持续的发展能力。

最后需要说明的是，如果说第二次世界大战前，美军的改革带有强烈的局部性特征的话，那么在战后就十分重视顶层设计了。也就是说，为了提高效益，获取军事力量的质量优势，从系统的角度论证和推进自上而下的改革，人员素质、战备水平、理论发展、体制编制调整等一体考虑，形成一个整体系统。美国所进行的联合作战指挥体制的改革充分地体现这一作法。首先在国家最高军事部门建立联合作战指挥机构，其代表进入国家最高决策层，使国家最高指挥当局了解联合作战的现状与需求，并授予必要的财权、人事权和指挥权。顶层联合作战指挥机构有了财权、人事权和指挥权后，就可根据联合作战的实际需要，充分利用手中的权力和拥有的资源，去从事联合作战及相关问题的研究，去组织和实施联合作战。①

总之，在200多年的时间里，改革是美国军事战略制定和实施的重大主题。通过改革，美国军事力量的发展指向更清，持续性更强，运用效率更高，联合作战更实。

① 樊高月：“美军联合作战指挥机构及其运作”、“外军联合作战指挥体制的特点与发展趋势”，《外国军事学术》，2003年第3期。

结语　美国军事战略制定与运用的启示

美国建立之初，只有13个州，面积仅约90万平方千米，但经过200余年的经略，国土面积已达930余万平方千米，影响力覆盖全球，最终实现了法国哲学家亚历克西·德·托克维尔在19世纪中叶所做的预言，成为21世纪世界上独一无二的最强国家。[①] 这种情况的出现，既有天时，亦是人谋。从天时上说，独特的地理位置，优厚的资源条件，勤奋的劳动大众，列强的无暇顾及，缺一不可；从人谋上说，在治国理政的方略中，军事力量建设与运用，功不可没，尽管在军事战略运用上存在着诸多缺陷，但也不乏予人启迪之点。

一、聚焦未来战争

从独立战争到朝鲜战争，美国军事力量建设与运用都是着眼于现实战争，平时保持规模较小的常备军队，战时则大力扩充，往往带有应急的性质。朝鲜战争结束后，美国在总结失败教训时认识到，在不清楚作战对手和作战条件的情况下贸然投入战争，是危险的，也是不可能成功的。艾森豪威尔政府的国务卿杜勒斯就指出，今后美国要以自己选择的时间、地点和方式与敌人进行作战，而不是相反。于是，美国就开始探索以自己的构想来进行未来战争，有限战争、逐步升级

① 参见［法］阿历克西·德·托克维尔：《论美国的民主》（下），商务印书馆，1989年1月版。

等概念粉墨登场。由于朝鲜战争的阴影尚在，艾森豪威尔政府虽然长期推行战争边缘政策（brink of war policy），但并没有付诸实践。

肯尼迪上台后，着手把杜勒斯的理念转化为行动，运用“逐步升级”的方式在越南进行有限战争。从结局看，美军虽然在整体上输掉了战争，却从未在团规模以上的战役或战斗中失利。越南战争后，美国深入地检讨了战争指导的错误，继续加强未来战争的设计，推动军事变革。在1984年格林纳达战争和1986空袭利比亚行动中，美军运用变革成果，初露锋芒，在海湾战争中，更是大显身手。

美军2010和2020作战构想，分别制定于20世纪90年代中期和本世纪初，对未来20年的战争做出规划，具有很强的前瞻性。其后的三场局部战争和“沙漠之狐”“奥德赛黎明”行动中，美国基本上实现了“以自己选择的时间、地点和方式与敌人进行作战”的初衷。科索沃战争按照美军设定的路线图展开，阿富汗反恐战争亦然，伊拉克战争更是与美军的预想相差无几。2018年初，美国在其发布的《国防战略》报告中，对于美军将来可能遂行的战争并如何建设作战力量又提出了明确的思路。

二、紧贴安全需求

军事战略是为国家安全服务的，必须与国家安全需求相适应，如果对国家安全的需求没有正确的认知，军事力量建设与运用就会误入歧途。建国200多年来，美国在军事战略的制定和运用上，着重强调以国家安全需要为准绳，既能应对现实威胁，又能迎接未来挑战，既能维护国家稳定，又能处置国际冲突。尽管统一指挥是打赢战争的关键，但美国却始终对于建立一个“总参谋部”的军方机构持拒绝态度，而是另辟路径，目的就是既要防止强势的军方干扰和颠覆“相互制衡”“民主自由”的国家制度，同时又能在应对外部威胁上实现有限度的“统一指挥”。正由于如此，在第一次世界大战前，当世界上主要国家都在军方的推动下，变成“战车”的时候，美国依然能

“独善其身”。1929 年至 1933 年的经济危机，一些资本主义大国先后走上了军国主义道路，企图以战争的方式转嫁危机，德国、日本先后成为欧亚两洲的战争策源地，其他国家也强力备战，而唯有美国依靠自身的力量，从经济危机中走了出来，最后虽然也加入了反法西斯战争的行列，却不是因为国家军事体制所使然。

当然，美国在追求国家安全时，由于扩张野心膨胀，难免犯了许多严重的错误。第二次世界大战后，为了推行霸权战略，美国保持了规模过大的军队，增大了消耗；20 世纪 50 年代初，美国认为朝鲜半岛的冲突危害了其国家“核心利益”，便不分青红皂白地直接介入；60 年代初又认为中南半岛事态的发展破坏了遏制战略的推行，又挑起越南战争。这两场战争都是由战略野心扩大所引发，导致了严重的后果。到了 70 年代，美国终于到了难以为继的程度，不得不进行战略收缩。为了防止类似的情况重演，美国不得不于 1973 年通过《战争权力法》，以限制总统擅用军事力量的权力；1986 年又制定《国防部改组法》，要求总统向国会提交国家安全战略报告，使军事战略与安全战略实现有机对接。

但是，美国在战略上是“健忘”的国家。“9·11”事件后，它又在全球范围内进行长达十余年的反恐战争，造成综合实力下降，国际信誉受损，其主导的世界秩序面临崩溃危险的“后遗症”，伊拉克战争更被认为是美国历史上所犯的最大战略性错误。奥巴马上台，迅速予以纠正，再次实施二战以来最大规模的战略收缩，为美国“恢复元气”进行输血。特朗普入主白宫后，提出了“美国优先”的战略构想，大力发展军备，其实就是“拒绝衰落”之举，反映了美国对当下世界“悲观的、前途暗淡的且大不利于美国的场景”的认知。[①] 从历史的角度看，特朗普政府所推行的带有进攻性特征的军事战略，很难达到其预期的目标。

---

① 参见葛汉文：“‘拒绝衰落’与美国‘要塞化’：特朗普大战略”，《国际安全研究》，2018 年第 3 期。

无论是20世纪70年代还是本世纪第一个10年行将结束时实施的战略收缩，都是由于美国超越国家安全需求，在国际上过度扩张权力所造成的结果。幸亏美国是一个地大物博、动员能力极强的国家，否则早就退出世界舞台中心了。尽管在战略上曾犯下这样或那样的重大错误，但在涉及国家安全的根本问题上，美国还是保持着相对清醒的头脑，无论是从国家安全战略的层面，还是从军事战略的制定和推行上看，基本上没有犯过颠覆性的错误。

三、防止战略透支

所谓“战略透支”就是一个国家所追求的战略目标超越了能力需求，导致目标与手段的脱节，出现力不从心的困境，甚至引起全面溃败。美国在成长为大国的进程中，始终坚持牢牢地把军队置于政府的控制之下，其目的就是要杜绝由于军事力量的不当发展与运用，造成国家战略透支，带来不可收拾的局面，但在实践中，又往往走向偏颇，不得不进行纠正。

打仗是军人的职责，荣誉感又是军人的本能，有血性是许多国家对军人的基本要求。当军队发展到一定程度时，往往会产生冒险企图，促使或绑架政治当局以武力推行国家政策。世界历史上许多大帝国都是在战争中成长，后又在战火中灭亡的，基本上没有“浴火重生，凤凰涅槃”的机会。美国的奠基者充分汲取了历史的营养，在设计国家的军事制度时，就做了比较深远的考虑。其后的统治当局，虽然也有一些激进者，但囿于制度的约束，难以走远。在和平时期，美国仅保持一支规模有限的武装力量，在战争时期，则举全国之力，以打赢战争。

尽管在过去的200多年中，美国在海外用兵最多，但除了两次世界大战外，规模都十分有限，所付出的代价大体上处于可承受范围之内。在与大国之外的国家进行的战争中，得胜之时，不无限扩大战果，失败之时，不奉行“打到底”的做法，而是寻求退出途径。在海湾战争中，美国依靠当时的力量，完全可以不大费力地颠覆伊拉克政权，但却没有那样做，而是主动停火，因为其战争的目的就是把科威特解放出来，以增强自身的国际地位，实现主导中东事务的企图。在朝鲜战争和越南战争中，美国虽然失败了，但也都没有到打不下去的程度才停止。美国这样做的目的，当然有自己的逻辑，那就是避免国家战略透支。

美西战争后，美国从西班牙手中夺取了古巴、菲律宾、波多黎各等，但不久就让古巴和菲律宾独立，即使到了今天，在波多黎各多次要求加入美国的情况下，美国国会也未予批准。其后，美国虽然在海外打了多场战争，且大都以胜利告终，但并未占领他国领土，也没有垄断战败国的资源。美国这样做，并不意味着它不贪婪，而是深知这将使其背上沉重的包袱，造成深刻的政治和民族矛盾，为未来纷争留下隐患。尽管如此，美国在透支军事力量方面有时仍然执迷不悟。

四、保持选择弹性

战略的本质在于获取和掌握主动权，如果一支军队失去了主动权，它就只能被动挨打，甚至陷入灭亡的危险。为了获得主动权，战略手段的运用就必须灵活多变，富有弹性，既要坚决斗争，又要适度妥协。艾森豪威尔政府的大规模报复战略过于极端，严重地束缚了自己的手脚，造成美国不能打仗。肯尼迪政府在制定军事战略时，就做了重大的改变，却又由于“灵活”过度，导致美国打不赢仗。为了解决既能打仗，又能打赢的问题，从尼克松政府开始，美国开始寻求新的方法，扩大了战略弹性。里根上台后，为了扭转70年代与苏联争霸的不利态势，提出了新灵活反应战略，综合运用政治、经济、外交、军事、科技、文化等手段，公开的、秘密的斗争全面展开，使苏联看不清美国的意图，难以采取正确的对策。当美国发现纵向“逐步升级”战略难以奏效时，就采用“横向升级”的方法，置苏联于处处被动的状态。

克林顿政府时期的“灵活地选择性参与”以及随后调整为“塑造、准备、反应”战略都充分地体现了灵活性。在和平时期，美军要参与政府塑造世界战略态势的任务，使自己处于主动地位，一旦国家核心或重大利益面临危机时，对于打不打、如何打、打到什么程度了然于胸，从而掌握主动权。小布什政府在军队建设上强调要从“基于威胁”转向“基于能力”，其实也是一种灵活运用军事力量服务国家政策目标的体现。

对于世界上可能危及美国国家安全的重大矛盾或冲突，美国也不采取“一刀切”的方式加以解决，而是根据其不同的性质，采取不同的方法。在对待台湾问题上，无论是《与台湾关系法》中所规定的防务合作，还是后来提出的“模糊战略”，其实都是着眼于手段选择的灵活性。在处置朝核问题和伊核问题上，美国不止一次地表示，各种选项都已“放在桌子上”，将根据情势的变化，保持灵活的战略选择。在与盟国缔结的安全和军事条约中，其中最为关键的“第五条”，也留下了弹性运用的空间。

五、注重协调用力

集中优势兵力，各个歼灭敌人是一项重要战争指导原则。然而，随着时代条件发展和战争形态的变化，国家之间的战争不再仅限于军事力量之间的较量，而是扩展到各种力量之间的综合较量，必要时，还要运用盟友的资源。因此，如何实现国家内部各机构之间以及本国与盟友之间力量的协调就变得尤其重要。

美国在其国家安全和军事战略中，都把国内跨机构合作和国际联盟力量之间的协调作为重要考量。第二次世界大战后，美国所参与或主导的所有战争中，一直把联盟战略贯穿始终，既重视传统联盟，又在必要时组建临时性的“自愿联盟”（willing alliance）。在海湾战争中，美国运用其高效的指挥自动化系统，把参战的 38 个国家的部队协调运用起来，很快击垮了伊拉克。在美国所发表的国家安全战略、国防战略和军事战略报告中，无不要求实现与盟友的有机联合，遂行战争行动。在伊拉克战争中，由于一些北约盟友反对美国的作法，美国就采用组建“自愿联盟”的方式。

为了实现各种力量之间的联合，美国在国家安全委员会范围内建立了许多跨机构委员会，由政府各部和军方相关部门的副职官员参加；构建军民融合平台，每年召开国防工业会议，研究武器装备研发问题；与盟友军队互派联络官，进行战略沟通；在战争和战备上，美国不仅发挥现役人员的作用，而且还注重预备役人员的参与，增强预备力量转化为现役力量的能力；等等。一句话，在平时进行战略对接，在战时进行力量整合，围绕打赢战争凝聚力量。

六、着力塑造态势

以优胜劣是战争制胜的基本机理，军事战略的功能就是遏制和打赢战争，而要遏制和打赢战争，就要谋求优势地位。中国有句古话，叫做“凡事预则立，不预则废”。美国在筹划打赢战争的问题上，不仅重视作战能力的提高，而且强调有利态势的塑造，追求“先胜”。

从克林顿政府开始，美国军事战略正式引入“塑造”的概念，将军事力量的运用延伸到和平时期，改变了“养兵千日，用兵一时”的传统定律。美军在战争准备上从不松懈，不仅加强训练，进行武器试验，着力理论研究，提高思维能力，而且还通过实施与他国联合演练和推进防务合作等方式，积极主动地塑造有利的战略态势，以便能够以尽可能小的代价战胜对手，甚至不战而胜。

美国每年都要举行名目繁多的国际联合演练活动，比较有代表性的如美韩之间的“关键决心”“鹞鹰”、美泰之间的“金眼镜蛇”（其实有多国参加）、美菲之间的“肩并肩”，以及由多国海军参与的“环太平洋”演习等。美国不断加强与盟友之间的战略磨合，与许多国家建立防务合作关系，改善战略环境。此外，美国还参与众多的非战争军事行动，展示所谓“友好”形象。美国这样做的目的，就在于向现实的和潜在的对手表明，如果他们与美军作战，很可能处于劣势地位，面临重大的战略风险。

总之，为了应对现实和潜在的威胁，美国在制定和实施军事战略时，一直从“力”“谋”“行”三个方面着手，以便能够从事各种类型的战争，并将其贯穿于和平和战争时期。和平时期，着重建设力量，进行战略布局，塑造有利态势；战争时期，则优化力量运用，强调战争指导，致力于打赢战争，使和平时期的战备与战争时期的作战融为一体。

参考文献

一、美国政府文件

1. The White House, National Security Strategy, 1987, 1988, 1990, 1991, 1993, 1994, 1995, 1996, 1997, 1998, 2000, 2001, 2002, 2006, 2010, 2015, 2017.

2. The Department of Defense, National Defense Strategy, 2005, 2008, 2018.

3. The Department of Defense, The Quadrennial Defense Review, 1997, 2001, 2005, 2009, 2014.

4. The Department of Defense, U. S. Defense Strategic Guidance-Sustaining U. S. Global Leadership-Priorities for 21 Century Defense , January 5, 2012.

5. The Department of Defense, Joint Operational Access Concept (JOAC) Version 1. 0, January, 2012.

6. The National Defense Authorization Act for Fiscal Year (from 1986 to 2007) .

7. The Department of Defense, The Nuclear Posture Review , 1994, 2002, 2010, 2018.

8. The Joint Chiefs of Staff, The National Military Strategy of the United States of America, 1992, 1993, 1995, 2002, 2006, 2011, 2015.

9. The Department of Defense, Transformation Planning Guidance, A-

pril 2003.

10. The Department of Defense, Military Transformation: A Strategical Approach, Dec. 2001.

11. The Department of Defense, Department of Energy, National Security and Nuclear Weapons in the 21st Century, Sept. 2008.

12. The Department of Defense, The Department of Defense Strategy for Countering Weapons of Mass of Destruction, June. 2014.

13. The Department of Defense, The Department of Defense Cyber Strategy, April. 2015.

14. Chairman of the Joint Chiefs of Staff, National Military Strategy to Combat Weapons of Mass Destruction, 13 February. 2006.

15. US Navy, Marine Corps Coast Guard, A Cooperative Strategy for 21st Century Seapower, 2007, 2015.

16. The National Security Act. 1947.

17. Goldwater-Nichols Act of 1986.

二、英文资料

1. Remarks by the President at the United States Military Academy Commencement Ceremony, U. S. Military Academy-West Point, West Point, New York, May 28, 2015.

2. Remarks delivered by Secretary of Defense, Robert M. Gates, Shangri-La Hotel, Singapore, Saturday, June 05, 2010, https://www.defense.gov/Speeches/speech.aspx? SpeechID = 1483.

3. Leon Panetta, Remarks by Secretary Panetta at the Shangri-La Dialogue in Singapore, June 2, 2012, https://www.defense.gov/transcripts/transcript.aspx? transcriptid = 5049.

4. Chuck Hagel, The United States' Contribution to Regional Stability, Shangri-La 2014 First Plenary Session, Secretary of Defense, May

31st, 2014.

5. Chuck Hagel, Secretary of Defense Speech IISS Shangri-L Dialogue, May 31, 2014, https://www.defense.gov/Speeches/Speech.aspx? SpeechID =1857Susan

6. Chuck Hagel, Secretary of Defense Speech International Institute for Strategic Studies, June 01, 2013.

7. The Commission on America's National Interests, America´s National Interests, Washington D. C., 1996, 2000.

8. Robert J. Art , A Grand Strategy for America, Cornell University Press, 2003.

9. The Aspen Institute, The United States and the Use of Force in the Post-Cold War Era, Washington D. C., 1995.

10. Bauwens, Werner, The Art of Conflict Prevention, London: Brassey's, 1994.

11. Seyom Brown, The Causes and Prevention of War, N. Y., St. Martin's Press, 1994.

12. Stephen J. Cimbala, U. S. Nuclear Strategy in the New World Order, N. Y., Paragon House, 1993.

13. Stephen J. Cimbala, Coercive Military Strategy, Texas: A&M University Press, 1998.

14. L. Benjamin Ederrington, Turning Point: The Gulf War and U. S. Military Strategy, Westview Press, 1994.

15. Colins Gray, War Peace and Victory: Strategy and Statecraft for the Next Century, N. Y., Simon & Schuster, 1993.

16. Richard Haass, Intervention: The Use of American Military Force in the Post-Cold War World, Washington D. C., Brookings Institution Press, 1999.

17. Morton H. Halperin, Contemporary Military Strategy, London: Faber & Faber Ltd., 1972.

18. Richard L. Kugler, U. S. Military Strategy and Force Posture for the 21st Century, National Defense Research Institute, 1994.

19. Robert S. McNamara, In Retrospect: The Tragedy and Lessons of Vietnam, N. Y. : Random House, Inc. , 1995.

20. Robert, O' Neill, & D. M. Horner, New Directions in Strategic Thinking, London: George Allen & Unwin, 1981.

21. Richard Onnaughton, Military Intervention in the 1990s: A New Logic of War, London: Routledge, 1992.

22. Jeffrey Record, Revising U. S. Military Strategy: Tailoring Means to Ends, Washington: Pergamon, Brassey, 1984.

23. David Curttis Skaggs, In Defense of the Republic: Readings in American Military History, California: Wadsworth Publisher, 1991.

24. Ellen P. Stern, The Limits of Military Intervention, London: Sage Publications, 1977.

25. George Thibault, Dimensions of Military Strategy, Washington D. C. , National Defense University, 1987.

26. The Washington Institute for Near East Policy, Initial Report of the Washington Institute's Strategic Study Group: Restoring the Balance, U. S. Strategy and the Gulf Crisis, Washington D. C. , 1991.

27. Larry Wentz, Lessons from Kosovo: The KFOR Experience, published by the Department of Defense Command and Control Research Program, 2002.

28. Thomas C. Shelling, The Strategy of Conflict, New York: Oxford University Press, 1963.

29. Russell F. Weigley, The American Way of War: A History of United States Military Strategy and Policy, Bloomington: Indiana University Press, 1973.

30. Hans J. Morgenthau, Politics among Nations: The Struggle for Power and Peace, the 5th edition, New York: Alfred. A. Knoff, 1973.

31. Craig A. Snyde, Contemporary Security and Strategy, London: MacMillan Press Ltd., 1999.

32. Paul Kennedy, The Rise and Fall of Great Powers, New York: Wiley, 1987.

33. Kenneth N. Walts, Man State and War, A Theoretical Analysis, New York: Columbia University Press, 1959.

34. Morton Kaplan, The Strategy of Limited Retaliation enter of International Studies, Policy Memorandum, No. 19, Princeton University, April 1959.

35. Bernard Brodie (ed.), The Absolute Weapon: Atomic Power & World Order, New York: Harcourt, Brace, 1946.

36. Gordon A. Craig & Alexander L. George, Force and Statecraft, the 3rd edition, New York: Oxford University Press, 1995.

37. Goerge W. Bush & Brent Scowroft, A World Transformed, New York: Alfred. A. Knoff, 1998.

38. Daniel M. Gerstein, Securing the America's Future: National Strategy in the Information Age, Westport: Praeger Security International, 2005.

39. Robert R. Bowie and Richard H. Immerman, Waging Peace: How Eisenhower Shaped an Enduring Cold Strategy, Oxford University Press, New York 1998.

40. Anthony Lake, From Containment to Enlargement, Johns Hopkins University School of Advanced International Studies Washington, D. C. September 21, 1993.

三、中文资料

1. 资中筠主编:《战后美国外交史——从杜鲁门到里根》,上册,世界知识出版社,1994 年版。

2. 王绳祖主编:《国际关系史》,第三至第十卷,世界知识出版社,

1995 年 12 月版。

3. 中国现代国际关系研究院美欧研究中心：《反恐背景下美国全球战略》，时事出版社，2004 年 4 月版。

4. 朱听昌：《西方地缘战略理论》，陕西师范大学出版社，2005 年 3 月版。

5. 军事科学院世界军事研究部：《美国军事基本情况》，军事科学出版社，2014 年版。

6. 张世平：《将军视点 · 美国战略透析》，军事科学出版社，2012 年 7 月版。

7. 黄正柏：《美苏冷战争霸史》，华中师范大学出版社，1997 年版。

8. 王缉思：《高处不胜寒——冷战后美国的全球战略和世界地位》，世界知识出版社，1999 年 12 月版。

9. 张爽：《美国民族主义——影响国家安全战略思想的根源》，世界知识出版社，2006 年 9 月版。

10. 王昉、郭天倚：《美国海上力量：由海向陆》，海洋出版社，1999 年版。

11. 吕德宏：《从思想到行动——解读美军战略规划》，长征出版社，2008 年 5 月版。

12. 钱俊德：《美国军事思想研究》，军事科学出版社，1992 年 10 月版。

13. 朱明权：《领导世界还是支配世界——冷战后美国国家安全战略》，天津人民出版社，2005 年版。

14. 王仲春：《核武器核国家核战略》，时事出版社，2007 年 1 月版。

15. 喻舒曼：《冷战后美国军事战略思维评析》，国防大学出版社，2001 年 7 月版。

16. 许嘉：《美国战略思维》，军事科学出版社，2003 年 1 月版。

17. ［美］亨利 · 基辛格：《美国的全球战略》，海南出版社，2012 年版。

18. ［美］兹比格涅夫·布热津斯基:《大棋局》，上海人民出版社，1998 年 2 月版。

19. ［美］兹比格涅夫·布热津斯基、布兰特·斯考克罗夫特著:《大博弈：全球政治觉醒对美国的挑战》，新华出版社，2009 年第 1 版。

20. ［美］艾什顿·卡特、詹姆斯·佩里:《预防性防御：一项美国新安全战略》，上海人民出版社，2000 年版。

21. ［美］塞缪尔·亨廷顿:《文明的冲突与世界秩序的重建》（修订版），新华出版社，2010 年 1 月版。

22. ［美］拉塞尔·F. 韦格力:《美国军事战略与政策史》，解放军出版社，1986 年版。

23. ［美］罗杰·斯波德:《八十年代的战略威慑》，战士出版社，1983 年版。

24. ［美］诺姆·乔姆斯基:《霸权还是生存——美国对全球统治的追求》，上海译文出版社，2006 年 4 月版。

25. ［美］阿历克西·德·托克维尔:《论美国的民主》，商务印书馆，1989 年版。

26. ［美］安德鲁·J. 巴塞维奇:《美国的极限——实力的终结与深度危机》，中信出版社，2009 年 5 月版。

27. ［美］罗伯特·西格:《马汉》，解放军出版社，1989 年。

28. ［美］托马斯·巴尼特:《大视野大战略：缩小断层带的新思维》，世界知识出版社，2009 年 10 月版。

29. ［美］托马斯·巴尼特:《五角大楼的新地图：21 世纪的战争与和平》，东方出版社，2007 年 4 月版。

30. ［美］兹比格涅夫·布热津斯基:《大抉择》，新华出版社，2005 年 1 月版。

31. ［美］保罗·肯尼迪:《战争与和平的大战略》，世界知识出版社，2005 年版。

32. ［美］詹姆斯·邓尼根、雷蒙德·马塞多尼亚:《美军大改革》，海南出版社，1999 年 7 月版。

33. ［美］布鲁斯·伯科维茨：《战争的新面貌——如何进行 21 世纪的战争》，杨光等译，军事科学出版社，2009 年版。

34. ［美］兹比格涅夫·布热津斯基：《战略远见——美国与全球权力危机》，新华出版社，2012 年 7 月版。

35. ［美］尼克松：《领导者》，世界知识出版社，1986 年版。

36. ［美］约翰·加迪斯：《遏制战略：战后美国安全政策评析》，世界知识出版社，2005 年版。

37. ［美］戴尔·科普兰：《大战的起源》，北京大学出版社，2008 年 5 月版。

38. ［美］S. F. 比米斯：《美国外交史》，第一分册，商务印书馆，1985 年版。

致　谢

牛顿曾经说过，“如果我看得更远，是因为我站在巨人的肩上。”这本书之所以能够付梓，是因为我站在我的导师翟晓敏教授的肩上。自2005年始，我师从翟教授研习美国军事战略。1999年，翟教授就出版了《冷战后美国军事战略》，2005年又出版了《冷战后美国军事战略——论当代美军战略转型》。为了使人们对美国军事战略有一个全景式的了解，2014年，在解放军国际关系学院院长刘峰少将的鼓励下，我决定在翟教授已有成果的基础上再进一步，从更长的历史跨度、更广的覆盖范围对美国军事战略展开研究。在本书的撰写过程中，翟教授又多次不吝指导，并授权使用他的研究成果。这一著作是导师与我合作的产物，对于他的成果，有的全盘照搬，因为我不可能超越，有的加以改写，以便增添新的内容，但他却不愿署名。在此，我谨向导师致以最诚挚的谢意和最崇高的敬意！本书的写作，还得到了领导、同事和学生的大力帮助。他们的独到见解和中肯建议使本书的内容更客观、观点更准确、资料更丰富、逻辑更严谨、理论更科学、可读性更强。在此，我也向他们表示衷心的感谢。我还要感谢妻子王恩慧、女儿王蔡偲数年来为我所付出的辛劳。为使我能专心致志地从事研究工作，她们任劳任怨，无微不至地照顾我的生活，承担了家中的全部负担。最后，也要深切地感谢本书所大量引用的中外各类相关论著和译作的作者，没有他们的学术贡献，我无法企望以个人微薄之力来完成这一重大课题。

图书在版编目（CIP）数据

美国军事战略研究／蔡华堂著．—北京：时事出版社，2018.12（2025.1重印）

ISBN 978-7-5195-0275-1

Ⅰ.①美…　Ⅱ.①蔡…　Ⅲ.①军事战略—研究—美国—现代　Ⅳ.①E712

中国版本图书馆 CIP 数据核字（2018）第 265854 号

出 版 发 行：时事出版社

地　　　址：北京市海淀区彰化路 138 号西荣阁 B 座 G2 层

邮　　　编：100097

发 行 热 线：（010）88869831　88869832

传　　　真：（010）88869875

电 子 邮 箱：shishichubanshe@ sina. com

印　　　刷：北京良义印刷科技有限公司

开本：787 ×1092　1/16　印张：22.75　字数：320 千字

2018 年 12 月第 1 版　2025 年 1 月第 11 次印刷

定价：136.00 元